SHARYN WOLF

NIE MEHR SINGLE !

Eine Anleitung

*Anbaggern, Abschleppen
und der ganze Rest*

Aus dem Englischen
von Gertraud Perlinger

Deutsche Erstausgabe

WILHELM HEYNE VERLAG
MÜNCHEN

HEYNE ALLGEMEINE REIHE
Nr. 01/9153

Titel der Originalausgabe
GUERRILLA DATING TACTICS

Redaktion: Birgit Groll

Für Boots Maleson,
meinen besten Rendezvous-Partner

INHALT

Einführung 11

I. NIE MEHR SINGLE

Kapitel 1: Guerillataktiken bei der Partnersuche 16
Kapitel 2: Die Suche nach dem idealen Auftakt 29
Kapitel 3: Die Tarnung aufgeben:
            Wie bringt man sich in Erinnerung? 39

II. GEHEIMWAFFE NO. 1: FLIRTMANÖVER
            Strategien des Flirts 50

Kapitel 4: Den Code knacken 53
Kapitel 5: Die fünf Phasen des Blickkontakts und
            andere nonverbale Techniken 58
Kapitel 6: Gesellschaftliche Anlässe 69
            Die Anmache 69
            Die Kunst des Loseisens 78
            Weitere Tips 81

III. MOBILISIEREN DER KAMPFEINHEITEN

Kapitel 7: Anleihen: Streng gehütete Geheimnisse 84
Kapitel 8: Mobilisieren der Kampfeinheiten:
            Wie Sie sich andere zu Verbündeten machen . . . 97
Kapitel 9: Ein Blick in die Zukunft 105
Kapitel 10: Kontaktanzeigen:
            Gute, schlechte und geschmacklose 117
Kapitel 11: Guerilla-Technologie bei der Partnersuche 135

IV. GEGENBEWEGUNGEN: MANÖVERTAKTIKEN FÜR DIE
     ZEIT, WENN DAS BLATT SICH GEWENDET HAT

Kapitel 12: Woran Sie erkennen, daß jemand Interesse zeigt . 140
Kapitel 13: Verhängnisvolle Kameradschaft:
            Wie man dieses Stadium überwindet 150

V. ÜBERLEBENSSTRATEGIEN:
    SELBSTSCHUTZMASSNAHMEN IN DER
    VORBEREITUNGSPHASE AUF DAS ERSTE RENDEZVOUS

Kapitel 14: Reizüberflutung:
            Warum wir uns entmutigen lassen 164

Kapitel 15: Zurück in die Sicherheit der Gruppe:
             Holen Sie sich Unterstützung 170
Kapitel 16: Unerschrocken und unbeschadet:
             Überlebensstrategien bei Zurückweisung 180

VI. SICH FÜR INNERE UND ÄUSSERE KONFLIKTE
     ENTSCHEIDEN:
     NACHTGEDANKEN VOR EINEM RENDEZVOUS

Kapitel 17: Gleichstellung: Wer übernimmt die Rechnung? . . 192
Kapitel 18: Das Hamlet-Syndrom:
             Ich kam, ich sah und dachte drei Akte lang nach . 201
Kapitel 19: Schlechte Kampfmoral und Verdrossenheit 211

VII. WIE MAN MEHR BEKOMMT ALS RANG UND NAMEN:
      DAS ERSTE RENDEZVOUS

Kapitel 20: Was Sie von einem guten Talkmaster
             lernen können 222
Kapitel 21: Gespräche ohne traumatische Verletzungen 237
Kapitel 22: Sich gegenseitig Mut machen:
             Harmonie aufbauen 252

VIII. SABOTAGE, REVOLTE UND KONFLIKTSITUATIONEN

Kapitel 23: Ihr Erste-Hilfe-Koffer:
             Der absolute Verabredungsflop 266
Kapitel 24: Die Balz ist vorbei 281

IX. ROMANTIK DER NEUNZIGER JAHRE:
     ZÄRTLICHE ABKOMMEN

Kapitel 25: Friedliche Eroberungen:
             Die Droge der Erwartung und Erfüllung 294
Kapitel 26: Annäherung: Sex der Neunziger Jahre 311
Kapitel 27: Die Wiederentdeckung des Liebeswerbens:
             Tägliches Training 323

EPILOG
Weise Sprüche 330

Dank 334

»… in zehn Minuten kannst du mehr über den Crabnebel im Stern-
bild des Stiers erfahren, der 6000 Lichtjahre von der Erde entfernt
ist, als du gegenwärtig über dich selbst weißt, obwohl du dein
ganzes Leben mit dir verbringst.«
– Walker Percy, *Loch im Kosmos*

EINFÜHRUNG

Dieses Buch soll Männer und Frauen, die einander wirklich gern haben und sich eine Liebesbeziehung wünschen, ermutigen, aus sich herauszugehen und so lange am Ball zu bleiben, bis das Eis gebrochen ist. Sollten Sie in jüngster Zeit festgestellt haben, daß der erste Schritt zu romantischen Kontakten komplizierter geworden ist, stehen Sie damit nicht allein. Unsere Welt hat sich verändert, und althergebrachte, verstaubte Regeln, wen man wann und wie kennenlernt und um ein Rendezvous bittet, sollten aus dem Fenster geworfen werden – zusammen mit dem restlichen Unsinn, den uns unsere Eltern über romantische Liebe erzählt haben. Was für Ihre Eltern richtig war, ist für Sie heute frustrierend, weil sich die Zeiten geändert haben und Sie mit den guten Umgangsformen von einst keinen Schritt weiterkommen.

Die Strategien der modernen Partnersuche müssen gründlich erneuert werden – ein Blick in die Soziologie zeigt, daß viele Lebensbereiche, die einst den Männern vorbehalten waren, heute die Frauen für sich erobert haben. Zunächst gilt es, einige romantische Mythen aus dem vergilbten Ratgeber für gutes Benehmen, an dem wir uns bisher orientiert haben, zu streichen. Mir wurden sie von meinen Eltern, Onkeln und Tanten mahnend ans Herz gelegt, ich habe sie weitergegeben, und ich wette, Sie kennen sie alle.

Mythos: Wenn mir etwas bestimmt ist, wird es geschehen.
Realität: Was würden Sie davon halten, wenn jemand sagt: »Wenn mir eine Gehaltserhöhung bestimmt ist, krieg' ich sie auch?«
Mythos: Es passiert, wenn du nicht darauf achtest.
Realität: Nein! Dann passiert gar nichts, höchstens, daß dich ein Bus überfährt.
Mythos: Die Chemie muß von Anfang an stimmen, sonst ist alles umsonst.
Realität: Ihr Herzklopfen, das Ihnen signalisiert: »Vorsicht, Liebe!«, unterscheidet sich in nichts von dem Herzklopfen, das Ihnen signalisiert: »Vorsicht, Lebensgefahr!«

Romantische Mythen können sehr schmerzlich sein. Sie machen

uns glauben, wir hätten keinen Einfluß auf unser Liebesleben. Das stimmt einfach nicht. Ihr Liebesleben ist nicht einem ungewissen Schicksal überlassen. Sie haben es selbst in der Hand.

In den vergangenen neun Jahren habe ich für Tausende weiblicher und männlicher Singles Workshops veranstaltet, um ihnen das Eingehen von Liebesbeziehungen zu erleichtern: Risiken auf sich nehmen, Kontakte weiterführen, wenn der erste Schritt getan ist, und erkennen, ob die Person, mit der man angebandelt hat, überhaupt beziehungsfähig ist. Die in diesem Buch vorgelegten Berichte und Erfahrungen zahlreicher Teilnehmer meiner Workshops mögen Sie interessieren, begeistern und in manchen Fällen auch schockieren. Wichtig ist zu wissen, daß sämtliche Geschichten der Wahrheit entsprechen. Sie sind mir von Leuten im Alter zwischen zwanzig und fünfundsiebzig Jahren erzählt worden und von Menschen aller beruflichen und sozialen Schichten. Ein paar der Geschichten sind meine eigenen. Verblüffend für mich waren die starken persönlichen Bezüge, die dieses Thema zu mir aufwies. Bei Kapitel 18, »Das Hamlet-Syndrom«, angekommen, wurde ich mit meiner eigenen Bindungsambivalenz konfrontiert. Erst nach Fertigstellung dieses Kapitels wagte ich den Sprung ins kalte Wasser und heiratete den Mann, mit dem ich seit sieben Jahren zusammen war. Der Verlobte, von dem ich in den Anfangskapiteln spreche, ist also mein Ehemann am Ende des Buches.

Die folgenden Berichte, die von Dynamik, Energie und Tapferkeit, Koordination und Kreativität handeln, gebe ich unter dem Sammelbegriff Guerillataktiken der Partnersuche wieder. Sie zeigen, daß jeder von uns innovative Wege gehen kann, ohne andere zu erschrecken und zu schockieren. Der Begriff *Guerillataktiken* bringt einen martialisch angehauchten Unterton in die Diskussion. Die militärischen Begriffe, die in diesem Buch verwendet werden, bedeuten jedoch keineswegs, daß erfolgreiche Liebestaktiken etwas mit feindlichen Übergriffen zu tun haben. Ich hasse den Ausdruck *Kampf der Geschlechter*, der die Vorstellung von Siegern und Verlierern impliziert. Wenn Sie sich meine Guerillataktiken – Kriegslisten der besonderen Art – systematisch aneignen, werden Sie Begegnungen in Sachen Liebe haben, in denen beide Parteien auf dem Siegerpodest stehen.

Das geschieht nicht über Nacht. Es hat schließlich ein Leben lang gedauert, so zu werden, wie Sie gegenwärtig sind, und Ihre innere

Einstellung kann sich nicht mit einem Schlag verändern. Wenn Sie aber Lust auf Veränderung haben, können Sie Ihre Denkweisen analysieren und sich von notorisch unproduktiven Ansichten trennen. Sie können die Art, wie Sie sich selbst sehen, verändern und sich den Anstoß geben, mehr auszuprobieren, mehr zu wagen, mehr zu sein. Das bedeutet Arbeit, aber Sie können dabei lernen, mehr Freude am Leben zu haben. Der Sinn dieses Buches liegt darin, Ihre Risikobereitschaft zu erhöhen; das Ziel dieses Buches ist, Ihre Abenteuerlust zu wecken und zu pflegen und die unentbehrliche Überlebensstrategie bei Ihrer Suche nach dem richtigen Partner, in der Planung und Vorbereitung der ersten Verabredung und in Ihrem Vorhaben, selbst ein charmanter Partner zu sein, zu unterstützen.

Um das geschlechtliche Gleichgewicht zu wahren, erzähle ich abwechselnd Geschichten von Männern und Frauen. Das bedeutet keineswegs, daß eine von einem Mann angewandte Guerillataktik nicht ebenso erfolgreich auf eine Frau zutrifft und umgekehrt. Sie können eine Technik Ihrem Stil anpassen, Ihren sexuellen Neigungen und Ihrem Alter. Bitte unterstellen Sie nie und in keinem Fall, eine Geschichte sei nur für die darin genannten Vertreter des jeweiligen Geschlechts passend.

Die Frauen und Männer in den Fallbeispielen dieses Buches haben nicht nur alte Mythen über Bord geworfen, sie haben auch überholte Spiele und langweilige Spielregeln abgelegt. Die Partnersuche der Neunziger verlangt völlig neue Regeln, und die erste Regel lautet: Es gibt keine Regeln. Das heißt nicht, daß wir uns im totalen Chaos bewegen, in dem jeder von jedem sich angrapschen und anquatschen lassen muß. Um in diesem veränderten Umfeld jemanden kennenzulernen, müssen Sie vielmehr traditionell akzeptierte Umgangsformen ablegen und sich neue Rahmen stecken, in denen Improvisation und kreatives Denken die gefragten Kriterien sind. Sie müssen Ihr Umfeld als Instrument einsetzen, dürfen sich von Mißerfolgen nicht abschrecken lassen, und Sie müssen sich die Freiheit nehmen, Initiativen zu ergreifen.

Wenn Sie nach der Lektüre dieses Buches zu neuen Ansichten über sich selbst gekommen sind, habe ich meine Aufgabe erfüllt. Sie haben schließlich zu hart gearbeitet, um Ihre Zukunft magischen Kräften oder einem ungewissen Schicksal zu überlassen. Erweitern Sie Ihr Bewußtsein, und befassen Sie sich mit den Möglichkeiten der Grenzüberschreitungen statt mit Begrenzungen.

Zunächst sollten Sie den größten Mythos aus dem Fenster werfen:

Mythos: Ich bin ständig auf der Suche, kann aber den Richtigen nicht finden.
Realität: Hören Sie auf, die richtige Person zu *finden*. Fangen Sie an, die richtige Person zu *sein*.

TEIL I

NIE MEHR SINGLE

KAPITEL 1
GUERILLATAKTIKEN BEI
DER PARTNERSUCHE

Sie stehen Schlange an Kasse 3 im Supermarkt und erspähen eine tolle Blondine in der Schlange an Kasse 5. Wie kommen Sie in die Schlange hinter der Frau, ohne sich zum Narren zu machen?

Sie essen allein an der Theke eines Sushi-Lokals. Ihr Blick kreuzt den Blick eines Typen, der mit drei Freunden am Tisch sitzt. Sie würden ihn gern kennenlernen. Falls er Sie nicht anspricht, haben Sie keine Chance. Er ist nicht allein!

Die Frau, die Sie im Auge haben, hat bereits zwei Männern, die sie zum Tanzen aufgefordert haben, einen Korb gegeben. Sie wollen nicht der Dritte sein. Aber Sie ärgern sich eine Woche lang, wenn Sie nichts unternehmen.

Sie nehmen an der monatlichen Mieterversammlung teil. Eine Sprecherin berichtet mit einiger Ironie, wie ihr die Decke buchstäblich auf den Kopf gefallen sei. Ist sie verheiratet? Lebt sie mit einem Mann zusammen? Sprechen Sie die Frau an, oder hoffen Sie auf ein Wiedersehen… bei der nächsten Mieterversammlung in vier Wochen?

Sie hasten durch die Abflughalle, um Ihre Maschine nicht zu verpassen. Ihre Handtasche klappt auf, und der gesamte Inhalt kullert über die Steinfliesen. Ein gutaussehender, dunkler, charmanter Typ hilft Ihnen beim Einsammeln – und Sie haben es wie üblich eilig, eilig, eilig.

Ja, es gibt Wege, um das ewige Dilemma in den Griff zu bekommen, wie man jemanden kennenlernt, wenn es auf die sprichwörtliche Sekunde ankommt. Das sind die blitzschnellen Momente, wenn Sie eine Straße entlanggehen und Ihr Herz einen Riesensatz beim Anblick dieser Frau macht, die Ihnen da entgegen kommt.

Oder Sie stehen an der Tiefkühltheke, und auf der anderen Seite dieses unüberwindlichen Eisgrabens holt eine himmlische Brünette ein Glas Honig aus dem Regal. Oder Sie drehen sich im Kino um, und Ihr Blick versinkt in den glühenden Augen des Typen zwei Reihen hinter Ihnen. Die Optimallösung wäre, wenn jetzt auf wunderbare Weise eine gemeinsame Freundin auftauchte, euch beide vorstellte und zum Essen einlüde, vor der Suppe aber gehen müßte, weil sie etwas Dringendes zu erledigen hätte. Statistisch gesehen sind hierfür Ihre Chancen jedoch günstiger, Teil II der Schriftrollen am Toten Meer zu finden.

Logischerweise können Sie tun, was Sie bisher getan haben – nämlich nichts. Und Sie bekommen das Resultat, das Sie bisher bekommen haben – auch nichts. Aber Sie haben zum Glück dieses Buch gekauft und müssen sich bald nicht mehr länger bang fragen, was zu tun sei.

Wenn jede Sekunde zählt, ist die Erfindungsgabe, Wendigkeit und Unerschrockenheit eines Guerillakämpfers gefragt. Diese draufgängerischen Einzelkämpfer, die den Erfolg ihrer fantasievollen Gefechtstaktik im Dschungelkrieg verdanken, tragen keine schicken Uniformen und halten sich nicht generalstabsmäßig an konventionelle Militärstrategien.

Dem Guerillakämpfer stehen auch nicht die Annehmlichkeiten hoch entwickelter Technologien und reibungslos funktionierender Nachschubsysteme zur Verfügung. Er ist ganz auf sich gestellt und zieht den besten Nutzen aus der gegenwärtigen Lage. Er übernimmt die totale Verantwortung für sich selbst und muß unkonventionelle Lösungen für unvorhergesehene Probleme finden.

Wir werden Wege finden, um diesen Geist zu entwickeln und zu fördern, ohne uns in ein Kampfgebiet zu begeben, da unser Ziel nichts mit Krieg, Überwältigung und Manipulation zu tun hat.

Es wäre absolut falsch, die Menschen, die Sie kennenlernen wollen, als Feinde zu betrachten. Die wahren Feinde sind *Ihre eigenen Zweifel*, diese ekelhaften kleinen klebrigen Kaugummis an den Schuhsohlen, die Sie beim Gehen hindern; der Frosch im Hals, der Ihnen die Kehle verstopft. Ihre Aufgabe besteht darin, die Zweifel auszuräumen und sie durch praktische Ideen zu ersetzen, um das tun zu können, was Sie insgeheim gern tun möchten.

WOZU GUERILLATAKTIKEN?

Singles haben es satt, Spielchen zu machen. Jeder möchte glauben, der beste Weg, einen Partner zu finden, bestehe darin, man selbst zu sein, und zwar so, wie man wirklich ist. Wenn Sie aber den Rat bekommen: »Sei du selbst«, ist das frustrierend, weil es nicht genügt, man selbst zu sein – wir wollen unser *bestmögliches* Selbst sein. Wir gehen davon aus, der Weg zum bestmöglichen Selbst bedeute, direkt und ehrlich auf andere Menschen zuzugehen – in gegebenem Fall offen sagen zu können, daß wir Interesse haben. Ach, wenn das bloß so einfach wäre! Wenn Sie den Mut hätten, ihn oder sie anzusprechen: »He, du gefällst mir. Ich möchte dich gern kennenlernen«, *würden Sie es tun, statt dieses Buch zu lesen.*

Um neue Leute kennenzulernen, ist der direkte Weg nicht immer frei, weil der bloße Gedanke daran panische Angst erzeugt. Erstaunlicherweise ist in unserem Fall der direkte nicht immer der beste Weg. Selbst wenn Sie denken, Ihre Unsicherheit sei in Ihrer Angst vor Zurückweisung begründet, so ist das nur ein Teil des Gesamtbildes. Ihre Unsicherheit hat noch andere Wurzeln: Ihre biologische Struktur. Sie sind im Begriff, einen Schritt zu tun, der Ihre gesamte Biochemie aus dem Gleichgewicht bringt.

Wir sind die kompliziertesten Organismen aller Lebewesen, haben aber mit sämtlichen anderen Systemen dieser komplexen Hierarchie etwas gemeinsam – ob Ameise oder Zebra. Alle Organismen suchen die Homöostase, ihr inneres Gleichgewicht. Jeder unerwartete Reiz stellt eine Störung unseres Gleichgewichts dar. Deshalb zucken wir zusammen, wenn wir ein ungewohntes Geräusch hören, oder sind nervös, wenn wir zu einer Party eingeladen sind und einen Raum betreten, in dem wir nur fremde Menschen mit Champagnergläsern in den Händen vorfinden.

Denken Sie nur: Was kann ungewohnter sein, als auf einen völlig fremden Menschen zuzugehen und ihm/ihr seine Sympathie zu bekunden?

Wenn Sie niemanden ängstigen wollen, am wenigsten sich selbst, probieren Sie lieber indirekte Guerillataktiken aus, bevor Sie zu denen für Fortgeschrittene übergehen. Der indirekte Ansatz wird als höflich und rücksichtsvoll akzeptiert, da Sie damit dem anderen Gelegenheit geben, sein inneres Gleichgewicht herzustellen, bevor Sie ihm zu verstehen geben, daß Sie an der Fortführung der Kontaktaufnahme interessiert sind.

WIE SIE BEGINNEN: IHRE TRICKKISTE

Guerillataktiken auf dem Weg der Partnersuche erfordern Mut, Tatendrang, Koordination und eine zündende Idee. Die Idee muß Ihnen jedoch nicht im gegebenen Moment als göttliche Eingebung zufallen. Sie können sich vorher Strategien zurechtlegen, die Sie sozusagen im passenden Augenblick aus dem Hut zaubern.

Ob Sozialarbeiter oder Partybiene, jeder hat in Beruf und Privatleben gewisse Tricks auf Lager. Der Vertreter fragt: »Kann ich am Dienstag vorbeischauen, oder würde Ihnen Mittwoch besser passen?« Er fragt bestimmt nicht: »Wann darf ich denn mal reinschauen?« Ein Jazzmusiker weiß sich mit einer einfallsreichen Improvisation über die Tatsache hinwegzuretten, daß er die Noten zu »Stardust« nie richtig gelernt hat.

Der Griff in die Trickkiste hat nichts mit Unaufrichtigkeit, mangelnder Beziehungsfähigkeit oder falschem Spiel zu tun. Es handelt sich vielmehr um die kultivierte Fähigkeit, mit bestimmten Situationen innovativ umzugehen, ohne schockierend zu sein. Ihre Trickkiste sollte vier Techniken beherbergen:

1. Ansätze, die sich für Sie in der Vergangenheit als erfolgreich erwiesen haben.
2. Ansätze, die Sie liebend gern ausprobieren würden – wenn Sie bloß den Mut aufbringen könnten.
3. Ansätze, die Sie aus diesem Buch lernen.
4. Ansätze, die Sie für die Zukunft bereithalten.

Wenn Sie schon darüber nachdenken, welche Ideen Sie in Ihre Trickkiste packen wollen, warum beginnen Sie nicht mit Ansätzen der indirekten Art?

DER INDIREKTE ANSATZ

Der indirekte Ansatz erfordert eine kleine Notlüge, um mit einem fremden Menschen ins Gespräch zu kommen. Das hat nichts mit Lüge oder Unaufrichtigkeit zu tun. Es bedeutet einfach, sich ein kleines Tarnmanöver zurechtzulegen, um die Illusion zu wahren, er habe keine Ahnung, daß sie ihn in der Absicht anspricht, ihn näher kennenzulernen. In Wahrheit weiß sie, daß er weiß, daß sie einen kleinen Vorwand benutzt. Jeder tut, als wisse keiner was von nichts.

Diese Verschleierungstaktik hilft Ihnen, Ihre Unsicherheit zu überspielen und Ihr inneres Gleichgewicht so gut wie möglich beizubehalten. Das ist eine Form von Selbstschutz, um sich einzureden, man gehe kein großes Risiko ein, wenn man einen Fremden anspricht.

Wenn der kleine Vorwand seinen Zweck erfüllt hat und sich die Eröffnung zu einer offenen Annäherung entwickelt hat, brauchen Sie sich und dem anderen nichts mehr vorzumachen. Was ist denn schon dabei? Sie haben dem Typ ja keineswegs versucht, die Sümpfe von Florida als fruchtbares Ackerland zu verkaufen. Nein, Sie wollen bloß jemanden kennenlernen, den Sie sonst nicht kennenlernen würden.

INDIREKTE GUERILLATAKTIKEN DES KENNENLERNENS

Sie sind: auf der Straße
Guerillataktik: Fragen Sie nach dem Weg.

Auf dem Weg ins Büro ging Al eine belebte Straße in Boston entlang und entdeckte Meg, die auf ihn zukam. Ihr Kleid, ihr Gang, ihre Beine, alles an ihr gefiel ihm. Sie hatte eine Aura um sich, die seine Sympathien weckte (Al sprach gern von der »Aura« eines Menschen). Als sie fünf Meter von ihm entfernt war, wußte er, daß er sie kennenlernen mußte. Er wollte sie aber nicht erschrecken. Leute »schockieren« war nicht sein Stil.

Als Meg in Schulterhöhe war, sprach Al sie an: »Verzeihen Sie, irgendwie scheine ich die Orientierung verloren zu haben. In welcher Richtung liegt bitte die Arlington Street?« Eine besonders geschickte Guerillataktik, denn er fragte Meg nach einer Richtung, in die sie *bereits ging*.

Das gab ihm Gelegenheit, kehrtzumachen und ein paar Häuserblocks neben ihr herzugehen. Zunächst tat er, als habe er die Orientierung verloren, was gar nicht stimmte. Nach ein paar Minuten, als er sich seiner Sache sicherer fühlte, gestand er ihr verschämt, er arbeite in der Nähe und wollte sie kennenlernen und ihr seine Karte geben (dabei schrieb er seine Privatnummer auf die Rückseite). Er bat sie, sich die Sache zu überlegen und ihn anzurufen.

Warum es klappen könnte

Al bewies Kühnheit und Selbstvertrauen. Dabei hat er Meg nicht überfordert, sie nicht in Verlegenheit gebracht (er hat sie nicht um ihre Telefonnummer gebeten). Es bleibt ihr überlassen, ihn anzurufen. Er hat ihr seine Geschäftskarte gegeben, sie weiß also, daß sie ihn im Büro erreichen kann. Und er hat seine Privatnummer auf die Rückseite geschrieben, hat ihr also damit zu verstehen gegeben, daß er nicht gebunden ist. Jemand, der sich solche Mühe gibt, sie kennenzulernen, hat ihr Interesse geweckt.

Wird sie ihn anrufen?

Möglicherweise. Er hat damit seine Chancen in jedem Fall wesentlich verbessert. Mit Passivität hätte er gar nichts erreicht. Dieses Szenario erzählte ich Hunderten von Männern und Frauen bei meinen Flirt-Workshops, die ich 1987 abhielt. Mehr als 50% sagten, sie würden sich an Megs Stelle geschmeichelt fühlen und anrufen. Vier Jahre später, als die Menschen sich generell mehr mit dem Gedanken angefreundet hatten, ihr Privatleben selbst aktiv in die Hand zu nehmen, war die Zahl auf 75% gestiegen. Zugegeben, wenn es wirklich darauf ankäme, würden einige kneifen, viele aber würden das Spiel ausprobieren.

Variante

Hier eine Begebenheit, die ich in einer belebten Geschäftsstraße in New York City erlebte, einem denkbar ungeeigneten Ort, um fremde Menschen anzusprechen. Ich stand in einer Telefonzelle, als der Mann in der Zelle nebenan gegen die Glasscheibe klopfte. Er hielt seine gespreizte Hand hoch, um mir zu zeigen, daß er keinen Ring trug, und deutete auf meine unberingte Hand. Ich tat, was jede vernünftige New Yorkerin tun würde: ich drehte mich zur anderen Seite und beachtete ihn nicht. Als ich die Zelle verließ, stand er vor mir, gab mir seine Karte und sagte: »Sie gefallen mir. Ich würde Sie gern kennenlernen, möchte Sie aber nicht erschrecken. Hier meine Karte. Ich bin unverheiratet, und mein Name ist Michael. Ich weiß nicht, ob es mit uns was werden könnte, aber ich würde wenigstens gern mit Ihnen telefonieren – ich bitte Sie nicht um Ihre Nummer, weil Sie verrückt sein müßten, sie mir zu geben. Aber vielleicht könnten Sie mich anrufen? Ich bitte Sie nur um ein kurzes Telefongespräch.«

Er hatte Grips, weil er meine Ängste erkannte, und war klug genug, mir deutlich zu sagen, daß er nichts weiter als einen Anruf von mir wollte. Ich rief ihn noch am selben Tag an.

Merke: Wenn du keine Chance *wahrnimmst, hast* du auch keine.

Sie sind: in der Drogerie
Guerillataktik: Lassen Sie Ihr Kleingeld fallen.

Stacy kaufte sich ein Deodorant, als sie Sam entdeckte, der Zahnpastatuben studierte. Am liebsten wäre sie zu ihm hinüber gegangen und hätte ihm ›Toms naturreine Fenchelzahncreme‹ empfohlen.

Während sie in sich ihre widerstreitenden Gefühle bekämpfte, hatte sich Sam an der Kasse in die Wartenden eingereiht. Stacy wurde nervös, weil sie den Typ *wirklich* kennenlernen wollte. Sie stellte sich hinter ihn in die Schlange, holte schwungvoll ihre Geldbörse aus der Tasche, und sämtliche Münzen, die sie für den Waschsalon gesammelt hatte, klimperten zu Boden.

Überflüssig zu sagen, daß Stacy ihre Geldbörse absichtlich entleert hatte. Sam half ihr eilfertig, die Münzen einzusammeln. Als er sich bückte, um die unter den Tresen gerollten Silbermünzen hervorzuangeln, konnte sie sich ihn genauer ansehen und kam zu dem Schluß, unbedingt mit ihm ins Gespräch kommen zu wollen, und sie sagte: »Crest?« Ihr Lächeln war unwiderstehlich. »Haben Sie mal ›Toms naturreine Fenchelzahncreme‹ probiert? Kommen Sie, ich zeig' sie Ihnen.«

Variante
Schlendern Sie zum Regal mit den Zahncremetuben, und werfen Sie ein paar davon runter (nicht zu empfehlen, wenn das erwählte Opfer vor dem Regal mit Glühbirnen steht). Diese Technik kann im Supermarkt, im Fußballstadion oder im Waschsalon angewendet werden (nicht in der Kirche, es sei denn, Sie sind gewillt, Ihre Münzsammlung in den Opferstock zu geben).

Warum es klappen könnte
Wie der Zufall es wollte, hatte auch Sam Stacy aus den Augenwinkeln beobachtet, aber er war sehr schüchtern. Ihr gespieltes Mißgeschick lieferte ihm den Vorwand, mit ihr ins Gespräch zu kommen.

Merke: Die Person, die Sie heimlich beobachten, hat möglicherweise auch auf Sie ein Auge geworfen.

Sie sind: in einer Warteschlange
Guerillataktik: Ihre Uhr ist stehengeblieben.

James stand in der Warteschlange vor der Konzertkasse, als Sandra sich hinter ihn stellte. Liebend gern hätte er sie angelächelt, aber er war zu keiner Reaktion fähig, da ihre tiefblauen Augen Lähmungserscheinungen bei ihm auslösten.

Er starrte unverwandt vor sich hin und überlegte krampfhaft, wie er einen weiteren heimlichen Blick auf Sandra werfen könnte. Schließlich kam ihm eine Idee. Er sah auf seine Armbanduhr, stutzte, klopfte auf das Zifferblatt, hob das Handgelenk ans Ohr und drehte sich dabei zu Sandra um. Mit einem verlegenen Lächeln fragte er sie, wie spät es sei; seine Uhr sei wohl stehengeblieben. Sandra warf einen Blick auf ihre Uhr und nannte ihm die Zeit. James bewunderte ihre Uhr, sagte, eine ähnliche habe er auch mal besessen, und erzählte ihr die Geschichte, wie er sie verloren habe.

Angenommen, Sandra trägt keine Uhr, die James an irgend etwas erinnern könnte, so heißt das noch lange nicht, daß das Gespräch hier verstummt. Es heißt lediglich, daß die beiden ein anderes Thema finden müssen. Irgendein Thema wird Ihnen einfallen, z. B. was passierte, als Sie das letztemal stundenlang in der Schlange standen..., die Geschichte, die Sie Ihrem Chef von dem Arztbesuch auftischten..., vom letzten Konzert der Musiker, für die Sie jetzt um Karten anstehen. Unterschätzen Sie die Wirkung einer oberflächlichen Plauderei nicht. Niemand erwartet von Ihnen, Albert Einstein oder Margaret Mead zu sein, niemand möchte während einer Begegnung dieser Art über ein bedeutungsvolles Thema reden. Es geht darum, eine Unterhaltung zu führen.

Warum es klappen könnte

James und Sandra sind gezwungen zu warten. Sie haben bereits ein gemeinsames Interesse, auf das sie Bezug nehmen können – das Konzert, das beide besuchen wollen. Vielleicht gibt es noch mehr gemeinsame Interessen.

Merke: Gelegentlich taugt Ihre Uhr besser dazu, Zeit zu gewinnen, als die Zeit anzuzeigen.

Jedes dieser Beispiele ist ein kleines Täuschungsmanöver – erfundene Gründe, um ins Gespräch zu kommen. Sie können tausend Gründe finden, mit Fremden ein paar Sätze zu wechseln und zu beobachten, ob die Chemie stimmt. Ein Vorteil indirekter Annäherungen: Funkt es nicht, können Sie sofort den Rückzug antreten.

FORTGESCHRITTENE GUERILLATAKTIKEN DES KENNENLERNENS

Indirekte Guerillataktiken bieten immer eine Rückzugsmöglichkeit. Die anvisierte Zielperson mag *Verdacht* schöpfen, daß Sie sie kennenlernen wollen, sie mag sogar *schwören*, daß Sie es versuchen, kann es aber nicht *beweisen*. Sie haben nur einen Verdacht geweckt. Fortgeschrittene Guerillataktiken lassen keinen Zweifel: Sie wissen, daß der andere weiß, daß Sie wissen… *sämtliche Zweifel sind ausgeschlossen* und alle Fragen offen.

Von den vielen direkten Möglichkeiten des Kennenlernens gehören nur die wirklich kühnen in diese Kategorie. Hier vier meiner Lieblingsgeschichten, die mir von Workshop-Teilnehmern berichtet wurden. Alle vier können in den unterschiedlichsten Situationen angewendet werden.

Sie sind: in einer Bar
Guerillataktik: Sie lassen Blumen sprechen.

Jim betrat mit drei Freunden ein Lokal und fand das Mädchen hinter der Theke hinreißend. Er bat seine Freunde, den Platz für ihn freizuhalten, ging in den nächsten Blumenladen, kaufte eine einzelne rote Rose, verbarg sie unter seiner Jacke, kehrte in die Bar zurück und bestellte ein Bier. Das Mädchen brachte ihm das Bier. Dann bat er um ein Glas Wasser. Sie schien etwas ungehalten, denn das hätte er gleich bei der ersten Bestellung sagen können. Als das Glas Wasser dann vor ihm stand und sie sich wieder entfernte, stellte Jim die Rose ins Wasser und rief ihr nach: »Entschuldigen Sie. Da ist was in meinem Wasser.« Sie drehte sich um und sah zu ihrem Erstaunen die Rose. Sie dankte ihm, erklärte aber ohne Umschweife, sie sei verheiratet. Unbeirrt antwortete Jim: »Kein Problem. Ich huldige nur der Schönheit, wo ich ihr begegne.«

Jim lernte die Schöne nicht näher kennen, profitierte aber in jedem Fall von seiner Initiative. Er machte dem Barmädchen eine

Freude, fühlte sich bestätigt, schnell gehandelt zu haben, und er machte einen unvergeßlichen Eindruck auf seine Freunde.

Variante

Sie können in unzähligen Situationen Blumen sprechen lassen. Legen Sie einem Kollegen eine Blume auf den Schreibtisch. Klemmen Sie ihr eine Blume unter den Scheibenwischer ihres Wagens. In den 60er Jahren schenkte man Blumen als Ausdruck von Liebe und Frieden, auch heute noch haben sie dieselbe Bedeutung. Gottlob müssen wir dazu keine Birkenstocksandalen mehr tragen und uns mit Fliegenpilztee volldröhnen.

Niemand, aber auch wirklich niemand findet Nelken schön. Es gibt aufregendere und anregendere Blumen. Versuchen Sie es mit einer Rose (rot, gelb oder weiß) oder anderen duftenden Blüten. Überlassen Sie die Nelken der Schaufensterdekoration einer Fleischerei.

Sie sind: in der Nähe eines Postkartenständers
Guerillataktik: Sie geben einem Fremden »Ihre Karte«.

Matt lebt in einer Kleinstadt in Minnesota, von der es heißt, im Staatsgefängnis sei am meisten los. Er beklagte sich oft darüber, daß es so wenig solo lebende Frauen gäbe, die es nicht andauernd furchtbar eilig hätten. Eines Tages entdeckte er im Kaufhaus am Glückwunschkartenstand einen brünetten Lockenkopf, unberingt. Er schlenderte zu ihr hinüber und sagte ein paar Worte, ohne einen Erfolg damit zu landen. Also beschloß er, vor dem Kaufhaus auf sie zu warten, um mit ihr ins Gespräch zu kommen. Dort stand er nun eine gute halbe Stunde an diesem eiskalten Februartag, bevor sie auftauchte. Er überreichte ihr einen Umschlag und bat sie, ihn zu öffnen. Er enthielt eine Geburtstagskarte, die er ergänzt hatte: »Herzlichen Glückwunsch zum Geburtstag, wie Sie auch heißen, wann Ihr Geburtstag auch sein mag. Ich heiße Matt. Haben Sie Lust mich anzurufen? Meine Telefonnummer ist…«

Wie in der ersten Geschichte, die Sie in diesem Kapitel gelesen haben, hat Matt das Grundprinzip jeder Guerillataktik des Kennenlernens beachtet:

Er hat den zweiten Schritt ganz und gar der von ihm Angesprochenen überlassen.

Wenn Sie sich einem Fremden mit einer Guerillataktik des Kennenlernens nähern, lösen Sie eine Reihe von Empfindungen aus, die von Neugier bis Angst reichen. All diese Gefühle bringen das Gleichgewicht der betreffenden Person durcheinander. Sie kann ihr Gleichgewicht wiederfinden, wenn Sie ihr die Entscheidung für den nächsten Schritt überlassen.

Variante

Liz suchte die Adresse eines Mannes aus dem Telefonbuch heraus, mit dem sie ein paarmal in ihrem Club getanzt hatte. Im Gespräch hatte er eine bestimmte Band erwähnt, die er liebte. Als die Musiker ein Gastspiel in ihrer Stadt gaben, schnitt sie die Anzeige aus, klebte sie auf eine Postkarte und schrieb darunter: »Haben Sie Lust, mit mir dort hinzugehen?« Und steckte die Karte in den Briefkasten.

Sie sind: in Ihrem Wagen
Guerillataktik: Machen Sie sich die Autotelefon-Manie zunutze.

Marsha ist Handelsvertreterin und verbringt viele Stunden im Auto, unterwegs zu Kundenbesuchen. Während der langen Fahrten telefoniert sie viel. An einem sonnigen Nachmittag bemerkte sie an der ersten Ampel nach der Autobahnausfahrt einen nett aussehenden Mann, der in sein Telefon sprach. Beim Überholen sah sie zu ihm hinüber, lächelte und hielt ihr Telefon hoch. Er gab das Lächeln zurück und stellte sich an der nächsten roten Ampel neben sie, schien also nicht abgeneigt. Sie schrieb die Nummer ihres Autotelefons auf ein großes Blatt Papier und hielt es gegen die Scheibe...

Kurz darauf klingelte ihr Telefon. Ihr erster Autoflirt war zwar verheiratet, doch das tat Marshas Hochgefühl keinen Abbruch: Sie hatte die Initiative ergriffen. Das Blatt Papier mit der Nummer hat sie in ihrem Handschuhfach für passende Gelegenheiten deponiert – ohne sich in Lebensgefahr zu begeben. Dieser kleine Vorfall hat Marshas täglichen, eintönigen Autobahnstrecken eine neue Dimension hinzugefügt.

Sie sind: im Lokal. Die Frau da drüben gefällt Ihnen, sitzt aber mit anderen Frauen am Tisch.
Guerillataktik: Sie überreichen ihr eine Notiz.

Trevor saß beim Mittagessen, als er das herrliche Frauenlachen vom Nebentisch hörte. Doch die lachende Schöne war unerreichbar: sie war in Begleitung anderer Frauen.

Oft genug hatten er und seine Freunde darüber lamentiert, wie sinnlos es sei, sich einer Frau in einer Gruppe anderer Frauen zu nähern. Je länger er nun diese Frau beobachtete, desto stärker wurde sein Wunsch, sie kennenzulernen. Nachdem er sich vergewissert hatte, daß sie keinen Ring trug, galt es zu handeln. Aber was sollte er tun? Er sah sich schon total verklemmt vor der Damentoilette rumlungern, in der Hoffnung, sie auf dem Weg dorthin irgendwie anzusprechen. Nein, seine Chance war lächerlich gering, mit ihr ins Gespräch zu kommen. Da kam ihm plötzlich eine Idee. Er schrieb auf die Rückseite seiner Geschäftskarte: »Ihr Lachen ist wundervoll. Ich wünschte, Sie wären nicht mit Ihren Freundinnen hier, weil ich Sie gern kennenlernen würde. Rufen Sie mich an?«

Beim Verlassen des Lokals trat er an ihren Tisch, gab ihr lächelnd seine Karte und sagte: »Hi, das ist für Sie. Ich wünsche den Damen einen schönen Tag.« Sie rief ihn noch am selben Abend an. Trevors Erfolg hatte nicht zuletzt mit seinem Mut zu tun, ihr die Karte direkt in die Hand zu geben – er nahm kurz Kontakt auf, ohne sie in eine unangenehme Situation zu bringen.

Ich kenne mehrere Frauen, die eine Variante dieser Taktik anwandten, um einen Mann aus einer Gruppe von Männern kennenzulernen. Und ich kenne viele Männer, die wünschten, mehr Frauen würden diesen Weg gehen. Im allgemeinen reagieren Männer mit Begeisterung auf solche Geschichten. Sie beklagen lediglich, daß ihnen das nicht oft passiert. (In späteren Kapiteln mehr darüber, wie Sie jemanden in einer Gruppe kennenlernen.)

MIT DEM RISIKOFAKTOR UMGEHEN

Wenn Sie mit Guerillataktiken des Kennenlernens operieren, werden einige Ihrer Versuche im Sande verlaufen. Bereiten Sie sich geistig auf ein Zahlenspiel vor. Die berühmten Fußballstars landen von 10 Schüssen aufs Tor einen Treffer. Dennoch jubeln ihnen Tausende Fußballfans zu. Ein Handelsvertreter erzählte mir einmal, daß er im Durchschnitt siebzehn Kundenbesuche absolvierte, bevor er einen Auftrag bekäme – sechzehn Menschen lehnten ab, bevor einer eine Zusage gäbe. Als dieser Mann das Zahlenverhältnis auf Verabredungen übertrug, stellte er fest, daß die Ausfallquote hier weit geringer war. Er steckte Absagen weg, weil er mit jeder einzelnen dem Erfolg einen Schritt näher kam. Wir alle kennen Ehepaare, die sich auf ungewöhnliche Weise kennengelernt haben: Ein Partner wagte das Risiko, mit dem er völlig aus dem Rahmen fiel, *und* hatte damit Erfolg. Jeder kann nur für sich entscheiden, wann ein solcher Augenblick gekommen ist und ob das Wagnis lohnt. Nachdem Sie einige Risiken eingegangen sind, stellen Sie vermutlich fest, was viele bereits entdeckt haben: Ein Risiko wagen, ob lohnend oder nicht, stärkt Ihr Selbstwertgefühl.

Beim Kennenlernen kommt es oft auf die sprichwörtliche Sekunde an. Seien Sie darauf gefaßt, im richtigen Moment den Griff in die »Trickkiste« zu tun. Wenn Sie Strategien ausarbeiten und im Kopf durchspielen, also regelrecht proben, verhalten Sie sich in einer realen Situation weitaus geschickter. Es gibt ungeahnte Möglichkeiten, und Sie haben bisher Ihre Kreativität vermutlich nur an der Oberfläche angekratzt.

Niemand verlangt von Ihnen Dinge, die Ihnen peinlich oder unangenehm sind. Sie sollen lediglich Ihren Horizont erweitern und Varianten durchspielen. Wenn Sie spielerisch zu weit gegangen sind und ein unangenehmes Gefühl dabei haben, geben Sie nicht auf. Sie sind im Begriff, Fortschritte zu machen.

KAPITEL 2
DIE SUCHE NACH DEM IDEALEN AUFTAKT

Einleitungssätze sind besonders eindrucksvoll im Kino in Breitwandformat zu bestaunen:

»Ich liebe dich seit Anbeginn der Zeit.«
»Aber wir haben uns erst gestern kennengelernt.«
»Da begann für mich die Zeit.«
(Errol Flynn zu seiner ersten Eroberung in
Die Abenteuer des Don Juan)

»Ich habe mich zu Tode gelangweilt. Bisher habe ich keine einzige attraktive Frau an Bord gesehen. Ist das nicht gräßlich? Das gab mir zu denken, und ich fragte mich schon: ›Unternehmen schöne Frauen heute keine Reisen mehr?‹ Und dann sah ich Sie und war gerettet – hoffe ich.«
(Gary Grant zu Deborah Kerr in *An Affair to Remember*)

»Meine Mutter hat mir beigebracht, in Monaten mit dem Buchstaben ›r‹ nicht mit einem Mann aufs Zimmer zu gehen.«
(Deborah Kerr zu Gary Grant im selben Film, es war gerade September)

»Ich nehme an, Sie wissen, daß Sie einen wundervollen Körper haben. Ich möchte ihn in Ton modellieren.«
(Lola Albright zu Kirk Douglas in *Champion*)

»Was tragen Sie nachts im Bett? Pyjama oder Nachthemd?«
»Weder noch. Chanel No. 5.«
(Anita Ekberg zu einem Reporter in *La Dolce Vita*)

Warnung: Diese Beispiele sind pures Hollywoodklischee. Wer sie sich ohne Abschluß einer renommierten Schauspielschule zu eigen macht, schadet seiner Gesundheit!

WARUM WIR VORGEFERTIGTE SÄTZE BENUTZEN

Hollywoodklischees werden von professionellen Drehbuchautoren für Hollywoodstars geschrieben. Trotzdem probieren wir Normalsterblichen Variationen davon aus. Und wissen Sie warum? Weil es mit diesen Sätzen im Film *immer klappt*. Gary Grant kriegt Deborah Kerr rum. Errol Flynn beglückt ganze Schiffsladungen reizender Señoritas.

Klischees bleiben uns im Gedächtnis, allerdings auch unsere Zweifel. Einerseits sagen wir, fertige Sätze seien unoriginell und abgenutzt. In der Fantasie sehnen wir uns aber danach zu glauben, bestimmte Worte seien nur für uns bestimmt; man mache uns Komplimente, weil wir so wahnsinnig attraktiv seien.

Selbst Menschen, die sich geschworen haben, nie ein abgedroschenes Klischee zu benutzen, stellen fest, daß sie davon nicht frei sind. Wir wollen nun erkunden, warum bei manchen die Funken sprühen und andere so abgestanden wirken wie Spülwasser. Dabei müssen wir lernen zu unterscheiden zwischen den Worten, die ein Drehbuchautor einem Robert Redford oder einer Elizabeth Taylor auf den Leib schneidert, und denen, die im richtigen Leben verwendet werden.

DAS RICHTIGE LEBEN

Ein guter Satz kann das Eis auf dreifache Weise brechen: er kann bezaubern, entwaffnen und / oder den Angesprochenen wissen lassen, daß sein Leben zumindest interessanter wäre, wenn man auch daran beteiligt wäre. Das ist allerdings eine knifflige Sache, denn was kann schon in circa fünfundzwanzig Worten gesagt werden, das Interesse weckt und Sympathien schafft, ohne dabei wie ein ausgelutschter Satz aus einem alten Film zu klingen?

Falls Sie an solche Möglichkeiten nicht glauben, lesen Sie weiter.

ANREGUNGEN FÜR DEN PASSENDEN AUFTAKT

Der liebenswürdige Satz

Liebenswürdige Sätze sind weder sexistisch, noch klingen sie sexy. Sie geben der angesprochenen Person zu verstehen, daß man sie kennenlernen will. Der Sprecher gibt zu erkennen, daß er aufmerksam ist, zuhören kann und ihr Wertschätzung entgegenbringt.

Larry besuchte einen Vortrag über Fragen zum Umweltschutz in seinem Stadtviertel. In der Pause näherte er sich einer lebhaften Frau, die mit einigen Leuten diskutierte. Larry wollte sie näher kennenlernen, gesellte sich zur Gruppe und nahm an dem Gespräch teil. Es dauerte nicht lange, und die beiden sprachen über die Gefahren von FCKW in Spraydosen und die ständig dünner werdende Ozonschicht. Larry wollte das Gespräch auf irdischere Dinge bringen. Nach angestrengten Überlegungen, wie er der Unterhaltung eine neue Wende geben könnte, hielt er schließlich inne und fragte: »Gibt es in Ihrem Leben Platz für einen neuen Freund?«

Die meisten Menschen haben Platz für einen neuen Freund, und viele könnten mehrere davon gebrauchen. Dieser Satz klingt sympathisch, und die angesprochene Nina fühlte sich sofort wohl und entspannt dabei. Larry machte auf sie den Eindruck, er bedränge sie nicht (zumindest nicht gleich zu Beginn), er sei ein Mann, dem Freundschaft etwas bedeute. Ein Mann, dem eindeutig daran lag, mit ihr zu *reden*.

Der passende Satz muß nicht notwendigerweise in den ersten Minuten eines Gesprächs fallen. Bisweilen ist ein gut plazierter Satz *während* der ersten Begegnung die Trumpfkarte, die das Gespräch auf das Hier und Jetzt, auf das Du und Ich und möglicherweise auf das Wir bringt. Larry war klug genug, eine kleine persönliche Interessengemeinschaft aufzubauen, bevor er die passenden Worte losließ.

Eleanor wartete auf dem Bahnsteig. Der Lautsprecher verkündete, ihr Zug, ohnehin bereits zwanzig Minuten überfällig, habe eine weitere Verspätung. Den Bahnhof mit all dem schweren Gepäck zu verlassen stand außer Frage. Es blieb ihr nichts anderes übrig, als weiter zu warten. Gereizt und schlechter Laune fügte sie sich in das Unvermeidliche, als eine warme Stimme neben ihr sagte: »Darf ich mich ein wenig mit Ihnen unterhalten?« Die warme Stimme gehörte Herb. Erleichtert (jetzt konnte wenigstens jemand auf ihr Gepäck aufpassen, während sie zur Toilette ging) antwortete sie: »Keine schlechte Idee.« Wie sich herausstellte, wartete Herb auf denselben Zug und durfte während der nächsten Stunden noch mehrmals auf ihr Gepäck aufpassen.

Der Schlüssel zum liebenswürdigen Satz liegt im vorgebrachten Anliegen. In Herbs Fall ging es um eine »Unterhaltung«. Auch Sie können einfache, positive Dinge anbieten: ein Gespräch, Ihre Gesellscháft, Ihre Freundschaft oder andere Annehmlichkeiten. In unserer Ellenbogengesellschaft wird ein solches Angebot gern und dankbar angenommen.

Der verführerische Satz

Mit dem verführerischen Satz bekunden Sie sexuelles oder romantisches Interesse und gehen damit ein Risiko ein. Im Grunde birgt jeder Auftakt zu einem Gespräch eine gewisse Gefahr. Der verführerische Auftakt erfordert zudem ein hohes Maß an Selbstbewußtsein.

Verführerische Sätze sind sinnlich, ohne anstößig zu sein, erotisch, nicht aber schlüpfrig. Ein bißchen Julia Roberts und ein bißchen Richard Gere. Sprechen Sie solche Sätze mit offenem Gesicht und dem Anflug eines Lächelns aus. Ein verführerischer Satz bekundet sexuelles Interesse. Sie sollten vorher erkunden, ob dieses Interesse vom Angesprochenen erwidert werden könnte. Falls Sie sich irren, besteht die Gefahr, daß Sie Ihr Gegenüber erschrecken und Ihr Angebot als Belästigung zurückgewiesen wird.

Um herauszufinden, ob das Objekt Ihrer Zuneigung Ihre Gefühle erwidert, sollten Sie zunächst auf weniger explosive Weise flirten und es zu Beginn mit Blickkontakt versuchen. Bevor Sie einen verführerischen Satz als Auftakt loslassen, sollten Sie eine positive Bestätigung erhalten haben, daß Ihre Taktik erfolgversprechend ist.

Verführerische Sätze sind heute ebenso freimütig (und kitschig) wie die, die Sie aus alten Filmen kennen. José erzählte von einem Abend, den er in seinem Stammlokal verbrachte und an dem er ziemlich häufig Blickkontakt mit einer Rothaarigen suchte. Zu schüchtern, um sie anzusprechen, hätte er das Lokal vermutlich irgendwann wortlos verlassen.

Nach einer Ewigkeit kam sie auf ihn zu und sprach ihn an: »Ich beobachte Sie schon eine ganze Weile und sage mir: ›Mädchen, einen Mann wie den hast du verdient.‹« José, der schwört, dies sei der aufregendste Augenblick seines ganzen Lebens gewesen, wird vermutlich noch seine Enkelkinder mit dieser Geschichte langweilen. Eine kühne Bemerkung wie diese kann mehr für Ihr Selbstbewußtsein tun als zwanzig Selbsthilfebücher.

Randy sprach Ruth auf einer Party mit einem verführerischen Satz an, um sie kennenzulernen. Nachdem er sie längere Zeit aus der Ferne beobachtet hatte und Blickkontakt mit ihr suchte, schlenderte er zu ihr hinüber und sagte: »Sie sind die Frau mit der erotischsten Ausstrahlung auf dieser Party. Ich hoffe, Sie nehmen es mir nicht krumm; aber ich mußte Ihnen das sagen.« Ruth sah ihm frech in die Augen und entgegnete mit einem schelmischen Lächeln: »Ich hatte gehofft, daß Ihnen das nicht entgeht.«

Randys Satz war nun nicht gerade originell. Ähnliche Sätze kennen wir alle aus dem Kino. Aber Ruth war es egal, ob Charles Boyer oder Clark Gable diese Worte schon mal gesagt hatten. Ihr hatte diesen Satz jedenfalls noch keiner gesagt.

Um wirklichen Erfolg zu haben, sollten verführerische Sätze nicht überstürzt werden, man kann sie auch etwas später ins Gespräch einflechten. Rita lernte Mark durch eine Kontaktanzeige kennen. Bei der ersten Verabredung gefiel er ihr ganz gut. Aber sie wußte nicht so recht, ob sie sich wieder mit ihm verabreden sollte, da ihre Herkunft und ihr kultureller Hintergrund so verschieden waren. Mit einem einzigen Satz änderte er ihre Einstellung. Beim Espresso sagte er: »Ich suche eine Frau, auf die ich mich ganz konzentrieren kann. Bei Ihnen würde mir das leichtfallen.« Rita schwankte zwischen dem Wunsch, ihm zu glauben und den Gedanken als absurd zu verwerfen. Sie entschied sich für ihr flatterndes Herz und beschloß, ihn wiederzusehen. Heute haben Rita und Mark zwei Kinder und Hypothekenzahlungen am Hals, bei denen jeder von uns Herzflattern bekäme.

Warnung: Ein verführerischer Satz sollte die angesprochene Person ein wenig in Aufregung versetzen, nicht aber schockieren; er soll entwaffnen, nicht abstoßen. *Überlegen Sie zweimal*, bevor Sie eine Frau einladen, in Ihre Wohnung zu kommen, um mit ihr eine Todsünde zu begehen. Betrachten Sie *nie* die Brüste einer Frau und sagen: »He Baby, deine Scheinwerfer sind an.« Sehen Sie einer Frau *nicht* in die Augen und sagen: »Mein Wasserbett hat eine Wahnsinnsbrandung.« Machen Sie *nie* anzügliche Gesten. Erzählen Sie Ihrem Gegenüber nach dem Kennenlernen *nie* von Ihren sexuellen Phantasien oder was Sie gern mit ihr/ihm anstellen würden. Ihr Lächeln muß schon ungewöhnlich charmant sein, wenn Sie sagen: »Darf ich Sie zu einem Drink einladen, oder nehmen Sie lieber Geld?« Hüten Sie sich vor Slangausdrücken, und bezeichnen Sie Frauen nie als »Tussies« mit »Riesentitten«. Die Frau sollte wirklich wissen, daß Sie ein Witzbold sind, wenn Sie sagen: »Süße, ich will dein Badewasser schlürfen.« Überlegen Sie genau, was Sie tun, wenn Sie sagen: »Wenn du mich nicht im Bett gehabt hast,

hast du noch keinen richtigen Mann im Bett gehabt.« Auch als Vorsitzende des Mae-West-Fanclubs sollten Sie einen Mann *nicht* fragen, ob er sich bloß freue, Sie zu sehen, oder seine Pistole in der Hosentasche mitgebracht habe. Heutzutage könnten Sie mit der zweiten Annahme recht haben.

Der ungewöhnliche Satz

Mit ausgefallenen Sätzen brechen Sie das Eis auf ungewöhnliche Weise. Das Angenehme daran ist, daß Sie sich keine Sorgen darum machen müssen, ob das, was Sie sagen, sinnvoll ist. Man *erwartet*, daß es keinen Sinn ergibt.

Kathy erzählte eine Geschichte, wie sie und ihre Freundin ein großes Gartenfest besuchten. Sie wollten beide neue Männer kennenlernen, wußten aber nicht so recht, wie sie es anstellen sollten. Da hatte Kathy die verrückte Idee, eine Meinungsumfrage durchzuführen. Sie sprachen Männer an mit der Frage: »Sind Sie Naturforscher?« Albern? Klar. Ob die angesprochenen Männer mehr wissen wollten über die beiden Frauen, die so seltsame Fragen stellten? Auch klar. Ich kenne mehr Leute, die den Trick mit der Meinungsumfrage anwandten, um auf Partys oder in Bars mit anderen ins Gespräch zu kommen. Ein Mann sprach eine Frau an, mit der er zuvor Blickkontakt aufgenommen hatte, und sagte: »Ich mache eine Umfrage, welche Lokale Frauen von Manhattan bei ihrem ersten Rendezvous mit einem Mann bevorzugen.«

Eine Gesprächseröffnung dieser Art bietet eine Vielfalt an Antworten. Vergessen Sie nicht, skurrile Sätze gefallen Leuten, die Ihre etwas ungewöhnliche oder schrullige Sicht der Dinge teilen. Auf diese Weise können Sie einen echten Seelenverwandten finden.

Irv stellte fest, daß er Frauen ein Lächeln entlocken kann, wenn er sagt: »Ich überlege mir einen Auftakt für ein Gespräch. Haben Sie einen Vorschlag für mich?«

Ein wahrer Meister skurriler Sätze ist Woody Allen. In *Stadtneurotiker* geht ein Schauspieler während einer Party auf Diane Keaton zu und sagt: »Berühren Sie mein Herz – mit Ihrem Fuß.« Der Satz mag Verwirrung stiften. Fällt er unter die Kategorie schrullig oder schlüpfrig?

Der humorvolle Auftakt

Einige Singles nehmen ihre Sache so ernst, daß sie den Spaß bei der Sache vergessen. Um einen witzigen Satz loszulassen, müssen

Sie aufgeschlossen und auf Draht sein. Es gibt Abende, an denen Sie sich fantastisch fühlen. An solchen Abenden gibt es nichts Besseres, um Spaß zu haben, als Spaß zu machen. Schließlich lacht jeder gern. Folgende Geschichte stammt von einer Frau, die schwört, sie sei ihr passiert.

Eine elegante ältere Dame speist allein in einem Restaurant. Einige Tische weiter sitzt ein Herr. Immer, wenn sie den Kopf hebt, streift sie sein Blick. Nach einer Weile erhebt der Herr sich und tritt an ihren Tisch.

»Verzeihen Sie, ich glaube, wir kennen uns.«

»Nicht, daß ich wüßte«, entgegnet die Dame und ißt unbeirrt weiter.

»Aber Sie kommen mir bekannt vor.«

»Sie mir nicht.«

»Mir ist, als kenne ich Sie. Arbeiten Sie hier in der Nähe?«

»Das habe ich nicht nötig«, meint sie herablassend. »Ich habe genug Geld.«

Der Herr schnipst mit den Fingern und sagt: »Ich wußte, wir haben etwas gemeinsam!«

Der schrullige Jazzpianist Eddie trat an einen Tisch, an dem mehrere Frauen saßen, und sagte: »Verzeihen Sie. Ich habe meine Tapferkeitsmedaille verloren. Darf ich mal unter Ihrem Tisch nachsehen?«

Bob betrat neben einer hübschen Unbekannten den Fahrstuhl. Nach einigen Sekunden tiefen Schweigens sagte er mit besorgter Stimme: »Was macht ein nettes Mädchen wie Sie in einem Fahrstuhl wie diesem?«

Lucy führte ihren Hund aus und traf einen attraktiven Mann, ebenfalls mit Hund, der ihr schon mehrmals aufgefallen war. Diesmal war sie vorbereitet und sprach ihn an: »Verzeihen Sie. Mein Hund möchte Ihren Hund gern kennenlernen, aber er ist sehr schüchtern.«

Jeff und Frank verbrachten den Abend in einer Tanzbar und beobachteten die Gäste. Bald bemerkten sie eine hübsche Frau, die alleine an der Bar saß. Im Verlauf des Abends sprachen mehrere Männer sie an und forderten sie offensichtlich zum Tanzen auf. Immer wieder schüttelte sie stumm den Kopf. Jeff kommentierte jede Absage pantomimisch mit einem Pfeil, der sein Herz durchbohrte. Irgendwann sagte Frank, er garantiere, daß sie mit ihm tanzen würde, und zog los. Jeff beobachtete, wie Frank sie ansprach und sie wie gehabt den Kopf schüttelte. Unbeirrt sagte Frank noch etwas. Und zu Jeffs Verblüffung lächelte die Unnahbare plötzlich und führte Frank zur Tanzfläche. Jeff konnte es kaum erwarten, bis Frank mit der Berichterstattung zurückkam: »Ich fragte, ob sie mit mir tanzen wolle. Sie sah mir kühl in die Augen und sagte nein. Ich blickte ihr ebenfalls kühl in die Augen, grinste und sagte: Und wenn ich Sie führen lasse?«

Wie Sie an der Ausführlichkeit dieses Abschnittes zweifellos erkennen, gefallen mir Leute, die gern lachen. Wenn Sie einen humorvollen Satz auf Lager haben, den Sie gern bei jemandem ausprobieren wollen, vergessen Sie nicht, daß nichts dabei ist, ihn vor dem Badezimmerspiegel zu üben. Komiker proben jeden Satz, jede Geste, jede Mimik so lange, bis alles perfekt sitzt. Auch die Zwischenbemerkungen, von denen Sie glauben, sie seien spontan, sind endlos lange geprobt, um zu gewährleisten, daß sie gut ankommen.

Harry, einer meiner Workshop-Teilnehmer, erzählte von einem Theaterstück, das er kürzlich gesehen hatte. Mitten im romantischen Liebesgeflüster der beiden Hauptdarsteller fiel die Frau aus der Rolle und machte eine spitze Bemerkung über den Mundgeruch ihres Geliebten. Das Publikum kreischte vor Lachen. Zwei Wochen später besuchten Harrys Eltern das Stück, und wieder wurde das Publikum mit besagtem »improvisierten« Text überrascht.

Wenn Sie fürchten, ein einstudierter Text könne Ihre Spontaneität einschränken, denken Sie daran, ein paar gut einstudierte Sätze lassen Sie witzig und brillant erscheinen (selbst wenn Sie das nicht immer sind). Das stärkt Ihr Selbstvertrauen, und plötzlich *sind* Sie brillant und witzig – ein glänzender Unterhalter. Am Ende sind Sie so spontan, daß Sie des Abends zu Hause vergeblich versuchen, sich an alle Ihre Einfälle zu erinnern.

Der Satz für den Altar

Mit solchen Sätzen geben Sie jemandem zu verstehen, daß Sie von ihm schon total hingerissen sind, bevor Sie das Objekt Ihrer Begierde richtig kennengelernt haben. Mit dem »Altarsatz« bekräftigen Sie, was Ihre Intuition Ihnen eingibt – daß diese völlig fremde Person nämlich für eine ernste Beziehung, ja sogar für eine Heirat in Frage käme. Solche Sätze wollen mit einem Augenzwinkern ausgesprochen sein, sonst laufen Sie Gefahr, als Verrückter oder total Verzweifelter zu gelten.

Eine dreiundsiebzigjährige Frau sprach einen Mann auf einer Parkbank an: »Sie sehen genauso aus wie mein dritter Mann.« Der Mann auf der Bank beäugte sie mißtrauisch und fragte zögernd: »Und wie viele Ehemänner haben Sie gehabt?« Mit einem Augenzwinkern antwortete sie gutgelaunt: »Zwei.«

Iris und Priscilla besuchten eine jüdische Single-Party. Al fiel ihnen auf, der stumm und einsam dasaß und recht unglücklich dreinsah. Die beiden beschlossen, ihn ein wenig aufzumuntern. Sie gingen zu ihm hinüber, sprachen ihm Mut zu und sagten, so schlimm könne alles doch nicht sein, und außerdem werde es bestimmt bald wieder besser. Da hob er den Kopf und lächelte. Priscilla sagte mit lauter Stimme zu Iris: »Ist das nicht ein wundervolles Lächeln! Ein solches Lächeln könnte man heiraten. Was meinst du, Iris? Soll ich den Rabbi rufen?«

Rob, ein New Yorker Schlagzeuger, dachte sich mehrere Eröffnungssätze für eine herrliche Blondine aus, die er in einer Bar sah. Schließlich sagte er zu ihr: »Komm, wir gehen unsere Wohnungseinrichtung kaufen.« Ein anderes Mal ging er auf der Straße auf eine bezaubernde Frau zu und sagte: »Ich möchte Sie gern meiner Mutter vorstellen.«

Der schriftliche Auftakt

Nicht jeder Satz wird gesprochen. Erinnern Sie sich, als Sie in der zweiten Klasse Grundschule dem frechen Jungen in der dritten Bank einen Zettel zuschoben und ihm versprachen, er dürfe in der Pause Ihren Frosch streicheln? Zur Strafe mußten Sie hundertmal schreiben: »Ich darf meinen Frosch nicht mit in den Unterricht bringen.« Heute werden Sie wohl weniger hart bestraft, wenn Sie kleine Liebesbriefe verfassen.

Carmen saß mit ein paar Freundinnen an der Bar, als ihr eine gefaltete Papierserviette überreicht wurde. Sie öffnete sie und las zu ihrem Erstaunen: »Teils Liebe, teils Lust.«

Vielleicht denken Sie, Carmen habe die Nachricht als Belästigung empfunden. Sie irren. Auch den Freundinnen gefiel sie so gut, daß sie den Schreiber aufforderten, sich zu ihnen an die Bar zu setzen.

Ich gab eine Party für Singles und stellte einige Aufgaben, um den Teilnehmern das Kennenlernen zu erleichtern. Eine Aufgabe bestand darin, sich gegenseitig Komplimente zu machen. Am Ende der Party kam eine Frau auf mich zu und zeigte mir, welches

Kompliment sie in Form einer kleinen Notiz erhalten hatte. Einer der Männer hatte ihr seine Geschäftskarte gegeben. Auf die Vorderseite unter seinen Namen hatte er geschrieben: »Sie haben ein wunderbares Lächeln.« Auf der Rückseite stand: »Gutschein für eine Tasse Kaffee oder einen Eisbecher im Café Ihrer Wahl. Nicht übertragbar.«

Aber auch schriftliche Botschaften können Komplikationen auslösen. So war ich vor einigen Jahren in einem Restaurant vom Charme des blauäugigen Kellners hingerissen. Zu schüchtern, um ihn direkt anzusprechen, zog ich es vor, den Geschäftsführer nach seiner Wagennummer zu fragen, damit ich ihm eine Nachricht mit meiner Telefonnummer unter den Scheibenwischer klemmen könnte. Ich fand den Wagen und entdeckte zu meinem Erstaunen, daß bereits ein Zettel unter dem Scheibenwischer lag (auf dem der Kellner »Hallo Blauauge« genannt wurde). Ich beschloß, auch ohne Therapiesitzung mit meinen Schuldgefühlen fertig zu werden, entfernte diesen Zettel und ersetzte ihn durch meine Zeilen. Das Leben ist nun mal ein Dschungelkampf.

EIN LETZTES WORT ZUM AUFTAKT

Es kann geschehen, daß der brillanteste, scharfsinnigste aller Sätze bestenfalls leere Blicke erntet. Es wäre unrealistisch zu erwarten, daß 100 Prozent der Leute, die Sie kennenlernen, Ihre Meinung über Dinge teilen, die Sie für komisch, aufregend oder verführerisch halten. Wenn Sie also auf Ablehnung stoßen oder wenn Sie erst gar nichts tun wollen, weil Sie fürchten, auf Ablehnung zu stoßen, nehmen Sie sich die Frage eines sehr klugen Mannes zu Herzen, der an einem Flirt-Workshop teilnahm:

Wenn Sie mit neunzig im Schaukelstuhl sitzen und über Ihr Leben nachdenken – was ist Ihnen lieber: sich an all die verpaßten Gelegenheiten zu erinnern oder an diejenigen, die Sie wahrgenommen haben?

KAPITEL 3
DIE TARNUNG AUFGEBEN:
WIE BRINGT MAN SICH IN ERINNERUNG?

Wir tarnen uns, um uns einem bestimmten Gelände anzupassen – damit tun wir, als seien wir gar nicht da. Die sicherste Tarnung wäre, völlig unsichtbar und still zu sein. Der Zweck der Tarnung steht im direkten Gegensatz zur Absicht der Guerillataktiken bei der Partnersuche, die darin besteht, auf sich aufmerksam zu machen. Wenn wir unsere persönlichen Tarnungen erkennen und analysieren, eröffnen wir uns neue Möglichkeiten, um unsere romantische Identität zu verbessern. Wenn wir wissen, woran wir sind, können wir Veränderungen in Angriff nehmen. Wie alles im Leben ist dies leichter gesagt als getan. Und wie immer gilt auch hier, das beste ist, *es zu tun*.

Um mehr darüber zu erfahren, ob Sie in der Falle Ihrer mentalen Tarnung sitzen, nehmen Sie bitte zu folgenden Aussagen Stellung:

Ich stelle mich so dar, daß die Leute neugierig auf mich werden:
___ oft ___ manchmal ___ selten

Ich weiß mich von der Menge abzuheben:
___oft ___ manchmal ___ selten ___ nie im Leben

Ich kann jemanden bitten, mir zehn Minuten Aufmerksamkeit zu schenken:
___oft ___ manchmal ___ selten ___ nie

Meine Kleidung ist modisch, Ausdruck meines Lebensstils, und ich sehe darin gut aus:
___ oft ___ manchmal ___ selten ___ ich besuche eine konfessionelle Privatschule und trage Uniform

Ich zeige anderen, wie interessant es sein kann, Zeit mit mir zu verbringen:
___oft ___ manchmal ___ selten

Ich habe absichtlich kein »immer« als mögliche Antwort genannt, da Sie lügen müßten, wenn Sie eine dieser Fragen mit »immer« beantworten, oder sich einem ungesunden Druck aussetzen würden, der Sie rasch zu einem emotionalen Krüppel werden ließe oder große Enttäuschungen zur Folge hätte.

WARUM WIR UNS TARNEN

Während uns unser rationales Denken zu verstehen gibt, daß wir nur dann Aufmerksamkeit auf uns lenken, wenn wir etwas dafür tun, hat unsere Gefühlsseite Angst davor, Aufmerksamkeit zu erregen. Aufmerksamkeit kann positive oder negative Auswirkungen haben. Als kleine Kinder erhielten wir beispielsweise sowohl für unseren Gehorsam als auch für unseren Ungehorsam besondere Aufmerksamkeit. Manchmal glaubten wir etwas Tolles gemacht zu haben und wurden bitter enttäuscht. Wenn wir beispielsweise mit Mamis Lippenstift ein wunderschönes Bild an die Wand gemalt hatten, mußten wir feststellen, daß diese sich darüber gar nicht freute. Es war bisweilen so verwirrend, unser unverwechselbares Selbst zu sein, daß sich manche von uns für Neutralität (Sicherheit) entschieden haben statt dafür, Aufmerksamkeit auf sich zu lenken. Nicht nur unsere Eltern hielten uns an, unsere Spontaneität im Zaum zu halten, auch unser Schulsystem fördert seit jeher angepaßtes Auftreten und Verhalten. Das dient ja auch zum großen Teil unserer Entwicklung, also einem guten Zweck. Wenn nämlich jeder um jeden Preis zur gleichen Zeit alle Aufmerksamkeit erringen wollten, hätten wir das totale Chaos.

In jüngeren Jahren wußten wir nicht immer, welches Verhalten akzeptabel war, um beachtet zu werden. Oft gelang es uns nur sehr schwer, die Aufmerksamkeit auf uns zu lenken, und wir verstiegen uns zu Verhaltensweisen, die uns Tadel und Kritik einbrachten. So erhielten wir negative Zuwendung. Unsere Kindheit und Jugend ist voll mit Erinnerungen an Lernprozesse auf dem Weg zur sozialen Anpassung – die meisten von uns gingen diesen steinigen Weg.

Als Erwachsene fällt es uns wesentlich leichter, andere Menschen auf uns aufmerksam zu machen, ohne dabei Schaden anzurichten, Empörung auszulösen oder andere wütend zu machen und dadurch in Schwierigkeiten zu geraten. Aber alte Verletzungen vergißt man nicht. Und wenn wir uns heute von der Masse abheben wollen, fragen wir uns angstvoll und in Gewissensnöten, welche Folgen uns daraus erwachsen könnten.

Solches Denken schlägt sich auf unser Verhalten nieder. Selbst wenn wir uns tief im Herzen nach Aufmerksamkeit sehnen, bemühen wir uns in Kleidung und Verhalten um Unauffälligkeit, damit wir möglichst kein Aufsehen erregen. Wenn wir es erfolgreich geschafft haben, uns zu verstecken, wenn keiner mehr von uns Notiz nimmt, sehen wir das nicht als logische Folge unserer Tarnmanöver, sondern als die Übereinkunft anderer, daß wir eben keine Beachtung verdienen.

TARNUNG IM ALLTAG

Manchmal wissen wir, daß wir uns verstecken, dann wieder besteht unser Wunsch nach Tarnung nur im Unterbewußtsein. Es ist uns nicht bewußt, daß wir Aspekte unserer Persönlichkeit verbergen, die wir anderen eigentlich gern mitteilen würden. Eine Freundin berichtete mir kürzlich eine Geschichte, welche die »Tarnung im Alltag« veranschaulicht. Jody, einer ausgesprochen hübschen Chef-Stewardeß war die Aufgabe zuteil, sich über die Sprechanlage den Fluggästen vorzustellen. Sie meinte, sie sähe keinen Grund, den Leuten auf dem Flug von New York nach Denver zu sagen, wie sie hieße, und übertrug die Aufgabe einer jüngeren Kollegin. Ansonsten erfüllte sie pflichtbewußt und freundlich ihren Dienst. Für die Fluggäste blieb sie weiterhin ein unbekanntes, namenloses Wesen. Das ging einige Jahre so.

Es kam der Tag, an dem sie gezwungen war, das Mikrofon selbst in die Hand zu nehmen, sich vorzustellen und die technischen Daten der Maschine zu erklären. Später sprach ein Fluggast sie mit ihrem Namen an. Das war das erste Mal in ihrer langjährigen Laufbahn, daß so etwas geschah, da sie andere Menschen zum ersten Mal auf ihre Existenz aufmerksam gemacht hatte. Dieser winzige Vorfall hatte eine enorme Wirkung auf Jody, die nun feststellte, daß die Leute freundlicher mit ihr umgingen, wenn sie ein wenig mehr aus sich herausging. Die Menschen behandelten sie netter, wenn sie wußten, wer sie war. Sie dachte ein wenig über die Wirkung nach, die sie auf ihr Umfeld hatte, und erkannte darin ein Schlüsselelement für eine Veränderung. Die Leute verhielten sich prinzipiell nicht anders als sonst auch, aber Jody machte etwas anders: Sie ging offener auf ihr Umfeld zu, und dadurch wurde ihr mehr Herzlichkeit entgegengebracht. Wir sprechen hier nur von Jodys Aufgeschlossenheit im Beruf, sie stellte aber auch eine ähnliche Entwicklung in ihrem Privatleben fest.

Jodys Tarnung vollzog sich automatisch und gab ihr das Gefühl, unscheinbar und isoliert zu sein. Sie erkannte, daß sie das immer als ein Phänomen betrachtet hatte, das ihr von anderen Menschen entgegengebracht wurde, und nicht als etwas, was sie selbst auslöste. Der Schlüssel zur Veränderung lag in ein paar freundlichen Begrüßungsworten. Falls Sie, ähnlich wie Jody, der Meinung sind, Ihr Umfeld reagiere nicht auf Sie, überlegen Sie, ob Sie es vielleicht sind, der/die nicht auf Ihr Umfeld reagiert.

ERSTE SCHRITTE

In Sachen Liebe machen wir es oft schon im Ansatz falsch. Wir malen uns großartige Lösungen aus und denken nicht an erste kleine Schritte. Wenn dann unsere Vorstellungen beim ersten Versuch mißlingen, werfen wir sofort die Flinte ins Korn und tun überhaupt nichts mehr, oder wir versuchen hastig, eine völlig andere Richtung einzuschlagen. Gezielte Anfänge geben uns Zeit zum Nachdenken. Wir sehen uns an, was wir getan haben, und denken darüber nach, was uns geholfen hat und was nicht. Und wir überlegen uns, was uns gehindert hat, wenn wir uns dafür entschieden haben, nicht aktiv zu werden. Bei gezielten Anfängen werden neue Ideen in kleinen Dosierungen ausprobiert. Dadurch werden die Risiken kleiner und sind leichter zu bewältigen.

Das ist unser Ziel: etwas, das uns riesig und furchterregend erscheint, in etwas Kleines und Handliches zu verwandeln. So machen wir aus einem Versuch einen gezielten Start und keine letzte Chance.

»Klein und handlich« heißt nicht streßfrei. Natürlich werden Sie unter Streß stehen. GEWÖHNEN SIE SICH DARAN! Es gibt guten Streß und schlechten Streß. Guter Streß verspricht persönliches Wachstum und das große Vergnügen, Sie selbst zu sein.

Um Sie auf neue Denkweisen einzustimmen, werde ich Ihnen anhand von Fallbeispielen veranschaulichen, wie andere sich diesem Terrain näherten und ihre Tarnung aufgaben. Natürlich können nur Sie selbst entscheiden, was Sie tun wollen und welche Guerillataktiken des Kennenlernens für Ihre Person und Ihre Lebenssituation in Frage kommen.

Denkwürdige Begegnungen

Vor zwanzig Jahren verbrachte Roselle mit ein paar Freundinnen ihre Ferien in Spanien. In Barcelona saßen sie in einem malerischen Straßencafé und tranken Wein. Roselle bemerkte einen Mann an einem Nachbartisch, der Blickkontakt mit ihr suchte. Das Spiel mit den Blicken ging schon eine Weile hin und her, als die Bedienung Roselle auf einem Tablett eine pralle Orange brachte und ihr zu verstehen gab, sie sei von einem Verehrer. Roselle war erstaunt und berührt. In den folgenden zwanzig Jahren haben ihr verschiedene Herren Drinks an den Tisch bringen lassen, und an keinen dieser Verehrer hat sie irgendeine Erinnerung. Aber der Herr mit der Orange blieb ihr im Gedächtnis.

Die Geschichte mit der Orange erinnert mich an die Idee eines Workshop-Teilnehmers aus Boston, die auch nicht in Vergessenheit geriet. Der Mann meldete sich auf die Kontaktanzeige einer Frau, in der sie erwähnte, sie sei eine leidenschaftliche Anhängerin der Boston Red Soxs. Zum ersten Rendezvous brachte er ihr keine Blumen mit, sondern einen nagelneuen Baseball.

Diese beiden Geschichten fallen mir ein, wenn es darum geht, eine gewöhnliche Begegnung in eine denkwürdige zu verwandeln. Momente werden denkwürdig, wenn jemand mit dem was er tut oder sagt, völlig aus dem Rahmen des Üblichen fällt. Melina erzählte, wie sie eine fast einen Meter lange Peperoni, die sie als Souvenir aus dem Urlaub mit nach Hause nahm, durch das Flughafengebäude schleppte. Melina erregte damit einiges Aufsehen und meinte, die »Peperoni-Masche« eigne sich *nicht* für Menschen, die anzügliche Bemerkungen nur schwer verkrafteten. Ein bekannter Rundfunksprecher sagte einmal, möglicherweise würden sich heute noch ein paar Leute an ihn erinnern als den komischen Typen, der einen unförmigen Vogelkäfig aus Metall auf einem Flug von Schweden nach New York mit sich schleppte.

Überraschungen

Wenn Sie Ihre Fähigkeit kultivieren, Leute zu überraschen, pflegen Sie Ihre Trickkiste für die Guerillataktiken des Anbandelns. Die meisten Menschen gestalten ihren Alltag nach festgesetzten Normen, die kaum Spontaneität zulassen. Damit landet man schnell im Land der Langeweile. Warum peppen Sie Ihren Alltag nicht ein wenig auf: unerwartet ist ja nicht gleichbedeutend mit abschreckend.

Adam ging einmal in der Woche zur Bank und stellte sich immer an denselben Schalter, um dort von immer derselben entzückenden Bankangestellten bedient zu werden. Woche um Woche gab er seine Überweisungen bei ihr ab. Obgleich er beharrlich versuchte, ihre Aufmerksamkeit auf sich zu lenken, schien sie für nichts anderes Interesse zu zeigen als für seine Überweisungen und Scheckformulare. Eines Tages heftete er einen Zettel an eine ausgefüllte Überweisung, auf den er schrieb, wie entzückend er sie fände. Irgendwann später rief ich Adam an, um ihn zu bitten, mir bei der Organisation einer Single-Party zu helfen. Leider hatte er keine Zeit, da er mitten in den Vorbereitungen für seine Verlobung mit seiner süßen Bankangestellten war, bei der er schließlich mit seiner Guerillataktik doch noch landen konnte.

Bobs Taktik bestand in der Anschaffung einer Flip-chart. Diese Vorrichtung eignete sich bestens dazu, bequem vom Auto aus zu flirten. Auf den einzelnen Karten standen in deutlich lesbarer Schrift Worte wie: »TOLLER WAGEN« oder »ÜBERPRÜFEN SIE IHREN KOFFERRAUMDECKEL« oder »SMILE«. Früher haßte Bob die Stunde, die er morgens und abends auf dem Weg zum Büro und nach Hause im Auto verbringen mußte. Heute hat er auch im größten Stau seinen Spaß. Eine Masche, die nicht jedermanns Sache sein mag, doch Bob liebt es, vom Auto aus zu flirten.

Niemand brauchte einen besonderen Kick mehr als Kristin, die hübsche Direktorin einer Grundschule in Providence, Rhode Island. Ziemlich neu in der Single-Szene, machte sie immer wieder die Feststellung: Sobald sie einem Mann erzählte, was sie von Beruf sei, machte der einen Rückzieher. Die Männer verhielten sich ausnahmslos so, als seien sie beim Rauchen in der Schultoilette erwischt worden. Sie suchte nach einer witzigen Bemerkung, mit der sie den Männern zu verstehen geben konnte, daß eine Verabredung mit ihr nichts mit Nachsitzen oder einer Strafarbeit zu tun hätte. Zunächst meinten einzelne Workshop-Teilnehmer, sie sollte den Männern ihren Beruf verschweigen. Bei Guerillataktiken des Kennenlernens geht es aber darum, die uns zur Verfügung stehenden Mittel zu unserem Vorteil zu nutzen, sie nicht herunterzuspielen oder zu verbergen. Ein Mann machte zwei ausgezeichnete Vorschläge. Wenn sie das nächste Mal nach ihrem Beruf gefragt würde, sollte sie antworten: »In meinem Beruf sorge ich dafür, daß alle Kinder brav und gehorsam sind. Wenn Sie sich allerdings danach richten würden, wäre ich sehr enttäuscht.« Sein zweiter Vorschlag: Sie sollte ihrem Kandidaten nach dem ersten Treffen ein Zeugnis ausstellen – mit möglichst nur guten Noten, versteht sich. Beide Ideen gefielen Kristin. Hatte sie ein Gespräch über ihren Beruf bislang bei der Partnersuche als Hindernis empfunden, nahm sie nun die Gelegenheit wahr, ein paar geistreiche und witzige Bemerkungen damit zu verbinden.

Während die Schuldirektorin den Wunsch hatte, nicht als Autoritätsfigur aufzutreten, nutzte Sarah das Bild einer solchen, um ihren Spaß zu haben. Während eines Aufenthalts in Wyoming kaufte sie sich in einem Spielwarenladen einen Sheriffstern, den sie an ihr Jackenrevers heftete. Manche Männer sprachen sie an und baten scherzhaft, unter Arrest gestellt zu werden. Kam sie mit einem Mann ins Gespräch, der ihr gefiel, verhaftete sie ihn mit strenger Miene an Ort und Stelle. Eines Abends sagte sie zu einem Mann, mit dem sie ausging und der ihr besonders gut gefiel, sie hätte zwar ihren Sheriffstern angesteckt, doch leider ihre Handschellen zu Hause liegen lassen. Was haben *Sie* auf Lager, um es spielerisch an den Mann oder an die Frau zu bringen?

Not macht erfinderisch

Um ein Gespräch in Gang zu halten, muß man gelegentlich zu einer kleinen List greifen, nicht, um sich einen *Vorteil* zu verschaffen, sondern um *Vorsprung* zu gewinnen. Ein paar Anekdoten verdeutlichen, was ich damit meine.

Calvin wartete im Vorzimmer, um zu einem Kunden vorgelassen zu werden, und unterhielt sich mit dessen Sekretärin. Sie war ihm früher schon aufgefallen, und er fand sie nett, kam aber über Formalitäten im Gespräch mit ihr nicht hinaus. Als ihm schließlich auch diesmal der Gesprächsstoff auszugehen drohte, fiel ihm nichts Besseres ein, als das Glas, in dem sie Schreibstifte aufbewahrte, umzustoßen. Als beide auf allen vieren auf dem Teppich herumkrochen, um die verstreuten Stifte einzusammeln, war das Eis gebrochen.

Eine Frau aus Boston erzählt die Geschichte, wie sie mit ein paar Freundinnen in einem Lokal saß, ein großer Mann an ihren Tisch trat und sagte: »Was dagegen, wenn ich hier Platz nehme?« Die Frau sagte nein, sie habe nichts dagegen, und der Mann ließ sich prompt auf ihrem Schoß nieder.

Heather aß ihr Lunchpaket auf einer Parkbank, als ein sehr attraktiver Mann auf der Bank gegenüber Platz nahm und gleichfalls sein Mittagessen auspackte. Nachdem sie die Worte »schönes Wetter heute« einige Male in Gedanken vor sich hingesagt hatte, ohne sie jedoch über die Lippen zu bringen, stieß sie absichtlich ihre Wasserflasche um und bat ihn um eine Papierserviette. Als sie die Bescherung aufgewischt hatte, setzte sie sich zu ihm, um nicht naß zu werden.

Wie treffe ich sie/ihn wieder?

Wenn Sie sich ganz schnell eine Ausrede einfallen lassen, ist das eine kleine Notlüge. Wenn Sie aber ganze Pläne entwerfen, um etwas zu erreichen, handelt es sich um eine gezielte Aktion.

Ed starrte auf einer Party eine dunkelhaarige Frau hingerissen an. Wie sooft gab es auch bei dieser Sache einen Haken. Sie war nämlich in Begleitung. Er versuchte zwar ein paar Worte mit ihr zu wechseln, scheute sich aber davor, zu aufdringlich zu sein. Dennoch hatte er das deutliche Gefühl, daß sie ihrem Begleiter keine allzu tiefen Gefühle entgegenbrachte. Am nächsten Tag rief er Carl, den Gastgeber, an, um herauszufinden, wer die geheimnisvolle Fremde war, doch Carl konnte ihm auch nicht recht weiterhelfen. Er wußte lediglich, daß ihr Vorname Debbie war, daß sie in Sudbury lebte und Griechin war. Halten Sie Eds Chancen für aussichtslos? Sie kennen Ed nicht.

Ed suchte im Telefonbuch nach Nummern von griechisch-orthodoxen Kirchen in Sudbury. Er fand nur eine Kirche und fuhr dorthin. Im Büro des Kirchenvorstehers brachte er sein Anliegen vor. Dieser glaubte zu wissen, um wen es sich bei Debbie handelte, und gab Ed die Telefonnummer ihrer Eltern. Ed rief die Eltern an und erzählte die ganze Geschichte von vorn. Die Eltern gaben ihm die Nummer ihrer Tochter. Sie können sich vorstellen, wie geschmeichelt Debbie sich fühlte, als sie erfuhr, welche Mühe Ed sich gegeben hatte, um sie ausfindig zu machen. Die Sache mit den beiden entwickelte sich zwar nicht zu einer großen Liebesgeschichte, aber Ed und Debbie haben sie nie vergessen.

Eine Frau aus Boston erzählt von einer ähnlichen Suchaktion eines Mannes, den sie auf der Fähre zu Martha's Vineyard kennengelernt hatte. Nach zwanzig Minuten anregender Unterhaltung legte die Fähre an. Etwas nervös sagte sie dem Mann, wie sehr ihr die Unterhaltung mit ihm gefallen hätte und sie hoffte, ihn wiederzusehen. Mit einem eindeutigen Augenzwinkern entgegnete er: »Darauf können Sie wetten.« Während ihres Ferienaufenthaltes traf sie ihn nicht mehr. Doch als sie nach Hause zurückkehrte, fand sie eine Nachricht von ihm auf ihrem Anrufbeantworter vor. Sie erschrak, da sie ihm nicht einmal ihren Nachnamen genannt hatte. Er aber hatte heimlich die Aufkleber auf ihrem Gepäck gelesen und sich ihren Namen gemerkt. Danach war es ein Kinderspiel, ihre Telefonnummer bei der Auskunft zu erfragen.

1959 ging Tone zum ersten Mal mit Audrey aus und ließ danach nichts mehr von sich hören. Audrey las in einer Zeitschrift eine Anzeige über die damals in Amerika beliebte Geschenkidee, lebende Schildkröten per Post zu versenden (was heute gesetzlich verboten ist). Sie bestellte eine Schildkröte. Als das Paket ankam, schrieb sie ihren Namen und ihre Telefonnummer auf den Panzer des Tiers, versorgte es mit einem Salatblatt als Reiseproviant, verpackte es wieder sorgsam und schickte es an Tone. Bald danach fand die Hochzeit statt. (Die Schildkröte führte noch ein langes, geruhsames Leben im Vorgarten der beiden.)

Dick münzte listigerweise eine persönliche Niederlage in einen erfolgreichen Eröffnungssatz um. Nach der ersten Hälfte meines zweiteiligen Workshops verbrachte er ein Wochenende in den Bergen beim Skifahren. Seine Hausaufgabe bestand darin, Frauen anzusprechen und sich längere Zeit mit ihnen zu unterhalten. Gut gelaunt betrat er die Skihütte, setzte sich zu zwei Frauen und unterhielt sich angeregt mit ihnen. Bald flirtete er auf Teufel komm raus und fühlte sich in Hochstimmung. Irgendwann stand er auf und ging hinaus zur Toilette. Als er das Lokal wieder betreten wollte, verstellte ihm der Rausschmeißer den Weg und sagte, er sollte ganz schnell verschwinden. Dick war total verblüfft. Er war weder betrunken, noch hatte er sich sonstwie schlecht benommen. Doch der Rausschmeißer wiederholte, Dicks Gesicht gefiele ihm nicht, und es wäre besser für ihn, schleunigst heimzugehen. Dick betrachtete sich die Oberarmmuskeln des Mannes und trat den Rückzug an. Am nächsten Tag fand Dick heraus, daß es die Frau des Rausschmeißers war, an die er sich herangemacht hatte. Wenn er heute eine Frau in einer Bar anspricht, tut er das mit den Worten: »Sie sind nicht zufällig die Frau des Rausschmeißers hier?« Dann erzählt er seine Geschichte und landet damit einen Volltreffer.

Michael, ein Mann von Anfang Zwanzig, mit den größten Augen, die ich je gesehen habe, nahm an einem Flirt-Workshop teil und erzählte seine Geschichte. Er schlenderte durch das Einkaufszentrum seiner Stadt und entdeckte eine hübsche Politesse. Er war viel zu schüchtern, um sie anzusprechen. Mehrmals schlenderte er an ihr vorbei, ohne von ihr bemerkt zu werden. Er mußte sich also drastischere Maßnahmen einfallen lassen. Also ging er auf den Parkplatz zu seinem Wagen, steckte den Schlüssel ins Zündschloß, drückte die Türverriegelung hinunter und klappte die Tür von außen zu. Dann kehrte er zu seiner Politesse zurück und bat sie um Hilfe.

ZUSAMMENFASSUNG

Geben Sie Ihre Tarnung auf und greifen Sie zu Überraschungseffekten, um Leute kennenzulernen. Zeigen Sie Ihre Bereitschaft, die Welt zu beeindrucken. Im Sinne einer neu verstandenen Liebesromantik geht es dabei nicht so sehr darum, andere Leute als vielmehr sich selbst in Erstaunen zu versetzen. Sie sind kein Kind mehr und brauchen keine Angst davor zu haben, etwas falsch zu machen. Freuen Sie sich statt dessen über Ihre Erfindungsgabe und Ihren Einfallsreichtum. Nutzen Sie diese Elemente zu Ihrem Vorteil. Sie sind ein tiefer Brunnen ungenutzter Schätze und kreativer Einfälle. Schöpfen Sie daraus!

TEIL II

GEHEIMWAFFE NO. 1:
FLIRTMANÖVER

STRATEGIEN DES FLIRTENS

Am Ende eines langen Arbeitstages, der mir nichts als Ärger gebracht hatte, unter anderem auch den Verlust eines meiner geliebten Jadeohrringe, saß ich im Bus auf der Heimfahrt. Gedankenverloren achtete ich kaum auf den dreijährigen Knirps, der vor mir neben seiner Mutter saß und mich unverwandt ansah. Seine Augen spähten über die Rückenlehne, und sein Blick gab mir zu verstehen: »Sieh mal, wie süß ich bin. Du findest mich unwiderstehlich und lächelst mich gleich an.« Ich lächelte ihn an. Schnell wandte er den Blick ab, um mich gleich darauf wieder anzuschauen – kühner diesmal.

Kinder sind wundervoll. Sie flirten einzig allein in der Absicht, sich die Zeit angenehm zu vertreiben. Wenn Sie glauben, solches Verhalten sei nur Kindern vorbehalten, denken Sie noch einmal nach.

DIE KUNST DES FLIRTENS –
NATURGEGEBEN ODER ANERZOGEN?

Manche Menschen denken, die Gabe des Flirtens sei uns angeboren – ein Geheimnis, das in den Chromosomen irgendwo in der DNA manch glücklicher Auserwählter versteckt sei. Andere denken, die Kunst des Flirtens sei eine Reihe erlernter Verhaltensweisen, eine Fähigkeit, die wir uns in jungen Jahren aneignen. Auch in diesem Punkt besteht eine uralte Kontroverse zwischen angeborenem und erlerntem Verhalten menschlicher Entwicklung. Die Verfechter einer Schule sagen, wir seien genetisch programmiert, während andere das Umfeld als Quelle unserer Möglichkeiten heranziehen.

Ich sympathisiere mit der Theorie erlernter Verhaltensweisen und begegne Menschen, die von »angeborenen Charmeuren« sprechen, eher mit Mißtrauen. Sie mögen es nie schaffen, sich so elegant zu bewegen wie Cary Grant, weil das auch sonst niemand kann. Auch Archie Leach (Cary Grants eigentlicher Name) erreichte Cary Grants Eleganz nicht, da Cary Grant nämlich eine Kunstfigur ist.

ZURÜCK ZUM BUS

Ich wandte mich wieder dem kleinen Jungen zu und schenkte ihm ein strahlendes Lächeln. Er lächelte zurück. Ich gurrte. Er gurrte mich an. Wir kamen beide richtig in Fahrt, als seine Mutter ihm sagte, er solle sich umdrehen und ordentlich hinsetzen und damit aufhören, »die Dame« zu belästigen. Ich kam ins Grübeln:

1. Kinder flirten müheloser als Erwachsene.
2. Flirtende Kinder scheinen eines gemeinsam zu haben: eine Aufsichtsperson, die ihnen befiehlt aufzuhören, sich ungehörig zu benehmen.

Die Aufgabe unserer Eltern bestand darin, uns zu beschützen. Uns fehlte die Erfahrung, deshalb fehlte uns auch die Gabe, Gefahren zu beurteilen. Wir brauchten Erwachsene, die uns davor bewahrten, unsere Hände auf heiße Kochplatten zu legen. In der Kindheit wurde uns ständig eingeschärft, was wir tun und was wir nicht tun durften. Unser Leben definierte sich vielfach durch auferlegte Beschränkungen.

Als Heranwachsende verinnerlichten wir die Stimmen unserer Eltern. Sie mußten uns nicht mehr ständig sagen, was richtig und was falsch war, denn wir hatten aus unseren Erfahrungen gelernt. So sagte man uns beispielsweise, Stehlen sei eine Sünde, und deshalb stehlen wir nicht.

Als Dreijähriges mußten Sie davor gewarnt werden, mit Fremden zu sprechen, da Sie weder Fremde noch sich selbst kritisch beurteilen konnten. Heute haben Sie diese alten Stimmen immer noch im Ohr, obgleich Sie sämtliche Entscheidungen für sich selbst treffen können. Ratschläge und erzieherische Maßnahmen, die Sie in der Kindheit beschützten, mögen Ihnen heute im Erwachsenenleben eher hinderlich sein.

Wenn Sie die folgenden Kapitel über das Flirten lesen, nehmen Sie sie mit der Offenheit eines Kindes auf. Hören Sie nicht auf all die anderen Stimmen, und öffnen Sie Ihr Herz. Sie mögen feststellen, daß Flirten eher mit Fahrradfahren zu vergleichen ist als mit einem Flug ohne Raumkapsel ins Weltall. Sie begegnen dabei eher einer vertrauten Umgebung als einer neuen, unbekannten Welt; und Sie tragen dabei bequeme Schuhe und keine Folterinstrumente mit hohen Absätzen.

Der kleine Junge drehte sich ganz langsam um und sah mich wieder an. Die Neugier blitzte in seinen Augen – er machte etwas, das eigentlich nicht erlaubt war, und das machte die Sache nur noch aufregender. Langsam streckte er die Hand nach meinem am Ohr verbliebenen Jadeohrring aus. Seine Mutter, die wie jede Mutter über einen erstaunlichen Weitwinkel-Blick verfügte, nahm seine Hand, drehte ihn sanft um und sagte ihm, er solle ein für allemal aufhören, mich zu belästigen.

Und damit war unser Flirt beendet.

KAPITEL 4
DEN CODE KNACKEN

Wenn wir jemanden einen Charmeur nennen, ist das meist *kein* Kompliment. Wir sehen im Flirt oft eine nicht ganz aufrichtige Schmeichelei, die von Menschen zweifelhafter Integrität schamlos eingesetzt wird. Trotzdem sind wir insgeheim ein wenig neidisch auf Menschen, die sich aufs Flirten verstehen. Flirten ist eine der kleinen Doppeldeutigkeiten des Lebens: wir kritisieren sie und kommen uns andererseits plump und ungeschickt vor, wenn wir diese Kunst nicht beherrschen.

Sie können den Code des modernen Flirtens knacken, wenn Sie Ihre Einstellung dazu verändern. Flirten hat etwas mit Neugier und spielerischer Leichtigkeit zu tun, es darf nicht mit Heimlichkeit und Verlogenheit verwechselt werden.

Als ersten Schritt gilt es, jahrelange negative Klischeevorstellungen abzubauen, einschließlich Urteile wie diese:

Der unverbesserliche Gigolo – er flirtet mit Ihnen schon eine ganze Zeit. Dann entschuldigt er sich und flirtet mit der nächsten Frau. Unverfroren geht er von einer zur anderen. Bald sind die Taschen seines Jacketts von den gesammelten Zetteln, auf denen die Telefonnummern seiner Bekanntschaften stehen, ganz ausgebeult.

Die ewige Verführerin – sie hat den Verstand einer Sanddüne. Ständig gibt sie Anzüglichkeiten von sich, kleidet sich zu jeder unpassenden Gelegenheit verführerisch und sexy. Ihre sexuelle Erregung zeigt permanent 9,1 auf der Richterskala an.

Einer, der auf Ärger aus ist – seine Flirt-Antennen aktivieren sich über das Trauma, das er hervorzurufen weiß, weshalb er nur mit Frauen flirtet, die in Begleitung anderer Männer sind. Ich spreche hier nicht von harmlosem Schäkern, sondern von handfesten Übergriffen. Er wildert in fremden Jagdrevieren, spielt Gastrollen in sämtlichen Seifenopern und geht in Beziehungskisten immer von drei Beteiligten aus und nicht von zwei.

Bitte beachten Sie:
DAS HAT NICHTS MIT FLIRTEN ZU TUN!

Jemand, der sich solcher Verhaltensweisen bedient, handelt sich nur Ärger ein, ruft Verwirrung und Enttäuschung bei anderen hervor – und versteht nichts von der Kunst des Flirtens.

ECHTES FLIRTEN

Echtes Flirten hat nichts mit oberflächlichem Ritualverhalten zu tun, das manche beobachten und andere tun; es hat auch nichts mit Konflikten zu tun oder damit, anderen Menschen weh zu tun. Der Flirt paßt sich reibungslos den veränderten Rollen von Männern und Frauen unserer Zeit an. Die Verhaltensweisen, die Sie aus einer Fülle von Flirtsignalen wählen, machen Sie entweder zum Sünder oder zum Heiligen.

Manche Formen des Flirtens fallen uns leichter – das heißt, sie sind uns vertraut –, andere erleben wir als mühsamer. Doch alle Verhaltensweisen erfordern die richtige Einstellung zum Flirten. Und das wichtigste ist dabei: Wenn Sie den Wunsch haben, richtiges Flirten zu lernen, können Sie es jetzt tun.

MODERNES FLIRTEN

Fünf Merkmale für ein richtig verstandenes Flirten:

1. *Flirten ist eine Kommunikationsform, mit der wir Anerkennung, Sympathie und Interesse zum Ausdruck bringen.* Machen Sie den Flirt zum Bestandteil Ihrer täglichen Kommunikation, und geben Sie anderen Menschen zu verstehen, daß Sie genau bemerkt haben:

   * welche Mühe sie sich gegeben haben, hübsch auszusehen;
   * welche Sorgfalt sie auf eine Aufgabe verwendet haben;
   * welche positiven Eigenschaften sie besitzen.

2. *Ein Flirt ist für den Augenblick gedacht und verfolgt keine langfristigen Ziele.* Denken Sie beim Flirten nur an den Augenblick. Denken Sie nicht daran, was daraus entstehen könnte. Es darf Ihnen beim Flirten nicht darum gehen, ein Ziel zu erreichen. Mit dem Flirten haben Sie Ihr Ziel bereits erreicht. Flirten Sie, weil es Ih-

nen Vergnügen bereitet, Ihre Zuneigung zu zeigen. Genießen Sie den Augenblick, ohne etwaige Vor- oder Nachteile abzuwägen.

3. *Ein Flirt ist aufrichtig und echt. Das Flirten an sich ist nicht flatterhaft oder leichtfertig – außer die flirtende Person fügt dies hinzu.* Natürlich gibt es immer unverantwortliche Flirter; die hat es immer gegeben. Je mehr Sie sich auf gutes Flirten verstehen, desto mehr werden Ihre Flirts zum positiven Ausdruck Ihrer Lebensform.

4. *Die Kunst des Flirtens geht Hand in Hand mit der Kunst, Ihr Leben in die Hand zu nehmen und auf Ihr Umfeld aktiv einzuwirken.* Menschen, die gern flirten, sind aktiv. Sie geben sich nicht damit zufrieden, passiv darauf zu warten, von anderen glücklich gemacht zu werden. Sie wissen, was sie tun müssen, um glücklich zu sein.

5. *Flirten ist eine Gabe, die Sie verschenken können.* Im Sinne der Neugestaltung romantischer Liebe heißt das: Sie flirten nicht, um etwas von einem anderen zu bekommen. Sie flirten, um einem anderen etwas zu geben.

Es wäre unangenehm, jemandem etwas zu schenken und dann zu fragen, was man als Gegenleistung bekommt. Geben Sie, weil Ihnen das Geben Freude bereitet, und lassen Sie es dabei bewenden.

DIE GABE DES FLIRTENS

Richard ließ seinen Wagen viele Jahre in derselben Werkstatt reparieren – bei der hübschen Bernice. Jedesmal, wenn er sie sah, war er entzückt von ihr – obschon er wußte, daß sie glücklich verheiratet war. Beim Abschied sagte er jedesmal: »Ich lege einen Vierteldollar auf die Theke. Sollten Sie je Ärger mit Ihrem Mann haben, gehen Sie schnurstracks zur nächsten Telefonzelle und rufen Sie mich an.« Bernice freute sich auf jeden Kundendienst und jeden Ölwechsel, den sie für Richard ausführte, da er es jedesmal verstand, ihr Komplimente zu machen und sie in gute Stimmung zu versetzen. Mochte sie sich noch so mies fühlen, Richard hatte die Gabe, sie aufzumuntern. Und Richard, dem seine Wirkung auf Bernice keineswegs verborgen blieb, fühlte sich den Rest des Tages um zehn Zentimeter größer.

Richard hätte sein Verhalten Bernice gegenüber nicht als Flirt bezeichnet, da er keine weiteren Absichten bei ihr verfolgte; schließlich war sie glücklich verheiratet. Er begriff nicht, daß man einer Frau Komplimente machen konnte, ohne auf Eroberung aus zu sein. Er muß sich Methoden ausdenken, wie er mit einer Frau flirtet, die tatsächlich *zu haben* ist. Mit einem unerreichbaren Objekt zu flirten ist ungefährlich. Manche Menschen tun das ständig. Es ist keineswegs unproduktiv, wenn Sie jemandem ein gutes Gefühl geben und sich selbst gut dabei fühlen, endet aber in der Sackgasse, wenn es um Verabredungen geht.

Sarah, eine freischaffende Autorin, erzählt eine ähnliche Geschichte. Sie verschickt häufig Manuskripte und muß deshalb oft zur Post. Seit zwei Jahren geht sie immer an den gleichen Schalter, an dem ein freundlicher Postbeamter ein paar Minuten mit ihr plaudert. Er sagt ihr, wie sehr er hoffe, daß ihr Manuskript angenommen werde, und sie ihm sagt, wie gut er in seiner Uniform aussähe, oder etwas ähnlich Nettes. Wenn sie eine Schreibblockade hat, geht sie schon mal rasch zur Post und kauft Briefmarken, nur um von dem Mann am Schalter aufgeheitert zu werden.

Kennen auch Sie Menschen, mit denen Sie sich gut verstehen und mit denen die Kommunikation einem Flirt gleichkommt? Jemanden, dem Sie regelmäßig kurz begegnen, sei es der Postbote oder die nette Verkäuferin beim Bäcker, wobei aber nie genug Zeit bleibt, um eine Dummheit zu begehen. Oder jemanden, bei dem der Altersunterschied zu groß ist, um eine nähere Beziehung in Erwägung zu ziehen, oder der/die in festen Händen ist und daher keine Gefahr dafür besteht. Sicherheit ist ja schön und gut, aber möglicherweise haben Sie dieses Buch gekauft, weil Sie den Wunsch nach einem aufregenderen und weniger vorhersehbaren Leben haben.

Selbst wenn Sie glauben, Sie hätten keine Begabung zum Flirten, erinnern Sie sich möglicherweise bei genauerem Nachdenken an Situationen, in denen auch Sie flirten. Stellen Sie Ihr Licht nicht unter den Scheffel. Sagen Sie nicht, das zähle nicht, weil es sich um jemanden handelt, der Ihr Großvater sein könnte, oder um eine Arbeitskollegin, mit der eine nähere Beziehung nie in Frage käme.

Auch Sie besitzen die Gabe des Flirtens, die Sie allerdings verfeinern und in neue Bahnen lenken können. Ihr nächster Schritt besteht darin herauszufinden, wo Sie den Hebel dazu ansetzen müssen.

AUFGABENSTELLUNG

Analysieren Sie die nachfolgenden Flirtaufgaben, und teilen Sie sie in überschaubare Bereiche ein, damit Sie sich nicht überfordert und schließlich demotiviert fühlen. Vergessen Sie nicht: Die Veränderung kommt nicht über Nacht!

1. *Sie flirten gern, aber nur mit Leuten, die für Sie nicht in Frage kommen oder mit denen Sie nicht ausgehen wollen:* Ihre Aufgabe besteht darin, Ihr Verhalten auch auf Personen auszudehnen, die Sie wirklich reizvoll finden. Mit anderen Worten, versuchen Sie, Ihre Fähigkeiten auf ergiebigere Schauplätze zu übertragen.

2. *Sie sind sicher, daß Sie nie geflirtet haben, auch nicht als Kind, und wissen nicht, wie Sie das nun zuwege bringen sollen:* Ihre Aufgabe besteht darin, die Kapitel über das Flirten aufmerksam zu lesen und die Sache anzugehen.

3. *Ihnen klingt der Satz aus Ihrer Jugend in den Ohren: »NETTE MÄD-CHEN FLIRTEN NICHT«:* Ihre Aufgabe besteht darin, diese Denkweise abzulegen. Sie unterliegen einem Irrtum, weil a) »nett« ein überbewertetes Attribut ist, b) Mädchen weibliche Wesen vor Eintritt in die Pubertät sind und c) nette Frauen andauernd flirten.

4. *Sie werden bei dem Gedanken ans Flirten von einer maßlosen Angst befallen:* Ihre Aufgabe besteht darin, die Gründe Ihrer Angst zu erforschen, um an Ihren Störungen zu arbeiten. (Wenn Sie damit allein nicht weiterkommen, sollten Sie etwas Positives tun und sich einer Beratung unterziehen, um herauszufinden, woher die Ängste kommen.) Undefinierte Angst lastet schwer auf Ihnen. Die Definition der Angst bringt sie nicht zum Verschwinden; Sie entwickeln allerdings ein besseres Verständnis dafür, warum Sie diese Empfindungen haben. Mit dem Verstehen kommt dann die Tatkraft.

Im folgenden Kapitel werden wir spezifisches Flirtverhalten untersuchen. Bedenken Sie: Wenn Sie beginnen, Ihren Charme in der ganzen Stadt zu versprühen, seien Sie nicht überrascht, wenn sich die Gelegenheiten, Ihre neuen Techniken anzuwenden, immer rascher vermehren. Sie waren immer schon da… und haben auf Sie gewartet. Wenn Sie mit dem Herzen flirten, bauen Sie Brücken statt Mauern.

KAPITEL 5
DIE FÜNF PHASEN DES BLICKKONTAKTS UND ANDERE NONVERBALE TECHNIKEN

JOAN: Guter Gott. Pat geht aufs Ganze. Oh, das kann ja heiter werden... zu schüchtern.
DEBBIE: Mit einem Schuß Leichtsinn.
JOAN: Jeden Moment müßte sie den großen Coup landen. Jetzt der kombinierte Schachzug Haare zurückwerfen und lachen.
DEBBIE (im Tonfall eines Sportreporters): Joan ist im Begriff, die schwierigste Hürde des Rennens zu nehmen. Mal sehen, ob sie die ohne Fehler schafft.

Ein Flirt hat mehr Sätze als eine symphonische Dichtung. Manche Passagen sind aktionsgeladen und aufgewühlt, andere, geheimnisvoll phrasiert, wiederholen sich in verschiedenen Tempi und wechselndem Ausdruck. Alle Sätze variieren das Hauptthema des Flirtens: »Du gefällst mir. Das möchte ich dir zu verstehen geben.«
Ein bestimmter Satz einer Symphonie mag es Ihnen besonders angetan haben. Vielleicht paßt das Tempo sich Ihrem persönlichen Tempo an oder erinnert Sie an einen bestimmten Menschen. Vielleicht hört sich ein Satz an, als sei er für Sie geschrieben. Wenn Sie über Ihr Vorgehen beim Flirten nachdenken, stellen Sie vermutlich persönliche Vorlieben fest. Was Ihnen natürlich erscheint, mag Ihre Freundin in Panik versetzen; und deren Art zu flirten ist Ihnen völlig unbegreiflich. Es wäre ein großer Fehler, sämtliches Flirtverhalten in einen Topf zu werfen und daraus zu schließen, man sei zum Flirten ungeeignet. Aus dem gleichen Grund wäre es traurig, das Repertoire nur auf das zu beschränken, was Sie bereits wissen und praktizieren. Je mehr Flirtvarianten Sie zu bieten haben, desto mehr Gelegenheiten werden sich Ihnen bieten, sie anzuwenden.
Gutes Flirten muß überzeugend wirken. Darin gleicht der Flirt der Schauspielkunst. Einen schlechten Schauspieler erkennen wir an einem Text, der sich beflissen auswendig gelernt anhört. Ein guter Schauspieler wirkt glaubwürdig. Wir wissen, daß Gandhi auf der Leinwand von Ben Kingsley verkörpert wird und Jake La-

Motta von Robert De Niro. Wir wissen, daß der Text immer wieder bis ins kleinste geprobt wurde, und dennoch haben wir den Eindruck, die Geschehnisse auf der Leinwand laufen jetzt und spontan vor unseren Augen ab. Gute Schauspieler stellen ihre Erfahrungen und Gefühle überzeugend echt dar. Gute Flirter tun das gleiche.

DIE GRUNDLAGEN DES FLIRTENS

Das Fundament des Flirtens wird meist gelegt, noch ehe das erste Wort gesprochen wurde. Nonverbale Ausdrucksformen können freundliche Sympathien bis zu lodernder Leidenschaft signalisieren. Wir denken dabei sofort an:

BLICKKONTAKT!

Blickkontakt, der Akku der Seele, gibt uns das Gefühl, lebendig zu sein, bringt unser Blut in Wallung, läßt den Puls schneller schlagen. Er dauert oft nur flüchtige Sekunden: Sie stehen an der roten Ampel, und im Wagen neben Ihnen sitzt diese atemberaubende Frau – oder der Bus fährt los, und Sie spüren den fesselnden Blick dieses Mannes hinter der Glasscheibe – an diesen Blick werden Sie sich noch in fünfzig Jahren erinnern.

Zum Blickkontakt gehören zwei Menschen:
    Ein Herausforderer und eine Zielperson. Wenn Sie jemanden mit Blicken durchbohren, er/sie Ihre Blicke jedoch nicht wahrnimmt, ist kein Blickkontakt entstanden.

Wenn Sie die Zielperson sind – reichen Ihre Reaktionen von kühner Erwiderung des Blicks bis zum schnellen Abwenden der Augen. Beide Reaktionen sind völlig normal, allerdings schauen mehr Leute zunächst weg (selbst wenn sie sehr starkes Interesse haben). Seltener wird der Blick sofort erwidert.

Wenn Sie der Herausforderer sind – Ein Blickkontakt wirkt wie ein Bannstrahl Ihrer persönlichen Energie. Nicht jeder erträgt solch intensiven und direkten Ansturm. Wenn Sie ungeschickt damit umgehen, können Sie jemandem höchst unangenehme Gefühle vermitteln und Mißfallen statt Gefallen erregen.

Unangemessener Blickkontakt – Leslie wollte ihrem Lehrer im Kochkurs zu verstehen geben, daß sie ihn für anbetungswürdig hielt, und fragte ihre Zimmergenossin Amanda um Rat. Amanda riet ihr, in der nächsten Stunde intensiven Blickkontakt mit ihm zu suchen. Am Ende der zwei Unterrichtsstunden würde er mit Sicherheit wissen, daß sie nicht nur am Gelingen von Sauce Bernaise interessiert sei. Leslie, deren Taktgefühl nicht sonderlich ausgeprägt war, starrte den bedauernswerten Mann volle zwei Stunden an, ohne ein einziges Mal den Blick von ihm zu wenden. Nach zehn Minuten hatte der Ärmste bereits eine feuchte Stirn, und nach zwei Stunden war sein Hemd durchnäßt. Leslie hatte den Meister des Cordon bleu in ein Nervenbündel verwandelt.

Merke: Blickkontakt suchen ist nicht dasselbe wie Anstarren. Wenn Sie schon mal das Opfer gnadenlos starrer Blicke waren, wissen Sie, wovon ich spreche.

Tom war hingerissen von der Schönheit einer Frau, die ihm gegenüber im Bus saß. Er verschlang sie mit seinen Blicken in der Hoffnung, ihre Aufmerksamkeit zu erregen. Sie spürte seinen Blick und wandte sich ab. Tom starrte sie weiter an, auch als sie unruhig wurde. Tom hielt das für ein Zeichen, daß er bei ihr landen könnte. Er irrte. Sie stand auf und wechselte den Platz.

Paquito wurde von seinem Onkel Ernie gelehrt, bei Blickkontakt sollte der Blick wie ein Fahrstuhl von unten nach oben wandern, um sich erst dann in die Augen der Auserwählten zu versenken. Diesem Rate folgend, ließ Paquito bei Frauen, die ihm gefielen, seine Augen von unten nach oben und von oben nach unten wandern, als wären sie ein Fahrstuhl mit Teleskoplinsen. Zu seinem Erstaunen erntete er damit keine Sympathien, sondern nur Feindlichkeit und Irritation. Onkel Ernie erklärte ihm, die Irritation sei ein Zeichen heimlicher Erregung. Zum Glück forschte Paquito weiter nach und fragte Onkel Ernie, wie viele Frauen er mit dieser Masche rumgekriegt habe. Diesmal mußte ihm Onkel Ernie die Antwort schuldig bleiben.

DENKEN SIE AN IHRE EIGENEN ERFAHRUNGEN

Denken Sie an Ihre eigenen Erfahrungen mit dem Blickkontakt. Auf diese Weise können Sie am besten beurteilen, wie Sie sich als

Initiator verhalten sollten. Wie reagieren Sie, wenn Sie sich der Blicke anderer bewußt werden? Mit Erstaunen? Besorgnis? Unruhe? Unsicherheit? Vielleicht haben Sie alle Empfindungen zugleich. Das ist keineswegs überraschend, weil die meisten von uns die fünf Phasen des Blickkontakts geballt erleben. Die einzelnen Phasen können gleichzeitig auftreten oder nahtlos ineinander übergehen.

Nachfolgend eine Anleitung zum richtigen Blickkontakt, der vom kurzen Augenflirt bis zum persönlichen Kennenlernen führt. Wir halten uns dabei zwar an die gesellschaftlichen Gepflogenheiten beim Blickkontakt, im Sinne unserer Guerillataktiken gibt es jedoch im Grunde keine festen Regeln, und Sie können Ihre eigenen Regeln dabei festlegen.

DIE FÜNF PHASEN DES BLICKKONTAKTS

Phase 1: Anknüpfen

Nachdem Sie Ihr Ziel ausgewählt haben, besteht der erste Schritt darin, ihre/seine Aufmerksamkeit zu erlangen. Blicken Sie Ihre Zielperson immer wieder in kurzen Abständen an, bis er/sie Ihre Absicht erkennt. Ihr Blick sollte etwa drei Sekunden dauern, nicht länger. Wird die Zielperson nicht aufmerksam, warten Sie ein wenig, und starten Sie einen neuen Versuch.

Für Männer: Da viele Frauen zu Recht auf ihre Sicherheit bedacht sind, kann Blickkontakt von ihnen als erregend *oder* als beängstigend empfunden werden, manchmal auch als erregend *und* beängstigend. Warten Sie zwischen Ihren Versuchen ab, ob sie kurz zu Ihnen herüber schaut. Mit dem nötigen Taktgefühl wird Ihr Blickkontakt nicht als aufdringlich empfunden. Zeitabstände sind auch eine bewährte Methode, um Interesse zu wecken. Achten Sie auf Zeichen ihrer Körpersprache als Indikator ihrer Bereitschaft. Sie läßt Ihnen den Vorsprung. Werden Sie bei Ihren Bemühungen nur nicht so nervös, daß Sie vergessen, auf die Reaktionen der Beflirteten zu achten.

In der Anknüpfungsphase gilt es zwei Punkte zu beachten. Erstens: Die Person Ihrer Wahl mag in Gedanken ganz woanders sein. Deshalb muß ihre fehlende Reaktion nicht zwangsläufig ein Zeichen fehlenden Interesses sein. Zweitens: Wir alle besitzen die

Fähigkeit, Dinge aus den Augenwinkeln wahrzunehmen, die scheinbar außerhalb unserer Sichtweite sind. Sie sieht vermutlich mehr als Sie ahnen. Möglicherweise muß sie ihre Gedanken ordnen, bevor sie zu einer Reaktion bereit ist, da sie bereits bei Phase 2 angelangt ist. Lassen Sie ihr Zeit.

Phase 2: Verwirrung

Normalerweise stürmen viele Gedanken auf Sie ein, sobald Sie spüren, daß jemand Ihren Blick sucht:

- Schaut er mich oder die Frau neben mir an?
- Haben sich unsere Blicke nur zufällig getroffen?
- Habe ich Spinat zwischen den Zähnen?
- Sitzt meine Krawatte schief? (Obwohl das nichts mit *Blick*kontakt zu tun hat!)
- Ob er glaubt, mich zu kennen? Kenne ich ihn?
- O Gott. Er schaut mich an.

Aufgrund unserer psychologischen Blockaden fühlen wir uns zuerst meist alles andere als geschmeichelt. Wir denken nicht: Der Typ findet mich attraktiv und möchte mich kennenlernen.

Wenn Sie die Rolle des Herausforderers beim Spiel mit dem Blickkontakt übernehmen, denken Sie daran, daß sich die erste Reaktion Ihrer Zielperson kaum von Ihrer eigenen unterscheiden wird, wenn nämlich Sie sich beobachtet fühlen. Der andere muß sicher sein, daß Ihr Blick ihm gilt. Und er wird das nicht auf direktem Wege herausfinden wollen, da er sich in erster Linie, ebenso wie Sie, nicht der Gefahr aussetzen möchte, einen Fehler zu begehen und sich lächerlich zu machen. Die Phase der Verwirrung beim Blickkontakt kann zwischen drei Sekunden und dem Rest Ihres Lebens dauern. Wenn Sie permanent feststellen, daß Ihre Verwirrung sich nicht legt, sollten Sie professionelle Beratung in Betracht ziehen.

Phase 3: Bestätigung

Sie hat Ihre Blicke verstanden und ist zu der Schlußfolgerung gelangt: Der Mann interessiert sich für mich. Stärken Sie ihr Selbstvertrauen, und geben Sie ihr zu verstehen, daß sie richtig geraten hat. Schauen Sie sie offen und freundlich an.

Nun beginnt das zarte, prickelnde Spiel von Interesse und Ge-

geninteresse. Die Bestätigungsphase kann auch als »Was-nun-Phase« bezeichnet werden, denn genau das denkt Ihre Zielperson jetzt: Was nun?

Sieht der Flirtende aus wie jemand, den sie gern kennenlernen möchte? Soll sie ihm einen Drink bestellen? Sollen beide noch eine Weile stumme Blicke tauschen? Soll sie zu ihm hinüberkommen und »Hallo« sagen oder warten, bis er zum Klo geht, und ihn dann versehentlich anrempeln? Nur die wirklich Mutigen wagen es, sich dem Flirtenden zu nähern und »Hallo« zu sagen. Daher werden die beiden sich wohl noch eine Weile mehr oder weniger scheu beäugen. Eine richtig beherrschte Bestätigungsphase baut Selbstvertrauen auf und erzeugt Interesse und Spannung.

Phase 4: Bereitschaft und Charisma

Nun ist die Zeit gekommen, um Ihre Bereitschaft mit Ihrem Charisma zu verbinden und die Angeflirtete wissen zu lassen, daß Sie den nächsten Schritt wagen möchten. Es heißt also lächeln, lächeln, lächeln – der universelle Ausdruck glücklicher und positiver Gefühle. Heben Sie Ihr Glas, und prosten Sie ihr schweigend zu. Frauen weiten ihr nonverbales Repertoire aus, drehen eine Haarlocke, saugen an ihrem Strohhalm, spielen mit dem Feuerzeug oder was sie gerade zwischen den Fingern haben. Männer drehen das Glas in der Hand, zupfen die Krawatte zurecht oder spielen mit irgendeinem Gegenstand, der auf dem Tisch liegt. Geben Sie sich freundlich oder erotisch entfacht, *niemals* aber als leichte Beute.

Phase 5: Das Finale

Nun ist es Zeit, die aufregende Welt zu betreten, die dem Blickkontakt folgt. Sie müssen vermutlich gar nichts tun, da Ihre Zielperson mit großer Wahrscheinlichkeit auf Ihre Anspielungen reagiert und mit Ihnen ins Gespräch kommen möchte. Es gibt aber auch sehr schüchterne Menschen, die selbst eine eindeutige Gesprächseinladung nicht wahrnehmen und Ihnen weiterhin die Initiative überlassen. Manche, die sich begeistert am Spiel mit den Blicken beteiligen, kneifen, wenn es um den nächsten Schritt geht.

Nachdem Sie die ersten vier Phasen erfolgreich absolviert haben, ist der direkte Ansatz meist der richtige. Nehmen Sie all Ihren Mut zusammen, reißen Sie sich vom Barhocker los, und geben Sie sich innerlich einen Tritt in den Hintern.

WIE SIE SICH VOM BARHOCKER ERHEBEN:
EIN LEITFADEN

- Vergewissern Sie sich, daß andere Hocker im nötigen Sicherheitsabstand stehen, um keinen umzustoßen.
- Vergewissern Sie sich, daß Ihr leeres Glas in sicherer Entfernung steht, um es nicht beim Aufstehen umzukippen.
- Achten Sie darauf, daß Ihr Mantel nicht irgendwie am Barhocker verheddert ist.
- Falls die Bar voll besetzt ist, richten Sie den Blick nach vorn, legen beide Hände auf die Theke und stehen in aufrechter Körperhaltung auf, um nicht auf dem Schoß des Nachbarn zu landen.
- **Lassen Sie sich von alldem nichts anmerken.**
- Falls Sie immer noch Bedenken haben, elegant vom Barhocker hochzukommen, setzen Sie sich erst gar nicht auf einen, oder besorgen Sie sich einen Barhocker und üben das Ganze zu Hause.

Vergessen Sie nicht, Blickkontakt ist ein Lebenszeichen. Es kann ein flüchtiger Blickwechsel mit jemandem sein, dem Sie nie wieder im Leben begegnen, oder aber der Beginn einer großen Leidenschaft.

UNERWIDERTER BLICKKONTAKT

Wenn Sie an dieser Stelle sagen: »Das hab' ich alles schon ausprobiert, und es ist immer schiefgegangen«, lautet meine Antwort darauf: »Na logisch.« Es klappt eben nicht *immer*. Natürlich begegnen Sie Menschen im Leben, die kein Interesse an Ihnen zeigen. Falls Ihre Erfolgsquote gering ist, prüfen Sie, ob Sie die fünf Phasen des Blickkontakts ausreichend lange durchspielen.

Darin lag Peters Fehler. Er beklagte sich, daß er keine Frauen kennenlernte. Obwohl er häufig ausging, landete er bei keiner. Ich fragte ihn, woran das seiner Meinung nach läge, und er erklärte, er sei eben zu schüchtern. Ich fragte ihn, wie er als schüchterner Mensch Kontakt zu anderen aufnähme. Er sagte, er wartete, bis sich eine kleine Gruppe gebildet hätte, gesellte sich dazu, zeigte Interesse am Gespräch, versuchte Blickkontakt zu einer Frau aufzunehmen, die ihm gefiele, und hoffte, irgendwie ins Gespräch mit einbezogen zu werden.

Ich fand diese Technik recht geschickt für einen schüchternen Menschen, er aber meinte, es habe noch nie geklappt. Ich konnte mir nicht erklären, was dabei schiefgehen sollte. Schließlich fragte ich ihn, wieviel Zeit er auf diese Taktik verwandte, vom Betreten des Lokals an gerechnet. Er meinte, er hielte sich nie länger als eine halbe Stunde in einem Lokal auf.

Eine halbe Stunde reicht eben nicht. Die meisten Leute brauchten eine halbe Stunde, um ihn überhaupt wahrzunehmen. Peter mußte an seiner Angsttoleranz arbeiten, mußte lernen, Angst und Unsicherheit länger zu ertragen, um die fünf Phasen des Blickkontakts durchzuspielen und dann ein Gespräch zu beginnen. Peter fehlte es an Beharrlichkeit.

Die fünf Phasen des Blickkontakts können in wenigen Sekunden passieren, sie können sich langsam entwickeln oder eine längere Zeitdauer in Anspruch nehmen, zumal dann, wenn Ihre Zielperson mit Freunden zusammen ist. Wenn Sie keinen Erfolg mit dieser Taktik haben, denken Sie an folgende Liste:

- Nehmen Sie sich Zeit, um es sich bequem zu machen.
- Nehmen Sie sich Zeit, die fünf Phasen durchzuspielen.
- Suchen Sie sich Personen aus, deren Körpersprache Ihnen zu verstehen gibt, daß sie bereit sind, neue Menschen kennenzulernen (siehe Kapitel 12).
- Akzeptieren Sie, daß diese Taktiken gelegentlich nicht klappen. Sehen Sie ein, daß es ein Fehler wäre, jedes Spiel mit Blicken nach einigen Mißerfolgen als sinnlos zu verwerfen.
- Wenn Sie immer wieder Mißerfolge ernten, streichen Sie Blickkontakt von Ihrer Liste, und konzentrieren Sie sich auf andere Formen des Flirtrepertoires. Nicht alle Taktiken eignen sich für alle Menschen. Erforschen Sie, wo Ihre Stärken liegen.

ERGÄNZENDES NONVERBALES FLIRTEN

Im folgenden werden Sie noch weitere nonverbale Verhaltensweisen aus meinem Workshop ›72 Tips zum Flirten‹ erfahren. Manche brauchen mehr Erklärungen als andere, aber alle können – sofern richtig angewendet – magische Kräfte aktivieren.

Ein Lächeln – Randy, ein Workshopteilnehmer aus Connecticut, meinte, ein Lächeln sei wie das Öffnen einer Tür. Es erspart eine

Menge Rätselraten, weil man sich nicht fragen muß, ob jemand freundlich gestimmt sei. Es ist ein großer Unterschied zwischen einem verlegenen Höflichkeitslächeln und einem strahlenden Lächeln, das die Welt erhellt.

Ein Höflichkeitslächeln ist angebracht, wenn Sie:

- bei einem Klassentreffen von einem ehemaligen Klassenkameraden lauthals über drei Tische hinweg angepflaumt werden, warum Sie bis jetzt noch nicht unter der Haube seien.
- wenn Sie Ihre Urinprobe bei der hübschen Laborantin abgeben.
- wenn ein Mensch, der Sie zu Tode langweilt, besorgt fragt, ob er Sie langweilt.

Ein herzliches Lächeln ist angebracht, wenn Sie:

- das erste Klavierkonzert Ihrer Tochter in der Schulaula besuchen.
- Ihre beste Freundin Ihnen sagt, wie wunderbar Sie seien.
- Blumen von einem heimlichen Verehrer bekommen.
- jemanden sehen, der seinen jungen Hund spazierenführt.

Ein Zwinkern – Zwinkern ist nur gestattet, wenn Sie guter Stimmung sind. Es ist eher als ein netter Wink zu verstehen als eine Einladung: »Ich möchte Sie kennenlernen.« Die drei Regeln des Zwinkerns lauten:

Zwinkern Sie nur in der Öffentlichkeit.
Lächeln Sie dabei, ohne Grimassen zu schneiden.
Zwinkern Sie nur einmal.

Die schüchterne Karen wollte die Kunst des Zwinkerns lernen und beschloß, es hinter der Sonnenbrille zu üben. Sie hoffte, bis zum Winter soviel Perfektion darin erlangt zu haben, daß sie auf die Sonnenbrille verzichten könnte.

Körperhaltung – Prüfen Sie, ob Ihre Körperhaltung Ihrer Gefühlslage entspricht. Achten Sie darauf, daß Ihr Körper nicht sagt: »Hau ab! Du bist mir nicht sympathisch«, wenn Sie eigentlich meinen:

»Komm und sprich mich an!« Verschränkte Arme und übereinandergeschlagene Beine sind keine Einladung Ausgebreitete Arme und gespreizte Beine brauchen keine Einladung. Finden Sie einen Mittelweg, der Ihre Bereitschaft signalisiert.

Die Geschichte mit der kalten Schulter – Ich dachte immer, jemandem die kalte Schulter zeigen bedeute, daß einer vom anderen nichts wissen will und man deshalb voneinander abgewandt sitzt. Während eines Workshops in Boston belehrte Amy mich eines Besseren. Die Redewendung stamme ursprünglich aus dem Wilden Westen. Wenn man damals seinen Verwandten einen Besuch abstattete, packte man die gesamte Familie in den Zug, wo man, gemeinsam mit Kühen und sonstigem Getier zusammengepfercht, eine endlos lange Reise durch die Prärie durchstehen mußte. Am Zielort angekommen, blieb man mindestens einen Monat, bevor man die beschwerliche Rückreise antrat. Hatten die Besucher die Gastlichkeit der Verwandtschaft zu stark strapaziert, gab die Gastgeberin ihren Gästen das zu verstehen, indem sie ihnen eine kalte Rinderschulter zum Abendessen servierte.

Also, wenn Sie das nächste Mal Schulter an Schulter neben jemandem an der Bar sitzen, könnten Sie ein Gespräch damit beginnen: »Wußten Sie eigentlich, daß die Redewendung *jemandem die kalte Schulter zeigen* gar nicht daher kommt, daß zwei Leute nebeneinander sitzen wie wir beide jetzt...«

Vorbeischlendern – eine beliebte Methode aus meinem Buch *50 Ways to Find A Lover*. Man schlendert mindestens zweimal an jemandem vorbei, bevor man sie/ihn anspricht, um sich dem erwählten Objekt ein wenig vertraut zu machen. Wenn Sie jemanden ansprechen, der noch gar nichts von Ihrer Existenz weiß, haben Sie keine guten Chancen auf Erfolg.

Gemeinsamkeiten – Hier besteht Ihre Absicht darin, den Eindruck zu erwecken, irgend etwas gemeinsam zu haben. Bemühen Sie sich um einen winzigen Gleichklang der Gefühle. Wenn Sie beispielsweise einer Jazzband zuhören und der Bassist soeben ein fantastisches Solo hingelegt hat, suchen Sie ihren/seinen Blick. Damit schaffen Sie einen gemeinsam erlebten Augenblick. Auch wenn jemand in schriller Aufmachung das Lokal betritt oder Tango auf dem Tisch tanzt, ist diese Methode bestens geeignet.

An einem Gegenstand auf dem Tisch fummeln – kann erotischer wirken als Sie denken. Drehen Sie lasziv an Ihrem Trinkhalm, nehmen Sie spielerisch ein paar Erdnüsse aus der Schale auf der Theke. Nesteln Sie an etwas herum, und erwecken Sie den Eindruck, ein bißchen nervös zu sein. Da die Person, die Sie im Auge haben, ebenso nervös ist wie Sie, gibt es ihm oder ihr ein wenig Selbstvertrauen, zu wissen, daß auch für Sie ein Flirt nichts Alltägliches ist.

Berührung – Der Hauch einer Berührung, ein winziges Streicheln, mit dem Sie ihr oder ihm eine Staubfluse vom Kragen wischen, sind seit langem feste Bestandteile des Flirtrepertoires. Allerdings rate ich Ihnen, zuvor Kapitel 22 »Sich gegenseitig Mut machen« zu lesen, um zu wissen, was es zu beachten gilt, wenn Sie den Wunsch haben, jemanden leicht zu berühren.

Dies sind nur einige Tricks des Flirtens mit Blicken und Gesten aus dem reichhaltigen Programm nonverbalen Flirtens, das wie ein Stummfilm abläuft. Seien Sie Cecil B. De Mille, und inszenieren Sie Ihr eigenes Stummfilmepos. Spielen Sie interessante und neue Variationen zu einem alten Thema: »Hallo, ich möchte dich kennenlernen.«

Eins ist sicher: Solange wir leben, suchen wir Ausdrucksformen für unsere Gefühle und Gedanken. Werfen Sie also Ihre altmodischen, verstaubten Ansichten über Bord und legen Sie sich neue zu. Denken Sie an die Fülle von Möglichkeiten, »Hallo« zu sagen, ohne ein Wort dabei zu sprechen.

KAPITEL 6
GESELLSCHAFTLICHE ANLÄSSE

»Cary Grant gab es nicht, ehe ich ihn erfunden hatte und ihn mir alsbald einverleibte.«
(Cary Grant)

DIE ANMACHE

Sal blätterte die Zeitung durch auf der Suche nach Tips fürs Wochenende. Seine Lieblingsband spielte auf einer großen Tanzparty für Singles. Er nahm sich vor hinzugehen. Je näher der Samstag rückte, desto mehr wuchs seine Überzeugung, daß solche Veranstaltungen im Grunde sinnlos seien (er ging aber trotzdem hin). Im Saal stellte er fest, daß an die tausend Leute auf der Party waren. Und wieder spürte er den wohlbekannten Kloß in seinem Hals, und seine Nervosität verwandelte sich in Entsetzen. Er verdrückte sich in die nächste Ecke und nippte an seinem Orangensaft. Aus sicherer Entfernung beobachtete er die Leute und kam sich vor, als habe er vom »Trink-mich«-Saft aus *Alice im Wunderland* getrunken und sei wie Alice zu einer winzigen Zwergengestalt geschrumpft.

Andrea öffnete die Post und fand eine Einladung zur dritten Hochzeit ihrer Freundin aus dem College, mit der sie früher manche Nacht durchgemacht hatte. Die beiden hatten sich damals fest versprochen, zur Hochzeit der jeweils anderen zu kommen. Bloß hatte Andrea damals nicht damit gerechnet, daß ihre Freundin so oft heiraten würde. Die Einladung galt ihr allein (einen Begleiter hätte sie auch nicht gehabt); und allem Anschein nach würde sie nicht viele Leute kennen. Die Leute, die sie kannte, würden am Tisch des Brautpaares sitzen, während sie in der Nähe der Waschräume am Tisch mit den nach Rosenwasser duftenden Tanten und Zigarre paffenden Onkeln plaziert sein würde. Die längst überfällige U.A.w.g.-Karte lag immer noch auf dem Küchentisch neben dem Ticket zu einer Singles-Kreuzfahrt. Falls sie zur Hochzeit ging, könnte sie während der Kreuzfahrt schon mal üben, ein freundliches Gesicht zu machen.

Lisa, eine temperamentvolle Mitarbeiterin der Verkaufsabteilung eines großen Unternehmens, freute sich jedesmal auf die Jahrestagung ihrer Firma. Sie knüpfte Kontakte, traf Leute an der Hotelbar und machte mehr Geschäftsabschlüsse als ihre Kollegen. Jeder überfüllte Raum, jedes Namensschild bot ihr goldene Gelegenheiten. Sie sagte ihren Kollegen, sie liebte die Herausforderung – damit fühlte sie sich wohl. Versetzen wir dieselbe Lisa in eine Umgebung, in der sie sich selbst darstellen muß, statt Repräsentantin der Firma XY zu sein, und beobachten wir, wie Lisas Nervosität steigt. Auf einer Tanzparty für Singles verkriecht sie sich in einer Ecke und spielt Mäuschen.

Die Angst vor Menschenmassen ist weit verbreitet. 1990 leitete ich am Lehman College in New York eine Selbsthilfegruppe für Schüchterne. Alle Teilnehmer gaben an, äußerst schüchtern zu sein. Wie sich herausstellte, bezog ihre Schüchternheit sich nicht auf Begegnungen mit einem oder zwei Menschen. Sie bekamen Angst in Gruppen oder in einer Menschenmenge. Das Unbehagen in der Menge war zu einem Faktor geworden, der ihr ganzes Leben beeinträchtigte.

Eine sehr intelligente Studentin erhielt eine schlechte Note in Englisch, da sie am Unterricht in einem überfüllten Klassenraum hätte teilnehmen müssen. Auf die Frage der Lehrerin, woran es denn liege, daß sie schriftlich ausgezeichnete Leistungen erbringe, im mündlichen Unterricht aber keine einzige Frage beantworten könne, geriet sie derart in Panik, daß sie Atemnot bekam.

Jobsuche

Unser Unbehagen bei einer Singles-Party kommt zum Teil daher, daß wir uns zu einem Zeitpunkt Bewertungen ausgesetzt sehen, an dem wir noch gar nicht wissen, was uns erwartet. Diese Unsicherheit erhöht unser Gefühl, die Kontrolle zu verlieren. Andere Situationen der Selbstdarstellung machen uns gleichermaßen nervös. Da wir mit den Gegebenheiten dieser Situationen jedoch meist vertrauter sind, haben wir uns auch besser im Griff.

Jobsuche hat eine gewisse Ähnlichkeit mit der Partnersuche. Auch sie wirkt angsterzeugend und rangiert auf der Skala emotionaler Streßfaktoren sehr weit oben. Bei der Jobsuche sind allerdings eine Reihe von Kriterien vorhersehbar, da vieles dabei nach einem festen Schema verläuft. Wir kennen den Rahmen, können uns also geistig auf den zu erwartenden Ablauf einstellen.

Wenn Sie je auf Jobsuche waren, wissen Sie, worauf es ankommt:

Die äußere Erscheinung – Sie achten darauf, daß Sie gepflegt und ordentlich aussehen. Sie tragen gute Kleidung, die nicht nur gepflegt aussieht, sondern auch dem Anlaß entspricht.

Die geistige Vorbereitung – Sie holen vorher Informationen über die Firma ein.

Die Erwartungshaltung – Sie erwarten eine Reihe von Fragen, die dem Interessensbereich der Firma entsprechen. Sie beantworten Fragen nach Ihren Qualifikationen und nach Ihren beruflichen Zukunftsplänen.

Angsttoleranz – Sie wollen einen guten Eindruck auf die Leiterin des Vorstellungsgesprächs machen. Sie wissen nicht, ob Ihr Gegenüber Ihnen sympathisch ist. Sie wissen aber auch, daß ein gewisses Maß an Angst und Unsicherheit zur Jobsuche gehört.

Fortsetzung – Auch wenn das Gespräch weniger erfolgreich verläuft als von Ihnen erhofft, verfassen Sie ein kurzes Dankesschreiben. Wer weiß, vielleicht entspricht die Konkurrentin, die den Job bekommen hat, nach der Probezeit doch nicht den Erwartungen der Firma.

Vorbereitung auf ein Single-Treffen

Auch darauf können Sie sich planmäßig vorbereiten. Dabei gilt es einige Punkte zu beachten:

Beobachten

Es wäre unsinnig, von Ihnen zu erwarten, einen Raum mit lauter fremden Menschen zu betreten und sich in dieser Situation wohl zu fühlen.

Sie stehen unter Spannung. Jetzt heißt es, sich erst mal zehn bis zwanzig Minuten Zeit zu nehmen, die Situation zu beobachten und auf sich wirken zu lassen. Es ist unwichtig, ob und mit wem Sie sprechen. Es wäre verfrüht, jetzt gleich Ihren nächsten kühnen Schritt zu planen.

Calvin, ein Buchhalter aus Washington D. C., macht sich bei jedem öffentlichen Anlaß, an dem er teilnimmt, zunächst ein Bild von der Örtlichkeit. Er orientiert sich über die Lage der Waschräume, erkundet, wo die Notausgänge sind – er sucht also Fluchtwege. Dann beobachtet er, ob die Gäste sich amüsieren oder nicht. Sich selber hält er für einen guten Unterhalter und eine willkommene Bereicherung einer Party und nimmt sich vor, im Verlauf des Abends seine Visitenkarte fünf Gästen zu überreichen. All diese Überlegungen stellt er an, bevor er ein Gespräch anknüpft.

Das Beobachten verhilft Ihnen zu einem inneren Ausgleich, Sie können dann ohne Druck aktiv werden. Urteilen Sie in dieser Phase nicht, da vorschnelle Urteile oftmals eine Projektion Ihrer Hemmungen sind. Durch das Beobachten nehmen Sie Informationen auf über die Größe des Raumes, die Atmosphäre, das Zahlenverhältnis von Männern und Frauen; Sie schätzen das Durchschnittsalter der Gäste, machen den Standort der Getränke und des kalten Buffets aus. Speichern Sie Ihre Eindrücke über einzelne Gäste. Nehmen Sie Einzelheiten auf, ohne aktiv zu werden. Dadurch bieten sich interessante Perspektiven und Gelegenheiten, die Sie in der Aufregung und mit einem vorschnellen Urteil verpaßt hätten.

Abwägen

Analysieren Sie Ihre Beobachtungen, und bilden Sie sich eine Meinung aufgrund Ihres Gesamteindruckes. Hüten Sie sich vor Schwarzweiß-Urteilen:

Das sieht ja furchtbar aus.
Kein einziges freundliches Gesicht.
Alle netten Leute sind in Begleitung da.

Mit Ihrem gesammelten Informationsmaterial gehen Sie nun vom Stadium des Beobachtens zur Vorbereitung Ihres Handelns über:

Wer spricht mit wem?
Wer ist auf der Pirsch?
Wer wirkt ähnlich verlegen, wie Sie sich fühlen?
Wer sieht aus, als würde er sich über ein paar nette Worte freuen?
Wer macht ein freundliches Gesicht?
Bilden sich Gruppen, oder gibt es nur Paare?

Spielen Sie Detektiv. In Kapitel 12 finden Sie Tips zum Entschlüsseln der Körpersprache, die Ihnen beim Beobachten und Abwägen helfen. Lassen Sie sich Zeit. Holen Sie sich ein Häppchen vom Buffet, wenn Sie in der Nähe jemanden entdecken, der/die interessant für Sie sein könnte. Oder schlendern Sie weiterhin durch den Raum und beobachten Sie – wie auch immer. Überstürzen Sie nichts!

Der Sinn des Abwägens besteht darin, sich einen Plan zu machen, der auf Überlegungen beruht, nicht auf Empfindungen. Gefühle aufgrund irrationaler Ängste können zu Kontrollverlust führen, und dann können kleine Schritte, etwa ein »Hallo«, bereits katastrophale Auswirkungen haben.

Abwägen führt zu kognitiven, rationalen Gedankengängen. Das heißt nicht, daß Sie ängstliche Gefühle verleugnen sollen; Sie dürfen sich nur nicht darauf fixieren und sich nicht davon in Beschlag nehmen lassen.

Freundschaft

Bei einem Singles-Treffen sollten Sie keine zu hohen Erwartungen haben, z. B. daß Sie an diesem Abend die Liebe Ihres Lebens kennenlernen würden. Fassen Sie leicht realisierbare Ziele ins Auge, wie die Frage aus Kapitel 2: Gibt es in Ihrem Leben Platz für einen neuen Freund?

Selbst wenn Sie Ihrer Meinung nach bereits mehr als genug Freunde haben, pflegen Sie Kontakte zu Menschen, die einen völlig anderen Bekanntenkreis haben als Sie. Jeder Fremde, den Sie kennenlernen, kennt an die 100 Leute, die Sie nicht kennen. Welche Vielfalt tut sich da auf!

Ein weiterer Grund, neue Freundschaften zu schließen: Je älter wir werden, desto mehr Leute aus unserem Freundeskreis finden Lebenspartner, und unser Freundeskreis wird immer kleiner. Bei jedem Singles-Treffen finden sich Leute wie Sie. Manche würden gern jemanden kennenlernen, mit dem sie zur nächsten Veranstaltung gehen könnten.

Überall kann man einen Freund oder eine Freundin mitbringen. Wenn Sie das machen, denken Sie sich ein System aus, von dem Sie beide profitieren. Sie können vereinbaren, einander fünf neue Leute vorzustellen. Sie können auch ein Zeichen vereinbaren, mit dem Sie Ihre Begleitung aus einer unangenehmen Situation retten und umgekehrt.

Janet erzählte eine Geschichte, die diesen Punkt veranschaulicht. Sie besuchte mit ihrer Freundin Lillian ein Fest, auf dem beide sich amüsierten. Auf dem Weg zum Auto fragte Lillian nach dem netten Jungen, mit dem Janet an der Bar ins Gespräch vertieft war. Sie wollte wissen, ob Janet sich seine Telefonnummer hatte geben lassen. Als Janet verneinte, weigerte sich Lillian, sie nach Hause zu fahren, bevor sie die Nummer organisiert habe. Janet ging bedrückt zum Fest zurück und berichtete dem jungen Mann, was geschehen war. Begeistert gab er ihr seine Nummer, und die beiden verabredeten sich für die nächste Woche. Auf sich allein gestellt, hätte Janet diesen netten Jungen wohl nie wiedergesehen.

Annelie rät, mit Freund oder Freundin des anderen Geschlechts zu Singles-Festen zu gehen. Sie nimmt ihren Kumpel Paul mit und fragt ihn: »Welche Frau willst du kennenlernen?« Und sie bittet Paul, ihr die Männer vorzustellen, die ihr gefallen.

Ich selbst gehe gern mit meiner Freundin Jody zu Partys. Sie hat keinerlei Hemmungen, Leute anzusprechen. Nach zehn Minuten hat sie mit jedem geredet und macht bereits die zweite Runde. Sie ist ein Magnet. Da ich in fremder Umgebung ziemlich scheu bin, bleibe ich ihr auf den Fersen und habe somit keinerlei Kontaktschwierigkeiten. Es ist nichts dabei, seine eigenen Grenzen zu erkennen und damit umzugehen, wenn man sich die richtigen Freunde aussucht.

Stimmung

Stimmung kennt keinen chronologischen Ablauf. Stimmung ist eine Sache, in die Sie sich vor Beginn der Party versetzen und so lange daran arbeiten können, bis Sie entspannt und guter Laune sind. Verhaltenstherapeuten gehen davon aus, daß Stimmungen durch Gedanken oder Botschaften ausgelöst werden, die Sie an Ihr Hirn weitergeben . So gibt es Botschaften, die Freude signalisieren, und welche, die Ihnen sagen, daß Ihr Ego wie ein Pingpong-Ball von einem Spieler zum anderen hüpft. Seien Sie sich dessen bewußt, daß negative Botschaften ebenso automatisch erfolgen wie der Impuls eines Rauchers, zur Zigarette zu greifen. Negative Gedanken können ebenso suchterzeugend und beherrschend sein und Ihre potentiell glückliche Stimmung überschatten. In der Verhaltenstherapie erzielt man Erfolge damit, Patienten von ihren chronischen Depressionen zu heilen, indem sie negatives Denken in ein realitätsbezogenes Denken verwandeln.

Wir sind sehr komplexe Wesen, und viele Faktoren können unsere Gefühle beeinflussen. Wenn Sie Ihre Einstellung zu einer bestimmten Situation ändern, können Sie z. B. einen amüsanten Abend verbringen. Hier ein Beispiel, wie Sie sich durch realistisches Denken in eine angenehme Stimmung versetzen: Was ist für Sie die schlimmste Vorstellung, wenn Sie an einem Singles-Fest teilnehmen?

- Ich fühle mich entsetzlich, wenn niemand mit mir spricht.
- Wenn ich etwas Dummes sage, halten mich alle für blöd.
- Ich ziehe mich immer falsch an.
- Keiner kann mich leiden.

Setzen Sie diesen trostlosen Gedanken realitätsbezogene Überlegungen entgegen.

- Es ist ziemlich unwahrscheinlich, daß kein Mensch mit mir spricht, wenn ich nicht verschlossen oder gehemmt wirke.
- Obwohl ich kein Goethe und keine Frau von Stein bin, finden meine Freunde mich trotzdem recht unterhaltsam. Warum sollten das nicht auch Leute tun, die mich nicht kennen?
- In den 90er Jahren gibt es keine Kleidervorschriften.
- Manche Menschen mögen mich und manche nicht. Ich selbst bestimme den Verlauf eines Abends, wenn ich aktiv werde. Außerdem mag ich auch nicht alle Leute, warum sollte mich dann jeder mögen?

Wie vernünftig klingen folgende Erwartungen?

- Ich kann nicht glücklich sein, wenn ich jemanden kennenlerne und keine Romanze daraus entsteht.
- Aus einem intensiven Gespräch muß eine dauerhafte Beziehung entstehen, sonst lohnt sich die Sache nicht.

Können Sie folgende realistischen Erwartungen widerlegen?

- Wenn ich mit drei Leuten spreche, verbessere ich mein Geschick im Umgang mit Menschen. Ich muß es einfach wagen.
- Je öfter ich auf Menschen zugehe, desto mehr Menschen lerne ich kennen. Je öfter ich mich in die Öffentlichkeit begebe, desto besser werden meine Chancen.
- Manche Partys sind lustiger als andere. Ich muß geduldig sein und mich damit zufriedengeben, etwas unternommen zu haben.

Wie bereits erwähnt, genügt es nicht, sich nur *vor* einem Fest in gute Stimmung zu versetzen. Nehmen Sie sich jede Stunde einige Minuten Zeit, um sich zu bestätigen, wie gut es war, sich aufgerafft zu haben, und wie nett es ist, mit Leuten ins Gespräch zu kommen. Bemühen Sie sich konkret um positive Gedanken. Meist sind wir schnell mit Selbstkritik bei der Hand und geizen mit Eigenlob. Wenn Sie ein ängstlicher Gedanke zu überfallen droht, identifizieren Sie ihn als solchen, und setzen Sie ihm Widerspruch entgegen. Bemühen Sie sich aktiv um Ihr inneres Gleichgewicht. Holen Sie tief Luft, und weisen Sie Ihre besorgten Gedanken an, sich zu verflüchtigen. Es muß nicht in Ihrer Absicht liegen, Ängste für immer auszuschalten – das wäre ein zu hoch gestecktes Ziel. Sie wollen sie nur zehn Minuten hinauszögern. Ist das zuviel verlangt?

Gehen Sie bewußt mit Ihren Empfindungen um. Machen Sie aus einem negativen, hilflosen Gedanken einen positiven, realistischen, der Ihre Gefühlslage hebt. Vergessen Sie nicht, das muß geübt werden. Also üben Sie jeden Tag ein paar Minuten. Auf diese Weise sind Sie bestens auf das große Ereignis vorbereitet.

Gedankliche Vorbereitung

Sie ist wie die Anprobe eines Kleides. Stellen Sie sich das Fest im Geiste vor – überlegen Sie, was wann, wo und wie passieren kann. Denken Sie sich angenehme Augenblicke und nette Einzelheiten aus; damit sind Sie auf alle Eventualitäten bestens vorbereitet.

Auf diese Weise bekommen Sie eine Ahnung davon, was Sie auf der Party erwartet, und es hilft Ihnen, Freude an vielen Dingen zu haben. Zum Beispiel:

- Sie sind eine Frau und gehen zu einer Party mit dem Vorsatz, einen Mann kennenzulernen. Wie können Sie Spaß an dem Abend haben, wenn Sie feststellen, daß überhaupt nur drei Männer anwesend sind?
- Sie erwarten vier Freunde, die alle absagen. Was tun Sie?
- Der einzige Grund, warum Sie als Mann eine Party besuchen, ist das Versprechen einer bestimmten Frau, auch zu kommen. Die Dame erscheint mit vier Typen im Schlepptau, die sie den ganzen Abend nicht aus den Augen lassen. Was tun? Und was tun Sie, wenn die Frau in Begleitung ihres festen Freundes auftaucht?

Die gedankliche Vorbereitung auf gesellschaftliche Anlässe soll Sie zur Ausarbeitung von Strategien beflügeln, die Sie Unvorhergesehenes bewältigen läßt und Sie davor bewahrt, den ganzen Abend frustriert rumzustehen. Manchmal ist die beste Überraschung keine Überraschung.

Ein weiterer Vorteil dieser Methode ist: Sie nehmen sich selbst nicht so wichtig und können sich um die Bedürfnisse anderer kümmern. Wenn Sie anderen behilflich sind, überspielen Sie Ihre eigenen Hemmungen. Schlendern Sie durch den Raum und beobachten Sie, wer Hilfe brauchen könnte. Sieht die Frau, die immer wieder zur Zimmerdecke starrt, nicht aus, als fühle sie sich äußerst unbehaglich? Statt sich um Ihre eigene schlechte Befindlichkeit Gedanken zu machen, sprechen Sie mit ihr und versuchen Sie die Ärmste aufzuheitern. Versuchen Sie etwas über sie herauszufinden. Hat sie Ihnen nicht erzählt, daß sie Videospiele liebt? Stellen Sie ihr den Computerspezialisten unter den Gästen vor. Und vergessen Sie dabei nicht, den beiden etwas Hintergrundinformation über den anderen zu geben. Sagen Sie etwa: »Hallo Frank, ich möchte dir Marie vorstellen. Sie kennt sämtliche Videospiele, und du bist doch unser Software-Genie. Vielleicht erfindet ihr beide gemeinsam ein neues Spiel.« Den Rest überlassen Sie dem Schicksal. Ihre Mission besteht darin, es den Leuten leichter zu machen, in Kontakt miteinander zu kommen, aber nicht Babysitter für sie zu spielen.

Wenn Ihr Glas leer ist, halten Sie Ausschau nach jemandem, dessen Glas gleichfalls leer ist, und bieten Sie ihm/ihr an, es ebenfalls nachzufüllen. Oder laden Sie die Dame ein, mit Ihnen an die Bar zu gehen. Wenn Sie an diesem Abend wirklich gut drauf sind, schnappen Sie sich ein Tablett mit Appetithäppchen oder einen Krug Eiswasser, und machen Sie damit bei den Gästen die Runde. Mehrere Leute haben mir gesagt, daß das genau die Masche ist, mit der sie eine langweilige Party aufmöbeln.

Sehen Sie Ihre Angst nicht als eine unabänderliche Tatsache an. Sie ist Ihr Problem, das aus einer übersteigerten Erwartungshaltung entstanden ist, was die Party Ihnen bieten würde und welchen glänzenden Eindruck Sie machen sollten. Überlegen Sie sich Alternativen. Legen Sie sich in Gedanken nicht auf ein bestimmtes Szenarium fest. Falls die echte Party Ihren Fantasievorstellungen nicht entspricht, können Sie sich trotzdem amüsieren.

Die richtige Position einnehmen

- Sie werden nicht viele Leute kennenlernen, wenn Sie nur in der Ecke stehen.
- Sie werden nicht viele Leute kennenlernen, wenn Sie ewig auf einem Stuhl sitzen bleiben.

- Sie werden nicht viele Leute kennenlernen, wenn Sie sich den ganzen Abend an eine Person hängen.
- Sie werden nicht viele Leute kennenlernen, wenn Sie Kopfhörer aufhaben.
- Sie werden nicht viele Leute kennenlernen, wenn Sie jedesmal den Blick abwenden, wenn man Sie ansieht.

Bleiben Sie in Bewegung – reden und lachen Sie, sprechen Sie Leute an, hören Sie ihnen zu, und gehen Sie weiter! Wenn Sie sich dazu überwinden müssen, dann ÜBERWINDEN SIE SICH! Wenn Sie mal dabei sind, wird alles leichter. Machen Sie sich bemerkbar, damit die Leute wissen, daß es Sie gibt. Nehmen Sie sich vor: »Ich mache mich auf dieser Party bemerkbar, auch ohne Lampenschirm auf dem Kopf.«

Carol beklagte sich über die vielen Ferienpartys, die sie besuchte. Es waren große Feste, aber jedesmal lief es darauf hinaus, daß sie bei den gleichen Leuten saß, die sie vorher schon kannte. Meine einzige Entgegnung darauf war: Warum?

Nach einem Flirt-Workshop erzählte Lucy folgende Geschichte: Sie ging wie immer mit ihren drei Freundinnen zu einer Party – doch diesmal trennte sie sich von ihnen und zog alleine los. Früher sagte sie zu ein paar Leuten flüchtig »Hallo«, wechselte ein paar Worte und gesellte sich dann wieder zu ihren Freundinnen. Diesmal beschloß sie, sich mindestens zehn Minuten mit jedem zu unterhalten, der ihr vorgestellt wurde. Sie unterhielt sich auch einige Zeit mit ihren Freundinnen, aber nach einer Stunde zog sie wieder los, um anderen Gästen zu zeigen, daß sie solo und zugänglich sei und nichts dagegen habe, angesprochen zu werden. Der Erfolg erstaunte und begeisterte sie.

DIE KUNST DES LOSEISENS

Zu wissen, daß Sie nach ein paar Minuten weiterziehen, macht es Ihnen leichter, Fremde anzusprechen. Vielen Menschen fällt es aber ebenso schwer, sich von jemandem loszueisen, wie jemanden anzusprechen. Nein sagen ist keine leichte Sache.

Rita war kaum auf der Party angekommen, als Werner sie ansprach und in Beschlag nahm. Rita fand ihn nicht sonderlich interessant und wußte bald, daß er für sie nicht in Frage kam. Neugierig ließ sie ihre Blicke durch den Raum schweifen, und ihre

Körpersprache gab ihm deutlich zu verstehen, daß sie kein Interesse an ihm hatte, doch Werner nahm ihre nonverbalen Signale nicht wahr. Aus Mitleid redete Rita stundenlang mit ihm. Sie hätte lieber Mitleid mit sich selbst haben sollen. Weil sie »nett« sein wollte, ließ sie sich den Abend verderben. Sie verpaßte nicht nur ihre eigenen Chancen, sie gab damit auch Werner keine Gelegenheit, eine Frau kennenzulernen, die Gefallen an ihm fand.

Nicht jede neue Bekanntschaft wollen Sie vertiefen, und Sie wollen auch nicht mit jedem Mann ausgehen, der Ihnen ein diesbezügliches Angebot macht. Und es ist nichts Nettes dabei, Ihre kostbare Zeit an jemanden zu verschwenden, mit dem Sie nicht zusammensein wollen. Hier eine schnelle Lektion, wie Sie sich auf charmante Weise bei einem öffentlichen Anlaß aus einem Gespräch lösen.

Reden Sie mit jemandem, der Sie anspricht, höflich zehn Minuten. Wenn es nicht klickt, beenden Sie das Gespräch etwa folgendermaßen:

Weil ich:

- seit Monaten auf keinem Fest war,
- seit zwei Jahren hinter meinem Schreibtisch saß,
- seit Elvis' Tod mit keinem Mann mehr ausgegangen bin,
- festgestellt habe, daß ich mit Männern im gleichen Tonfall spreche wie mit meiner dreijährigen Tochter,

habe ich mir vorgenommen, mich heute abend unters Volk zu mischen. Es war nett, Sie kennenzulernen. Vielleicht sehen wir uns später noch.

Fünf weitere Tips

1. *Sagen Sie »Dankeschön«:* Wenn Sie nicht tanzen wollen, sagen Sie: »Nein danke. Aber es war nett, daß Sie mich aufgefordert haben.« Alan, ein nachdenklicher Mann aus einem meiner Workshops, sagt, er erfahre viel über eine Frau durch die Art, wie sie nein sage. Es passiert ihm häufig, daß er eine Frau zum Tanzen auffordert, diese stumm nickt und beim Tanz kein einziges Wort spricht. Ihm sei es sehr wichtig, auch beim Tanzen höflich miteinander umzugehen.
In manchen Fällen können Sie statt eines glatten Neins sagen: »Nein, im Augenblick nicht.«

»Danke, daß Sie mich fragen. Aber ich möchte diesen Tanz aus-
lassen. Kann ich später auf Ihr Angebot zurückkommen und Sie
zum Tanzen holen?«

Auf diese Weise bleibt Ihnen Zeit, sich zu entscheiden, und er
fragt Sie in fünf Minuten nicht noch mal. Bedenken Sie: Derjenige, dem Sie einen Korb geben, muß durchs ganze Lokal zurück
auf seinen Platz gehen und sich nach einer anderen Tanzpartne-
rin umschauen. Viele Männer beschreiben das als Spießrutenlau-
fen; sie kommen sich vor, als verfolge sie ein greller Scheinwerfer, und das ganze Lokal starre sie an.

Wenn Sie einen Tanzpartner ablehnen, weil Sie eigentlich mit einem anderen tanzen wollen, beobachtet dieser andere vielleicht
ziemlich genau, wie Sie nein sagen, und beschließt, besser kein
Risiko einzugehen. Er tanzt dann lieber mit einer anderen, die
sich schon mal auffordern ließ. Es ist meist besser, die Person zu
sein, die ja sagt.

2. *Es gibt noch Dinge zu klären:* Wenn jemand Sie um Ihre Telefonnummer bittet und Sie nicht mit einem klaren Nein antworten
wollen (was vielen Menschen schwerfällt), gibt es außer faden-
scheinigen Ausreden noch andere Möglichkeiten. Warum sagen
Sie nicht: »Ich finde es nett, daß Sie mich darum bitten. Aber vorher muß ich noch einige Dinge klären.« Diese Aussage läßt mehrere Deutungen zu. Entweder ist eine Sache aus der Vergangenheit noch nicht bereinigt, oder Sie sind ganz einfach noch nicht
dazu bereit.

3. *Menschliche Bedürfnisse:* Ausreden, die so alt sind wie die
Menschheit: Sie wollen sich frisch machen oder noch ein Glas Jo-
hannisbeersaft trinken. Die Höflichkeit gebietet allerdings, daß
Sie das Glas Ihres Gegenübers ebenfalls nachfüllen. Wenn Sie
durch dessen Redeschwall nicht zu Wort kommen, unterbrechen
Sie ihn/sie kurz, sagen Sie, daß Sie sich ein Getränk holen, und
steuern Sie die Bar an. Bringen Sie ihm/ihr auch ein Glas mit,
bedanken Sie sich für das Gespräch, und ziehen Sie weiter.

4. *Seien Sie klar und bestimmt:* Viele Singles, die gefragt wurden, in
welcher Form sie eine Ablehnung am leichtesten hinnehmen,
antworteten, daß sie die Wahrheit bevorzugen: Es ist wirklich
nett, daß Sie mich fragen, aber ich möchte nicht. Danke, daß Sie

fragen, aber meine Antwort ist nein. – Nein heißt nein. Da gibt es kein Wenn und Aber. Sagen Sie es so, wie Sie es gerne hören würden, wenn die Rollen vertauscht wären. Bedenken Sie – die Welt ist klein, und Gerüchte kommen schnell in Umlauf.

5. *Das kurze Gespräch:* Jemand ist Ihnen vom Aussehen her sympathisch, aber Sie können im voraus nicht wissen, ob die Person dem Erscheinungsbild entspricht. Ein kurzes Gespräch bietet Gelegenheit zur Kontaktaufnahme, um erste Eindrücke zu bestätigen oder zu revidieren. Dabei lassen Sie den Gesprächspartner zu Beginn wissen, daß ein Zeitlimit besteht, das nichts mit ihm/ihr zu tun hat. Hier einige Beispiele:

- Kann ich ein paar Minuten mit Ihnen sprechen?
- Ich bin mit einem Freund verabredet, der berüchtigt ist für seine Unpünktlichkeit. Ich hasse es zu warten. Wenn er in zehn Minuten nicht auftaucht, mache ich mich auf die Suche.
- Ich muß leider gleich weg, sollte Sie vorher aber noch kennenlernen.

Mit dem Hinweis auf ein kurzes Gespräch umgehen Sie eine etwaige Zurückweisung. Und wer weiß, vielleicht ändern Sie in zehn Minuten Ihre Meinung und bleiben länger. Ein Zeitlimit beschränkt nicht nur die Erwartungen des Angesprochenen von vornherein, Sie geben sich damit auch mehr Freiraum. Wenn nämlich nichts erwartet wird, kann vielleicht *etwas* daraus werden.

WEITERE TIPS

Was ist, wenn mich niemand mag?

Oft haben wir Angst, bei anderen einen ungünstigen Eindruck zu hinterlassen. Menschen, die selber Probleme haben, beurteilen uns negativ, egal wie wir uns verhalten. Man ist reizend zu Ihnen und spricht im nächsten Moment schlecht über Sie. Wenn Sie Ihr Selbstwertgefühl von der Meinung anderer abhängig machen, werden Sie neurotisch.

Hören Sie nur auf Ihre innere Stimme. Können Sie sich verzeihen, wenn der Abend nicht so verlaufen ist, wie Sie es wünschten, oder geben Sie sich die Schuld daran? Akzeptieren Sie langsame Fortschritte, oder fordern Sie gnadenlos Perfektion? Geben Sie sich eine zweite Chance, oder ziehen Sie sich die nächsten sechs Monate in Ihr Schneckenhaus zurück? Trösten Sie sich mit den gleichen wohlmeinenden Worten, mit denen Sie andere trösten? Oder wollen Sie sich partout beweisen, daß Ihre schlimmsten Befürchtungen über Ihre Fehler und Mängel sich bestätigen?

Im Sinne der Guerillataktiken der Partnersuche sollten Sie:

* sich beglückwünschen, einen Versuch unternommen zu haben.
* Verständnis haben, wenn Sie sich eine Gelegenheit entgehen ließen.
* sich nicht fragen, was die Party Ihnen bringt, sondern was Sie der Party bringen.
* Kopf hoch! Das Leben ist kein Dauertest.

Zur Ergänzung:

* Vorsicht vor Alkohol! Ruth stellte fest, daß Wein sie auflockerte. Bei einem Fest war sie besonders nervös und gehemmt und trank rasch hintereinander drei Gläser Wein. Kurz darauf lernte sie einen jungen Mann kennen, der sie geradezu vom Stuhl riß. Nachdem sie sich zehn Minuten mit ihm unterhalten hatte, mußte sie zur Toilette, weil ihr schlecht wurde. Den Rest des Abends verbrachte sie mit einem nassen Tuch auf der Stirn auf dem Klo und flehte zum Himmel, der Raum möge aufhören, sich um sie zu drehen.
* Auch wenn die Teller riesig sind, nehmen Sie nur kleine Portionen vom Buffet. Auf diese Weise können Sie öfter vom Tisch aufstehen und nachfassen und dabei der Person am Buffet begegnen, mit der Sie schon seit einer Weile heimliche Blicke tauschen.
* Wenn Partys nicht Ihre Sache sind, ist das okay. Gehen Sie nicht hin! Versuchen Sie es mit anderen Anlässen. Spielen Sie Volleyball, schließen Sie sich einem Wanderverein an, besuchen Sie Fortbildungskurse für Erwachsene, oder probieren Sie es mit einem Esoterikkurs.

TEIL III

MOBILISIEREN DER KAMPFEINHEITEN

KAPITEL 7
ANLEIHEN:
STRENG GEHÜTETE GEHEIMNISSE

Eine Höhlenzeichnung in Sizilien aus vorgeschichtlicher Zeit stellt symbolisch die Geschichte einer Frau dar, die einen Höhlenmann aus dem Nachbar-Clan für sich gewinnen möchte. Die Beule an seinem Kopf weist darauf hin, daß er bereits eine Frau hat. Auf einem Stück Pergament aus römischer Zeit beklagt ein gewisser Marcus Attilius die Sinnlosigkeit, sich einer Frau zu nähern, die im Kreise ihrer Freundinnen das Badehaus besucht. Auf einem Speicher in Paris wurde ein Tagebuch gefunden, datiert anno 1689, dem ein unbedeutender Höfling anvertraute, daß es ihm trotz eifriger Tanzstunden beim besten Menuettlehrer bei Hofe nicht gelingen will, eine Dame zum Tanz zu bitten. Diese geschichtlichen Dokumente gibt es nicht, ich habe sie erfunden. Dennoch: Probleme der Partnersuche wiederholen sich seit Menschengedenken, die Konflikte begleiten uns durch die Jahrhunderte und werfen immer wieder die Grundfrage auf: Wie soll ein wohlerzogener Neandertaler sich verhalten?

Es bringt nichts, das Rad der Geschichte zurückzudrehen. Da Männer und Frauen sich seit jeher mit ähnlichen Konflikten herumschlagen, gibt es auch Lösungen – bessere und schlechtere. Dieses Kapitel gibt Ihnen zeitgemäße Ratschläge, wie Sie aktiv Lösungen für sich finden können. Es enthüllt streng gehütete Geheimnisse anderer, die ähnlich »klassische« Konflikte gelöst haben. Bei unseren Guerillataktiken auf der Suche nach einem Partner gibt es nur Sieger, keine Verlierer. Sie werden Wege finden, Ihre eigene Kreativität einzusetzen oder die Taktiken anderer als Sprungbrett zu einem erfüllten Liebesleben zu benutzen.

Nachfolgend werden wir einige der häufigsten heiklen Situationen – und wie Sie daraus das Beste daraus machen können – besprechen.

WIE SIE IN DER ÖFFENTLICHKEIT POSITIVE AUFMERKSAMKEIT AUF SICH LENKEN

In Joes Apartmenthaus wohnten viele Singles, die sich regelmäßig am hauseigenen Swimmingpool versammelten. Jedes Wochenende begegnete er immer wieder denselben Leuten. Vergeblich lächelte Joe die schlanken Schönen in ihren hautengen Badeanzügen an und warf ihnen bewundernde Blicke zu, doch nie lernte er eine von ihnen kennen. Eines Abends, als er wie üblich sein Fertiggericht vor dem Fernseher verzehrte, hatte er eine Idee. Am nächsten Tag nahm er nicht wie sonst ein Buch mit ins Schwimmbad, sondern einen Krug eisgekühlte Sangria, eine Schale Salzgebäck und sechzehn Pappbecher. Gegen vier Uhr nachmittags war er bereits Hahn im Korb.

Deborah, eine der Frauen im Schwimmbad, wandelte Joes Strategie für ihre Zwecke ab. Sie und ihre Freundin Evelyn hatten einen Plakat-Anschlag für ein Softball-Turnier am nächsten Sonntag im Stadtpark gesehen. Deborah und Evelyn (die keine Ahnung hatte, ob bei Softball über das Netz gespielt oder auf ein Tor geschossen wurde) setzten sich mit einer Kühltasche, gefüllt mit Bier und Mineralwasser, an den Rand des Spielfeldes. Nach kurzer Zeit kannten sie jeden einzelnen Spieler beider Mannschaften und verbrachten einen ausgesprochen vergnüglichen Nachmittag. Deborah war schlau. Statt sich den eigenen Kopf zu zerbrechen, klaute sie Joes gute Idee.

Um im kleineren Kreis positive Aufmerksamkeit auf sich zu lenken, können Sie anderen eine Überraschung bereiten. Joe hätte ähnlichen Erfolg gehabt, wenn er selbstgebackene Kekse mitgebracht hätte – und Deborah hätte mit Pizzas weniger zu schleppen gehabt. Wählen Sie etwas aus, womit Sie sich in Erinnerung bringen. Wenn Sie zu einer Party gehen, zu welcher alle Wein mitbringen: BRINGEN SIE KEINEN WEIN! Bringen Sie statt dessen:

- Tarotkarten, und sagen Sie die Zukunft voraus
- Glückskekse (stecken Sie Ihre Telefonnummer in den Keks, den Sie dem süßen Jungen zustecken, auf den Sie ein Auge geworfen haben)
- Ketten, die im Dunkeln leuchten und die sich die Gäste um den Hals legen
- Tante Minnies Eierlikör
- Scrabble (ein Spiel)

- ein Banjo
- Ihre Bauchrednerkünste und die Puppe dazu (wenn Sie die Puppe vergessen, bitten Sie einen Freund, die Puppe zu spielen).

Merke: Ob Sie sich von der Menge abheben oder nicht, muß nicht dem Schicksal überlassen bleiben. Hören Sie auf, die richtige Person zu *finden*, und fangen Sie an, die richtige Person zu sein.

WIE SIE EINE PERSON, MIT DER SIE TANZEN WOLLEN, IN EINER GRUPPE ANSPRECHEN

Was haben Wölfe, Affen, Hyänen und Menschen gemeinsam? Von den vielen gültigen Antworten auf diese Frage geht es mir darum, daß sie alle in Gruppen jagen. Der Unterschied besteht darin, daß Hyänen, Wölfe und Affen sich nicht darüber beklagen. Männer und Frauen klagen allerdings vehement darüber, daß das andere Geschlecht in der Regel in Horden, Gruppen, Banden und geschlossenen Cliquen auftritt. Wie schaffen Sie es, ein Exemplar aus der Gruppe abzusondern? Zumal Ihr Ziel *nicht*, wie in Raubtierkreisen üblich, darin besteht, das schwächste Mitglied der Gruppe an Land zu ziehen.

Lester fragte Teena, die mit vier Freundinnen am Tisch saß, ob sie mit ihm tanzen wolle. Sie gab ihm einen Korb, also fragte er ihre Freundin Valerie. Auch Valerie erteilte ihm eine Abfuhr, dann kam June an die Reihe, die ebenfalls nein sagte. Teena nannte ihn hinterher einen Versager auf der ganzen Linie. Der arme Junge hatte sich der Reihe nach bei allen Mädchen eine Abfuhr geholt. Da er Teena als erste fragte, kam jede der Freundinnen sich als zweite, dritte oder vierte Wahl vor. Eigentlich hatte er Glück, daß die letzte ihm keine knallte.

Es kann schwer sein, eine Frau aus einer Gruppe herauszuholen. In der ersten halben Stunde will man bei der Gruppe bleiben, sozusagen aus Selbstschutz. Eine Frau möchte entweder nicht mit Ihnen tanzen oder sie tanzt nicht, weil ihre Freundin keinen Tanzpartner hat. Oder sie hat *noch* keine Lust zu tanzen. Dagegen gibt es ein probates Mittel. Gehen Sie auf *alle* zu, lächeln Sie freundlich (nicht verführerisch, sondern offen und charmant), und fragen Sie in die Runde, ob *eine* der Damen tanzen möchte. Es bestehen gute Chancen, daß eine Lust zu tanzen hat und ja sagt. Wenn Sie von einer akzeptiert werden, tanzen die anderen vermutlich später auch mit Ihnen. Mit der offenen Einladung an alle haben Sie nicht eine Frau allen anderen vorgezogen. Sie können mit allen tanzen und dann überlegen, welche Ihnen am besten gefällt.

Manche Männer halten dem entgegen, diese Methode berge die Gefahr einer kollektiven Ablehnung. Andere meinen allerdings, sie zögen es vor, die Abfuhr im Chor zu hören und sich anschließend zum anderen Ende des Raums zu begeben, statt viermal hintereinander das gleiche zu hören; das sei wie die chinesische Folter mit den Wassertropfen. Wenn Sie die Frage an die ganze Runde richten, seien Sie auf kritische Blickwechsel und auf etwa zehn peinliche Sekunden gefaßt, bevor eine der Damen antwortet.

Variante
Wenn Lyle in einem Lokal eine Frauengruppe sieht, die ihm gefällt, und er tanzen möchte, wirft er den Frauen Blicke zu, lächelt und macht kleine Tanzbewegungen. In den meisten Fällen kommt eine zu ihm rüber und holt ihn zum Tanzen.

Karen erzählte, wie sie und ihre Freundinnen sich an Männer in Gruppen heranmachen, um mit ihnen zu tanzen. Sie haben herausgefunden, daß Männer meist Verständnis für eine Frau zeigen, die sie auffordert, weil sie wissen, was es heißt, einen Korb zu bekommen. Karen hatte eine Idee, wie sie Männer zum Tanzen bringt. Sie steuert zusammen mit zwei Freundinnen drei Männer in der Gruppe an, sie nehmen sie bei den Händen und führen sie zur Tanzfläche. Das klappt eigentlich immer.

Männer bewegen sich aus den gleichen Gründen wie Frauen in Gruppen: Schutz, Absonderung und die Gewähr, nicht allein zu sein. Mit Freunden im Rücken kann man mutiger auftreten.

Veras streng gehütetes Geheimnis
Mike hat eine weitere Frage zur Gruppe: Nachdem er sich zwanzig Minuten gut zugeredet und endlich beschlossen hat, sich einem Tisch zu nähern, an dem nur Frauen sitzen, stehen alle gemeinsam wie auf Kommando auf und gehen zum Klo. Warum passiert ihm das regelmäßig?

Vera sagt, sie habe das früher nicht anders gemacht. Dann habe sie einen Trick herausgefunden, der ihr Leben verändert hat. Wenn alle ihre Freundinnen gemeinsam aufstehen, bleibt sie zurück – allein. Die schüchterne Vera fühlt sich sicher, da sie weiß, daß die Frauen in zehn Minuten zurückkommen. Sie hat festgestellt – und dieses Geheimnis gab sie nicht gern preis –, daß Männer sich ihr dann nähern, wenn die Freundinnen weg sind. Häufig bringt einer im ersten Satz zum Ausdruck, daß er sich über die begrenzte Zeit mit ihr im klaren ist, und bemüht sich, besonders witzig und charmant zu sein. Bei Vera klappt das so wunderbar, daß sie ihren Freundinnen oft sagt, ihr Haar sei in Unordnung oder ihr Make-up müsse aufgefrischt werden, obwohl das gar nicht stimmt, weil sie ein paar kostbare Minuten alleine sein möchte.

Letzter Gruppentrip

Machen Sie sich nicht an eine Person in der Gruppe heran, ohne die Gruppe vorher beobachtet zu haben. Ist die Gruppe ins Gespräch vertieft, oder sitzen alle gelangweilt rum? Hat die Gruppe etwas abseits Platz genommen, um ungestört zu sein, oder leistet man sich einander nur aus Höflichkeit Gesellschaft? Versucht jemand aus der Gruppe Blickkontakt mit Ihnen aufzunehmen, oder beachtet Sie keiner aus der Gruppe? Achten Sie auf visuelle Signale, die Ihnen zu verstehen geben, ob, wie und wann Sie sich der Gruppe nähern sollen.

WIE SIE HERAUSFINDEN, OB ER/SIE VERHEIRATET IST

Eine weitverbreitete Horrorvision, die allen Singles die Schamröte ins Gesicht treibt, ist die Vorstellung, mit einer verheirateten Person zu flirten. Wir wissen, daß jeder diesen Fehler begehen kann, winden uns aber bei dem Gedanken, ihn selbst zu machen.

Irene brachte ihre Angst, versehentlich mit einem verheirateten Mann zu flirten, in einer Selbsthilfegruppe für Singles zum Ausdruck. Die Sozialarbeiterin Ruth, die gleichfalls an der Gruppe teilnahm, fragte Irene im Rollenspiel nach ihren schlimmsten Befürchtungen. Irene stellte sich vor, in einem überfüllten Lokal zu sitzen und mit einem Mann zu flirten, der verheiratet wäre, wovon sie aber keine Ahnung hätte. Plötzlich hörten die Leute im Restaurant auf zu essen, die Gespräche verstummten, alle Blicke richteten sich auf sie, und das ganze Lokal machte sich über sie lustig oder empörte sich über sie. Ihre Geschichte wurde in der Gruppe diskutiert und analysiert. Irene wurde klar, daß sie sich mit ihrer Meinung, alle Welt würde sich für ihr Fehlverhalten interessieren, als Mittelpunkt des Universums sah.

Zwei Fragen wurden erörtert. Nahm die Welt wirklich so großen Anteil an ihrem Verhalten, wie sie glaubte? War ihr Flirt überhaupt ein Fehlverhalten? Sie teilte die Meinung anderer Teilnehmer, die Frauen bewunderten, die ungehemmt flirteten, selbst wenn ihre Wahl auf verheiratete Männer fiel. Warum war Irene beeindruckt von den Verführungskünsten anderer Frauen und so kritisch mit sich selbst? Diese Fragen mußten geklärt werden. Wichtiger aber war, daß Irene den Unterschied zwischen ihren selbstbestrafenden Schreckensvisionen und dem, was in der Realität passieren konnte, erkannte.

Es fehlt der Welt gewiß nicht an verheirateten Heuchlern, die einer Frau absichtlich weismachen, sie seien noch zu haben. Will jemand nicht gleich mit der Wahrheit herausrücken, gibt es erkennbare Anzeichen, die Sie mißtrauisch machen sollten; etwa wenn ein Mann Ihnen seine Privatnummer verschweigt und als Grund angibt, er sei leichter im Büro zu erreichen. Die meisten Leute haben einen Anrufbeantworter, auf dem man eine Nachricht hinterlassen kann. Ich würde zwar nicht jedem Mann, der seine Privatnummer nicht preisgibt, unterstellen, er sei verheiratet oder zumindest in festen Händen, wäre aber mißtrauisch. Eine Person hingegen, die eine Privatnummer nennt, gibt damit zu verstehen: ich bin nicht verheiratet, nicht in festen Händen, du kannst mich getrost zu Hause anrufen.

Manche Frauen geben aus Sicherheitsgründen ihre Telefonnummer nicht preis. Wenn der Mann aber seiner Auserwählten nach zwei Monaten den Verlobungsring überstreift, ihre Privatnummer immer noch nicht kennt und die Verlobte ihm versichert, sie sei am ehesten im Dampfbad ihres Fitneßclubs zu erreichen, würde ich darin eindeutig ein Alarmsignal sehen.

Kleine List

Der Saxophonist Bernie schwört, daß er mit seiner Schnulzenmasche umgehend den Ehestand einer Angeflirteten herausfindet. Nachdem er ein paar Minuten mit ihr gesprochen hat, macht er ihr ein Kompliment, dem er hinzufügt: »Ich hoffe, Ihr Mann weiß das zu schätzen.«

Variante: Patty sagt: »Tolle Krawatte. Hat Ihre Frau die ausgesucht?«

Gail macht es mit Humor. Eines Abends sprach sie einen Typ an der Bar an: »Wir haben gerade im Waschraum über Sie geredet und würden gerne wissen, ob Sie verheiratet sind. Wenn Sie nämlich verheiratet sind, streichen wir Ihren Namen von der Liste an der Wand.«

Das alles mag ein wenig unnatürlich klingen. Alan, ein Workshop-Teilnehmer, sagt, ein bißchen Theater gehöre zu sozialen Interaktionen, und wir alle gebärden uns in der Öffentlichkeit in gewisser Weise als Schauspieler. Daher haben Sie immer Gelegenheit, das Skript nach Ihren Wünschen umzuschreiben.

Manche Eheringe sind von anderen Ringen nicht zu unterscheiden, und manche Leute, vorwiegend Männer, tragen überhaupt keinen Ring. Wenn Sie mit jemandem ins Gespräch kommen, können Sie nicht immer sofort wissen, ob die Person, die Sie kennenlernen möchten, noch zu haben ist. Jeder Mensch wird gern bewundert, also hören Sie auf, sich Selbstvorwürfe zu machen, wenn sich herausstellt, daß die Person bereits in festen Händen ist. Wenn er/sie über gesunden Menschenverstand verfügt und Sie die Grenzen des Anstands nicht überschreiten, freut man sich über Ihre Komplimente. Nach einem langen, schweren Tag oder einer anstrengenden Woche weiß man oft gar nicht mehr, daß andere Menschen Gefallen an einem finden. Und man freut sich, daran erinnert zu werden.

Wenn Sie sich Gedanken darüber machen, ob andere Leute Ringe tragen oder nicht, versetzen Sie sich in deren Situation. Tragen Sie keine Ringe am Ringfinger. Stellen Sie sich vor, Sie sehen zwei attraktive Kandidaten in einiger Entfernung. Einer davon trägt so etwas, das aussieht wie ein Ehering. Auf welchen konzentrieren Sie Ihre Aufmerksamkeit?

Die direkte Frage

Die andere Möglichkeit herauszufinden, ob jemand in festen Händen ist, ist die direkte, klare Frage: Sind Sie verheiratet?

Wenn die Antwort ja lautet, können Sie Ihr Bedauern zum Ausdruck bringen – mit einem Lächeln wohlbemerkt. Wenden Sie der Person nicht auf der Stelle den Rücken zu. Vielleicht sind Sie im Begriff, einen neuen Freund kennenzulernen, oder der Mann hat einen unverheirateten Freund, der genauso nett ist.

Machen Sie aus Ihrer Sorge um den Ehestand kein weiteres Hindernis, um keine neuen Leute kennenzulernen. Ein Goldreif am Finger ist keine Entschuldigung dafür, die Hände in den Schoß zu legen.

WIE SIE IHRE KINDER ALS PLUS EINSETZEN

Früher haben wir Kinder keineswegs als Plus für einen Annäherungsversuch gesehen. Heute unterstellen wir nicht einmal mehr, daß jemand mit Kind verheiratet ist. Es kann leichter sein, zu jemandem mit Kindern freundlich zu sein, weil Kinder besondere Formen der Annäherung ermöglichen. Ich lächle gern Männer und Frauen mit Kindern an, aber wer hätte gedacht, daß dies auch ein streng gehütetes Geheimnis bei der Partnersuche sein kann?

Kenny führt seinen süßen kleinen Neffen einmal in der Woche aus. Kürzlich verbrachte er einen Nachmittag mit ihm im Park und sah eine hübsche junge Frau, die sich auf einer Parkbank sonnte. Kenny fragen den Knirps, ob er eine Tüte Eis haben wolle. Der Junge nickte begeistert, und Kenny sagte, er müsse nur über die Tante stolpern, die dort drüben in der Sonne säße, dann bekäme er sein Eis. Der Rest war Kennys Sache.

Cleo baut mit ihrer kleinen Tochter Sandburgen am Strand. Cleo schwört, sie habe noch nie eine Burg gebaut, ohne daß ein netter Herr ihr angeboten hätte, den Burggraben auszuheben. Cleo fühlt sich außerdem weniger gehemmt, ein Gespräch mit einem Mann im Beisein ihrer Tochter anzuknüpfen.

Darlenes fünf erwachsene Kinder zwischen zwanzig und dreiundddreißig Jahren leben alle noch bei ihr zu Hause. Wenn sie mit einem Mann ausgeht, sagt sie ihm, sie lebe in einer Wohngemeinschaft mit fünf jungen Leuten zusammen, die zufällig mit ihr verwandt seien. Sie geht mit dem Thema so humorvoll um, daß die Männer, mit denen sie ausgeht, den Umstand als reizvoll und nicht als befremdlich empfinden.

Die Kehrseite der Medaille: Barbara, eine achtunddreißigjährige Buchhalterin, fragte einen sechsjährigen Jungen aus ihrem Haus, ob er alleinlebende Männer kenne, die er ihr vorstellen könne. Der Sechsjährige meinte, na klar. Sie solle etwas später bei ihm vorbeischauen, dann sei sein Cousin da, der sei erwachsen. Wie sich herausstellte, war der Cousin fünfzehn. Wenn man sechs ist, ist fast jeder ein Erwachsener.

Jeden Tag heiraten Männer und Frauen, die Kinder mit in die Ehe bringen – oft auch mehrere Kinder. Stieffamilien sind heute keine Ausnahme mehr. Ratgeber für Zweitfamilien stehen massenweise in den Regalen der Buchhandlungen. Falls Sie Bedenken haben, sich in eine bereits existierende Familie einzubinden oder einen neuen Partner in Ihre Familie zu bringen, besorgen Sie sich eines dieser Bücher und informieren Sie sich. Nur allzu leicht macht man sich den Mythos zu eigen, Männer wollen keine Frauen mit kleinen Kindern heiraten, oder Frauen scheuen davor zurück, mit einem Mann, seinen Kindern und dem Schatten seiner Exfrau zu leben. Gewiß gibt es *einige* Männer und *einige* Frauen, die nicht bereit sind, Kinder eines/einer Ex zu akzeptieren. Aber es wäre absurd, unwahr und geradezu selbstzerstörerisch zu behaupten, *alle* Männer und Frauen würden so denken. Viele Männer und Frauen wären glücklich, sich in eine bereits existierende Familie einzubinden. Manche Männer und Frauen sind sogar auf der Suche nach einer solchen Gelegenheit.

WIE SIE SICH SELBST AUS DEM SUMPF ZIEHEN

Laura zieht sich aus einem Tief bei ihrer Partnersuche, indem sie ihr Adreßbuch durchblättert, um sich wieder mal bei alten Freunden zu melden. Sie ist beruflich so eingespannt, daß ihr manche Freundschaften einfach entgleiten. Sie hat viele Visitenkarten bekommen, es aber nie geschafft, näheren Kontakt mit den Überbringern aufzunehmen. Am Wochenende setzt sie sich hin, beginnt bei A und ruft sämtliche Nummern durch, bis sie bei Z gelandet ist. In der Vorweihnachtszeit sagt sie den Leuten, die Jahreszeit habe sie inspiriert, sich bei alten Bekannten zu melden. Zu anderen Zeiten sagt sie, sie sei im Begriff, Namen und Telefonnummern aus ihrem alten Adreßbuch in das neue zu übertragen und habe festgestellt, daß sie sich lange nicht bei dem Betreffenden gemeldet habe.

Laura verschafft sich damit manche Vorteile. Sie trifft gesellschaftliche Verabredungen, kommt aus dem Haus, wird zu Partys, zum Abendessen (und zu Hochzeiten) eingeladen und hat das Gefühl, etwas mehr Freude in ihr Leben gebracht zu haben. Sie macht einen positiven, angenehmen Neuanfang.

Hallo Jerry. Ja, ich weiß, es ist lange her

Dürfen Sie sich nach langer Zeit wieder bei jemandem melden, den Sie ewig nicht gesehen haben? Welche Ausrede lassen Sie sich einfallen, warum Sie so lange nichts von sich hören ließen? Zunächst: Selbst wenn Sie glauben, eine Entschuldigung sei nötig, ist sie es nicht. Wir fürchten oft, Leute zu stören, ihren Alltag zu unterbrechen; wir fürchten, daß sie eine andere Entwicklung genommen und jahrelang nicht an uns gedacht haben. Die Wirklichkeit sieht anders aus: Wenn *wir* einen Anruf von alten Bekannten bekommen, freuen wir uns fast immer, von ihnen zu hören. Wenn sie uns sagen, daß sie seit einiger Zeit daran denken, uns anzurufen, wünschten wir, sie hätten es früher getan – nehmen es aber selten krumm, daß sie es nicht getan haben. Ihre Gefühle, die der Anruf einer alten Freundin bei Ihnen auslöst, dienen als Barometer für die Empfindungen dieser Freundin, wenn sie von Ihnen hört. Wir schieben solche Anrufe immer wieder vor uns her. Wenn Sie sich auf Partnersuche begeben, ist das ein guter Grund, solche Anrufe nicht länger hinauszuzögern.

Erwähnen Sie im Gespräch nebenbei, daß Sie sich wieder auf Partnersuche begeben, weil:

- Sie damit Ihren Entschluß bekräftigen und sich als ein Mensch auf Partnersuche identifizieren. Wenn Sie sich verbal dazu bekennen, erhält der Entschluß einen höheren Stellenwert.
- Der Gesprächspartner registriert Sie als aktiv Suchenden.
- Ihr Freund gibt Ihnen Rückhalt und Bestätigung – etwas, das wir alle brauchen können.
- Und möglicherweise kennt Ihr Freund jemanden…

WIE SIE SICH MIT VERSATZSTÜCKEN INS GESPRÄCH BRINGEN

Ihre Kleidung, Ihre Accessoires, Kleinigkeiten, die Sie anderen geben, sagen eine Menge über Sie aus. Nutzen Sie sie kreativ! Jackie, ein Feuerwehrmann, verteilt Visitenkarten mit dem Aufdruck: »Sie machen Feuer, wir löschen.« Und auf der Rückseite steht: »Wir machen auch Hausbesuche.« Diane überreicht Geschäftskarten, die auf Temperatur reagieren; wenn man sie anfaßt, wechseln sie die Farbe. Ernie hat eine wundervolle Sammlung alter Füllfederhalter und geht nie aus dem Haus, ohne einen oder zwei in die Brusttasche seines Hemdes zu stecken. Leslie trägt eine Baskenmütze, die über und über mit Anstecknadeln, Buttons, Fähnchen und Krawattennadeln aus aller Welt bedeckt ist. Sie ist ein wandelndes UNO-Poster. In einem Workshop fragten kürzlich mehrere Leute einen Mann nach seinem tollen Button, den er am Mantel trug. Er erklärte, es sei das Logo der Organisation »Künstler gegen Aids«, die er unterstützt. Marilyn lernt Männer kennen, weil sie ihre Zeichenmappe mit sich herumschleppt. Bob trägt die Jacke seines Softball-Teams.

Jack trägt einen Hut, den er vor Frauen zieht, eine Geste, die den meisten ein Lächeln entlockt. Er sagt, die Reaktion der Frauen sei mit und ohne Hut verschieden. Michael trägt ein T-Shirt mit der Aufschrift: »So sieht ein wirklich netter Junge aus.« Carla trägt ein T-Shirt mit der Werbung für ein Traktorenrennen in ihrer Heimatstadt. Gary schrieb Texte italienischer Liebessonette auf seine zerschlissenen Jeans. Kim trägt eine wilde Krawatte, die mit Kontaktanzeigen bedruckt ist.

Sie können sich natürlich auch einen Hund anschaffen – aber Vorsicht: Möge es Ihnen nicht so ergehen wir Roger Dangerfield. Er hatte sich einen Hund gekauft, um damit Frauen kennenzulernen, mußte aber feststellen, daß der Hund ihn dazu benutzte, andere Hunde kennenzulernen.

Hat jemand Lust auf Kaugummi?

Wenn meine Freunde in fremde Länder reisen, bitte ich sie nicht, mir ein Seidentuch mitzubringen. Ich freue mich mehr über ausgefallene Kaugummis. Das ist billig, nimmt keinen Platz weg, und ich kann mich damit interessant machen. Ein japanischer Kaugummi nennt sich »Kiss Mint«. Die Aufschrift auf der Verpackung verspricht: »Bestens geeignet für Ihr Rendezvous.« Ich besitze auch »Kühle Küsse«, »Flavono«, »Black Black«, Kaugummis mit hebräischen Schriftzeichen, spanische, italienische; Kaugummis aus aller Herren Länder eben. Es ist ein kleines Abenteuer, jemandem einen Kaugummi anzubieten. Ich trage außerdem ein Fläschchen mit Seifenblasen um den Hals. Sie halten es möglicherweise für albern, auf Leute zuzugehen und ihnen Seifenblasen ins Gesicht zu pusten. Sie haben völlig recht. Dennoch finde ich unzählige Gelegenheiten, davon Gebrauch zu machen. Bei Kindern ernte ich damit große Erfolge.

Einmal fuhr ich mit einem sehr langsamen Lift in den vierten Stock. Ich vertrieb mir die Zeit damit, Seifenblasen in die Luft zu pusten. Als der Fahrstuhl stehenblieb und die Tür sich öffnete, standen da ein paar Leute, um einzusteigen – und ich stand in einer bunten Wolke aus Seifenblasen. Eines habe ich aus meinen kindischen Spielereien gelernt: Der Tag verläuft sehr viel vergnüglicher, wenn man sich selbst zu unterhalten weiß, statt auf andere zu bauen.

Sie können durch Ihre Kleidung, mit Accessoires und anderen Requisiten Anknüpfungspunkte finden. Sehen Sie mal in Ihrem Schrank nach oder in Ihrer Kommode, ob Sie nicht was Passendes finden, das Ihnen zu diesem Zweck dienen könnte. Wenn Sie nicht fündig werden, besorgen Sie sich:

Ein Buch mit einem provokativen Titel
Ein Spielzeug zum Aufziehen
Ein Paket Schokoladezigaretten
Ein Baguette
Die Zeitschrift *Der Angler* oder *Auto, Motor und Sport*, wenn Sie eine Frau sind
Eine große Tüte Gummibärchen
Eine Tuba

…was es auch sei, es soll verhindern, daß Sie in der Menge untertauchen. Ihre Requisiten sind Ihre persönliche Handschrift, mit der Sie sich der Welt präsentieren.

Dabei gilt es auch, die Versatzstücke anderer zu bemerken. Der Broadwayschauspieler Peter fand einen wunderbaren Satz, um sich ins Gespräch zu bringen, als eine auffallende Blondine auf Rollschuhen durch einen Supermarkt in Manhattan glitt. Beim Tomatenabwiegen fragte er sie mit total ernster Stimme: »Kommen Sie oft zum Rollschuhlaufen hierher?«

WIE SIE WIEDER ROMANTISCHE GEFÜHLE ENTWICKELN

Ein ausländischer Liebesfilm auf Videokassette kann eine kleine Wiedergeburt sein. Vergessen Sie Realität, Politik, Beruf und Alltagsrollen, und gönnen Sie sich an einem Sonntagnachmittag eine Märchenstunde. Falls das einzig Exotische in Ihrem Leben ein Glas spanischer Oliven im Kühlschrank ist, brauchen Sie dringend frische Importware.

Leihen Sie sich ausländische Filme in ihrer Originalfassung. Es geht ja darum, den verführerischen Klang der fremden Sprache zu genießen und sich davon inspirieren zu lassen.

Stöbern Sie in der Auslandsabteilung des Videoverleihs, und suchen Sie Liebesfilme, die Preise in Cannes oder bei anderen ausländischen Filmfestivals, selbstredend auch den Oscar, gewonnen haben. Nun besorgen Sie sich eine Flasche Wein aus dem Land, in dem der Film entstanden ist: einen leichten italienischen Tafelwein, einen dunkelroten Spanier, einen noblen Franzosen. Sollten Sie keinen Alkohol trinken, empfehle ich Ihnen die Anschaffung von Kastagnetten oder eines reifen französischen Brie-Käses. Oder Sie gönnen sich ein leckeres Pastagericht und sparen nicht mit Knoblauch und Basilikum. Diese Genüsse sind ebenso sinnlich wie guter Wein.

Bitte schreiben Sie mir keine Briefe, in denen Sie sich darüber beschweren, daß alle Leute in ausländischen Filmen ihre Ehepartner betrügen. Das versteht sich von selbst.

KAPITEL 8
MOBILISIEREN DER KAMPFEINHEITEN: WIE SIE SICH ANDERE ZU VERBÜNDETEN MACHEN

Fragen Sie einen Topmanager nach seinem Erfolgsrezept, und er wird Ihnen sagen, daß er Aufgaben und Verantwortlichkeiten zu delegieren weiß. Er würde gar nicht erst versuchen, alles allein zu machen. Er kennt seine Grenzen und weiß, welche Leute er heranziehen muß, um die von ihm delegierten Aufgaben bestens zu erledigen.

Fragen Sie einen berühmten Hollywoodregisseur, wie er zu seinen Oscar-Nominierungen kommt, und er wird Ihnen erzählen, daß er eine Menge davon versteht, wie man ein gutes Team zusammenstellt. Wenn ein Regisseur sich bei der Oscarverleihung bei so vielen Mitarbeitern bedankt, denken Sie vielleicht, das sei bloß eine nette Geste. Täuschen Sie sich nicht.

Erfolgreiche Leute gestehen ohne Umschweife, daß ein Teil ihres Erfolges darin begründet ist, daß sie die Fähigkeit besitzen, die richtigen Leute zu ihrer Unterstützung zu mobilisieren. Und wie holen Sie sich die geeigneten Mitarbeiter an Bord? Sie bezahlen ihnen ziemlich viel Geld.

Das kommt für Sie nicht in Frage. Oder doch? Manche Menschen bezahlen Heiratsinstitute und Kontaktanzeigen, mit denen sie, wenn sie klug eingesetzt werden, gute Ergebnisse erzielen. Abgesehen von diesen kostspieligen Methoden können Sie Hilfe bekommen, die Sie höchstens einen Cappuccino kostet... wenn Sie wissen, wie Sie danach fragen müssen.

HILFE NEU FORMULIEREN

Kluge Leute, ob Wissenschaftler oder Waldarbeiter, sichern sich aktiv Hilfe von außen. Man beteiligt sich z. B. nicht an einem Projekt, wenn man den Kollegen, der einen darum bittet, für unfähig hält. Anders ist es bei Menschen, von denen man weiß, daß sie *Ge-*

winner sind. Da erscheint die Arbeit als ein großes Abenteuer, und man ist daran interessiert, am Ergebnis beteiligt zu sein.

UNTERSTÜTZUNG: WIE FRAGT MAN DANACH

In unserem Fall gelten die gleichen Regeln wie im Geschäftsleben, wenn Sie einen Bekannten fragen, ob er/sie nicht eine Idee hat, wie Sie einen Partner kennenlernen:

- Sie bekommen keine Unterstützung, wenn Sie den Eindruck erwecken, Sie brauchten dringend einen Begleiter, um ein Gesellschaftsleben zu haben.
- Sie bekommen keine Unterstützung, wenn Sie den Eindruck erwecken, unfähig zu sein, selbst Verabredungen zu treffen.
- Sie bekommen keine Unterstützung, wenn Sie über verflossene Partner schlecht reden.
- Sie bekommen keine Unterstützung, wenn Sie kollektive Vorurteile haben (alle Männer sind…, alle Frauen sind…).

Sie können Freunde mobilisieren, wenn Sie sich als jemanden darstellen, dem man gern hilft, weil es Spaß macht. Sie wollen keine Hilfe von Leuten, die Mitleid mit Ihnen haben – Sie wollen nicht einem potentiellen Anwärter als die süße, arme Lisa oder der gute, arme Charlie vorgestellt werden – so nett und hat es so schwer.

Merke: Niemand möchte die Bekanntschaft einer Frau machen, die ihm mit den Worten: »Ich kenne da eine fabelhafte, bedauernswerte Frau« angekündigt wird.

Nicht das zählt, *was* Sie erbitten, sondern *wie* Sie darum bitten. Fragen Sie realitätsbezogen, heiter, interessiert und spielerisch. Wenn Ihnen nicht danach zumute ist:

- Warten Sie solange, bis es soweit ist, da Sie vermutlich noch nicht zur Partnersuche bereit sind.
- Nehmen Sie sich die wundervolle Affirmation der Anonymen Alkoholiker zu Herzen, und »tun Sie, als ob« Sie sich besser fühlten. Beobachten Sie, ob Ihnen das nicht tatsächlich zu einem besseren Gefühl verhilft. Wenn's klappt, machen Sie sich ans Werk.

Wer um Unterstützung von Freunden bittet, muß sich zunächst auf ein kleines Bombardement gefaßt machen. Um diesen Beschuß abzuwehren und sich nicht aus der Fassung bringen zu lassen, sollten Sie ein paar Antworten parat haben:

1. *Schuß:* Ich kann nicht glauben, daß du damit Schwierigkeiten hast. *Bedenken zerstreuen:* Ich sehe es als Abenteuer, und es macht mir Spaß. *Denken Sie nicht:* Du hast recht, ich bin in Schwierigkeiten. O Gott, was ist bloß mit mir nicht in Ordnung. *Machen Sie sich keine Selbstvorwürfe.*

2. *Schuß:* Ich kenne ein paar nette Frauen, aber die sind alle nicht dein Typ. Die sind für dich nicht gut genug. *Bedenken zerstreuen:* Ich finde es nett, daß du dir Gedanken machst, welcher Frauentyp zu mir paßt. Aber ich hätte gern das Vergnügen, selbst darüber zu entscheiden, auch wenn du Bedenken hast... *Denken Sie nicht:* Ja, er weiß genau, was mir vorschwebt, und wenn er meint, sie gefällt mir nicht, kann ich mich darauf verlassen.

3. *Schuß:* Ich kenne niemanden. *Bedenken zerstreuen:* Ich finde es prima, daß du dir Gedanken machst. Vielleicht fällt dir jemand ein, wenn du gar nicht daran denkst... vergiß es also nicht. *Denken Sie nicht:* Sie kennt niemanden. Von ihr kann ich nichts erwarten und kann sie streichen.

4. *Schuß:* Was passiert, wenn es schiefgeht? Wenn sie dich mag und du magst sie nicht, oder umgekehrt? Das könnte sich am Ende negativ auf unsere Freundschaft auswirken. *Bedenken zerstreuen:* Möglicherweise ist es uns nicht bestimmt, den Rest unseres Lebens miteinander zu verbringen. Ich hatte eigentlich zunächst nur vor, mit ihr eine Tasse Kaffee trinken zu gehen. Wenn du sie als gute Freundin betrachtest, werden wir drei möglicherweise gute Freunde werden. Und wenn nicht, sind wir dir beide dankbar, daß du dir für uns soviel Mühe gegeben hast. *Denken Sie nicht:* Er hat recht – eine Verabredung, die in die Hose geht, kann wirklich alles zerstören.

5. *Schuß:* Spinnst du? Ich muß mir selber mühsam meine Verabredungen erflirten. *Bedenken zerstreuen:* Vielleicht können wir uns dabei helfen. Erzähl mir, welche Leute du gern kennenlernen wür-

dest. *Denken Sie nicht:* Es ist hoffnungslos. Kein Mensch findet den richtigen Partner.

ROHRKREPIERER

Manche Schüsse gehen nach hinten los, weil Ihnen bereits der Gedanke, andere um Schützenhilfe zu bitten, Angst macht. Auf diese Weise verwandeln Sie sich in ein psychologisches Minenfeld. Männer und Frauen haben gemeinsam aber auch geschlechtsspezifische Schwierigkeiten. Beide Geschlechter haben Ängste, wenn es um die Kontaktaufnahme geht, aber Männern fällt es aufgrund ihrer Erziehung wesentlich schwerer, um Unterstützung zu bitten. Das fängt schon bei kleinen Hilfeleistungen an, wie beispielsweise beim Autofahren nach dem Weg zu fragen. Um so schwerer fällt es ihnen, einen Freund zu fragen, ob er nicht eine nette Frau kennen würde, die er ihm vorstellen könnte.

Der Grund hierfür ist, daß einem Mann eingetrichtert wurde, er habe alle Probleme selbst zu lösen. Andere um Hilfe zu bitten kommt ihm vor wie das Eingeständnis seiner Schwäche und Unfähigkeit; das stellt eine Bedrohung des Mythos dar, ein ganzer »Mann ist eine Insel«. John Donne schrieb den Songtext »Kein Mann ist eine Insel«, eben weil Männer sich gern als Insel sehen. Wenn sie sich nicht so sehen würden, käme kein Mensch auf die Idee, einen Text darüber zu schreiben. Männern gibt der Gedanke, Hilfe in Anspruch zu nehmen, das Gefühl, ihre Vitalität und Unabhängigkeit einzubüßen und in die Position des Unterlegenen verwiesen zu sein.

Frauen gehen nach bestimmten Regeln vor, wenn sie sich überlegen, wen sie um Hilfe bitten könnten. Es macht ihnen nichts aus, bestimmte Leute immer wieder zu Rate zu ziehen, sie schrecken aber vor der Vorstellung zurück, ihr Anliegen könnte an die Öffentlichkeit getragen werden. Frauen brauchen oft so etwas wie eine Vollmacht, um ihre Bedürfnisse mitzuteilen.

Männer wie Frauen müssen sich dazu bekennen, Guerillataktiken bei der Partnersuche anzuwenden; sie müssen selbstauferlegte Regeln und ihre verstaubten Hollywood-Rollen aus dem Fenster werfen. Die Rolle des Einzelkämpfers mag für Kerle wie John Wayne und Arnold Schwarzenegger okay sein. In einer Filmkomödie hat ein Typ Erfolg bei glupschäugigen Blondinen, der jeder Frau immer wieder die gleichen Schmachtfetzen ins Ohr flüstert.

In der realen Welt der Neunziger sind Sie besser beraten, sich ein paar Tips aus dem Geschäftsleben eines Lee Iacocca anzueignen. Ich zweifle, ob Lee Iacocca befürchtete, sein Gesicht zu verlieren, als er Regierungsgelder anforderte, um den maroden Chryslerkonzern wieder flott zu machen. Deshalb wurde er auch nicht von großen öffentlichen Anlässen ausgeschlossen, vermutlich erhielt er noch mehr Anerkennung und Bewunderung als zuvor. Er wurde zum Marketing-Genie, als er die Aufmerksamkeit auf sich und sein Unternehmen lenkte. Er wandte sich nach außen um Hilfe und bekam sie, weil *er wußte, wen und wie er fragen mußte.*

Fragen Sie aus einer Position der Stärke, nicht der Schwäche heraus.

Langweilen Sie die Leute nicht mit ausführlichen Schilderungen, wie schwer es ist, Leute kennenzulernen, auch nicht mit häufigen Anspielungen, wie lange es her ist, seit Sie mit einem netten Mann (einer netten Frau) ausgegangen sind. Wichtig ist, die Leute wissen zu lassen, daß Sie auf der Suche sind. Veranstalten Sie eine Party, verschicken Sie Geburtstagsgrüße (erinnern Sie sich und bringen Sie sich in Erinnerung), laden Sie Freunde zum Essen ein, und tun Sie, was immer es sei, um Ihren Bekanntenkreis wissen zu lassen, welches Vergnügen es sein kann, mit Ihnen zusammenzusein.

Clarissa ist eine reizende Frau, die seit vielen Jahren verwitwet ist. Sie hat einen interessanten Beruf, ein schönes Heim, entzückende Enkel. Eines Abends telefonierte sie mit ihrer Schwester, die nebenbei erwähnte, sie habe vor kurzem ein reizendes Paar verkuppelt – einen Mann und eine Frau, genau in Clarissas Alter. Clarissa, sichtlich gekränkt, fragte ihre Schwester, wieso sie nicht auf die Idee gekommen sei, ihr diesen Mann vorzustellen. Ihre Schwester reagierte schockiert – Clarissa sei doch zufrieden und habe nie davon gesprochen, daß sie daran interessiert sei, einen Mann kennenzulernen. Wütend entgegnete Clarissa, ihre eigene Schwester müsse sich das doch denken können. Die Schwester konterte, sie sei keine Hellseherin und könne keine Gedanken lesen.

Auch Ihre Gedanken kann niemand lesen. Erwarten Sie nicht, daß andere ahnen, daß Sie für ein »Anbandelmanöver« zu haben sind. Das können selbst Leute nicht, die Ihnen wirklich nahestehen – auch nicht die Menschen, denen sehr viel an Ihrem Glück liegt.

WAS TUN, WENN SIE ES AUSPROBIERT HABEN, UND NIEMAND LÄSST SICH MIT IHNEN VERKUPPELN

Ich höre immer wieder von Singles, daß Bekannte von ihnen alleinlebende Freunde haben, und niemand erklärt sich bereit, sie einander vorzustellen. Falls auch Sie diese Feststellung gemacht haben, prüfen Sie, ob einer der folgenden Gründe auf Sie zutrifft:

- Jahrelang ging Alice mehrmals in der Woche aus – jedesmal mit einem anderen Mann. Es fiel ihr schwer, eine Beziehung mit einem dieser Männer einzugehen, obwohl sie schwört, es sei einfach ihr Pech. Niemand will Alice mit einem Mann zusammenbringen, weil jedes Verkupplungsmanöver in der Vergangenheit eine Enttäuschung für sie war.

Wenn Sie Alice sind, sollten Sie zeigen, daß Sie für eine Beziehung bereit sind, indem Sie eine Beziehung eingehen. Das ist keine leichte Aufgabe. Andere um Unterstützung bei Ihrer Partnersuche zu bitten ist für Sie nicht der richtige Weg. Suchen Sie in anderen Kapiteln dieses Buches nach Hilfe.

- Andrew stellt hohe Ansprüche an Frauen, mit denen er ausgeht. Sie müssen ein Universitätsstudium nachweisen, dürfen im Alter eine Spanne von 4 Jahren weder über- noch unterschreiten, sie dürfen nicht verheiratet gewesen sein und müssen einen Aids-Test vorweisen. Da er selbst diese Forderungen erfüllt, verlangt er sie auch von einer Frau.

Wenn Sie Andrew sind, fühlen die Menschen sich durch Ihre Ansprüche eingeschüchtert. Vielleicht gibt es Ihre Traumfrau, aber die müssen Sie schon selber finden – oder sie sich malen.

- Die College-Professorin Maya ist eine Kapazität auf ihrem Fachgebiet. Sie geht total in ihren wissenschaftlichen Studien auf und hat keinen Blick dafür, daß sie Kleider trägt, die seit zehn Jahren aus der Mode sind. Sie merkt nicht, daß sie zugenommen hat und ihr nichts mehr richtig paßt und ihr Haar aussieht, als schneide sie es selber – was auch zutrifft. Niemand verlangt von Maya, daß sie ihren Büchern den Rücken kehrt. Aber sie muß etwas für ihre äußere Erscheinung tun. Ihr Aussehen baut Mauern auf statt Brücken. Schließlich zählt der erste Eindruck eines Menschen.

Wenn Sie Maya sind, bringen Sie Ihr Äußeres auf Vordermann, schaffen Sie sich modische Kleidung an, gehen Sie zu einem guten Friseur und lassen sich einen schicken Schnitt verpassen. Machen Sie Ihre gepflegte, modische äußere Erscheinung zum Bestandteil Ihres Lebens. Wenn Sie das getan haben, bitten Sie Ihre Freunde noch einmal um Unterstützung.

HÖFLICHKEIT NACH EINEM VERKUPPLUNGSMANÖVER

Nachdem Sie jemand durch die Vermittlung anderer kennengelernt haben und mit der betreffenden Person einen Abend verbracht haben, rufen Sie den Initiator an und bedanken sich bei ihm. Sagen Sie: »Ich bin mit Lucy ausgegangen. Ich wollte dich anrufen und mich bedanken, daß du an mich gedacht hast. Es war wirklich nett von dir, dir solche Mühe zu geben.« Wenn Lucy nicht Ihr Fall war, sehen Sie die positiven Aspekte der Verabredung:

- Wir haben in einem gepflegten Lokal gut gegessen.
- Sie hat Humor.
- Sie ist nett.

Reden Sie nicht davon, sie wiederzusehen, wenn Sie keine Lust dazu haben. Es geht darum, der vermittelnden Person eine positive Bestätigung für ihre Mühe, einen Kontakt herzustellen, zu geben.

ICH KANN ES NICHT FASSEN, DASS DU MICH MIT IHM ZUSAMMENBRINGST!

Ein Freund mag Sie mit einer Person zusammenbringen, die Sie für völlig unpassend halten. Als erste Reaktion ärgern Sie sich über den Vermittler und fragen sich, wie er bloß auf die Idee kommen kann, Ihr beide würdet zueinander passen. Ärgern Sie sich nicht darüber, und machen Sie dem Vermittler keine Szene. Wer wird je verstehen, was ein Mensch in einem anderen sieht? Fehleinschätzungen sind unvermeidlich. Und die Tatsache, daß Sie bereit sind, überhaupt Risiken einzugehen, gibt Ihnen einen deutlichen Vorsprung zu Ihrem ursprünglichen Standpunkt.

Im Grunde geht es beim Mobilisieren von hilfreichen Freunden darum, Varianten der Partnersuche auszubauen und Ideen zu entwickeln, wie Sie dabei vorgehen können. Je mehr Späher Sie aussenden, desto mehr Möglichkeiten werden Ihnen aufgetan. Es reicht aber nicht, Ihre Wünsche nur bekanntzugeben. Sie müssen sie in konstruktiver Form publik machen, um Ihren Aktionsradius zu erweitern.

Wenn wir von Armut sprechen, meinen wir Entbehrung, also einen begrenzten Zugang zu Mitteln und Gelegenheiten, mit dem Menschen Tag für Tag leben müssen. Sie können ebenfalls einen begrenzten Zugang zu Verabredungen haben und durch verpaßte Gelegenheiten und eingeengte Möglichkeiten in diesem Bereich arm sein. Wenn Sie dazu neigen, das als Nebensächlichkeit beiseite zu schieben, muß ich Sie daran erinnern, daß Einsamkeit ohne Aussicht auf Veränderung eine Tragödie ist!

KAPITEL 9
EIN BLICK IN DIE ZUKUNFT

Möglicherweise dachten Sie, Sie könnten dieses Buch lesen, ohne Ihren persönlichen Beitrag zu leisten. Zu Beginn habe ich Ihnen ein paar Fragen gestellt, die Sie vermutlich nicht beantwortet haben, und vielleicht haben Sie gedacht, damit sei die Sache erledigt. Irrtum. Ich fordere Sie nun auf, etwas zu tun, das Nachdenken, Selbsterforschung, Zeit und Planung verlangt. Ich möchte, daß Sie festhalten, wie Sie Ihre Zeit verbringen. Notieren Sie alles, womit Sie sich beschäftigen. Vielleicht erleben Sie eine ähnliche Überraschung wie mein Freund Ross, der sich vornahm, eine Diät zu machen. Eine Woche führte er genau Buch, wie viele Kalorien er zu sich nahm und registrierte jeden Bissen, den er aß. Dabei stellte er fest, daß er bislang keine Ahnung hatte, welche Mengen an Kalorien er verzehrte. Ich erlitt erst vor einem Monat einen Schock, als ich schriftlich festhielt, wie viele Stunden ich vor dem Fernseher verbrachte. Ross' große Überraschung war, daß Linsensuppe ein echter Dickmacher war. Meine bestand darin, daß ich den Leuten erzähle, daß ich kaum fernsehe, und mein Experiment genau das Gegenteil bewies. Ihre Überraschung mag darin liegen, daß Sie Ihre Zeit mit ganz anderen Dingen vergeuden, als Sie vermuten.

Ich habe volles Verständnis, wenn die Idee bei Ihnen auf wenig Begeisterung stößt. Wer macht schon gern Strichlisten?

Ich möchte, daß Sie mit Strichgrafiken arbeiten, um sich etwas mehr Klarheit über Ihr soziales Leben zu verschaffen. Strichgrafiken ähneln den Strichcodes auf Lebensmitteln, die vom Scanner an der Supermarktkasse abgetastet werden. Diese Strichgrafiken sagen Ihnen zwar nicht, wieviel eine Packung Cornflakes kostet, geben Ihnen aber Aufschluß über Ihr Privatleben. Der Computer holt sich durch das Abtasten von Strichcodes die Information, die er braucht, und Sie holen sich durch das Abtasten Ihrer Strichgrafiken wichtige Informationen über Ihre gesellschaftlichen Gepflogenheiten.

Hier das Muster einer Strichgrafik, mit der Sie sich schon mal vertraut machen können.

Strichgrafik:
Womit haben Sie Ihre Zeit verbracht in der Woche
von _____ bis _____

	1	2	3	4	5	6	7	8	9	10
Allgemeine Besorgungen										
Bars										
Religiöse Gruppen										
Sport										
Ehrenamtliche Tätigkeit										
Komitees										
Fitneßclub										
Besprechungen										
Reisen										
Weg zur Arbeit										
Weg nach Hause										
Zusammensein mit Freunden										
Arbeitsplatz										
Mittagessen										
Restaurants										
Kino										
Fernsehen										
Im Freien										
Verabredungen										
Kinder										
Unterricht										
Schule										
Partnervermittlungen										
Kontaktanzeigen										
Single-Treffs										
Sonstiges										

_____

_____

Die linke Spalte listet das Spektrum Ihrer täglichen Aktivitäten auf. Am Ende einige Leerzeilen, die auszufüllen sind, wenn Sie regelmäßigen Aktivitäten nachgehen, die nicht in der Liste enthalten sind. Je nachdem, nach welchen Gesichtspunkten Sie die Strichgrafik ausfüllen (es gibt zwei verschiedene Arten), steht die waagrechte Zahlenreihe 1...2...3... entweder für die Zeit, die Sie mit einer Aktivität verbringen – von 1 = sehr wenig bis 10 = sehr viel Zeit – *oder* die Anzahl der Menschen, mit denen Sie sprechen, auf die Sie zugehen oder mit denen Sie in der Vergangenheit ausgegangen sind – 1 steht für eine Person. Die waagrechte Zahlenreihe kann also verschiedene Bedeutungen haben, je nach dem Zweck Ihrer Strichgrafik – später werde ich Ihnen das genauer erklären.

Carl kam in meinen Workshop mit der Absicht, seinem Privatleben höhere Priorität einzuräumen. Er hatte seine eigene Firma und verbrachte mehr Zeit im Büro, als ihm lieb war, aber auch zu wenig, als ihm nötig schien. Ihm war klargeworden, wie schwer es ihm fiel, seine Arbeit lange genug einzuschränken, um eine Beziehung aufzubauen. Aber er, so betonte er, wolle sich ändern. Er hatte auf Kontaktanzeigen geantwortet und war der Meinung, er tue sein Bestes, um aus sich herauszugehen. Ich forderte ihn auf, die zurückliegende Woche vor dem Workshop in Gedanken durchzugehen und jede Person zu nennen, mit der er ein Gespräch begonnen hatte, auch Leute, die er bereits kannte, selbst wenn er ihnen nur einen guten Tag wünschte… falls er der erste war, der grüßte.

Danach forderte ich ihn auf, die Anzahl der Personen in die Strichgrafik ›Wo man Leute trifft‹ einzutragen. Dabei sollte er notieren, in welchem Bereich seines Lebens diese Gespräche stattgefunden haben. Hier seine Graphik:

Carls Gespräche in der 12. Woche

	1	2	3	4	5	6	7	8	9	10
Allgemeine Besorgungen	▓	▓	▓	▓	▓	▓				
Religiöse Gruppen										
Sport										
Ehrenamtliche Tätigkeit										
Komitees										
Fitneßclub										
Besprechungen										
Reisen										
Weg zur Arbeit	▓	▓	▓	▓	▓					
Weg nach Hause	▓	▓	▓	▓						
Zusammensein mit Freunden										
Arbeitsplatz	▓	▓	▓	▓	▓	▓				
Mittagessen										
Restaurants										

Kino
Fernsehen
Im Freien
Verabredungen
Kinder
Unterricht
Schule
Partnervermittlungen
Single-Bars
Kontaktanzeigen ▨▨▨▨▨▨▨▨▨▨▨▨▨
Single-Treffs

Nachdem er die Strichgrafik ausgefüllt hatte, sah er – mochte er auch ein paar Leute vergessen haben – schwarz auf weiß, daß er außerhalb des Arbeitsplatzes kaum mit anderen Leuten Kontakt aufnahm. Er war der Meinung, er habe mit wesentlich mehr Menschen gesprochen, doch die Grafik zeigte, daß es sich vorwiegend um berufsbezogene Gespräche handelte.

Die zweite Grafik füllte Carl einen Monat später aus. Sie registrierte, wie oft er in der letzten Woche dieses Monats auf andere Leute zugegangen war oder ein Gespräch in Gang gebracht hatte, nachdem er beschlossen hatte, aktiv auf andere zuzugehen und Kontakt mit ihnen aufzunehmen. Mit der Grafik konnte er überprüfen, ob er das auch ausführte, was er sich vorgenommen hatte.

Carls Gespräche in der 17. Woche

```
                          1  2  3  4  5  6  7  8  9  10
Allgemeine Besorgungen   ▨▨▨▨▨▨▨▨▨▨▨▨▨▨▨▨▨▨▨▨
Religiöse Gruppen
Sport
Ehrenamtliche Tätigkeit
Komitees
Fitneßclub
Besprechungen
Reisen
Weg zur Arbeit          ▨▨▨▨▨▨▨▨▨▨▨▨▨▨▨▨▨▨▨▨▨
Weg nach Hause          ▨▨▨▨▨▨▨▨▨▨▨▨▨▨▨▨▨▨▨▨
Zusammensein mit Freunden ▨▨▨▨▨▨▨▨▨▨
Arbeitsplatz            ▨▨▨▨▨▨▨▨▨▨▨▨▨▨▨▨▨▨▨▨▨▨▨
```

Mittagessen
Restaurants ▓▓▓▓▓▓▓▓▓▓▓▓▓▓▓▓▓▓▓▓
Kino
Fernsehen
Im Freien
Verabredungen ▓▓▓▓▓▓▓▓▓▓▓▓▓▓
Kinder
Unterricht
Schule
Partnervermittlungen
Single-Bars
Kontaktanzeigen ▓▓▓▓▓▓▓▓▓▓▓▓▓▓▓▓▓
Single-Treffs

Bei Ihrer ersten Strichgrafik müssen Sie schätzen, wo Sie Ihre Zeit im Augenblick verbringen und wieviel Zeit Sie an einem Ort verbringen. Es geht nicht darum, genaue Angaben zu machen, sondern sich einen allgemeinen Überblick zu verschaffen.

Strichgrafik: Wo verbringen Sie Ihre Zeit?
_____ Woche

Zweck: Um sich ein Bild zu verschaffen, wie Sie Ihr Leben gestalten und wie Sie sich fühlen.

	1	2	3	4	5	6	7	8	9	10
Allgemeine Besorgungen										
Bars										
Religiöse Gruppen										
Sport										
Ehrenamtliche Tätigkeit										
Ähnliche Tätigkeiten										
Fitneßclub										
Reisen										
Weg zur Arbeit										
Weg nach Hause										
Zusammensein mit Freunden										
Arbeitsplatz										
Mittagessen										
Restaurants										

Kino
Fernsehen
Im Freien
Verabredungen
Kinder
Unterricht
Schule
Partnervermittlungen
Kontaktanzeigen
Single-Treffs
Sonstiges

_____

_____

ALLGEMEINE BETRACHTUNGEN

Denken Sie darüber nach, wieviel Zeit Sie womit verbringen, und fragen Sie sich, ob Sie damit glücklich sind oder das Gefühl haben, irgendwie festzusitzen? Ist die längste Linie in der Zeile »Fernsehen«? Die Strichgrafik verlangt nicht, daß Sie ebensoviel Zeit im Fitneßclub verbringen wie am Arbeitsplatz. Sie soll Sie nur darauf aufmerksam machen, daß Sie Ihrem Leben eine andere Perspektive geben können.

In der nächsten Grafik sollen Sie Überlegungen anstellen, wo sich die potentiellen Liebespartner Ihrer Meinung nach verstecken.

Strichgrafik:
Wo Sie Ihrer Meinung nach potentielle Liebespartner finden

Zweck: Darüber nachdenken und Ihre Fantasie beflügeln, wo romantische Liebe sich verbirgt und worauf Sie Ihre Bemühungen konzentrieren sollten.

	1	2	3	4	5	6	7	8	9	10

Allgemeine Besorgungen
Bars
Religiöse Gruppen
Sport
Ehrenamtliche Tätigkeit
Ähnliche Tätigkeiten

Fitneßclub
Reisen
Weg zur Arbeit
Weg nach Hause
Zusammensein mit Freunden
Arbeitsplatz
Mittagessen
Restaurants
Kino
Fernsehen
Im Freien
Verabredungen
Kinder
Unterricht
Schule
Partnervermittlungen
Kontaktanzeigen
Single-Treffs
Sonstiges

_____
_____

Gewissensfragen

Bestehen Übereinstimmungen zwischen den Angaben auf der Strichgrafik, wo Sie Ihre Zeit verbringen, und den Angaben der Strichgrafik, wo Sie glauben, Menschen kennenzulernen? Sehen Sie eine logische Überlappung? Oder scheinen die Orte, wo Sie Ihre Zeit verbringen, nicht die Orte zu sein, wo Sie neue Leute kennenlernen?

ÜBERPRÜFEN SIE IHRE HYPOTHESE

Liegen Sie richtig? Wir wollen testen, ob Ihre Eindrücke stimmen. Fertigen Sie eine Strichgrafik an, wo Sie Menschen kennengelernt haben, mit denen Sie früher ausgegangen sind, um zu sehen, ob diese Punkte mit Ihren heutigen Angaben übereinstimmen.

Erstellen Sie eine Liste Ihrer letzten zehn Verabredungen. Wenn Sie keine zehn Verabredungen zusammenbekommen, nehmen Sie zehn Leute, mit denen Sie hätten ausgehen können.

Strichgrafik:
Wo haben Sie Ihre letzten zehn Verabredungen kennengelernt, selbst wenn Sie dreißig Jahre zurückdenken müssen?

Zweck: Um zu sehen, ob eine Übereinstimmung besteht zwischen den Orten, wo Sie Menschen treffen, und den Orten, wo Sie glauben sie zu treffen. Verzeichnen Sie einen Punkt pro Person.

	1	2	3	4	5	6	7	8	9	10
Allgemeine Besorgungen										
Bars										
Religiöse Gruppen										
Sport										
Ehrenamtliche Tätigkeit										
Ähnliche Tätigkeiten										
Fitneßclub										
Reisen										
Weg zur Arbeit										
Weg nach Hause										
Zusammensein mit Freunden										
Arbeitsplatz										
Mittagessen										
Restaurants										
Kino										
Fernsehen										
Im Freien										
Verabredungen										
Kinder										
Unterricht										
Schule										
Partnervermittlungen										
Kontaktanzeigen										
Single-Treffs										
Sonstiges										

_____

_____

Irgendwelche Überraschungen?

Stimmen Ihre Erfahrungen mit Orten, wo Sie Leute *kennengelernt haben*, und denen der Strichgrafik, wo Sie *glauben, Leute ken-*

nenzulernen, überein? Vielleicht müssen Sie umdenken, welche Orte geeignet sind, um neue Leute kennenzulernen. Wir haben oft feste Vorstellungen davon, wo man am besten Leute kennenlernt, die sich als falsch erweisen. Haben Sie nicht schon mal einen interessanten Menschen an einem Ort kennengelernt, den Sie eigentlich nicht besuchen, beispielsweise eine Single-Bar? Ich will damit nicht sagen, daß Single-Bars die idealen Orte sind, um Leute kennenzulernen. Vielleicht fällt es Ihnen leichter, in einer bestimmten Umgebung auf Leute zuzugehen (oder Sie sind in einer bestimmten Umgebung leichter zugänglich als in einer anderen). Möglicherweise lernen Sie sich mit dieser Übung etwas besser kennen.

Anmerkung: Ich habe eine Strichgrafik für mich ausgefüllt und bin zu einem recht erstaunlichen Ergebnis gekommen. Hier meine Liste, wo ich zehn Männer kennenlernte:

Zusammensein mit Freunden	2
Reisen	1
Blinde Verabredungen	1
Kontaktanzeigen	1
Bars (schluck)	4
Arbeitsplatz	1

HAUSAUFGABE: EIN BLICK IN DIE ZUKUNFT

In den nächsten Wochen und Monaten werden Sie die Guerrillataktiken bei der Partnersuche in die Praxis umsetzen, um sich der Welt zu öffnen und auf Menschen zuzugehen. Strichgrafiken messen den Fortschritt Ihrer Grundtechniken. Dabei nennen Sie nach bester Erinnerung die tatsächliche Anzahl von Menschen, mit denen Sie sich unterhalten und/oder ausgehen. Es geht darum, Aufzeichnungen darüber zu haben, nicht mit wem Sie ausgehen, sondern darum, wie Sie Kontakte zu fremden Leuten aufnehmen. Machen Sie einmal im Monat oder in einem beliebigen anderen Zeitraum, den Sie für richtig halten, eine Strichgrafik, um Ihre früheren, gegenwärtigen und zukünftigen Gepflogenheiten der Partnersuche zu analysieren. Wir neigen meist dazu, unsere Fortschritte zu unterschätzen. Mit dieser Methode können Sie ein realistisches Bild von sich bekommen und Zutrauen zu Ihren Fortschritten gewinnen. Verwandlung durch Zauberei gibt es nämlich nur im Märchen.

Verwenden Sie unterschiedliche Farbmarkierungen für neue Aktivitäten, die Sie ausprobieren. Damit verleihen Sie sich sozusagen eine besondere Auszeichnung.

Merke: Nehmen Sie zu Beginn nicht nur die Leute in Ihre Strichgrafik auf, mit denen Sie gern ausgehen würden. Nennen Sie auch Leute, die Sie ansprechen oder auf die Sie zugehen, ungeachtet von Geschlecht oder Alter. Wenn Sie mehr Sicherheit gewinnen, fremde Leute auf neutralem Terrain kennenzulernen, gewinnen Sie auch bald mehr Sicherheit in der Partnersuche und können neue Verabredungen treffen.

Variante

Nachdem Sie einen Monat Strichgrafiken angefertigt haben, in denen Sie registriert haben, mit wie vielen Menschen Sie sprechen, gehen Sie nun einen Schritt weiter und listen Sie auf, mit wie vielen Menschen Sie *länger als fünf Minuten* sprechen. Jede Zahl auf der waagrechten Skala steht für fünf Minuten Gesprächsdauer. Beachten Sie Ihre Fortschritte, ein Gespräch mit fremden Menschen auszudehnen.

Strichgrafik: Wo habe ich Leute kennengelernt
Monat: _____

	1	2	3	4	5	6	7	8	9	10
Allgemeine Besorgungen										
Bars										
Religiöse Gruppen										
Sport										
Ehrenamtliche Tätigkeit										
Ähnliche Tätigkeiten										
Fitneßclub										
Reisen										
Weg zur Arbeit										
Weg nach Hause										
Zusammensein mit Freunden										
Arbeitsplatz										
Mittagessen										

Restaurants
Kino
Fernsehen
Im Freien
Verabredungen
Kinder
Unterricht
Schule
Partnervermittlungen
Kontaktanzeigen
Single-Treffs
Sonstiges

_____

_____

Strichgrafik: Wie lange habe ich ein Gespräch ausgedehnt
Monat: _____

	1	2	3	4	5	6	7	8	9	10
Allgemeine Besorgungen										
Bars										
Religiöse Gruppen										
Sport										
Ehrenamtliche Tätigkeit										
Ähnliche Tätigkeiten										
Fitneßclub										
Reisen										
Weg zur Arbeit										
Weg nach Hause										
Zusammensein mit Freunden										
Arbeitsplatz										
Mittagessen										
Restaurants										
Kino										
Fernsehen										
Im Freien										
Verabredungen										
Kinder										
Unterricht										
Schule										

Partnervermittlungen
Kontaktanzeigen
Single-Treffs
Sonstiges

_____

_____

Wenn Sie diese Tabellen ausfüllen, findet eine interessante Veränderung statt. Sie werfen nicht nur einen Blick in Ihre Zukunft, Sie
nehmen auch Einfluß auf Ihre Zukunft.

KAPITEL 10
KONTAKTANZEIGEN:
GUTE, SCHLECHTE UND GESCHMACKLOSE

Christliche Singles – Für $ 35.95 erhalten Sie umgehend »Hunderte« Kurzbiographien, Fotos, Telefonnummern aus dem Raum Südkalifornien. Kostenlose Veröffentlichung Ihrer Kurzbiographie. Gott ist Ihr Heiratsvermittler. Überkonfessionell. Kostenlose Proben. (Anzeige im *Los Angeles* Magazin)

In den Lokalzeitungen und Zeitschriften amerikanischer Großstädte nehmen Kontaktadressen mehr Raum ein als die Meldungen über das politische Tagesgeschehen. Vom Ein-Mann-Verlag, der mit Werbung gespickte Schundhefte vermarktet, bis zur angesehenen *New York Review of Books*, die solo lebenden Literaten auf Partnersuche eine Seite einräumt, ist festzustellen, daß der Kontaktanzeigen-Markt lediglich die Form verändert hat, um zeitgemäß zu sein.

Gut formulierte Kontaktanzeigen können Spaß und Abenteuer in Ihr Leben bringen. Schlecht formuliert und falsch plaziert sind sie frustrierend und verwirrend. In meinem Buch *50 Ways to Find a Lover* skizziere ich die Prinzipien von Kontaktanzeigen, denen ich zwei simple Wahrheiten entnehme:

Auf eine Anzeige antworten: Fassen Sie sich kurz. Niemand will auf zehn Seiten Ihre Lebensgeschichte lesen – es sei denn, er sitzt im Knast.

Eine Anzeige formulieren: Zeigen Sie, wer Sie sind, erzählen Sie es nicht, da wir alle zu Mißtrauen neigen. Was man uns erzählt, glauben wir ohnehin nicht.

Eines Tages machte ich ein Experiment. Ich unterstrich mit einem orangefarbenen Marker auf einer Seite des *New York Magazines* die Wörter »attraktiv«, »hübsch« und »gutaussehend«. Nach ein paar Spalten tat mir der Arm weh – die Seite war vorwiegend orange geworden. Diese Attribute sind also ziemlich abgelutscht und bedeutungslos geworden.

Im Prinzip geht es in der Kontaktanzeige darum, daß gesunde, normale Menschen andere gesunde, normale Menschen kennenlernen wollen, weil sie glauben, ihr Leben werde interessanter und reichhaltiger, wenn diese anderen daran teilnehmen. Genau das müssen Sie in wenigen Zeilen zum Ausdruck bringen.

In den letzten acht Jahren habe ich regelmäßig Kontaktanzeigen gelesen und ausgeschnitten. Mein Verlobter sah die ständig anwachsende Akte mit einer Mischung aus Erheiterung und Irritation. Meine Freunde fragten mich immer wieder, aus welchem Grund sie sämtliche Zeitschriften und Tageszeitungen mit Kontaktanzeigen sammeln sollten. Ich machte vage Andeutungen über eine »soziologische Langzeitstudie«, war mir aber selber nicht klar, warum ich diese Annoncen sammelte. Jetzt habe ich endlich die Antwort. Ich sammelte sie all die Jahre, um Ihnen meine Erfahrungen in diesem Buch mitteilen zu können.

AUFHÄNGER

Kontaktanzeigen sind in den letzten Jahren sprunghaft angestiegen, und mir fehlt heute einfach die Zeit, sie alle zu lesen. Wenn jemand wie ich, die wirklich an Kontaktanzeigen interessiert ist, die Lust daran verliert, so wette ich, daß eine Menge Leute, die gleichermaßen daran interessiert sind, die meisten nur überfliegen. Deshalb ist es so wichtig, die Aufmerksamkeit des Lesers zu pakken.

Hier einige spektakuläre »Aufhänger« (die ersten Worte einer Anzeige) aus meiner Sammlung:

Kefir bei Kerzenschein…
Anschmiegsame Tigerin…
Teilzeit-Erwachsener…
Ein langsamer Walzer ins Glück…
Vorsicht: Reifer Eierkopf…
Ich weiß, wo es die beste Eiscreme gibt…
Vollbusige Enddreißigerin…
Eine schicksalsträchtige Begegnung…
Reife Schönheit…
Meerjungfrau tauscht Schweif gegen…

Tausche Aktenkoffer gegen Windelpaket...
Dunkle Schokoladenaugen...
Zinnsoldat...
Schmusekater...
Sinnlich-wilder 60er...
Räkle mich gern auf Seidenlaken...
Juwel mit kleinen Fehlern sucht Fassung...
Goldgräber auf Schatzsuche...

Solche Aufhänger erregen Aufmerksamkeit und lassen den Blick zur nächsten Zeile wandern. Bei Abkürzungen wie f. gel. Treffs, diskr., geb., entspr. anpassungsfäh. wendet man den Blick mit Grausen.

DIE GUTEN

Gute Anzeigen sprechen drei Qualitäten an – Herz, Seele und Geist. Wenn Sie eine gute Anzeige lesen, spüren Sie, daß ein echter Mensch dahinter steckt – ein Mensch mit Emotionen, Einfühlung und ein wenig Sinn für Humor.
Ihre Anzeige wird gemeinsam mit Hunderten anderer veröffentlicht. Wenn Sie also Ihren Aufhänger gefunden haben, sollten Sie auch einen Weg finden, wie Sie sich von der Masse abheben, wie folgende Kandidaten beweisen.

Anzeigen von Frauen
... suche Mann mit der Kreativität und Brillanz eines Malcolm Forbes (Dollarmillionen nicht unbedingt erforderlich) und der Herzlichkeit und Sensibilität von Kermit dem Frosch (Glatze kein Hindernis, tiefere Stimmlage erwünscht)...

Emotionales Handgepäck sollte unter den Sitz passen...

Geschiedene Frau sucht Mann... Kinder ausgeflogen, großer Hund mit schlechten Manieren ist geblieben...

... suche Mann, der ein Liedchen schmettern und im Takt dazu einen Nagel gerade in die Wand schlagen kann...

... Mit 56 hat das Alter Patina ohne Speckfalten angesetzt...

Marilyn Monroe, Shirley MacLaine, Eleanor Roosevelt, Edith Piaf
sucht
Harrison Ford, Robert Redford, Dustin Hoffman, Heinrich VIII.,
Albert Einstein...

... suche Mann über 50 bis (annähernd) 100. Bin Witwe und... habe es satt, mich mit meinem Hund zu unterhalten.

... bin einsdreiundsiebzig (50% Beine)...

... Papagena sucht Papageno...

... sehe aus wie Gitte und singe wie Marianne Rosenberg... suche männlichen Single, der aussieht wie Superman und singt wie Udo Jürgens. Laß uns verrückt spielen...

... bin hübsch und lustig und wünschte, ich wäre Französin...

... bin keine Siegestrophäe, kann aber umwerfend aussehen mit weichem Licht von hinten...

Anzeigen von Männern
   ... habe katholische Schulen überlebt... töte keine Wale, baue keine Atombomben und lege keine Waldbrände. Sollte das auch auf Sie zutreffen...

... suche Frau, die bereit ist zu lügen, wie wir uns kennengelernt haben...

... Aufregender Mann... gutaussehend (sobald die Faltencreme wirkt). Habe Frauen auf drei Kontinenten gelangweilt. Bitte beeilen Sie sich. Sie retten vielleicht eine bedauernswerte Frau vor einer Katastrophe...

... bin nicht hübsch... kann nicht singen... Mann sucht Frau mit Optimismus..., ausgeglichenem Temperament..., die sich nicht über ein gelegentliches Katzenhaar in der Suppe aufregt...

... Kurzer Besuch auf der Erde... anpassungsfähiger Außerirdischer mit Spesenkonto...

...Treuer Mann auf der Suche nach Frau, die sich von einer Serenade zur Gitarre betören läßt...

Nennen Sie getrost Ihre Macken, Vorlieben, Abneigungen und so weiter – und was Sie sich vom Partner wünschen –, *aber* zeigen Sie auch, wer Sie sind. So ist es beispielsweise weitaus witziger und anschaulicher, wenn ein Mann schreibt, die Frau, die sich auf seine Anzeige meldet, möge sich nicht an einem gelegentlichen Katzenhaar in der Suppe stören, statt nach einer Katzenliebhaberin zu forschen. Es ist die gleiche Aussage, nur mit mehr Witz und Esprit.

DIE SCHLECHTEN

Auch wirklich nette Leute verfassen schlechte Anzeigen. Schlecht heißt nicht bösartig oder widerlich – sie sind einfach langweilig, unrealistisch oder irreführend. Diese Anzeigen wecken unser Mißtrauen, weil sie Eigenschaften anpreisen, die der eigenen subjektiven Interpretation überlassen bleiben müssen. Deshalb ist ihr Inhalt nichtssagend.

Aufhänger zum Einschlafen:

Frauen
Schöne Rechtsanwältin
Schöne, zierliche Rechtsanwältin
Schöne, zierliche, erfolgreiche Rechtsanwältin und
Schöne, zierliche, erfolgreiche, charmante Rechtsanwältin (das ist mein voller Ernst).

Männer
Gutaussehender Mann
Gutaussehender, erfolgreicher Mann
Gutaussehender, wohlhabender, erfolgreicher Mann
Gutaussehender, wortgewandter, wohlhabender, erfolgreicher Mann
Gutaussehender, aristokratischer, wortgewandter, wohlhabender, erfolgreicher Mann, der Klischees haßt

Leute, die solche Anzeigen schreiben und beantworten, können wirklich nett sein. Andererseits mag eine Frau die schöne, zierliche, erfolgreiche Anwältin für jemand sein, für Sie aber ist sie bloß eine völlig uninteressante, kleine graue Maus.

Noch langweiliger

Es ist eine Sache, Ihren Typ so zu beschreiben, als seien Sie ein Robert-Redford- oder ein Marlene-Dietrich-Typ. Ganz schrecklich wird es, wenn Leute von sich behaupten:

Frauen
Sehe aus wie Jackie Kennedy
Joan Collins' Doppelgängerin
Werde ständig mit Faye Dunaway verwechselt
Könnte das Double von Natalie Wood sein

Männer
De-Niro-Typ
Sehe aus wie Tom Selleck (Bostoner, 168)
Redford/Baryshnikov-Doppelgänger
Täuschende Ähnlichkeit mit Robert Redford
Sehe Burt Reynolds zum Verwechseln ähnlich
Sean-Connery-Doppelgänger
… sucht Connie-Selleca-Doppelgängerin
… sucht Frau, die aussieht wie Jaqueline Bisset

Wie sieht eigentlich der Doppelgänger von Redford/Baryshnikov aus? Und zu sagen, Sie sehen aus wie Tom Selleck, der einsneunzig ist, wenn Sie nur 168 messen, ist eigentlich eine Frechheit.

Abkürzungsmanie

Ich flehe Sie an, sparen Sie keine 50 Mark, und zerhacken Sie Ihre Anzeige nicht mit Abkürzungen und Großbuchstaben, die wohl keinem anderen Zweck dienen, als die Absichten des Mannes oder der Frau, die hinter LL, Rdf., Jgg., symp., diskr. stehen, zu verschleiern. In einer New Yorker Wochenzeitschrift entdeckte ich folgende Kontaktanzeige: SWMNRINK. Zwei andere lauteten: SWMNRNM und SMJMNMNRNS. Ich vermute, es handelte sich bei den Herren um nicht religiöse, nie verheiratete Nichtraucher. Zur Sicherheit werde ich einen professionellen Codeknacker fragen, da es mich interessieren würde, ob SAGWEK nicht doch sadistischer, abartiger, grausamer, wirklich ekelhafter Kerl heißt.

NÜTZLICHE HINWEISE

Denken Sie genau nach, bevor Sie schreiben: Suche anständige, ehrliche, fürsorgliche, aufrichtige, warmherzige Frau. Wer, so frage ich Sie, sucht schon eine nicht anständige, unehrliche, verlogene, kaltherzige Frau? Mit diesen Vorstellungen unterscheiden Sie sich in nichts von jedem anderen Menschen. Lassen Sie sich eine Eigenschaft einfallen, auf die Sie Wert legen, und umschreiben Sie sie mit einer bildlichen Darstellung statt mit den üblichen abgegriffenen Adjektiven. So hat etwa die oben genannte Frau, die sich einen Mann wünscht, der einen Nagel zum Takt eines Liedes gerade in die Wand schlagen kann, ziemlich genau auf den Punkt gebracht, welchen Typ Mann sie sucht. Sie hat sich einer Bildersprache bedient, die ausdrückt, daß sie einen freundlichen, ausgeglichenen, heiteren, praktisch veranlagten Mann sucht.

Natürlich sollen Sie sagen, was Sie wollen – Tennis, Mondlicht, Frühstück im Bett –, achten Sie nur darauf, daß Ihre Anzeige nicht aussieht wie alle anderen. Ihre Absicht ist, sich aus der Menge abzuheben und bemerkt zu werden. Dazu sollten Sie nicht nur Forderungen stellen, Sie müssen auch sagen, was Sie zu bieten haben. Welche Frau wird auf Ihre Anzeige antworten, wenn Sie lediglich beschreiben, was Sie haben wollen, ohne mit einem Wort zu erwähnen, was Sie zu geben bereit sind?

SPIELEN SIE NICHT DEN ZU-KURZ-GEKOMMENEN

Ich finde es traurig, wenn ich Kontaktanzeigen von Leuten lese, die »das Single-Dasein satt haben«, und ich würde keine Anzeige mit einem deutlich negativen Unterton beantworten. Vermeiden Sie tunlichst folgende Sätze:

Ich fasse es nicht, daß es so weit mit mir gekommen ist!
Ich wäre erstaunt, wenn es noch passable Männer gäbe.
Ich hasse Bars.
Ich schäme mich, eine Kontaktanzeige aufgeben zu müssen.
Ich habe mir geschworen, so etwas nie zu tun.

DIE WIRKLICH EKELHAFTEN

Sie müssen kein Genie sein, um die Bedeutung folgender Aussagen herauszufinden:

Er sagt – »Suche Bekanntschaft mit stolzer Besitzerin einer Dolly-Parton-Figur...«
Er meint – »Bei mir hast du nur Chancen, wenn du Oberweite 110 vorzuweisen hast.«

Sie sagt – »Wenn Sie Steuerklasse IV haben und gute Steuertricks kennen...«
Sie meint – »Ich suche einen Gauner, weil ich selbst andere betrüge.«

Er sagt – »...Verständnisvoller, intelligenter, attraktiver, wohlhabender, erfolgreicher Mann...«
Er meint – »Wenn du einen Abend mit mir verbringst, brauchst du keine Schlaftablette.« Wie sagte Roxanne in »L.A.LAW« nach ihrer ersten Verabredung mit Dave? »Wenn ich nur noch drei Monate zu leben hätte, würde ich ihn heiraten, weil mir mit ihm jeder Tag wie ein ganzes Jahr vorkommt.«

Eine Klasse für sich – »Sucht scheues, kleines Reh, Kleidergröße bis 38, ohne berufliche Ambitionen. Angabe von Kleidergröße wichtig, da auch Damen mit Taillenweite 85 sich noch für ›schlank‹ halten.«
  Kein Kommentar!

Hier kann es sich nur um einen Scherz handeln – »Daryl-Hannah-Doppelgängerin, reich, 168 cm, naturblond, festes, regelmäßiges Gebiß, Körper von Profi-Trainer getrimmt. Interessen: Einkaufen, schick Essen gehen... zärtlich sein... Wenn Sie ein angesehener Arzt mit florierender Praxis sind und mir den Lebensstil bieten, den ich gewöhnt bin, übersenden Sie bitte Farbfoto, und wir gehen Essen. Unterzeichnung eines Ehevertrages ausgeschlossen.«

COMPUTER-ANZEIGEN

Es gibt eine große Szene bei Technofreaks, in der Kontaktanzeigen in »Online«-Computer-Boards veröffentlicht werden. Man schaltet sich dazu, liest die Veröffentlichungen und kann der Person, die man kennenlernen möchte, eine Nachricht zukommen lassen. Man hat Gelegenheit, anonym zu schreiben, wenn man das möchte. Sie können herausfinden, was Sie wissen wollen, ohne die üblichen Peinlichkeiten über sich ergehen lassen zu müssen.

Regina war mit ihrem Computer weltweit verbunden und hatte Kontakt mit einem ungebundenen Mann namens Paul in Gstaad in der Schweiz. Wie sich herausstellte, hatte Paul das College in Amerika in einer Stadt ganz in ihrer Nähe besucht. Er bat Regina, sich bei Jack, einem früheren Studienkollegen, zu melden, der heute noch in der Gegend lebte, was Regina auch prompt tat. Regina und Jack telefonierten miteinander und vereinbarten, sich auf ein Bier zu treffen. Sie kamen einander zwar nicht näher, aber der Kick, daß es passieren könnte, lohnte das Abenteuer. Regina fühlte sich dadurch so ermutigt, daß sie noch am gleichen Abend eine Kontaktanzeige in ihrer Lokalzeitung aufgab und kurz darauf einen Mann kennenlernte, mit dem sie öfter ausging.

Aktivität hat einen Schneeballeffekt. Es darf Sie nicht stören, wenn die Situation, auf die Sie sich momentan fixiert haben, nicht zu Ihren Gunsten verläuft. Sie haben den Schritt gewagt, und beim nächsten Mal ist es schon leichter. Jeder Versuch, den Sie wagen, vermehrt Ihre Chancen, einen passenden Partner zu finden.

FÜR DEN WAHREN GLÜCKSRITTER

Neben all den lokalen Zeitungen und Zeitschriften, in denen Sie Anzeigen aufgeben oder lesen können, gibt es auch Kontaktanzeigen in der internationalen Presse, wie zum Beispiel in der *International Herald Tribune*. Zugegeben, es scheint etwas absurd, nach Paris zu fliegen, um mit einem/einer Unbekannten eine Tasse Kaffee zu trinken – wenn Sie aber mal Tapetenwechsel brauchen, wenn Sie unverschämt reich sind und Sie den Sommer dort verbringen wollen oder gern exotischen Tagträumen nachhängen, dann gehen Sie das Wagnis ein. Vergessen Sie nicht, Amerikaner geben ihr Gewicht in englischen Pfunden an, Europäer in Kilogramm. Eine Frau mit 127 pounds wiegt demnach 58 Kilo! Wie ich mit großem Interesse festgestellt habe, nennen Franzosen ihren Vornamen in den Anzeigen – eine persönliche Note. In manchen Zeitschriften finden Sie auch internationale Partnerschaftsagenturen für betuchte Kandidaten. *C'est magnifique.*

Soll ich antworten –
oder selbst inserieren? Das ist die Frage.

Mehr Möglichkeiten und mehr Kontrolle haben Sie, wenn Sie Ihre eigene Anzeige aufgeben. Andererseits ist das Antworten auf Anzeigen ein billiger Weg, um einen Einstieg zu wagen. Viele Leute tun beides. Eine Anzeige, die Ihnen ins Auge sticht, fällt vielen anderen gleichfalls auf. Gute Anzeigen können bis zu 150 Antworten in einer einzigen Woche bringen. Entmutigt? Kein Grund! Verblüffen Sie ihn mit Ihrer Antwort. Schicken Sie ihm eine witzige Grußkarte, oder schreiben Sie Ihren Brief auf buntem Papier. Gestalten Sie Ihre Antwort mit Witz und ein wenig geheimnisvoll. Schreiben Sie mit dem Herzen.

Barry entdeckte eine Anzeige von einer Frau, die gerne Hochgebirgstouren in Nepal macht. Seiner Antwort legte er ein Foto von sich bei, das ihn auf dem Gipfel eines der höchsten Gipfel Nepals zeigt.

Carol las die Anzeige eines Mannes, der den Wunsch äußerte, eine geheimnisvolle Frau kennenzulernen. Sie sandte ihm zunächst einige Zeilen, in denen sie einen Brief samt Foto ankündigte. Als sie ihm das Foto schickte, machte sie rätselhafte Andeutungen über eine Botschaft, die er bald erhalten werde. Zum Zeitpunkt, als Carol ihm endlich ihre Telefonnummer verriet, war er völlig versessen darauf, sie kennenzulernen.

FÜNF TIPS ZUR BEANTWORTUNG
VON KONTAKTANZEIGEN:

1. Schicken Sie keine Computerausdrucke oder Fotokopien, bei denen Sie lediglich die Chiffre und Ihre Altersangabe ändern.
2. Schneiden Sie nicht Ihre eigene Anzeige aus der Zeitung aus, um sie statt einer Antwort zu senden.
3. Teilen Sie dem Empfänger mit, warum seine/ihre Anzeige Ihnen gefallen hat und warum Sie darauf antworten.
4. Achten Sie auf Grammatik und Orthographie.
5. Bieten Sie sich nicht an, als seien Sie Ihr eigener Gebrauchtwagen.

AUSNAHME: WANN SIE MIT EINEM
COMPUTERAUSDRUCK DURCHKOMMEN

Ein gescheiter, humorvoller und zweifellos interessanter Mann aus Washington namens Greg verschickt Computerausdrucke. Er begann, Anzeigen handschriftlich zu beantworten, stellte aber fest, daß seine Hand ermüdete, bevor er seine Persönlichkeit wirklich beschrieben hatte. Er sagt dazu: »Mir ist klar, daß ich mit einem getippten Brief die Kandidatinnen ausschalte, die grundsätzlich nicht auf Formbriefe antworten, glaube aber, daß die übrigen weit mehr dem Frauentyp entsprechen, der mich anziehend findet (und den ich aufregend finde). Außerdem versuche ich, jeder Antwort eine persönliche Note zu geben. Wenn sie etwa in ihrer Anzeige schreibt, sie sei Science-fiction-Fan, zeichne ich Ihr eine Fliegende Untertasse. Ich versuche eben, witzig zu sein.«

Ich denke, Gregs »Formbrief« könnte Sie interessieren.

Hallo!

Das ist, wie Sie sehen, ein gedruckter Brief – ich würde mir das Handgelenk ruinieren, wenn ich das alles mit der Hand schriebe!

Vor neun Jahren habe ich meinen Computerladen verkauft. Seitdem arbeite ich als Berater, vorwiegend für kleine Firmen, die keine großen Gewinne machen (ich kenne besser situierte Leute). Ich arbeite wann und für wen ich Lust habe, und ich begreife nicht, wie jemand einen Job von 9 bis 5 durchsteht – und dabei sein Leben vergeudet!

Mit ist weniger wichtig, wie die Dinge aussehen – viel wichtiger ist, wie sie beschaffen sind. Ihr Aussehen und Ihre Bildung zählen für mich weit weniger als Ihre Persönlichkeit und Ihre innere Einstellung. Mir ist das Sein wichtiger als der Schein. Ich habe jahrelang tagein, tagaus Anzüge getragen, und schließlich hatte ich es satt, in Uniform rumzulaufen. Heute trage ich einmal im Jahr einen Anzug: an Halloween.

Ich achte traditionelle Werte, meine politische Einstellung ist sozialliberal.

Es ist nie zu spät, eine glückliche Kindheit zu haben.

Ich fahre einen knallroten Chevy-Transporter und betrachte ihn als Corvette mit einer Drüsenstörung (passend zu meinem Fahrstil).

Bach ist besser als Rock, ich mag aber beides.

Man nennt mich einen Mann, der einen Fuß im nächsten Jahrhundert hat und mit dem anderen fest auf einer Bananenschale steht.

Stellen Sie mir nie eine Frage, auf die Sie keine ehrliche Antwort wünschen. Mein schlimmster Charakterfehler besteht darin, eigensinnig die Wahrheit zu sagen.

Alles, was nicht wächst, ist tot. Ein verschlossener Geist ist einer, der aufgehört hat zu wachsen.

Ist das Glas halb voll oder halb leer? Ha! Angeschmiert. Weder noch: Es ist doppelt so groß, wie es sein müßte!

Was wollen Sie? Ich bin in erster Linie an Freundschaft interessiert mit dem großen Ziel einer möglichen dauerhaften Beziehung. Meine beste Freundin auf der ganzen Welt ist eine glücklich verheiratete Frau; ich werde nicht aufzählen, was für eine Sorte Mensch mich interessiert. Da Sie das vermutlich entmutigt.

– Natürlich bin ich anders als andere. Wer sich von der Norm abhebt, muß davon abweichen. Ich weiß, daß auch Sie etwas Besonderes sind, sonst hätten Sie die Anzeige nicht aufgegeben… Versetzen Sie mich in Erstaunen!

Meine Antworten auf selten gestellte Fragen:
Ruhig und introvertiert, ohne pathologisch zu sein
Schüchtern und gelegentlich naiv
Meide Menschenmassen und Lärm
Nicht-Junkie, Nicht-Raucher, Nicht-Trinker, außer in Gesellschaft
Wünschte, ich wäre Vegetarier (bin aber weit davon entfernt)
Keine ansteckenden Krankheiten (ist Schrulligkeit ansteckend?)
Magnet für Absonderlichkeiten (äähmmmmmm… möglicherweise)
Unersättlicher Leser
Intellektueller Allesvertilger
Maßlos wißbegierig
Sushi-Liebhaber (mache es mindestens einmal in der Woche selbst)
Computer- und Techno-Freak
Nervenaufreibender Wortspieler
Spreche schlechtes Französisch; brauche Sparringspartner
Nicht reich, nicht arm, kein Sportler, kein Faulpelz
Kein Quasimodo, kein Mel Gibson (allerdings mit Hamlet-Bart)

Musikliebhaber (alle Richtungen)
(lausiger) Klavier- und Schachspieler
Science-fiction-Fanatiker
Stelle leidenschaftlich gern Nachforschungen an (Rasch Watson!
Das Lexikon!)
Trivial-Pursuit-Fan
Nachteule
Streng monogam
Bevorzugte Fernsehsender: Vox, arte
Bevorzugte Musikgruppen; Renaissance, Buggles
Lieblingsbuch: Die Vergangenheit der Zukunft (Heinlein)
Lieblings-Karikaturisten: F. K. Waechter, Gary Larson
Katzenmensch (fragen Sie meine heranwachsende, mutierende,
paranoide Katze)
Gelegenheitskoch
Politisch wach und kritisch
Kinogänger (werde dafür bezahlt, ins Kino zu gehen!)
Radfahrer, Skifahrer, Spaziergänger
Begeisterter Schwimmer, Strandkrabbe
Beobachter von Sonnenuntergängen, Wasserfällen, Regen, Feuer
und am liebsten Wintergewittern
Probiere gern alles mindestens einmal aus
Extrem aufgeschlossen für alles

Die Welt ist unsere Auster, und ich liebe Meeresfrüchte!

BEVOR SIE IHRE ANZEIGE AUFGEBEN

Nun, da Sie sich ein Bild darüber gemacht haben, wie eine Kontaktanzeige aussieht, die dem Leser ins Auge springt, können Sie
sich daran machen, Ihre eigene zu formulieren, wobei Sie folgende
Tips beherzigen sollten:

Lesen Sie hundert Anzeigen von Männern und von Frauen, bevor
Sie Ihre Anzeige verfassen. Merken Sie sich, welcher Stil Ihnen gefällt, und versuchen Sie, sich etwas davon anzueignen.

Besorgen Sie sich die Wochenendausgaben großer Tageszeitungen
mit Kontaktanzeigen (*Frankfurter Allgemeine, Süddeutsche Zeitung,
Die Welt*). Sehen Sie nach, ob Sie ein paar gute Ideen klauen kön-

nen, wenn der Inserent einige hundert Kilometer von Ihnen entfernt lebt. Dadurch stehen Sie nicht in Konkurrenz mit dem Schreiber.

Um zu wissen, wo Sie Ihre Anzeige plazieren sollen, lesen Sie sämtliche Zeitungen mit Kontaktanzeigen. Setzen Sie Ihre Anzeige in diejenige, in der Ihnen die meisten Anzeigen gefallen haben.

Formulieren Sie keine Anzeige, wenn Sie verzweifelt und hoffnungslos sind. DAS MERKT MAN! Warten Sie damit, bis Sie wieder Lust auf Abenteuer haben.

Nachdem Sie die Anzeige formuliert haben, warten Sie noch eine Woche mit der Veröffentlichung, um etwaige Veränderungen anzubringen.

Seien Sie bei Ihren Ansprüchen möglichst flexibel.

Vergessen Sie nicht, Angaben darüber zu machen, ob Sie ein Mann oder eine Frau sind und welchen Geschlechts Ihr Wunschpartner sein sollte.

Holen Sie sich Unterstützung von Freunden des Geschlechts, bei dem Sie Anklang finden möchten – bevor Sie die Anzeige aufgeben.

Wenn Sie mit der Formulierung Ihrer Anzeige nicht weiterkommen, geben Sie nicht auf. Bitten Sie Freunde, Ihnen zu helfen.

Machen Sie sich klar, daß Sie mehr als einen Versuch starten müssen, um eine Anzeige so zu formulieren, daß sie wirklich Ihren Vorstellungen entspricht. Wenn der erste Entwurf nicht so klingt, wie Sie es sich erhofft hatten, überarbeiten und verfeinern Sie ihn, und versuchen Sie es noch einmal.

Wenn Ihnen das Formulieren Ihrer Anzeige schwerfällt und Sie das Ding zwanzigmal und öfter schreiben, dann machen Sie es richtig. Es wäre falsch zu erwarten, Ihr Wesen und Ihre Wünsche in fünf Druckzeilen pressen zu können, ohne dabei ins Schwitzen zu geraten.

UM FOTOS BITTEN

Es gibt nette und weniger nette Formen, wie Sie in Ihrer Anzeige um ein Foto bitten. Die Aufforderung: »Keine Antwort ohne Foto« oder »Foto Bedingung« hat eher abschreckende Wirkung. Man kann auch in netter Form darum bitten, wie folgende Kandidaten beweisen:

Foto wird dankend angenommen.
Danke für Ihr Foto.
Foto?
Wollen wir Fotos tauschen?
Bitte ein Foto.
Gern auch mit Foto.

WENN SIE IHR EIGENES FOTO SCHICKEN

Bitten Sie einen Freund, einen kompletten 36er Farbfilm von Ihnen zu verknipsen. Mit etwas Glück finden Sie eines davon ganz passabel. Lassen Sie zwanzig Abzüge davon machen – auch wenn Sie sich vorgenommen haben, kein Foto beizulegen. Dann haben Sie wenigstens ein anständiges zur Hand, falls Sie Ihre Meinung ändern sollten. Und wenn Sie beim ersten Versuch die/den Richtige/n finden, freut sich die ganze Verwandtschaft, einen von den neunzehn verbliebenen Abzügen zu bekommen.

Im Lauf der Jahre habe ich sämtliche Varianten von Fotos zu sehen bekommen. Fotos, die vor dreißig Jahren aufgenommen wurden, Nacktfotos, Fotos mit dem verstorbenen Ehepartner, Fotos mit dem Ex-Liebhaber. Ein Mann schickte sogar ein Foto von sich im Krankenhausbett, unmittelbar nach einer schweren Operation. Ein schlichtes Foto neueren Datums von Ihnen, und zwar von Ihnen allein, tut es auch.

NACHDEM SIE DIE ANZEIGE AUFGEGEBEN HABEN

Lehnen Sie sich zurück, und warten Sie auf Post. Lesen Sie sämtliche Antworten sorgsam durch; lesen Sie auch zwischen den Zeilen. Nicht alle tollen Typen können schreiben wie Dave Barry. Achten Sie auf menschliche Wärme, Witz, einen freundlichen, ungezwungenen Ton, persönlichen Stil und auf realistische Erwartungen.

Danach starten Sie Ihre Anrufe. Dazu folgende Tips:

Wenn niemand zu Hause ist, hinterlassen Sie eine Nachricht auf dem Anrufbeantworter:

Hallo, hier spricht Jim. Leider erreiche ich Sie nicht. Ich versuche es später noch mal. Wenn Sie Lust haben, rufen Sie mich an. Sie können mich ab 19 Uhr unter der Nummer 55 55 55 erreichen.

Hinterlassen Sie *nie* eine Nachricht, die sich auf die Anzeige bezieht. (Hallo. Hier spricht Jim. Sie haben mir auf meine Anzeige geschrieben.) Sie können nicht wissen, wer neben ihr steht, wenn sie das Band abhört. Sie wollen die Dame doch nicht gleich zu Beginn in Verlegenheit bringen.

Meist geben Leute, die sich auf Kontaktanzeigen melden, gleich zu viele Informationen auf einmal. Wenn Sie die Dame erreichen, geben Sie klar zu erkennen, wer Sie sind:

Hallo, hier spricht Jim. Sie haben sich auf meine Kontaktanzeige gemeldet… Ich bin der mit dem Geheimtip, wo es das beste Eis in der Stadt gibt…

Wenn Sie vor dem Anruf nervös sind, schreiben Sie ein paar Worte als Gedächtnisstützen auf – einschließlich Ihres Namens, falls er Ihnen in der Aufregung entfällt.

Das erste Gespräch sollte eine leichte Plauderei sein. Sagen Sie, was Ihnen an seiner/ihrer Antwort auf Ihre Anzeige gefallen hat. Machen Sie daraus kein Verhör. Stellen Sie keine Gewissensfragen wie: »Wo sehen Sie sich heute in zehn Jahren?«

Wenn Sie aus der Person nach dem ersten Telefonat noch nicht schlau geworden sind, können Sie unbesorgt ein zweites Telefongespräch mit ihm/ihr führen, bevor sie sich entschließen, ihn/sie persönlich kennenzulernen.

Sagen Sie: »Es macht mir Spaß, mit Ihnen zu reden. Ich würde mich gern noch mal mit Ihnen am Telefon unterhalten, bevor wir uns kennenlernen. Das alles ist für mich ziemlich neu, und ich bin noch etwas unsicher.« Wenn jemand es so eilig hat, daß er nicht zweimal mit Ihnen telefonieren kann, würde ich mir ohnehin meinen Teil denken.

Es kommt auch vor, daß Sie von einem Foto hingerissen sind, die Dame anrufen und sofort wissen, daß das ein Fehler war. Vielleicht ist sie gerade schlecht gelaunt, deshalb könnten Sie ein zweites Telefongespräch versuchen. Wenn das erste Gespräch jedoch mies verläuft, TREFFEN SIE KEINE VERABREDUNG! Kevin sprach mit einer Frau, die ihn in den ersten fünf Minuten fragte, ob er Aids oder Herpes habe. Sie erwartete von ihm, daß er sie in ein bestimmtes, piekfeines Restaurant führen würde, und sagte weiter, sie habe keine Lust, ihre Zeit mit Vollidioten zu verplempern. In jedem Bereich Ihres Lebens, ob am Arbeitsplatz oder im Privatleben, werden Sie Leuten begegnen, die leicht »daneben« sind.

WENN SIE SICH FÜR EIN TREFFEN ENTSCHEIDEN

Beginnen Sie mit der »kurzen Verabredung«, wie in Kapitel 26 geschildert.

Treffen Sie sich immer in betriebsamen Lokalen zur Hauptgeschäftszeit. Sorgen Sie stets für Ihre eigene Transportmöglichkeit. Lassen Sie sich nie von einem Fremden in Ihrer Wohnung oder vom Büro abholen – auch nicht vom Geistlichen der Nachbarpfarrei. Wenn er Sie nach den Gründen für diese Vorsichtsmaßnahme fragt oder hartnäckig betont, er sei ein anständiger Kerl, antworten Sie einfach, Sie machten das grundsätzlich so. Geben Sie keine weiteren Erklärungen ab.

Tragen Sie ein Buch, eine Blume oder einen roten Hut als Erkennungszeichen. Wenn Sie ihm vorher sagen, was Sie tragen, können Sie nicht in letzter Sekunde einen Rückzieher machen.

Sie zahlen Geld für die Anzeige, die Sie aufgeben, und haben den verständlichen Wunsch, daß sie Ihnen das bringt, was Sie sich wünschen. Doch auch hier gilt es, neue Wertmaßstäbe anzulegen, wenn wir unser Leben vernünftig gestalten wollen. Egal wieviel Geld Sie investieren und wie groß Ihre Sehnsucht nach dem richtigen Partner ist: eine Kontaktanzeige kann Ihre Erfolgschancen steigern, stellt aber keine Erfolgsgarantie dar. Akzeptieren Sie Ihr halbvolles Glas, statt darüber zu lamentieren.

Negatives Denken: Wenn ich mich nicht verliebe, ist es Zeitvergeudung.

Positives Denken: Es ist eine größere Zeitvergeudung, zu Hause zu sitzen, mich einsam zu fühlen und darauf zu warten, daß ein Wunder geschieht.

Negatives Denken: Es ist Zeit- und Geldverschwendung, wenn ich mich nicht darauf konzentriere, die richtige Person zu finden.
Positives Denken: Es ist Zeitverschwendung, wenn ich mich nicht darauf konzentriere, die richtige Person zu sein.

Negatives Denken: Gibt es Platz in meinem Leben für eine Verabredung, die zu nichts führt?
Positives Denken: Gibt es Platz in meinem Leben für einen neuen Freund?

Negatives Denken: Wieder ein vertaner Abend.
Positives Denken: Wieder ein Schritt in die richtige Richtung.

Wenn Sie sich entschließen, eine Kontaktanzeige aufzugeben, beherzigen Sie diese letzten Ratschläge:

Es kann ein wunderbarer Weg sein, Verabredungen zu treffen, hören Sie aber nicht auf, weiter zu suchen. Ihnen stehen mehr Möglichkeiten offen als je zuvor.

Seien Sie bereit, auch geographisch ungünstige Kandidaten in Betracht zu ziehen. Schränken Sie sich nicht von vornherein ein.

In der Woche, in der Ihre Anzeige erscheinen wird, treffen Sie vermutlich an der nächsten Straßenecke jemanden, in den/die Sie sich verlieben. So spielt das Leben nun mal.

KAPITEL 11
GUERILLA-TECHNOLOGIE
BEI DER PARTNERSUCHE

Auch bei der Partnersuche hat die Technologie Einzug gehalten, und Sie können heute damit Ihre Chancen wesentlich verbessern. Mit Hilfe von High-Tech-Geräten können Sie Beziehungen anknüpfen und Verabredungen treffen.

GUERILLA-TECHNOLOGIE DER PARTNERSUCHE PER FAX

Sie können Ihren Traumpartner mit gefaxten Nachrichten im Büro betören. Wenn Ross zur Nachtschicht ins Büro kam, fand er verrückte Notizen einer Kollegin vor, die in ihn verliebt war, und er ließ sich von ihrem Einfallsreichtum bezaubern. Ein Faxgerät bietet allerdings wenig Privatsphäre. Ihre Nachricht kann von jedem gelesen werden, der Zugang zu dem Gerät hat. Falls Sie noch nicht den Mut aufbringen, Ihr Herzblatt anzurufen und sie/ihn um ein Rendezvous zu bitten:

- Faxen Sie einen Valentinsgruß.
- Faxen Sie ihr einen Comicstrip, der etwas mit ihr zu tun hat.
- Faxen Sie ihm ein Rätsel mit dem Zusatz, die Lösung bekäme er, wenn er Sie anriefe.
- Faxen Sie einen Gutschein für eine Nackenmassage.
- Faxen Sie einen Zeitungsartikel, der ihn interessieren könnte.
- Faxen Sie ein Foto Ihrer Schokoladenseite.
- Faxen Sie eine offizielle Einladung zum Abendessen.
- Faxen Sie irgendwas, worüber er lacht.
- Faxen Sie einen Gutschein für eine kostenlose Autowäsche.

GUERILLA-TECHNOLOGIE BEI DER PARTNERSUCHE
PER ANRUFBEANTWORTER

Manchmal rufen Sie jemanden an, und dann ist es besser, wieder aufzulegen, wenn der Anrufbeantworter eingeschaltet ist. Wenn es sich um jemanden handelt, bei dem Sie sich nicht sicher sind, ob derjenige zurückruft, ist das möglicherweise klüger. Denn sonst verbringen Sie die kommende Woche damit, sich Gedanken zu machen, ob:

- er nicht in der Stadt ist
- Sie vergessen haben, Ihre Nummer zu hinterlassen
- sein Gerät kaputt ist
- es eine Frau in seinem Leben gibt, von der Sie nichts wußten
- er kein Interesse an Ihnen hat
- er nur interessiert war, bis Sie ihm diese Nachricht aufs Band gesprochen haben, mit der Sie sich jetzt vollends zur Idiotin gemacht haben.

Solche Gedanken können Ihnen die ganze Woche verderben. Wenn Sie aber wissen, daß er/sie etwas für Sie übrig hat, kann das Gerät ein prickelndes Flirtinstrument sein. Sie können absichtlich dann anrufen, wenn Sie wissen, daß er/sie nicht zu Hause ist. Sprechen Sie ihm/ihr hin und wieder ein paar nette Worte auf Band:

Wenn du das nächste Mal wieder so gut aussiehst, kann ich für nichts garantieren.

Sagen Sie Ihr mit drohender Stimme, das Spiel sei aus, und fordern Sie eine Verabredung.

Fragen Sie, wann sie sich den letzten Sonnenuntergang angesehen hat. Laden Sie die Dame zu einem Picknick nach Büroschluß ein und versprechen ihr als Gegenleistung das köstliche Geheimrezept für Ihren Thunfischsalat.

Geben Sie sich stets zu erkennen, um niemanden zu erschrecken. Lassen Sie sich dabei aber was Witziges einfallen.
    Hüten Sie sich davor, diese technischen Geräte zu benutzen, um persönliche Kontakte zu *vermeiden*. Es besteht die Gefahr, sich mit Faxgeräten und Anrufbeantwortern dem Leben zu verschließen, wenn die Kommunikation ausschließlich über diese Geräte stattfindet.

PARTNERSERVICE PER COMPUTER

Sie können sich auch einer relativ neuen High-Tech-Errungen-schaft bedienen und sich an einen Computerservice wenden. Dabei sollten Sie gewisse Punkte beachten. Computer haben keine menschlichen Eigenschaften. Sie speichern und ordnen Rohdaten ohne seelischen Touch. Achten Sie genau darauf, wie Sie sich auf einem Computer-Formular darstellen. Wenn Sie auf dem Formular angeben, daß Sie gern indisch essen, wird der Computer jeden Bewerber in Ihrer Altersgruppe ausspucken, der diese Angabe ebenfalls gemacht hat. Glauben Sie wirklich, eine Beziehung läßt sich auf der Basis von *Tandori Chicken* aufbauen? Bemühen Sie sich beim Ausfüllen des Antragsformulars um möglichst genaue Angaben zu Ihrer Person. Computer werten Fakten aus, sie achten nicht auf Intuition.

VERBRAUCHERHINWEIS

Es gibt Computeragenturen, die mehrere tausend Mitglieder nach-weisen. Erkundigen Sie sich vorher, wie viele davon in Ihrer Gegend leben, bevor Sie sich an die Arbeit machen. Wenn zwei Drittel der Mitglieder z. B. im Raum Hamburg leben, Sie aber in der Nähe von München, bringt Ihnen das vermutlich wenig. Außerdem sind die Angaben, wie ich gehört habe, ziemlich unpersönlich. Erkundigen Sie sich bei der Industrie- und Handelskammer, bevor Sie sich solchen Agenturen anvertrauen. Machen Sie Ihre Hausaufgaben, und stellen Sie genaue Nachforschungen an. Vielleicht ziehen Sie eine Video-Agentur vor, bei der Sie sich über eine Videoaufzeichnung selbst vermitteln können, oder eine Partner-vermittlung, in der Sie von einem ausgebildeten Berater persönlich betreut und aufgrund von Fakten *und* Intuition vermittelt werden.

PARTNER-TELEFON

Von einem Partner-Telefonservice, der seine Dienste nach Minuten berechnet, rate ich Ihnen dringend ab. Ich meine damit nicht Telefon-Agenturen, bei denen Sie eine Nachricht auf dem Anrufbeantworter hinterlassen. Ich spreche von den Agenturen, die umgehende Resultate versprechen, weil andere Singles mit Ihnen in Konferenzschaltung stehen. Viele dieser Service-Agenturen »erfinden« ihre »Mitglieder«, um Sie möglichst lange an der Strippe zu halten. Sie heuern Leute an, die vortäuschen, auf Partnersuche zu sein. Bei diesen Service-Einrichtungen werden Sie meiner Meinung nach kräftig über den Tisch gezogen.

OHNE RÜCKSICHT AUF VERLUSTE

In den neunziger Jahren wagen die Leute manchmal kühne Schritte, um andere wissen zu lassen, daß es sie gibt. Eine Endvierzigerin aus San Francisco mietete zu diesem Zweck eine ganze Reklamefläche. Darauf heftete sie die Vergrößerung eines Farbfotos von sich und schrieb ihren Namen und ihre Telefonnummer darunter. Daraufhin meldeten sich Interessenten nicht nur aus der Umgebung, sondern auch aus Australien. Ein Soldat aus Sydney, der in Kalifornien Urlaub gemacht hatte, hatte ihre Nummer notiert und gab sie an seine Kameraden in der Heimat weiter. Alle waren von der verrückten Idee begeistert.

Wollen Sie wissen, wie viele interessante Männer sie kennenlernte? *Waggonweise.*

Ein einsamer Witwer aus Long Island suchte mit Hilfe seines aufgemotzten Transporters eine Frau. Er schrieb auf ein Schild, daß er sich nach einer liebevollen Frau sehnte, und befestigte es am Heckfenster. Die Sache hatte noch einen zweiten Vorteil. Er raste nicht mehr so wie früher, sondern gewöhnte sich einen gemächlichen Fahrstil an, damit interessierte Frauen auch Zeit hatten, sich seine Nummer zu notieren.

Wieder ein anderer Mann stellte ein Schild vor seinem Haus auf (ähnlich einem Schild: ZU VERKAUFEN) und schrieb darauf, daß er eine Frau suche. Und er fand eine.

Welche Idee haben Sie? Irgend etwas zwischen einem eher matten Hallo auf dem Anrufbeantworter und einem Werbeplakat an der Hauptstraße? Welche Kriegslist fällt Ihnen ein, um mit den Mitteln moderner Technologie andere in witziger Form wissen zu lassen, daß Sie frei und auf der Suche nach einem Partner sind und daß ein Zusammensein mit Ihnen Spaß macht?

TEIL IV

GEGENBEWEGUNGEN: MANÖVERTAKTIKEN FÜR DIE ZEIT, WENN DAS BLATT SICH GEWENDET HAT

KAPITEL 12
WORAN SIE ERKENNEN, DASS JEMAND INTERESSE ZEIGT

Es regnete in Strömen, als Leon seinen Wagen auf dem Parkplatz des Einkaufszentrums abstellte. Er war mit seinen Gedanken im Büro. Sein Selbstbewußtsein war angeknackst, seit dieser Image-Berater aufgetaucht war und Leons bunte, breite Krawatten kritisierte. Er war im Begriff, sich neue Krawatten anzuschaffen, etwas »Dezentes« – ein Wort, das ihm Alpträume verursachte, weil er sich in die Rolle seines konservativen Vaters versetzt sah. Als nächstes würden sie verlangen, er müsse sich den Bart rasieren und zwanzig Pfund abnehmen. Er stieg aus seinem verbeulten Subaru, spannte den großen, schwarzen Regenschirm auf und strebte dem Eingang zu. Er kam an einer Frau ohne Regenschirm vorbei, die mit mehreren Tüten beladen im Eingang Schutz vor dem Regen suchte. Sie sah ihm direkt ins Gesicht und sagte mit weicher, klarer Stimme: »Verzeihen Sie. Ich glaube, Sie gehen in die falsche Richtung.« Er sah sie verständnislos an. Sie fuhr fort: »Ich suche einen gutaussehenden Mann mit Regenschirm, der zum Parkplatz geht.« Leon nickte ihr höflich zu und ging weiter, um seine Krawatten zu erstehen. Fünf Minuten später traf es ihn wie ein Schlag:

Er hatte einen Regenschirm.
Sie nicht.
Sie hatte ihn aufgefordert, sie zu ihrem Wagen zu begleiten.

Er hatte ihr Anliegen zu spät begriffen. Was die Sache noch ärgerlicher machte, sie hatte entzückend ausgesehen. Leon, der sich für notorisch depressiv hielt, war jetzt wirklich deprimiert.

Priscilla war zu einer großen Party ihrer Ex-Kollegin eingeladen. Die Ex-Kollegin hatte auch die Ex-Freundin von Priscillas Ex-Freund eingeladen. Priscilla redete sich ein, das interessiere sie nicht die Bohne, beobachtete aber genau, was die Ex-Freundin für Klamotten trug, mit wem sie redete, wie sie lachte, welche Häppchen sie nahm, wie oft sie ihr Glas nachfüllte. Tom gesellte sich zu

Priscilla und fing ein Gespräch über Wildwasserfahren mit ihr an. Priscilla hörte nur mit halbem Ohr hin, weil sie ständig die Ex-Rivalin beäugte. Tom meinte, am Wochenende ginge er wieder Wildwasserfahren, und ob sie nicht Lust hätte, es auch mal zu probieren. Priscilla murmelte etwas Unverständliches, Ausweichendes. Tom gab auf und ließ sie stehen. Zehn Minuten später schlug Priscilla sich gegen die Stirn. Jetzt erst kapierte sie, daß Tom sie einladen wollte, mit ihm am Wochenende Wildwasser zu fahren, und sie war so zerstreut, daß sie es nicht begriffen hatte. Ihn jetzt noch mal darauf anzusprechen, war ihr zu peinlich. Im übrigen unterhielt er sich bereits – raten Sie mal, mit wem!

Um Ihren Umgang mit anderen zu verbessern, müssen Sie auch die Annäherungsversuche anderer kapieren. Sie machen nicht immer den ersten Schritt, und wenn Sie wieder mal das Gefühl haben, Sie hätten zu langsam reagiert und eine Gelegenheit verschlafen – wie Leon und Priscilla –, so lesen Sie weiter.

SEIEN SIE ACHTSAM

Vor Jahren las ich ein Interview mit dem verstorbenen großen Schriftsteller Raymond Carver, dem Verfasser vieler Kurzgeschichten. Gefragt, welchen Rat er jungen Autoren geben könne, meinte er, den gleichen Rat, den sein Vorbild, Anton Tschechow, vor etwa hundert Jahren jungen Schriftstellern gegeben hätte: »Seid achtsam.«

Ein einfacher Rat ist oft besonders schwer zu befolgen. Worauf sollen wir unsere Achtsamkeit lenken? Sinnliche Wahrnehmungen und Reize stürmen unentwegt millionenfach auf uns ein, ganz zu schweigen von den unzähligen Erinnerungen und Assoziationen, die durch alles, was wir sehen, schmecken, riechen und hören, ausgelöst werden.

Nehmen wir einmal an, oben genannter Leon kommt beim Betreten des Einkaufszentrums an einer Bäckerei vorbei, aus der es nach frischem Brot duftet. Der Duft weckt Erinnerungen an das Brot, das seine Großmutter gebacken hatte, als er noch ein kleiner Junge war. Als die Großmutter starb, war er zwölf. Der Tod seiner Großmutter, die er sehr liebte, machte ihn sehr traurig. Zu ihr konnte er mit jedem Kummer und jedem Wehwehchen kommen, sie schloß ihn immer liebevoll und tröstend in die Arme. Diese vorbehaltlose Liebe fehlt dem erwachsenen Leon. Deshalb weckt der Duft von frisch gebackenem Brot bittersüße Erinnerungen. Er wird plötzlich traurig. Das alles geschieht in Sekundenschnelle und ohne, daß er sich dessen bewußt wäre.

Die Erkenntnis, daß eine plötzliche Trauer in Bezug stehen kann mit dem Duft von frischem Brot, zeigt uns, daß wir uns mit den Vorgängen in unserem Innern beschäftigen müssen, um unsere Gedanken, Gefühle, Empfindungen, Assoziationen, Wünsche und Ängste zu verstehen. Die Beschäftigung mit unserer Psyche gehört zu einem bewußten Leben – man kann es allerdings auch übertreiben:

Sie übertreiben, wenn Sie häufig so sehr auf die Vorgänge in Ihrem Innern fixiert sind, daß Sie aktuelle, konkrete Vorkommnisse in Ihrer unmittelbaren Umgebung nicht erfassen.

Leon ist so sehr in seine eigenen Gedanken vertieft, daß er die bezaubernde Frau nicht bemerkt, die ihn darum bittet, sie mit seinem Schirm im strömenden Regen zum Wagen zu begleiten. Priscilla ist in Gedanken bei einer Ex-Beziehung und sieht den Mann nicht, der direkt vor ihr steht.

Achtsam sein heißt, Ausgleich zu schaffen zwischen aktiver Teilnahme an äußeren Geschehnissen und kontemplativer Bestandsaufnahme der eigenen Gefühle. Die totale Konzentration auf die eigenen Gedanken und Gefühle kann Sie für äußere Ereignisse blind machen und als Abwehr gegen die Begegnung mit neuen Menschen dienen. Der einfache und scheinbar einfältige Rat, achtsam zu sein, kann auf viele Menschen eine positive und nachhaltige Wirkung haben.

Oft sind wir mit Gedanken beschäftigt, die nichts mit unserem gegenwärtigen Umfeld zu tun haben. Wie Leon arbeiten wir in Gedanken an Plänen, Strategien, Vorstellungen, Überlegungen und Formulierungen, während wir unseren Alltagsbeschäftigungen nachgehen. Manchmal sind wir auch nur mit Kaugummikauen beschäftigt.

Wenn Sie beginnen, Ihre Achtsamkeit zu schulen, werden Sie Dinge bemerken, die Ihnen bislang nicht aufgefallen sind, einschließlich der Freundlichkeit anderer Menschen. Die Welt hat sich nicht verändert, nur Ihre Empfangsbereitschaft hat sich erhöht. Das wiederum merken die anderen Menschen und fühlen sich ermutigt, auf Sie zuzugehen.

Hierzu folgende Darstellung:

Achtsamkeit hat ein
erweitertes Bewußtsein zur Folge; das wiederum führt zu
größerer Empfangsbereitschaft; diese führt zu
größerer Vielfalt der Möglichkeiten und zu
vermehrten Verbindungen.

Ein Beispiel: Nancy kam zur vierten Sitzung eines Workshops über Achtsamkeit und erzählte fröhlich folgende Geschichte: Vor ein paar Tagen war ihr ein sympathischer Mann mit einer großen Einkaufstüte im Lift begegnet. Früher hätte Nancy, und dann auch nur in Hochstimmung, möglicherweise so etwas wie »Schönes Wetter heute« hervorgebracht und im stillen gehofft, der Mann würde daraus ein Gespräch entwickeln. Nach drei Workshops ließ Nancy sich etwas Besseres einfallen. Sie las den Namen einer großen Elektronikfirma auf der Tüte und fragte den Mann, was in der Tüte sei. Er erzählte es ihr, und sie kamen in ein Gespräch. Nancy sprach den Mann an, weil sie von allen Reizen, mit denen sie sich hätte beschäftigen können – angefangen von der Unsicherheit, mit einem gutaussehenden Mann allein im Lift zu stehen, bis zur Tatsache, daß sie nichts zu Mittag gegessen hatte und nahe dem Verhungern war –, sich dafür entschied, die konkret vorhandene Einkaufstüte als Aufhänger für ein Gespräch zu benutzen.

AUF NONVERBALE ZEICHEN ACHTEN

Ich möchte Ihnen einen allgemeinen Überblick über nonverbale Kommunikation geben, wie sie in einem Handbuch für Fachberater beschrieben ist, das am *John Jay College of Criminal Justice* in New York entwickelt wurde. Wenn Sie auf die Körpersprache anderer achten, sollten Sie sich nicht zum Richter über sie machen und Fakten sammeln, Sie können sich lediglich an allgemeinen Richtlinien und Erkenntnissen darüber, welche Bedeutung verschiedene Gesten haben, orientieren. Menschen, die bei der Begegnung mit Fremden nervös sind, nehmen wegen ihrer Hemmungen häufig eine abweisende Körperhaltung ein. Ein Gefühl schaltet jedoch ein anderes nicht aus. In einem Zeitraum von nur fünf Minuten können viele Empfindungen über die Gestensprache zum Ausdruck kommen.

Nonverbal kommunizierte Zeichen

Angst: Unruhiger Blick
Räuspern
Nervöses Herumrutschen
Hände bedecken den Mund
An der Kleidung herumfummeln
Mit dem Tascheninhalt klimpern
Sich am Ohr zupfen
Sich die Hände reiben
Schwitzen
Schnelle Blicke zum Ausgang
Einen Schritt zurücktreten

Unsicherheit signalisiert Unbehagen. Das wissen wir. Schwieriger ist zu erkennen, ob Unbehagen bedeutet, daß die ängstliche Person sich zurückziehen oder näher kommen möchte. Beides kann Menschen nervös machen. Hierzu einige Signale, auf die man bei einer anfänglich gehemmten Person achten sollte:

Versucht sie das Gespräch in Gang zu halten?
Wiederholt sie Blicke?
Lächelt sie trotz unsicherer Gesten?

Wenn Sie diese Zeichen bemerken, sprechen Sie weiter und beobachten, ob Ihr Gegenüber ruhiger wird. Der Annäherungsversuch mag ungeschickt wirken, aber immerhin ist es einer. Versuchen Sie das Eis zu brechen.

Zugänglich: Offene Körperhaltung
Lächeln
Sucht wiederholt Blickkontakt

Dies sind Zeichen von Zugänglichkeit, woraus Sie schließen können, daß z. B. die Dame Sie näher kennenlernen möchte. Sprechen Sie über alltägliche Dinge. Erwidern Sie ihr Lächeln.

Zeigt Interesse: Beugt sich vor
Sieht Sie direkt an
Seitlich geneigter Kopf
Sitzt an der Stuhlkante

Hände oft am Gesicht
Lächeln
Werbendes Verhalten
Lippen befeuchten
Mit dem Haar oder an der Kleidung spielen
Eine Staubfluse vom Sakko entfernen
Sie leicht berühren
Mit dem Fuß den Takt zur Musik schlagen,
wenn Sie vorbeigehen

Tun Sie etwas! Deutlicher geht's nicht mehr.

Abwehr: Arme vor der Brust verschränkt
Geballte Fäuste
Erhobener Zeigefinger

Abwehrende Körperhaltung ist eine Schutzmaßnahme, eine Art emotionaler Panzer. Wenn Ihr Gegenüber sich so verhält, sprechen Sie mit leiser, beschwichtigender Stimme in einem Tonfall, der ihm zu verstehen gibt, daß Sie nicht beißen.

Abwägend: Hände oft am Gesicht
Sich das Kinn streichen
Geneigter Kopf
Brillenbügel zwischen den Zähnen halten
Auf und ab gehen
Hand an Nasenrücken
Augen verengen

Diese Person scheint jedes Wort von Ihnen aufzunehmen. Wechseln Sie zwischen Reden und aktivem Zuhören ab. Sie möchte mehr hören. Vermutlich stellt sie weitere Fragen.

Frustriert: Sich mit den Fingern durchs Haar fahren
Sich den Nacken reiben
Hände ringen
Hände zusammenpressen
Imaginäre Gegenstände auf der Erde mit
dem Fuß kicken

Dieser Mann z. B. fühlt sich offensichtlich durch etwas gestört. Sie haben vier Möglichkeiten:

1. Bieten Sie ihm eine Beruhigungstablette an.
2. Machen Sie eine Bemerkung wie: »Sie wirken angespannt.«
3. Fragen Sie ihn: »Fühlen Sie sich nicht wohl?«
4. Lassen Sie ihn stehen.

Signale territorialer Ansprüche:
> Füße auf den Tisch legen
> Angelehnt stehen
> Gegenstände auf dem Tisch verschieben
> Beugt sich über Sie
> Verschränkt Hände hinter dem Kopf,
> lehnt sich zurück

Solch ein Mann fühlt sich wohl, wenn er eine Situation beherrscht. Er mag interessiert sein, hat aber Schwierigkeiten, seine Wachsamkeit abzulegen. Reden Sie eine Viertelstunde mit ihm, und beobachten Sie, ob er lockerer wird.

Spielen Sie ein bißchen Sherlock Holmes, und beobachten Sie Menschen im Gespräch, und versuchen Sie deren innere Einstellung zum anderen anhand obiger Liste, Ihrer Intuition und Ihrer Beobachtungsgabe herauszufinden. Achten Sie darauf, was Sie sehen. Setzen Sie Ihre Beobachtungen einige Minuten fort, um zu prüfen, ob sie sich bestätigen. War Ihr erster Eindruck korrekt? Bestätigt das Verhalten der beiden Ihre Vermutung?

VERTRAUEN SIE IHRER INTUITION

Wenn Sie Ihre Achtsamkeit schulen, mögen kritische Selbstzweifel ihre häßlichen Stimmen erheben. Sie fragen sich besorgt, ob Sie tatsächlich sehen und hören, was Sie *glauben* zu sehen und zu hören. Eine neue Frage erhebt sich:

Woher soll ich wissen, ob jemand nur freundlich ist oder wirklich flirten will?

Das ist die Frage, die Sie aussprechen, aber im stillen fragen Sie sich besorgt:

Was passiert, wenn ich meiner Intuition vertraue und denke, jemand findet mich sympathisch, ich mich daraufhin entsprechend verhalte und feststellen muß, daß ich mich geirrt habe?

Über diesen Punkt machen wir uns ähnliche Sorgen wie über die Gefahr, uns an eine verheiratete Person rangemacht zu haben:

- Ich schäme mich.
- Der Boden unter meinen Füßen tut sich auf und verschlingt mich.
- Jeder wird Zeuge meiner Schande; ich bin für mein Leben gezeichnet.
- Das überstehe ich nicht.
- Am nächsten Tag lese ich die Schlagzeile in der Zeitung: »Versager der Woche«.

Ignorieren Sie solche Horrorvisionen nicht, indem Sie so tun, als existierten sie nicht. Wichtig ist, sie durch ein realistisches und rationales Denken zu ersetzen:

- Auch wenn ich mir im Augenblick wünsche, der Boden unter meinen Füßen möge sich auftun, so kann ich mich nicht daran erinnern, daß so etwas schon mal geschehen ist.
- Die Menschen haben ihre eigenen Sorgen. Ich glaube nicht, daß ich ihnen so wichtig bin, daß sie mir ein Schandmal fürs Leben aufdrücken wollen.
- Natürlich tut es ein bißchen weh, aber ich sehe die Sache wohl etwas überspitzt, wenn ich behaupte, es nicht überstehen zu können.
- Schlimmer wäre gewesen, wenn ich meine Chance nicht genutzt hätte.
- Das Leben ist voll kleiner und großer Verluste. Auf einer Skala von eins bis zehn steht der hier relativ weit unten.

Wenn Ihre Fantasien mehr als schlechte Laune, ein vorübergehender Ärger oder das Ergebnis eines schlechten Tages sind, mag es angezeigt sein, professionelle Hilfe in Anspruch zu nehmen, um zu klären, warum unerwidertes Interesse Sie so sehr belastet. Es gibt Hilfe für Sie. Allerdings findet man sie nicht immer in einem Buch.

ES LOHNT SICH NICHT

Eine weitere Antwort auf die Frage: »Was wäre wenn?« könnte sein, daß es sich nicht lohnt, das herauszufinden. Meist gehen wir auf Nummer Sicher, um keinen Fehler zu machen. Wenn Sie auf Nummer Sicher gehen, schützen Sie sich nicht, sondern bezahlen den zusätzlichen Preis, nie die Wahrheit zu erfahren – Sie fragen sich fortwährend: »Was wäre wenn« und bekommen nie die richtige Antwort darauf.

Manchmal werden wir enttäuscht, weil wir nicht den Mut aufbringen zu handeln, und nicht, weil wir falsche Schlüsse ziehen. Alle Guerillataktiken bei der Partnersuche, die Sie sich aneignen, können auch von anderen Personen bei Ihnen angewendet werden: Blickkontakt, Lächeln, persönliche Fragen, Komplimente etc. … Mit all dem wird Interesse bekundet, doch sind sie keine Garantie dafür, daß jemand mit Ihnen ausgehen möchte. Wenn Sie nicht bereit sind, das Risiko einzugehen, intuitiv zu erfassen, ob jemand einen Annäherungsversuch macht, werden Sie es möglicherweise nie herausfinden. Ein Workshopteilnehmer formulierte sehr schön: »Wenn ich etwas in meinem Leben bedauern muß, dann möchte ich wenigstens Dinge bedauern, die ich getan habe, nicht aber Dinge, die ich nicht getan habe.«

GEDULD UND UNGEWISSHEIT

Der sicherste Indikator von Interesse ist vielfach der Faktor Zeit. Wenn Sie sich für eine Begegnung genügend Zeit nehmen, können Sie wunderschöne Entdeckungen machen. Viele Menschen wollen alles gleich und sofort wissen und treten sich damit selbst auf die Füße. Ich habe mich neun Jahre mit dem Thema Beziehungen beschäftigt und komme immer wieder zu der Erkenntnis, das alle Anfänge eines gemeinsam haben:

Einen Anfang machen hängt von der Fähigkeit ab, Ungewißheit zu ertragen.

Wenn Sie umgehende Antworten suchen, um sich eine Enttäuschung zu ersparen, werden Sie vermutlich die gegenseitige Annäherung behindern. Wenn Sie jetzt denken, Sie müßten sich in Gefahr begeben, haben Sie recht. Betrachten Sie es so: Sie haben sich in Ihrem Leben bereits öfter eingebracht und hatten Erfolg mit Dingen, die Sie dorthin führten, wo Sie heute stehen. Jedesmal, wenn Sie sich für einen neuen Job bewarben, sich für ein neues Studienfach einschrieben, wenn Sie jemanden um eine Verabredung baten oder Freunden Ratschläge erteilten, haben Sie sich in Gefahr begeben. Sich umdrehen und jemanden strahlend anlächeln, von dem Sie glauben, er mache Ihnen schöne Augen, ist nur eines von vielen Signalen in einem langen Leben voller erfolgversprechender Versuche.

ZUSAMMENFASSUNG

Hier noch einmal die wichtigsten Kriterien, die Sie beachten müssen, um zu erkennen, ob jemand einen Annäherungsversuch startet:

- Achtsamkeit
- Beobachtungsgabe
- Vertrauen in Ihre Intuition
- Geduld
- Ungewißheit ertragen

Das wird Ihnen helfen zu wissen, wann jemand den ersten Schritt macht. Vergessen Sie nicht, dieser Schritt kostet ihn/sie möglicherweise unendlich viel Mut. Der *nächste Schritt* liegt dann bei Ihnen.

KAPITEL 13

VERHÄNGNISVOLLE KAMERADSCHAFT: WIE MAN DIESES STADIUM ÜBERWINDET

DIANE: Ich möchte keine große Sache draus machen. Ich fühle mich überfordert... Ich habe jetzt einfach keinen Platz für ein Liebesleben.
LLOYD: Sei unbesorgt. Wir trinken nur eine Tasse Kaffee. Und reden auch nicht miteinander.
DIANE: Können wir Freunde sein?
LLOYD: Ja, mit Ausbaumöglichkeiten.

Wenn eine Beziehung, von der Sie sich eigentlich mehr erwartet haben, zur Kameradschaft wird, so haben nicht nur Sie ein Problem. Die Menschen pflegen aus einer Vielfalt von Gründen solche Freundschaften, obwohl sie eigentlich mehr wollen. Hier die fünf häufigsten Gründe:

- Ursprünglich wollte sie nur mit ihm befreundet sein, doch nachdem sie ihn besser kannte, änderte sie ihre Meinung. Sie weiß nur noch nicht, wie sie *seine* Meinung ändern soll.
- Er wußte von Anfang an, daß er mehr als Freundschaft wollte, spürte aber, daß sie eine Kameradschaft wollte, und das war ihm lieber als gar nichts.
- Er hatte eine Beziehung. Die ist vorbei. Aber sie weiß nicht, wann, ob oder wie sie ihn wissen lassen kann, daß sie den Kurs ändern möchte.
- Er hatte eine Beziehung. Die ist vorbei. Er denkt aber, vielleicht hält sie ihn für einen miesen Kerl, wenn er jetzt bei ihr angekrochen kommt.
- Freundschaft anbieten ist bei ihm zu einem festen Muster geworden. Er ist der Überzeugung, eine Frau, die ihn als Freund akzeptiert, lehnt ihn als Liebhaber ab.

Immer wenn wir von einer festen, langjährigen Partnerschaft hören, hören wir auch zugleich, daß die beiden gute Freunde geworden sind. Ehepaare scheinen sich an dieser Verlagerung von sexueller Liebe in freundschaftliche Zuneigung nicht zu stören. Es ist eine natürliche Entwicklung. Ein Brautpaar, das an den Traualtar tritt, ist zunächst verliebt. Die beiden haben nur Augen füreinander. Die Welt dreht sich nur um sie. Mit der Zeit wenden sich beide nach und nach wieder eigenen Interessen und der Außenwelt zu.

Die meiste Zeit unseres Lebens stehen wir der Welt allein gegenüber, brauchen aber Rückhalt von einem wirklich guten und vertrauensvollen Freund, um den Stürmen des Lebens zu trotzen. Paul Newman und Joanne Woodward sind ein Ehepaar unter vielen, die sagen, daß ihre Freundschaft das Bindemittel ist, das sie all die Jahre zusammenhält.

GEBEN SIE DIE HOFFNUNG NICHT AUF

Wir gehen generell davon aus, daß am Anfang einer Liebesromanze sexuelles Verlangen steht. Das stimmt auch oft. Freundschaft kann aber auch eine Metamorphose durchwandern und irgendwann in sexuelles Verlangen münden. Heutzutage, da jeder darüber klagt, daß es immer schwieriger wird, auch nur einen halbwegs normalen, nicht völlig neurotischen Partner zu finden, sind die Menschen eher bereit, bereits bestehende Beziehungen neu zu bewerten. Tagtäglich wagen Freunde den Sprung in ein Liebesverhältnis. Es werden Musikstücke zu dem Thema komponiert und Bücher geschrieben. Und was das Beste daran ist, es passiert tatsächlich.

Außer Hoffnung brauchen Sie auch noch Geduld. Sie haben einige Zeit damit verbracht, Freunde zu werden, einander Vertrauen zu schenken und sich miteinander sicher zu fühlen, deshalb brauchen Sie auch Zeit, das beizubehalten, was Sie bereits erreicht haben, wollen dem aber eine neue Dimension hinzufügen. Die meisten Leute denken nicht darüber nach, wie sie die richtige Gelegenheit finden, das Thema anzuschneiden. Sie werden ungeduldig oder unsicher und handeln übereilt, ohne sich vorher klarzumachen, was sie tun und wie sie es am besten tun. Sehen wir uns an, was andere Leute zu diesem Thema zu sagen haben, die bereits mit Guerillataktiken ihr Ziel erreicht haben.

FREUNDSCHAFT AUF DIREKTEM WEGE UMPOLEN

Howard hatte sich in Nadine verliebt. Sie waren seit Monaten eng befreundet, und er hätte nicht genau sagen können, wann seine Gefühle umgeschlagen waren, wußte aber, daß er zumindest den Versuch machen mußte, um die Situation zu verändern. Er beschloß, sie zum Abendessen einzuladen und es ihr bei der Gelegenheit zu sagen, ohne eine dramatische Situation zu inszenieren. Als die beiden über ein ganz anderes Thema sprachen, unterbrach er sie und sagte: »Meine Gefühle für dich haben sich verändert. Ich habe mich in dich verliebt. Ich schätze unsere Freundschaft und kann weiterhin mit dir befreundet bleiben, wenn du das willst. Du mußt mir jetzt keine Antwort geben, ich wollte dir nur sagen, was ich für dich empfinde.«

Howard verlangt von Nadine keine umgehende Antwort. Er läßt ihr Zeit zum Nachdenken. Er hat ihr seine Gefühle gestanden und ihr gesagt, daß er mit ihr befreundet bleiben möchte, was auch geschehe. Er bemühte sich, ihre Freundschaft zu bewahren und seine Gefühle nicht zu stürmisch zum Ausdruck zu bringen.

FREUNDSCHAFT DURCH EINE LIST UMPOLEN

Carol lernte Bob im Büro kennen. Er war Vertreter der Firma, wohnte in einer anderen Stadt und nahm an den Vertretertagungen teil, die einmal im Monat im Konferenzraum der Hauptniederlassung stattfanden. Ihre Arbeitsbereiche hatten nichts miteinander zu tun, und Carol fürchtete, wenn sie sich an ihn ranmachen würde, könnte es den üblichen Bürotratsch geben.

Carols Grund, mit Bobby lieber befreundet zu sein, als eine Liebesaffäre mit ihm einzugehen, war situationsbedingt. Sie wußte nicht, wie sich eine Affäre auf ihren Job auswirken würde. Sie war weiterhin freundlich zu ihm, und Bobby reagierte ebenso freundlich auf sie.

Sie traf sich regelmäßig mit Kollegen nach Büroschluß in einer Bar um die Ecke zur ›Happy Hour‹. Und eines Abends fragte sie Bobby, ob er nicht Lust hätte, mitzukommen. Daraufhin kam Bobby immer mit, wenn er in der Stadt war. Gelegentlich lud Carol alle zum Essen zu sich nach Hause ein.

Ein- oder zweimal kam Bobby allein zu ihr zum Abendessen, wenn die Kollegen etwas anderes vorhatten. Die beiden erzählten sich Geschichten aus ihrem Leben und stellten fest, daß beide als Erwachsene Zahnspangen tragen mußten. Das gemeinsam ertragene Martyrium, als Mittdreißiger mit einem Metallgestell im Mund rumlaufen zu müssen, festigte ihre Freundschaft.

Als Carol eines Tages erfuhr, daß eine Kollegin bei einem Autounfall verletzt worden war, griff sie automatisch zum Telefon und rief Bobby an. Danach wußte sie, daß sich ihre Gefühle für ihn geändert hatten. Während der nächsten Begegnungen blieb ihre Ungewißheit darüber, wie er zu ihr stand. Sah er sie lediglich als Freundin? Bisher hatte er keinen einzigen Annäherungsversuch gestartet.

Carol erkannte, daß sie handeln mußte, doch zunächst mußte sie sich über ihre Gefühle klarwerden. Über einige Aspekte der Beziehung gab es keinen Zweifel: Sie stand *immer* zur Verfügung, wenn Bobby in der Stadt war, auch wenn er seinen Besuch vorher nicht angekündigt hatte. Sie redete mit Bobby nie über Männer in ihrem Leben, und er nahm wohl an, daß sie keine Beziehung hätte. Sie hatte alles getan, um Bobby eine gute Freundin zu sein.

Carol beschloß, das Bild, das er von ihr haben mußte, ein wenig zu verändern. Sie mußte sich etwas rar machen. Das Problem war nur, daß es augenblicklich tatsächlich keinen Konkurrenten für Bobby in ihrem Leben gab. Also mußte sie sich etwas einfallen lassen.

Falls ihr Plan nicht funktionierte, konnte sie Bobby immer noch direkt ihre Gefühle gestehen, doch zunächst wollte sie ihr Risiko reduzieren und ihm eine Chance geben, ihr auf halbem Wege entgegenzukommen. Sie wollte ihm zeigen, daß sie begehrt war, und sich in Bobbys Augen von der »braven, treuen Carol« in die »begehrte, aufregende Carol« verwandeln.

Als Bobby das nächste Mal in die Stadt kam, lud Carol ihn zum Abendessen ein, trug aber statt des förmlichen Kostüms, das sie tagsüber im Büro trug, Jeans und ein dünnes, weißes T-Shirt. Das klingt nicht besonders sexy, aber darum geht es auch nicht. Carols Absicht lag weniger darin, sexy auszusehen, als sich aus der tüchtigen Carol, die Bobby kannte, in eine private Carol zu verwandeln, die nach Büroschluß ein Privatleben hatte.

Da war noch eine Kleinigkeit. Als Bobby die Wohnung betrat, fiel sein Blick auf ein Dutzend langstieliger roter Rosen auf dem Wohnzimmertisch. Daneben lehnte eine Karte: »In Liebe, Tony.« Bobby sah Carol an, sah die Rosen an, sah wieder Carol an.

Er fragte, woher die Rosen kamen. Sie lächelte verschmitzt und sagte nicht viel. Bobby neigte den Kopf zur Seite und meinte: »Da gibt es wohl etwas in deinem Leben, das ich noch gar nicht kenne.« Als er sich an diesem Abend von ihr verabschiedete, war er etwas verwirrt und mußte ständig an sie denken. Was Bobby erst sehr viel später erfuhr: Carol hatte sich die Rosen selbst geschenkt.

Wollen Sie etwa behaupten, sie habe ihn hintergangen? Und wenn sie ihn einmal austrickst, tut sie das immer wieder? Sie verfolgte lediglich die Absicht, daß er sie als Frau wahrnahm. Sie *ist* eine Frau – eine gute, starke, vitale Frau, die einem Mann viel Liebe geben kann. Sie hat einen gesunden Menschenverstand und kann das einem Mann zu verstehen geben.

Eine Variante

Nicky ist ein in sich gekehrter Buchhalter, der sich in Georgia verknallt hat. Sie ist ein Rock'n'Roll-Fan und arbeitet im selben Bürogebäude wie er. Die beiden scheinen absolute Gegenpole zu sein. Sie, die schrille Rockerbraut, und er, der gewissenhafte Buchhalter. Es gibt aber auch eine andere Seite an Nicky, die er liebend gerne zeigen würde – eine Seite, die sich nach Spontaneität und dem Spaß sehnte, den Georgia überall zu haben schien. Er war viel zu scheu, um seine wahren Gefühle zu zeigen. Hin und wieder gingen die beiden zum Essen – sie brachte ihn jedesmal zum Lachen. Sie erzählte ihm oft, wie langweilig ihre Männerbeziehungen seien – zum Einschlafen wie die musikalische Dauerberieselung im Lift. Eines Tages beim Zeitunglesen sah Nicky eine Ankündigung, daß Georgias Lieblingsband ein Gastspiel in der Stadt geben würde. Ein paar Tage vor dem Konzert lud er sie ein, ihn zu begleiten: Eine Freundin habe kurzfristig abgesagt. Da er wisse, wie toll Georgia die Band fände, dachte er, er könnte sie ja mal fragen.

Das stimmte natürlich nicht. Er hatte die Karten im Hinblick auf sie besorgt.

Georgia sagte zu. Als er sie abholte, trug er knallrote Hosenträger und einen verrückten Hut. Er war witzig. Er war charmant. Nach dem Konzert lud er sie zu Champagner und Erdbeeren ein. Mit keinem Wort äußerte er irgendwelche Absichten. Georgia traute ihren strahlendblauen Kontaktlinsen nicht. War das derselbe Nicky, der nur an Soll und Haben dachte? War das derselbe alte Nicky, in dessen Augen ein sonderbarer Glanz trat, wenn er von Jahresbilanzen sprach? Ob sie ihn möglicherweise doch falsch eingeschätzt hatte?

Carol und Nicky waren nicht ganz ehrlich. Sie erfanden eine Geschichte, um auf sich aufmerksam zu machen und um ein bißchen erotisch zu wirken. Sie jammerten nicht und warteten nicht ab in der Hoffnung, daß der andere etwas für sie tat. Sie überschritten ihre Grenzen. Zollen Sie den beiden Beifall, denn alles, was sie damit bezweckten, war, eine Chance zu bekommen.

KEHRSEITE

Wie jede andere Beziehung kann Freundschaft, die sich in Liebe verwandelt, ein unschönes Ende finden. Helen und Rob, die viele Jahre befreundet waren, weiteten ihre Freundschaft zu einer Liebesaffäre aus und stellten fest, daß diese neue Form der Beziehung ihnen nicht den Spaß brachte, den sie als Freunde hatten, wenn sie gemeinsam im Fußballstadion ihre Lieblingsmannschaft anfeuerten. Sie hatten ein langes, unerfreuliches Gespräch über die gegenwärtige Situation. Dabei zogen sie in Erwägung, zu ihrer ursprünglichen Freundschaft zurückzukehren, doch Helen war nicht bereit, bei Null anzufangen. Sie sagte Rob, sie brauche Zeit zum Nachdenken und wolle ihn anrufen, wenn sie sich Klarheit verschafft hätte. Zwei Monate später meldete sie sich mit zwei Tickets für ein Fußballspiel bei ihm. Jetzt war sie bereit, das, was passiert war, wegzustecken. Ihr bester Freund fehlte ihr einfach zu sehr.

Noch eine Kehrseite: Sie äußern Ihre Gefühle, und man gibt Ihnen zu verstehen, daß sie nicht erwidert werden. Das tut weh, und Sie werden eine Entscheidung treffen müssen, wie Sie damit umgehen.

David war mit Lila befreundet. Sie sagte David, daß er der netteste Typ sei, den sie kannte, viel netter als ihr niederträchtiger Liebhaber. Sie und David redeten oft miteinander – besonders wenn ihr Liebesleben wieder mal aus den Fugen geraten war. Irgendwann fragte David sie, ob sie den Widerling nicht sausen lassen und ihn statt dessen nehmen wollte. Lila erklärte ihm, daß ihre Gefühle für David freundschaftlicher Natur seien. Irgendwann beschloß David, Lila seltener zu sehen, obgleich er nach wie vor sehr in sie verliebt war – wenigstens so lange, bis er sein eigenes Privatleben wieder im Griff hätte. Er erklärte ihr die Gründe, warum er sich vorübergehend zurückziehen müßte, in der Hoffnung, Lila würde ihn verstehen.

FREUNDSCHAFT DURCH LIST AUF DIREKTEM WEGE UMPOLEN

Nellie und Hector waren seit einem Jahr befreundet. Als sie sich kennenlernten, war Hector mit Rosa befreundet, doch alles deutete darauf hin, daß die unstete Beziehung nicht von langer Dauer sei. Sie wartete… und wartete. Hector und Rosa trennten sich tatsächlich. Nellie war zu einer Weihnachtsparty eingeladen und wußte, daß auch Hector kommen würde. Sie dachte angestrengt darüber nach, was sie tun könnte, um ihn auf sich aufmerksam zu machen. Den halben Abend wartete sie darauf, daß Hector bei ihr mal vorbeikäme.

Als er endlich in der Nähe war, schnappte sie ihn und küßte ihn. Dann tat sie so, als sei es seine Idee gewesen.

Sie sah zu ihm herunter (er war fünf Zentimeter kleiner als sie) und sagte: »Ehm… hast du mich geküßt, um mich zu küssen, oder hast du mich *geküßt?*«

Hector reagierte prompt und erwiderte: »Ich bin mir nicht ganz sicher. Vielleicht versuchen wir es noch mal, um es rauszufinden.«

Nach mehreren Versuchen waren beide sich ihrer Sache immer noch nicht sicher und vereinbarten, die Angelegenheit am Samstag abend zu klären.

Listige, aber direkte Variante
In Kapitel 1 war die Rede von der Flower-Power-Guerillataktik. Nach dem Motto »Laßt Blumen sprechen«, haben viele Workshopteilnehmer mit Blumen zum Ausdruck gebracht, daß sie mehr wollten als eine lockere Freundschaft. Eric hatte sich in seine Kumpel-Freundin Violet verknallt. Er verwandelte ihre Beziehung, als er ihr nachts einen Strauß Veilchen unter den Scheibenwischer klemmte. Am nächsten Morgen fand sie den Blumengruß und ein Briefchen vor: »Meiner besten Freundin, die eine wunderbare Frau ist – in Liebe, Eric.« Violet blieb der Mund offen stehen, als sie die Nachricht las. Kurze Zeit später waren die beiden ein Liebespaar.

Es wäre ein großer Zufall, wenn auch Sie sich in eine Violet verliebt hätten. Sie können es aber mit anderen Blumen versuchen. Rote Rosen sind das Symbol für Liebe, gelbe Rosen das Symbol für Freundschaft. Überreichen Sie ihm eine rote und eine gelbe Rose. Wenn Sie sich an die Guerillataktiken halten, werden Sie Blumen zu den unmöglichsten Gelegenheiten überreichen und damit den größten Überraschungseffekt landen und Spaß dabei haben.

Zum Beispiel:
Stecken Sie ihm Blumen in seine Sporttasche.
Schicken Sie ihr einen Frühlingsstrauß ins Büro.
Stecken Sie eine Dahlie in ihren Briefkasten.
Richten Sie Ihren Schnauzer dazu ab, ihr einen Blumenstrauß zu bringen.

Noch eine listige, aber direkte Variante

Renee, eine geschiedene Mittvierzigerin aus Montreal, war mit Thomas seit ihren Teenagerjahren befreundet. Sie mochten einander gern und hatten in den vielen Jahren immer wieder Kontakt miteinander, ohne je etwas anderes als Freundschaft füreinander zu empfinden. Vor etwa drei Jahren war die Freundschaft im Sande verlaufen, und die beiden hatten sich aus den Augen verloren. Eines Tages setzte Renee eine Kontaktanzeige in eine Lokalzeitung. Als sie einen der Männer, die sich auf ihre Anzeige meldeten, anrief, um eine Verabredung mit ihm zu treffen, erkannte sie Thomas an der Stimme, dem ihre Stimme jedoch anscheinend fremd war, da sie sich nur mit Vornamen gemeldet hatte. Renee gab sich nicht zu erkennen und dachte sich eine Überraschung aus. Zur Verabredung erschien sie in großer Aufmachung in dem vereinbarten Lokal. Er war erstaunt, sie zu sehen, sagte, er würde liebend gern ein Glas mit ihr trinken, warte aber auf eine Frau, mit der er verabredet sei. Renee fragte ihn, wo er diese Frau denn kennengelernt hätte. Da kam ihm die Erkenntnis, und er brach in schallendes Gelächter aus. Renee und Thomas verbrachten einen wunderschönen gemeinsamen Abend.

FREUNDSCHAFT IN SEX UMPOLEN

In einem Workshop in Washington stellte sich ein angenehmer Mann der Gruppe als Musiker vor; er sei Bassist in einer großen Band. Er arbeitete in vielen Nachtclubs, berichtete er, ein Umstand, dem er es zu verdanken hätte, daß er nie eine wirklich nette Frau kennenlernte. Ich mußte lachen, da ich genau dort meinen Verlobten kennengelernt hatte, einen Jazzbassisten, mit dem ungewöhnlichen Namen Boots. An einem Ort, wo man nie einen netten Partner kennenlernt – in einer Bar...

Ich ging damals mit einer Freundin in die Bar, die Boots bewunderte. Ständig sagte sie: »Ist er nicht süß?« Und ich fragte unentwegt: »Wo denn… wo?… Zeig ihn mir… Ich kann ihn nicht sehen.«

Nachdem ich um einen Duke-Ellington-Titel *Prelude to a Kiss* gebeten hatte, setzte er sich zu uns an den Tisch. Er lud uns zum Mittagessen ein paar Tage später ein. Als es soweit war, hatte meine Freundin keine Zeit, und ich ging allein mit ihm aus. Wir aßen in einem netten Lokal, teilten uns die Rechnung wie unter Freunden üblich, und das war's dann auch. Ich wohnte damals in Boston und er in Manhattan. Ein paar Mal im Jahr tauchte er in Boston auf und rief mich an – meist vom Bahnhof, kurz vor Abfahrt seines Zuges nach New York. Hin und wieder ging ich in die Bar, wo er spielte und hörte ihm zu. Eines Abends nach dem letzten Stück sah ich, wie er einen Remy Martin an der Bar bestellte. Auf meine Frage meinte er, Remy sei sein Lieblingsgetränk.

Mein Leben verlief ohne besondere Höhepunkte. Innerhalb eines Jahres, in dem ich ihn besser kennenlernte, gefiel Boots mir immer besser. Ich fing an, ihn nicht nur gern zu haben, sondern ihn *richtig* gern zu haben. Eines Tages sah ich eine Ankündigung, daß seine Band in Kürze in unserer Stadt auftreten würde. Ich kaufte eine Flasche Remy Martin. An besagtem Abend betrat ich in einem leicht, aber nicht vollständig durchsichtigen Kleid das Lokal, in dem er spielte, und blieb bis zum bitteren Ende. Ein paar Freunde von ihm waren da, ich aber blieb, bis sie alle gegangen waren. Dabei fällt mir eine alte Redensart über Erfolg ein: Erfolg sei jenen sicher, die weitermachen, wenn andere längst aufgegeben haben.

Es war bereits nach ein Uhr, als ich tief Luft holte und ihn zu einem Schlummertrunk einlud. Er sagte: »Es ist nach eins. Die Kneipen sind alle dicht.« Ich ging ein wenig näher auf ihn zu und meinte: »Na und? In meiner Wohnung steht eine Flasche Remy Martin mit deinem Namen drauf.«

Zu Hause angekommen, wartete ich fast eine Stunde darauf, daß er mich küßte. Schließlich küßte ich ihn. Er konnte gar nicht schnell genug aus meiner Wohnung kommen.

Die Beziehung nahm keinen glücklichen Anfang. Ich war entsetzt, daß ich mich an ihn rangemacht hatte, und mehr als einmal bedauerte ich zutiefst, das getan zu haben. Er sagte mir später etliche Male, er wisse einfach nicht, ob ich die Richtige für ihn sei.

Jahre danach drehte er die Geschichte um und behauptete, er habe die ganze Sache so eingefädelt. Er habe gewußt, daß ich ihn nicht besonders attraktiv fand, deshalb bearbeitete er mich ein ganzes Jahr, um mein Interesse zu entfachen. Dann verbrachte er sechs Monate damit, so zu tun, als sei er sich seiner Sache nicht sicher, bis ich rettungslos am Haken hing. Möglicherweise hat er das alles nur erfunden, aber wie dem auch sei, es hat geklappt.

RISIKEN

Sie brauchen niemanden, der Ihnen sagt, daß diese Dinge nicht immer klappen. Das wissen Sie selber. Sie brauchen jemanden, der Ihnen sagt, daß diese Dinge manchmal *tatsächlich* klappen. Damit es aber klappt, müssen Sie ein Risiko eingehen. Wenn Sie sich – wie ich mich damals – dazu entschließen und jemandem Ihr direktes Interesse zeigen, mit dem Sie bisher nur befreundet waren, müssen Sie auf mögliche unliebsame Überraschungen gefaßt sein. Für mich wäre ein Mißerfolg leichter zu ertragen gewesen, da Boots in einer anderen Stadt lebt. Ich wäre ihm also nicht ständig über den Weg gelaufen, wenn meine Versuche gescheitert wären. Falls Sie vorhaben, sich an einen Freund ranzumachen, mit dem Sie arbeiten oder den Sie regelmäßig sehen müssen, sollten Sie vielleicht weniger direkte Wege wählen... doch irgendwann werden Sie den Sprung wagen müssen. Seien Sie aufrichtig und feinfühlig und nicht zu stürmisch. Wenn die Dinge nicht so klappen, wie Sie es sich erhofften, mag die Situation eine Weile etwas peinlich sein, muß aber nicht unbedingt das Ende der Freundschaft bedeuten. Diese unangenehme Zeit müssen Sie in Kauf nehmen und durchstehen; geben Sie Ihrem Freund Zeit, seine Gedanken und Gefühle wieder zu ordnen. Sagen Sie sich, daß es bedauerlich ist, daß die Dinge nicht so gelaufen sind, wie Sie es sich erhofft hatten; solange Sie aber nichts Bösartiges getan haben, sollten Sie *nie und nimmer bedauern*, daß Sie eine Chance wahrgenommen haben.

EINE ANDERE GESCHICHTE

In den oben genannten Beispielen war der Hauptgrund, warum diese Menschen sich angefreundet haben, *situationsbedingt*.

Man entschied sich für Freundschaft wegen der Umstände, unter denen man sich kennenlernte. Dann kam eine Zeit, in der sich die Gefühle veränderten, und die Beteiligten quälten sich mit der Ungewißheit, ob man etwas dagegen tun sollte oder nicht. Natürlich gab es die üblichen Ängste, bevor man einen neuen Schritt wagte. Doch zunächst wählten die Betroffenen eine Freundschaft, da ihnen dies zum gegebenen Zeitpunkt am sinnvollsten erschien.

Manchmal liegt das Problem woanders. Es liegt am Wesen des einzelnen. Das ist der Fall, wenn Sie aufgrund Ihres persönlichen Temperaments Scheu haben, Ihre wahren Gefühle zu zeigen. Im Grunde wußten Sie von Anfang an, daß Sie mehr wollten als Freundschaft und daß die andere Person dafür empfänglich sein könnte – aber Sie konnten Ihre Gefühle nicht offenbaren. Sie gaben vor, einen Freund zu suchen, und Sie bekamen einen Freund. Diese endlose Kumpanei nagt an Ihnen wie ein Schwarm Piranhas. Doch der Gedanke, etwas daran zu ändern, schnürt Ihnen die Kehle zu und ruft Lähmungserscheinungen bei Ihnen hervor. Deshalb geht alles so weiter wie bisher, quälend lange Wochen und Monate.

HERZENSNÖTE

Als Courtney sie im Fahrstuhl seines Apartmenthauses zum ersten Mal sah, stockte ihm der Atem. Mary war witzig und sprudelnd lebendig und hatte eine üppige Rubensfigur, wie er es liebte. Statt sie um eine Verabredung zu bitten, was er liebend gern getan hätte, behandelte er sie wie einen Kumpel und bekam einen Kumpel. Sie gingen gemeinsam in den Waschsalon. Sie fragte ihn, was er von den Männern hielt, mit denen sie ausging, klagte über ihr prämenstruelles Syndrom, und einmal rief sie ihn sogar an und bat ihn um seinen Rat, was sie zu einem Rendezvous mit jemandem anziehen sollte, den sie vor kurzem kennengelernt hatte. Courtney verspürte einen Stich im Herzen, als Mary ins Wohnzimmer schwebte, um ihm ihr neues, schwarzes Seidenkleid vorzuführen.

So etwas passierte Courtney nicht zum erstenmal. Er erinnerte sich an mehrere Gelegenheiten in der Vergangenheit, in denen er ähnliche Dramen inszeniert hatte. Seit mehr als vier Jahren hatte er keine Liebesbeziehung mehr mit einer Frau gehabt.

Man kann nun die wildesten Vermutungen anstellen, woran das liegen könnte, doch das würde ihm auch nicht helfen. Courtney litt unter seinem Verhalten ohnehin genug. Das Werben um eine Frau löste große Ängste bei ihm aus. Einer seiner Freunde, dem er sich anvertraute, riet ihm zur Gruppentherapie. Courtney war keineswegs verrückt, er brauchte nur Hilfe, die er vermutlich nicht in einem Lebenshilfebuch finden würde. Durch die Arbeit in der Gruppe begann Courtney sein Selbstvertrauen langsam aufzubauen, bis er das Gefühl hatte, Kapitän seines Schiffes zu sein und nicht ein seekranker Passagier. Mit Mary würde es zwar nichts, aber Courtney begann, mit anderen Frauen auszugehen, und lernte bald eine Frau durch eine Kontaktannonce kennen, die er sechs Monate später heiratete.

Wenn Sie wie Courtney in einem zerstörerischen Verhaltensmuster festsitzen, ist es sinnvoll, sich damit eingehend zu befassen. Das heißt, Sie müssen dieses Muster erforschen und durchschauen, was zunächst äußerst schmerzvoll sein kann. Wenn Sie diesen Schritt nicht wagen, geht alles weiter wie bisher – und das ist auf lange Sicht wesentlich belastender.

INTERESSE WECKEN

Hans war mit Grete befreundet und sagte, es könnte eine Zukunft für sie beide geben, wenn sie ihren Namen änderte, da er die Spötteleien über ihre beiden Namen nicht ertragen könnte. Grete reagierte auf seinen Scherz wie die Katze auf ein Bad. Hans aber war tief in seinem Inneren davon überzeugt, daß er ihre Meinung ändern könnte. Er wußte, daß Grete begeisterte Krimileserin war; sie hatte immer einen Detektivroman bei sich. Er beschloß, sie mit seinem eigenen kleinen Kriminalfall zu ködern. Er schickte ihr eine Theaterkarte für »Die Mausefalle« zu – anonym versteht sich. Seine Intuition sagte ihm, daß sie nicht widerstehen könnte. Raten Sie, wer neben ihr saß, als sie ihren Platz im Theater einnahm? Als sie ihn einen durchtriebenen Gauner nannte, behauptete er, *ihm* sei anonym eine Karte zugeschickt worden, und *er* sei sicher, daß sie die Absenderin sei.

Grete beruhigte sich. Hans hatte Spannung in die Situation gebracht. Plötzlich war er nicht mehr der alte Hans. Zum Glück für ihn hatte Grete keine Möglichkeit, die Karte nach Fingerabdrücken zu untersuchen.

VERÄNDERUNG

Um reine Freundschaft in eine Beziehung mit erotischer Komponente zu verwandeln, müssen Sie Veränderungen vornehmen. Wenn Sie so weitermachen wie bisher, stehen Ihre Chancen nicht schlecht, lediglich einen Sitzplatz in der Kirche bei der Hochzeit

Ihrer Traumfrau zu ergattern. Wenn Sie Ihren Wunschmann immer nur dienstags sehen, nehmen Sie sich vor, ihn am Sonntag nachmittag zu sehen. Wenn Sie ständig in Jeans rumlaufen, ziehen Sie beim nächsten Treffen Ihren besten Anzug an. Wenn in dem Lokal, das Sie regelmäßig besuchen, ständig laute Musik dröhnt, führen Sie Ihr Herzblatt das nächste Mal in ein ruhiges Lokal. Wenn Sie sich mit ihr immer in der Bibliothek treffen, gehen Sie das nächste Mal mit ihr in die Disco.

VERÄNDERN SIE ETWAS. TUN SIE MAL WAS ANDERES

Etwas, das:
- ihn dazu bringt, Sie in einem anderen Licht zu sehen
- ihn dazu bringt, seine Denkweisen über Sie zu ändern
- sie entflammt
- sie verblüfft
- ihm zu verstehen gibt, daß Sie es ernst meinen
  oder
- sie zur Frage verleitet, warum *sie* nicht zuerst auf die Idee gekommen ist.

TEIL V

ÜBERLEBENSSTRATEGIEN: SELBSTSCHUTZMASSNAHMEN IN DER VORBEREITUNGSPHASE AUF DAS ERSTE RENDEZVOUS

KAPITEL 14
REIZÜBERFLUTUNG:
WARUM WIR UNS ENTMUTIGEN LASSEN

Enttäuschungen bleiben nicht aus. Sie sind häufig auf Alltagskonflikte zurückzuführen. Jemand hat Ihre Frage nach einer Verabredung abgelehnt oder hat sich nicht als der/die erwiesen, den/die Sie in der Person gesehen haben... solche Dinge passieren. Ein weiteres häufig übersehenes Kriterium, warum wir enttäuscht werden, liegt tief in den Strukturen unserer Kultur verwurzelt. Sehen Sie sich doch nur an, was uns über romantische Liebe erzählt wird, wenn wir den Fernseher anschalten oder ins Kino gehen.

99% aller romantischen Liebesbeziehungen in Fernsehserien sind zum Scheitern verurteilt – bis zurück in die Tage von »Bonanza«. Jahrelang haben sich die Männer der Cartwright-Familie immer wieder verliebt. Haben wir je geglaubt, daß einer der Burschen heiraten und die Ponderosa verlassen würde? Am Ende jeder Folge stellte sich die zukünftige Braut als Niete heraus. Entweder sie litt an einer unheilbaren Krankheit, hatte eine reichlich kriminelle Vergangenheit, ein »verschollener und verstorbener« Ehemann erschien plötzlich wieder auf der Bildfläche, oder die Autoren griffen zu einem beliebigen anderen abgegriffenen dramaturgischen Klischee, um die Hochzeit platzen zu lassen. Eine Liebesbeziehung durfte nur eine Folge lang dauern. Wieso lebten vier stattliche, gesunde Kerle so lange allein?

Nicht daß Hoss, Little Joe und wie immer diese Kunstfiguren heißen mögen, neurotischer wären als andere Menschen. Es liegt einzig und allein daran, daß eine Serie mindestens drei Jahre laufen muß. Um das zu garantieren, bietet man uns das an, was wir laut Umfragen haben wollen. Wir *wollen* keine großen Veränderungen, weil wir mit Hauptdarstellern rechnen, die nicht mitten in der Serie einer Sekte beitreten oder nach Tulsa ziehen. Und wir *wollen* möglichst wenig Realität, weil wir vor dem Fernseher sitzen, um unserer eigenen Realität zu entfliehen. Wir wollen nicht viel Charakterwachstum und Bewußtseinserweiterung... und wir wollen auf keinen Fall, daß unser Fernsehheld seine Fehler einsieht.

BLITZKRIEG IN BREITWANDFORMAT

Fernseh- und Kinofilme ziehen uns in ihren Bann. Kritiker hauen einen Film gelegentlich wegen seiner Schlußauflösung als unrealistisch in die Pfanne, doch häufig ist der ganze Plot ein Fantasiegebilde. Stellen Sie sich vor, eine Freundin erzählte Ihnen, sie kenne

- einen Industriellen, der eine Prostituierte für eine Nacht bezahlt und anschließend geheiratet hat;
- einen Privatdetektiv, der eine Affäre mit einer Frau anfängt, die er für eine wahnsinnige Mörderin hält;
- eine Bildhauerin, die ihr Liebesverhältnis mit dem verstorbenen Freund über eine betrügerische Hellseherin fortsetzt, die am Ende feststellt, daß ihre medialen Kräfte real sind.

Was Liebesfilme uns erzählen

Jäger des verlorenen Schatzes oder *Jurassic Park* sind zweifellos spannende Filme. Niemand muß Ihnen sagen, daß die Monster und Dinosaurier von hochqualifizierten Spezialisten entworfen und unter großem finanziellen Aufwand konstruiert worden sind. Sie haben Spaß an den Abenteuern, sehnen sich allerdings nicht danach, Ihr Leben mit ähnlichen Eskapaden zu bereichern. Möglicherweise nehmen Sie sich vor, in Zukunft etwas risikofreudiger zu sein, weil der Film Ihre Abenteuerlust geweckt hat. Letztlich aber wissen Sie, daß Ihr Leben nichts mit diesem Film zu tun hat.

Wir wissen auch, daß Liebesfilme eine Fiktion sind, doch sie üben eine andere Wirkung auf uns aus. Hier gibt es keine Monster, und keine Explosionen, die uns ständig daran erinnern, daß die Geschichte ein Fantasiegebilde ist. Für die meisten von uns ist die Hoffnung, die wahre Liebe zu finden, stärker als unser Wunsch, fremden Lebensformen zu begegnen.

Liebesfilme gehen mit der Liebe um wie ein Steilwandkletterer mit dem Fels. Jede Sekunde kann es schiefgehen mit den beiden, die miteinander in Leidenschaft verbunden sind. Ihre Beziehung ist gezeichnet von chronischer Ambivalenz. Sie überwinden Hindernisse und setzen sich über gewaltige Schwierigkeiten hinweg, um zueinander zu finden.

Filmromanzen leben von dramatischen Handlungen, die wir akzeptieren, trotz und bisweilen wegen ihres unglaubwürdigen und widersinnigen Handlungsablaufs:

- Zwei Menschen, die überhaupt nicht zueinander passen, kommen im Happy-End zusammen.
- Zwei Menschen, die einander grausame Dinge antun, stellen fest, daß sie einander nur deshalb quälen, weil sie sich lieben.
- Eine Person verteidigt, beschützt oder rettet eine andere vor Mord, Entführung, Monstern oder einer beliebigen anderen Katastrophe.
- Eine Person erfährt, daß seine oder ihre große Liebe:
  1. unheilbar krank ist und sterben wird
  2. ein psychopathischer Mörder ist, auf dessen Liste er/sie als nächstes Opfer steht
  3. ein Doppelleben führt und Liebesbeziehungen mit mehreren Männern *und* Frauen hat.
- Eine Person stellt dem Partner einer anderen gnadenlos nach wie in:
  Vom Winde verweht
  Reifeprüfung
  Eine verhängnisvolle Affäre
- Zwei Menschen bleiben ein Liebespaar, obwohl einer von ihnen bereits gestorben ist.
- Zwei durchschnittliche Leute wie du und ich lernen sich kennen, verlieben sich, doch das interessiert keinen Menschen.

Was Filme verstärken

Filme wecken Sehnsüchte. Wir sehnen uns danach, Schwierigkeiten zu überwinden. Wir wollen gern glauben, daß hart erkämpfte Liebe von ewiger Dauer ist... Ist sie das wirklich? Wie sieht die Beziehung fünf Jahre später aus, nachdem die Dreharbeiten längst abgeschlossen sind und jeder an einem anderen Projekt arbeitet?

Filme enden mit dem Abspann, doch eigentlich beginnt die Beziehung nun erst – wir erfahren nie, wie diese Menschen mit ihrem Alltagsleben fertig werden, und deshalb können wir ihre Beziehung glorifizieren, ohne sie einer wirklichen Prüfung zu unterziehen.

Die Liebe in romantischen Liebesfilmen ist uns vertrauter als Außerirdische in Science-fiction-Filmen, sie ist aber meist nicht weniger realitätsfern. Selbstverständlich brennen jeden Tag Prostituierte, die aussehen wie Julia Roberts, mit Millionären durch. Für die meisten von uns beginnt die Liebe allerdings ein wenig mühsamer und nicht in einem Fünf-Sterne-Hotel.

Das groteske Mißverhältnis zwischen den Rollen von Richard Gere und Julia Roberts bestimmt den Grad unserer Zuneigung für die Protagonisten. Je unmöglicher das Paar, desto packender die Story… Wir nehmen teil am Geschlechterkampf auf einer David-und-Goliath-Ebene. Es gibt dabei vielfältige Lösungsmöglichkeiten, und die unwahrscheinlichste wird uns voraussichtlich am besten gefallen.

Was die sexuellen Fantasien betrifft, geht das Kino noch einen Schritt weiter. Ständig hüpfen nackte Körper auf der Leinwand herum, die Darsteller reden über Sex, sind von ihm besessen und simulieren sexuelle Leidenschaft. Nahezu alle unsere Lieblingsstars winden sich mit feuchten Lippen stöhnend auf Seidenlaken und machen uns glauben, sie sehnten sich nach einem Liebhaber. In Wahrheit winden sie sich stöhnend über die erbärmliche Qualität der Drehbücher und sehnen sich nach einem guten Stoff. Wir gehen nach dem Kino heim, legen uns schlafen, wachen am nächsten Morgen auf, knipsen den Fernseher an und sehen uns eine der zehn Talkshows an, in denen echte Menschen um 9 Uhr morgens über ihre sexuellen Störungen sprechen – zu einer Zeit, in der die meisten von uns sexuelle Störungen *haben*.

Sex im Kino ist härter geworden, mit wenigen Ausnahmen aber ebenso realitätsfern geblieben. Schöne Menschen mit schönen Körpern und schönen Texten tummeln sich auf noch schöneren Betten, Sofas und Küchentischen, als wir sie zu Hause rumstehen haben. Ein Kabarettist machte einmal den Vorschlag, eine Umfrage bei Menschen zum Thema Liebesakt zu machen, die noch nie Sex im Kino gesehen haben. Seine Überlegung: Was ist, wenn wir durch *Zuschauen* gelernt haben, welche Töne wir dabei von uns geben? Was ist, wenn die Leute, die noch nie dabei zugesehen haben, nicht wissen, was um Himmels willen wir da eigentlich treiben?

Sex im Kino ist lackiert, choreographisch, umgeschrieben, geprobt und zusammengeschnitten. Und man sieht nie einen verschwitzten Körper. Im richtigen Leben aber schwitzen wir, und das *letzte*, was wir gern hätten, wäre, daß ein Double für uns einspringt und den Höhepunkt mimt (außer man ist wirklich abartig).

Ich liebe Kino. Wirklich gute Filme bereichern unser Leben, wie große Literatur und Kunstwerke das tun. Ich lasse mich gern von verrückten persönlichen Dramen hinreißen. Ich lasse gern meinen Alltag hinter mir und nehme Anteil an den Tragödien anderer Leute. Manchmal bringt mich ein Film zum Weinen, nicht wegen der Geschichte, sondern weil ich mich nach der intensiven Gefühlswelt der Darsteller sehne. Auch ich möchte so sehr lieben, daß ich für ihn in eine Schlangengrube springe, und ich würde liebend gern meine Farm verpfänden, damit er ein Baseballstudio bauen kann; wie gern wäre ich Doppelagentin in einem fernen Kriegsgebiet, um ihm das Leben zu retten. Es macht mich traurig, daß ich das in meinem Leben nie erreichen werde. Ich werde nie sexuelle Erfüllung in einer Gondel finden. Ich werde nie für Lösegeld freigekauft. Ich werde nie ein Leben wie im Kino führen.

GRENZEN ZWISCHEN FILM UND LEBEN

Wenn sich bei Ihnen die Kinoerlebnisse mit dem vermischen, was Sie in Liebesdingen im richtigen Leben erwartet, sehen Sie die Realität verzerrt und werden enttäuscht. Wenn Sie eine Liebesgeschichte à la Hollywood erwarten, kann das ein erhebliches Hindernis für Ihre Partnersuche darstellen.

Sie riskieren Enttäuschungen, wenn Sie Kino-Maßstäbe anlegen, da Sie

- unrealistische Vorstellungen davon haben, was Liebe ist, und deshalb ständig von anderen enttäuscht werden.
- unrealistische Vorstellungen davon haben, was Liebe ist, und deshalb ständig von sich selbst enttäuscht werden.
- nicht begreifen, daß richtige Menschen nicht die gleichen Reaktionen haben wie Menschen in einem Drehbuch.
- enttäuscht sind, daß Ihre Lebensumstände nicht besonders aufregend sind und Sie nicht den Unterschied zwischen einer gesunden Spannung und einer emotionalen Achterbahnfahrt auf der Kinoleinwand erkennen.

Freuen Sie sich an den unrealistischen Darstellern, die Ihnen ihre Geschichte vorspielen, merken Sie sich aber:

- Kinoliebe ist nicht die wahre Liebe.
- Das Leben besteht aus Flauten, peinlichen Momenten, Stunden der Ungewißheit, Mietzahlungen, Bürostunden, tropfenden Wasserhähnen, gemischten Gefühlen, Pfefferminzbonbons gegen schlechten Atem, Kindern aus erster Ehe… all den Dingen, die im Kino verherrlicht werden oder gar nicht erst vorkommen.

- Sie bekommen kein Double für die schwierigen Szenen.
- Es gibt keine Drehbuchänderung, wenn Ihnen der Verlauf der Geschichte nicht paßt.

Fernsehen und Kino, so verführerisch sie sein mögen, sagen Ihnen nicht die Wahrheit über die Liebe. Wenn Sie nicht wissen, wie Sie mit jemandem dran sind, wenn das vermeintliche Feuerwerk nur ein winziger Funke ist, wenn Sie denken: »Ist das eigentlich alles?«, sollten Sie sich fragen, ob Sie nicht am langen, knöchernen Arm der Medienzaren zappeln – in einer Scheinwelt leben, die Sie mit dem richtigen Leben verwechseln.

Es scheint mir nur passend, daß ich dieses Kapitel mit einem Kinozitat schließe, da ich Ihnen nicht nur raten möchte, Ihr eigenes Leben zu führen, ich möchte Sie auch daran erinnern, daß Ihr Leben voller Widersprüche ist. Mit den Worten von Auntie Mame:

»Das Leben ist ein Festmahl, an dem die meisten armen Schlucker verhungern.«

... schalten Sie Ihren Fernseher ab, und machen Sie Pläne mit einem Freund. Gehen Sie heute abend mal *nicht* ins Kino.

KAPITEL 15
ZURÜCK IN DIE SICHERHEIT DER GRUPPE: HOLEN SIE SICH UNTERSTÜTZUNG

Caroline und ihre zwei besten Collegefreundinnen nannten sich die drei Musketiere. Sie verbrachten gemeinsam die Ferien, gingen gemeinsam Essen und schütteten einander ihre Herzen aus. In den vergangenen zwei Jahren hatten zwei hintereinander geheiratet, und Caroline war immer noch solo und ungebunden. Als sich die Gespräche in letzter Zeit vorwiegend um Schwangerschaftsgymnastik drehten, kam Caroline sich vor, als sei sie die einzige nicht schwangere Frau auf der ganzen Welt.

Harvey ist seit einem Jahr Witwer. Er will einerseits nicht alleine sein, ist andererseits jedoch für eine enge Beziehung noch nicht bereit. Außerdem wüßte er gar nicht, wie er sich bei einer Verabredung mit einer Frau anstellen sollte. Er käme sich albern vor, jemanden um Rat zu fragen. Und wen sollte er schon fragen? Seinen zwölfjährigen Sohn etwa?

Anneke ist schüchtern. Sie weiß, daß sie sich im gesellschaftlichen Umgang üben muß, doch der Gedanke, mit einem Mann auszugehen, macht ihr angst. Sie zerbricht sich ständig den Kopf, wo und wie sie einen Mann kennenlernen könnte.

Ein bestens geeigneter Weg, gute soziale Kontakte zu knüpfen, neue Freunde kennenzulernen und sich die zur Partnersuche erforderliche innere Bereitschaft zu bewahren, ist, sich einer Gruppe von Gleichgesinnten anzuschließen. Gruppenzugehörigkeit widerspricht zwar eher dem Bild von Guerillataktiken, doch man könnte sie ja als eine Guerillataktik der Anpassung definieren. Wir können immer von anderen lernen, und außerdem ist es gut zu wissen, wohin man sich wenden kann, wenn man in Schwierigkeiten ist.

Wir alle kennen Tage, an denen wir durchhängen. Begeisterung ist eine ziemlich flüchtige Sache. Und Ihre täglichen Vitaminpillen stärken nicht Ihre emotionale Widerstandskraft. Das Leben wird einfacher, wenn Ihnen eine Gruppe den Rücken stärkt, Sie anspornt und Ihnen Beifall zollt.

Die Gruppe ist besonders wichtig, wenn:

- Sie eine Scheidung hinter sich haben und unschlüssig sind, ob Sie sich auf Partnersuche begeben sollen;
- Sie sich bei einer neuen Bekanntschaft unentwegt fragen, ob Sie das Richtige sagen oder tun;
- Sie sich nach einem Verlust auf Partnersuche begeben;
- Sie kein Selbstvertrauen haben;
- andere auf Bemühungen nicht so reagieren, wie Sie es sich erhofft haben, und Sie nicht wissen, wieso das so ist;
- Sie gut drauf sind, aber im Augenblick keine Ideen haben.

WELCHE GRUPPEN GIBT ES?

Zahlreiche Beratungsstellen, Gemeindezentren, Fortbildungsinstitute für Erwachsene, religiöse Gemeinschaften und private Psychotherapeuten bieten Gruppenarbeit für Erwachsene an, die vielfältige Zielsetzungen, angefangen von der Stärkung des Selbstvertrauens bis zur Überwindung von Schüchternheit, haben. Sie finden Workshops, die nur einen Abend dauern, bis zu Langzeitgruppen, die Sie begleiten und Ihnen Gelegenheit zur Aussprache bieten. Erkundigen Sie sich bei den Beratungsstellen Ihrer Stadt, welche Programme angeboten werden. Lesen Sie außerdem Anzeigen in Zeitschriften und Tageszeitungen. Annoncen für solche Programme werden meist auf den gleichen Seiten wie Kontaktanzeigen veröffentlicht.

Es gibt auch spezielle Interessensgruppen. Wenn Sie verwitwet, geschieden, getrennt lebend, HIV-positiv sind, wenn Sie körperlich mißhandelt wurden, lesbisch oder schwul sind oder wenn Sie sonst eine Unterstützung brauchen: es gibt für jedes Problem, für jede Störung Hilfsangebote. Es steht Ihnen frei, sich einer unspezifischen Gruppe anzuschließen oder die Arbeit in einer Gruppe zu wählen, die auf ein bestimmtes Thema spezialisiert ist. Zudem gibt es Selbsthilfegruppen wie die AA und ihre zahlreichen Untergruppen, in welche jeder, der Hilfe braucht, kommen kann. Larry Fortensky hat nicht die schlechteste Wahl getroffen, als er Liz Taylor in der Betty-Ford-Klinik kennenlernte.

Wenn Sie sich für eine Gruppe mit einem Gruppenleiter entscheiden, prüfen Sie seine/ihre Qualifikation. Hier gibt es große Unterschiede. Wenn Sie sich für Gruppentherapie entscheiden, achten Sie darauf, daß Sie es mit einem ausgebildeten Psychotherapeuten zu tun haben und nicht mit irgendeinem obskuren selbsternannten »Heiler«.

UNTERRICHT ALS GRUPPENARBEIT

Eine kleine Unterrichtsgruppe, die sich mit einem bestimmten Studienobjekt befaßt, das auch Sie interessiert, hat gleichfalls therapeutische Wirkung. Vielleicht sagt Ihnen diese Form mehr zu. Studieren Sie russische Literatur, lernen Sie in der Gruppe selber Steckdosen installieren, lernen Sie Meditationstechniken, besuchen Sie einen Kochkurs für die toskanische Küche, oder kaufen Sie sich Tanzschuhe und lernen Jazztanz. Wenn Ihre Unterrichtsgruppe sehr groß ist und die Teilnehmer einander nicht kennenlernen, liegt es an Ihnen, *das zu verändern*. Laden Sie alle hinterher zum Kaffee ein, oder bringen Sie Krapfen mit zum Unterricht. Häufig liegt der Grund für fehlende Interaktion an der Schüchternheit der einzelnen, nicht an fehlendem Interesse.

Workshopteilnehmer berichten von anderen positiven Gruppenerfahrungen:

Laientheater
Amateurorchester
Kirchenchor
Einmal wöchentlich in einem Seniorenheim kochen
Wohltätigkeitskomitees
Teilnahme an Gewerkschaftssitzungen
Lokale Umweltgruppen
Politische Kampagnen
Handelskammer
Greenpeace und andere Umweltorganisationen

EINE GRUPPE GRÜNDEN

Sie können auch Ihre eigene Gruppe gründen mit dem Ziel, Ihr Single-Dasein freundlicher zu gestalten. Suchen Sie sich drei bis sieben Interessenten aus, die bereit sind, sich der Gruppe anzuschließen, und arbeiten Sie folgende Einzelheiten aus:

Der Grund der Zusammenkünfte?
Wie oft werden Sie sich treffen?
Wie viele Wochen wollen Sie sich treffen?
Wie lange soll jedes Treffen dauern?
Werden neue Mitglieder aufgenommen, sobald die Gruppe sich gebildet hat?
Wo wollen Sie sich treffen (entscheiden Sie sich für einen Raum, wo Sie einigermaßen ungestört sind)?
Vertrauliche Themen (dieser Punkt sollte nicht vergessen werden).

WARUM WOLLEN SIE DAS SYSTEM NICHT ETWAS AUFRÜTTELN?

Versuchen Sie neue Bekanntschaften zu schließen, um sich neu zu erfahren, risikofreudiger zu werden und aus dem alten Fahrwasser rauszukommen. Die Gruppe kann Ihnen mit den folgenden Hilfestellungen dabei zur Seite stehen und Ihnen Mut machen, Ihre Zukunft aktiv in die Hand zu nehmen.

Brainstorming und Nachahmen

Die Gruppe kann ein wunderbarer Ideenlieferant sein. An manchen Abenden sitzt man mit glühenden Gesichtern da, wenn die Gruppe sich über Strategien die Köpfe zerbricht, wie sie einem Mitglied aus einer Konfliktsituation heraushelfen könnte. Sie erfahren von anderen Teilnehmern, was sie schon alles ausprobiert haben. In Übereinstimmung mit Kapitel 7: »Anleihen: Streng gehütete Geheimnisse« wollen Sie gegebenenfalls die Idee eines anderen übernehmen. Es ist ein Trost zu wissen, daß mehrere Menschen an Ihren Problemen teilhaben. (Sollte das Gegenteil der Fall sein, und sollten Sie es als unangenehm empfinden, wenn andere sich in Ihre Belange einmischen, ist es ebenso wichtig, das zu erforschen. Fällt es Ihnen schwer, ungeteilte Aufmerksamkeit anzunehmen?) Es kann Ihnen angenehmer sein, die Probleme anderer zu bearbeiten, um dann später genau das auszuprobieren, was Sie anderen empfohlen haben.

Die Sozialarbeiterin Livia Policie veranstaltet Seminare über sogenanntes »unkonventionelles Problemlösen«. Das Ziel ihrer Arbeit besteht darin, die Teilnehmer zu lockern, ihre allgemeine Stimmung aufzuhellen und sie anzuregen, spontane Ideen auszusprechen. Hierbei gibt es folgende Regeln:

- Bringen Sie möglichst viele Ideen vor.
- Kommentieren oder kritisieren Sie keinen Vorschlag – so lächerlich oder unpassend er Ihnen auch erscheinen mag; auch wenn Sie ihn schon vergeblich ausprobiert haben.
- Notieren Sie jeden Vorschlag, der gemacht wird.

Der Gruppe geht es nicht darum, sorgsam überlegte, vernünftige Lösungen für einen speziellen Konflikt zu finden, sondern man malt sich die abenteuerlichsten Lösungen aus – je verrückter, desto besser. Angenommen, Sie wollen eine Frau, die in Ihrem Bürogebäude arbeitet, kennenlernen. Ihnen stehen folgende Möglichkeiten offen:

- Bringen Sie ihr vor ihrem Büro ein Ständchen.
- Lassen Sie die Akten fallen, wenn Sie ihr auf dem Flur begegnen.
- Schicken Sie jemanden aus Ihrem Büro mit einem Briefchen zu ihr.
- Legen Sie einen Blumenstrauß auf ihr Auto.
- Lassen Sie sich ihren Namen auf den Arm tätowieren.
- Schicken Sie ihr eine Limousine, die sie nach dem Büro abholt.
- Hinterlassen Sie eine Nachricht auf ihrem Schreibtisch.
- Lassen Sie von einem Restaurant in der Nähe ein Mittagsmenü für zwei Personen in ihr Büro liefern, komplett mit Stehgeiger!
- Fordern Sie Ihre Traumfrau im Fahrstuhl zum Tanzen auf.
- Mieten Sie ein Flugzeug, das ihren Namen in den Himmel schreibt.

Die Vorstellung, abenteuerliche Ideen zu verwirklichen, um jemanden kennenzulernen, mag Sie auf eine eigene gute Idee bringen. Ein einfaches Guten-Tag-Sagen kommt Ihnen dann wie ein Kinderspiel vor, und Sie bringen es endlich über die Lippen. Und es gibt die Gruppe, die Sie nächste Woche fragen wird, wie es Ihnen ergangen ist. Die Gruppe sorgt dafür, daß Sie am Ball bleiben.

Schluß mit der Isolation
Sie brauchen keinen Psychiater, der Ihnen sagt, daß das Leben manchmal ganz schön einsam sein kann. Statistiken belegen, daß in den Vereinigten Staaten mehr als 80 Millionen Erwachsene alleine leben, in Deutschland sind es über 12 Millionen oder 33%.

Wenn Ihre Freunde sich nach und nach paarweise zusammenfinden, kann es leicht passieren, daß Sie glauben, der/die einzige Übriggebliebene zu sein. In meinen Workshops bekomme ich häufig zu hören: »Ich dachte, ich sei der einzige Mensch, der solche Gefühle hat.« Es ist eine große Erleichterung zu wissen, daß andere Menschen Ihre Erfahrungen teilen. Und bald wird den meisten Teilnehmern der Gruppe klar, daß auch viele Menschen außerhalb der Gruppe ähnliche Gefühle haben. Vielleicht sind diese dann dankbar, wenn wir auf sie zugehen.

Startzeichen

Adele, eine kluge, elegante Mittfünfzigerin, besuchte eines Abends in Dallas meinen Workshop, um ihre Flirttechniken ein wenig aufzumöbeln. Im Verlauf des Abends wurde über das Thema »Frauen sprechen Männer an« diskutiert. Mit erstaunlicher Heftigkeit behauptete Adele, sie würde nie und unter keinen Umständen einen Mann ansprechen.

Die Gruppe hielt ihr entgegen, heutzutage sei es völlig in Ordnung, daß Frauen die Initiative ergreifen. Sie attackierte uns alle vehement und meinte beschwörend, sie rücke von ihrer Anschauung nicht ab.

Beim nächsten Treffen in der folgenden Woche hörten wir uns an, welche Fortschritte jeder Teilnehmer gemacht hatte. Als Adele an der Reihe war, meinte sie: »Ich habe einen Mann angerufen und ihm zum Abendessen eingeladen.« Ihre selbstbewußte Erklärung für diesen radikalen Sinneswandel: »Ich suchte nach einer Starterlaubnis und habe sie bekommen.«

Gab es weitere Regeln in ihrem Leben, nach denen sie sich bisher richtete, die nun keinen Sinn mehr machten? Nach welchen überholten und überbewerteten Regeln leben Sie? Wenn Sie sich einer Gruppe anschließen, kann Ihnen geholfen werden, sich die Starterlaubnis zu geben, alle möglichen Dinge auszuprobieren, die für Sie früher niemals in Frage gekommen wären.

Rollenspiel

Eine bekannte Gruppentechnik, um neue Verhaltensweisen zu erlernen, ist das Rollenspiel. Zwei oder mehr Teilnehmer begeben sich in eine Situation, die ihnen Schwierigkeiten bereitet (beispielsweise Flirten, Fremde ansprechen, jemanden um eine Verabredung bitten). Sodann stellen sie die Situation vor der Gruppe dar.

Ich forderte Penny auf, eine ausnehmend hübsche und sehr stille Frau, mit dem Fotografen Jeff im Rollenspiel zu flirten. Sie lehnte ab mit der Begründung, sie sei in ihrer High-School zum schüchternsten Mädchen des Jahren gewählt worden. Ich bot an, ihr die Aufgabe zu erleichtern. Sie könne beim Spiel sitzenbleiben.

Jeff stand auf und ging zu Penny. Er sprach sie spontan auf das Logo ihres T-Shirts an. Penny sagte, es sei das Zeichen eines bekannten Nationalparks, in dem sie häufig wanderte. Jeff staunte, denn er war erst vergangenen Sonntag dort beim Wandern gewesen. Penny strahlte – sie auch.

Penny redete gelassen und flüssig weiter. Am Ende erklärte sie, daß sie wahnsinnig nervös gewesen sei und bis zur letzten Sekunde gezittert habe. Die Gruppe versicherte ihr, niemand habe ihr die Unsicherheit angemerkt. Fazit:

Pennys Wahrnehmung über sich selbst unterschied sich total von dem Eindruck, den sie auf andere machte.

Das Rollenspiel gab ihr Gelegenheit, eine Situation zu bewältigen, von der sie geglaubt hatte, sie würde sie nie durchstehen. Das veranlaßte sie, ihre Vorstellungen von ihrer Schüchternheit zu hinterfragen und in einem neuen Licht zu sehen.

Auch Gegenteiliges bringt das Rollenspiel an den Tag. Leute, die von sich meinen, ziemlich aufgeschlossen zu sein, stellen sich als konservative Prinzipienreiter heraus. Menschen, die sich als offen und freundlich bezeichnen, werden als verschlossen und unzugänglich erlebt. Linkisches Verhalten im Rollenspiel vor 30 Zuhörern kann die Angst vor Selbstdarstellung aufdecken; dadurch werden Bereiche offengelegt, an denen der Betroffene weiterhin arbeiten muß.

Vielleicht haben auch Sie ein Selbstbild aufgrund von Vorstellungen, die man Ihnen in der Kindheit vermittelt hat:

Der Schüchterne
Die Launenhafte
Die Unscheinbare
und vieles andere mehr…

Dann habe ich eine gute Nachricht für Sie: Das sind Vorstellungen, die nicht unbedingt Ihr wahres Selbst spiegeln. Auch wenn Sie mal launisch waren, möchte ich wetten, daß Sie seit damals eine Menge gelernt haben. Wollen Sie sich wirklich weiterhin mit solchen überkommenen Bewertungen zufriedengeben?

Verbuchen Sie Erfolge

Die Menschen klagen in der Regel, sie seien überarbeitet und hätten keine Zeit für ihr soziales Leben. (Privatleben ist etwas, wofür Sie Zeit, die Sie nicht haben, aufbringen müssen.) Die Arbeit in der Gruppe ist ein positiver Weg, Ihre Fortschritte regelmäßig zu überprüfen. Die Zeiten sind vorbei, da Sie mit großem Erstaunen feststellten, daß schon wieder ein Jahr vergangen ist. Jedesmal, wenn Sie verzweifelt denken, nicht weiterzukommen, können Sie dies in der Gruppe überprüfen. Mit großer Wahrscheinlichkeit wird die Gruppe Ihnen Ihre Fortschritte präzise vor Augen führen.

Bewahren Sie Ihren Humor

Hamid und Shirley probierten im Rollenspiel, wie zwei Leute sich in der Schlange an der Kasse im Supermarkt kennenlernen. Beide wußten im voraus, daß keiner den anderen ablehnen würde, hatten aber Mühe, einen Anfang zu finden. Sie standen minutenlang stumm da. Schließlich spähte Hamid in Shirleys imaginären Einkaufswagen und sagte: »Wie ich sehe, haben Sie acht Dosen Katzenfutter gekauft.«

Shirley antwortete: »Ja.«

Wieder verging eine Ewigkeit. Schließlich sah Hamid sie ganz ernst an und fragte: »Haben Sie eine Katze?«

Die Gruppe brach in schallendes Gelächter aus. Ähnlich tollpatschig hatten wir uns alle schon mal angestellt. In der Gruppe erfahren wir, daß ein herzliches Lachen uns das Leben erleichtert und wir alles nicht so furchtbar ernst nehmen sollten. Wir dürfen bei allen Schwierigkeiten unseren Humor nicht verlieren!

Wachstum in der Gruppe

Die Gruppe bietet uns ein beschützendes Umfeld, in dem wir uns verändern und innerlich wachsen können.

Die Gruppe fördert Veränderungen und bietet:

- Gelegenheit, die Anschauungen anderer zu erfahren und sie mit den eigenen zu vergleichen
- die Chance, neue Formen im Umgang mit anderen zu testen

- die Bestätigung Ihrer Stärken sowie die Erkenntnis, in welchen Bereichen Sie an sich arbeiten müssen.

Persönliche Aussprache

Wenn Sie sich keiner Gruppe anschließen wollen oder keine passende Gruppe in Ihrer Gegend finden, versuchen Sie es mit der Methode der persönlichen Aussprache, die mir meine Malerfreundin Mary Jones nahegebracht hat.

Wählen Sie eine vertrauenswürdige Person – nennen wir sie Mary –, die Ihnen Rückhalt bieten und von Ihrem Rückhalt profitieren kann. Schließen Sie einen Pakt mit ihr. Einmal im Monat (auch häufiger, das liegt ganz bei Ihnen) erhält jeder von Ihnen eine halbe Stunde vollständige und uneingeschränkte Aufmerksamkeit. Sie rufen Mary einmal im Monat an und reden mit ihr. Mary hört sich mit ungeteilter Aufmerksamkeit Ihre Sorgen an. Sie stellt sich in ihren Reaktionen vollständig auf Sie ein. Während Ihrer Redezeit hat sie nicht das Recht, eines ihrer eigenen Probleme zu erörtern. Sie zeigt Mitgefühl, bietet konstruktiven Rat und verwöhnt Sie mit seelischen Streicheleinheiten. Mary bekommt an einem anderen Tag, zu anderer Stunde das gleiche Recht auf ihre persönliche Aussprache.

Diese Methode ist ein Stimmungsaufheller, bietet Erleichterung durch die Einfühlung des anderen, und wir üben uns in der Kunst des Zuhörens. Sie kann auch als eine konzentrierte Arbeit betrachtet werden, bei der Sie die Geschehnisse darlegen und einen Plan fassen, was Sie zu ändern gedenken.

SCHLUSSWORT

Folgendes Märchen wurde mir als alte koreanische Fabel erzählt. Jahre später hörte ich es wieder als alte Legende aus dem Talmud. Ich denke, die Geschichte wird deshalb verschiedenen Kulturen zugeschrieben, weil sie den Nutzen der Zusammenarbeit so wunderbar erläutert.

In Korea starb einst ein geachteter, alter Mann und kam in den Himmel. Der Pförtner hieß ihn willkommen und sagte, ihm werde ein Ehrenplatz im Himmel zuteil wegen seiner guten Taten und seines gottesfürchtigen Lebens. Der alte Mann entgegnete, da ihm nun die Aufnahme in den Himmel sicher sei, würde er die Gelegenheit gern wahrnehmen, einen Blick in die Hölle zu werfen. Der himmlische Pförtner war erstaunt, gewährte ihm aber die Bitte.

Er führte den alten Mann zum Mittelpunkt der Erde. Hinter einer Tür hörte man markerschütterndes Wehklagen. Langsam öffnete der Pförtner die Tür, und den Augen des Betrachters bot sich eine lange Tafel, gedeckt mit köstlich zubereiteten Speisen. Delikatessen aus aller Herren Länder türmten sich auf Silberplatten. Acht Gäste saßen an der üppigen Tafel, waren jedoch bis zu Skeletten abgemagert und heulten und brüllten vor Heißhunger. Jeder von ihnen hielt zwei Eßstäbchen in der Hand, die mehr als einen Meter lang waren. Damit hätte ein jeder noch von den Platten an der entferntesten Seite des Tisches Happen aufnehmen können, doch jeder Versuch, die Stäbchen zu sich zu drehen und zum Mund zu führen, war vergeblich. Sosehr sie sich reckten und streckten und ihre Körper verdrehten, die Stäbchen waren zu lang, um damit Essen zum Mund zu führen.

Schaudernd bat der alte Mann, zurück in den Himmel gebracht zu werden. Der Pförtner geleitete ihn einen langen Flur entlang zu einem hohen Portal. Diesmal drangen hinter der Tür nur Laute des Wohlbehagens hervor. Die Tür öffnete sich, und dem Betrachter bot sich der nämliche Anblick: eine reichgedeckte Tafel, köstlich zubereitete Speisen *und* ebenso lange Stäbchen.

Die acht Gäste, die an dem Festmahl teilnahmen, fütterten einander allerdings fürsorglich mit dem Ausdruck größter Zufriedenheit und tiefsten Wohlbehagens.

KAPITEL 16

UNERSCHROCKEN UND UNBESCHADET:
ÜBERLEBENSSTRATEGIEN
BEI ZURÜCKWEISUNG

Meine Freundin Donna hatte irgendwo gehört, der beste Ort, um Männer kennenzulernen, sei eine Bar in der Zeit der Baseball-Entscheidungsspiele. Während der legendären US-Meisterschaften der Mets/Red Sox 1986 steuerten wir beide eine Bar an, um uns dort das 6. Spiel im Fernsehen anzusehen.

Unterwegs probte Donna ihre Baseball-Fachkenntnisse. Immer wieder sagte sie mit wechselnder Betonung: »Gutes Spiel… nicht schlecht.«

Beim Eintritt empfingen uns an die hundert Männer und drei Frauen. Nun kam der schwierige Teil. Donna und ich trennten uns. Ich setzte mich an die Bar und nahm mir vor, fünf Männer anzulächeln. Zwanzig Minuten vergingen, und ich lächelte *keine* Männer an. Ich schaffte es, jedem auszuweichen, da ich zwanghaft damit beschäftigt war auszusortieren, welche Männer ich *nicht* anlächeln *durfte* und warum nicht:

Zu jung
Zu alt
Verheiratet
Nicht um alles in der Welt, und wenn ich zehn Jahre lang mit keinem Mann auch nur ein Wort gewechselt hätte
Warum bin ich geboren?
Was habe ich hier verloren?

Mir gegenüber an der Bar saß ein junger Mann um die Zwanzig. Er trug ein schmuddeliges T-Shirt und eine Red-Sox-Mütze. Aus der Öffnung am Hinterkopf stand ein Büschel Haare waagrecht hervor. *Ich hasse es, wenn Haarbüschel aus solchen Mützen hervorschauen.*

Der Junge sah mich an und lächelte. Damit hatte er mich sofort auf seiner Seite. Ohne Zögern lächelte ich zurück.

»Nein, du nicht«, meinte er und wies mit dem Finger durch mich hindurch. »Die da.«

Ich drehte mich um und sah eine sehr hübsche junge Frau, die ihn anlächelte. Es war das erste Mal in meinem ganzen Leben, daß ich ein Lächeln erwiderte, ohne mich vorher mit Blicken vergewissert zu haben, ob ich auch wirklich gemeint war.

Ich dachte, ich müßte im Erdboden versinken, sämtliche »Nein, du nicht« in meinem Leben zogen an mir vorüber:

Nein, du kommst nicht ins Volleyball-Team.

Nein, mit dir geh' ich nicht zum High-School-Ball.

Nein, du bekommst keine Gehaltserhöhung.

Ich schämte mich. Mir war klar, daß der Schmerz meiner Kränkung kaum etwas mit der Realität zu tun hatte: ein ungepflegter Typ, fünfzehn Jahre jünger (okay, neunzehn Jahre jünger) als ich, lächelte eine Frau an, die hinter mir stand, und ich war der Meinung gewesen, er lächelte mich an.

»NEIN« TUT WEH

»Nein« tut weh. Selbst wenn es von jemandem kommt, an dem wir nicht das geringste Interesse haben. Lieber wollen wir es sein, die nein sagen.

DIE ZWEI SEITEN DES »NEIN«

Meine Reaktion lag zum Teil an der Enttäuschung, eine Abfuhr einstecken zu müssen. Vielleicht gefielen diesem Kerl nur große blonde Frauen (werde ich nie eine sein) oder Frauen unter fünfundzwanzig (werde ich nie wieder sein). Ich konnte mich darauf hinausreden, der Kerl hätte selber Schuld, oder mir möglicherweise sogar einreden, daß er eigentlich gar nicht nein zu mir gesagt hätte, sondern ja zu einer anderen. Vielleicht kannte er sie. Vermutlich war er genauso ungehobelt wie er aussah, und ich konnte von Glück sagen, ihn nicht kennengelernt zu haben. Wenn ich den Vorfall kritisch betrachtete, könnte ich damit leben. Sollte das jedoch nicht klappen, könnte ich ihm Schimpfnamen geben – das hilft immer.

Verletzte Gefühle sind Emotionen, die eine kumulative Wirkung auf unser Leben haben. Wir neigen dazu, alle Neins, die wir je gehört haben, zu einer langen Kette aufzufädeln und uns damit zu geißeln. Jede Zurückweisung knipst den Schalter an, der die Erinnerung an sämtliche Zurückweisungen in unserem Leben aktiviert. Jeder von uns kennt den Schmerz, nicht das zu bekommen, was wir haben wollen.

SELBSTABLEHNUNG

Wenn Sie versuchen, Zurückweisung auszuschalten, indem Sie Risiken vermeiden, wissen Sie wahrscheinlich jetzt schon, daß das nicht klappt. Zugegeben, Sie nehmen damit Außenstehenden die Chance, Sie zurückzuweisen, doch das ist gar nicht nötig. Sie wurden bereits von dem wichtigsten Menschen in Ihrem Leben zurückgewiesen. Sie haben sich selbst zurückgewiesen.

Sie lehnen sich selbst ab, bevor andere die Chance dazu haben, wenn Sie:

- sich vor Erfahrungen verschließen, um sich zu schützen
- jeden Abend zu Hause sitzen und in den Fernseher stieren
- Ihr Interesse für andere Menschen verleugnen
- erwarten, daß andere den ersten Schritt tun
- denken, etwas sei ganz leicht, aber einen Rückzieher machen, wenn es dann doch nicht so leicht ist
- sich unvorteilhaft kleiden
- Zurückweisung erwarten und förmlich magnetisch anziehen, wenn Sie neue Leute kennenlernen
- von sich erwarten, ständig in Hochform zu sein, und sich verachten, wenn Sie nicht hundertprozentig funktionieren.

Bevor Ihre Stellung im Schützengraben der Selbstablehnung Ihnen zur zweiten Heimat wird, lesen Sie weiter.

GUERILLATAKTIKEN MIT SELBSTSCHUTZ

Der richtige Weg, um mit Zurückweisung umzugehen, ist selten Passivität und Nichtstun. Sie können Schutzmaßnahmen ergreifen.

Guerillataktiken des Kennenlernens mit Selbstschutz sind mehr als totale Passivität und weniger als die mutige Bitte um ein Rendezvous. Es handelt sich um Vorbereitungen auf die Antwort etwa folgender Frage:

Was tun, wenn Sie sich für jemanden interessieren und feststellen, daß das, was Sie für ein Augenzwinkern von ihm/ihr gehalten haben, nur auf eine schlechtsitzende Kontaktlinse zurückzuführen ist?

Sie sind: einander bereits bekannt.
Guerillataktik mit Selbstschutz: Sie bitten um Rat in einer neutralen Sache.

Bei einem Kochkurs in einem Fortbildungszentrum für Erwachsene fand Louise Fred sympathisch. Er half ihr gern Teig kneten für das irische Brotrezept, bat sie aber nie um ein Rendezvous. Jede Woche erfuhr sie ein bißchen mehr über ihn, unter anderem auch über sein Fachwissen in Hi-Fi-Fragen und über eine Menge anderer Interessen, denen er nachging.

Louise hätte gerne das Kochbuch in die Ecke gepfeffert und Fred lieber selber tüchtig eingeheizt, ohne allerdings eine Zurückweisung zu riskieren. Sie erzählte Fred, sie hätte vor, neue Lautsprecher für ihre Stereoanlage zu kaufen, und fragte ihn, ob er Lust hätte, sie beim Einkauf zu beraten, da er doch eine Menge davon verstünde. Ihre Preisvorstellung läge bei ungefähr 100 Dollar. Nachdem er sich von seinem Lachkrampf erholt hatte und meinte, für das Geld könnte sie ein gebrauchtes Megaphon bekommen, willigte er ein, sie zu beraten.

Warum diese Taktik klappen könnte
Damit bekam Louise eine Chance, Fred in einem anderen Umfeld zu erleben. Sie bat ihn, sie zu begleiten; dabei handelte es sich in den Augen beider nicht um ein Rendezvous. Wenn sie den Nachmittag miteinander verbrachten und er immer noch nicht so reagierte, wie Louise es sich wünschte, konnte sie sich dafür entscheiden, die Sache nicht weiter zu verfolgen. Es würde zwar ein bißchen weh tun, aber nicht wie eine Zurückweisung klingen – eher wie eine Sache ohne Zukunft.

Wie Sie davon Gebrauch machen können
Sie können immer mit dem gefahrlosen Weg beginnen, jemanden näher kennenzulernen. Sie müssen nicht um eine offizielle Verabredung bitten, Sie können anderweitige, weniger verfängliche Vorschläge machen, um Zeit miteinander zu verbringen und

abwarten, wie die Dinge sich entwickeln. Beziehungen wachsen langsam. Mit jemand eine Zeit zu verbringen, ohne ihm näherzukommen, ist ein Weg herauszufinden, ob die Einladung zu einer Verabredung angebracht ist.

Situation: Ein Freizeittreff
Guerillataktik mit Selbstschutz: Gruppenzugehörigkeit

Carl lernte Edie auf einer Single-Party kennen. Er war nicht sicher, ob sie mit ihm ausgehen würde, und scheute sich, sie zu fragen. Statt sich die Chance entgehen zu lassen, wandte er eine Methode an, die sich für ihn in der Vergangenheit bestens bewährt hatte. Er lud sie ein, zusammen mit ihm und ein paar Freunden nach der Party eine Pizza essen zu gehen.

Warum das klappen könnte
Carl hat die Chance, Edie näher kennenzulernen, ohne die gesamte Konversation allein führen zu müssen. Er kann mit Edie zusammensein, ohne ständig schlagfertige und witzige Bemerkungen machen müssen, da seine Freunde in Gesprächspausen einspringen können.

Wie Sie davon Gebrauch machen können
Eine Frau aus New Haven berichtete mir, ihre Freundin Dee habe ihr die Teilnahme an meinem Workshop empfohlen. Sie erzählte, was Dee während meines Unterrichts widerfahren sei.
Dee saß in der Gruppe neben einem netten Mann, der berichtete, er sei vor kurzem aus einer anderen Stadt zugezogen. Er fühle sich ein wenig einsam, da er noch nicht viele Leute kenne. Eingedenk meiner Aufforderung an die Gruppe, günstige Gelegenheiten beim Schopf zu packen, wandte sich Dee an den Mann und sagte ihm, sie gebe am Freitag eine kleine Party mit Wein und Käse, und er sei herzlich dazu eingeladen.
In Wahrheit hatte Dee gar keine Party geplant und mußte nun zusehen, wie sie rasch ein paar Leute zusammentrommelte, was ihr auch gelang. Sie sagte dem Mann nicht, daß sie ein besonderes Interesse an ihm hätte und erwähnte auch ihren Freunden gegenüber nichts davon. Während Dee sich um die Gäste kümmerte, unterhielt er sich lange mit einer ihrer Freundinnen und verließ vorzeitig das Fest mit ihr.

Merke: Sollten Sie ein spezielles Interesse an jemandem haben und die Guerillataktik der Gruppenzugehörigkeit anwenden, ist es ratsam, wenigstens Ihren Freunden Bescheid zu sagen.

SCHLAGFERTIGES NACHHAKEN

Ein übereiltes »Nein« läßt sich mit einer schlagfertigen Entgegnung kontern. Damit ergattern Sie sich eine zweite Chance.

Sie: sprechen jemanden an, und er zeigt wenig Reaktion.
Schlagfertiges Nachhaken: Sie bieten eine zweite Chance…

Lydia saß in der U-Bahn auf der Heimfahrt nach Büroschluß. Ihr gegenüber saß ein Mann, der in den neuesten Robert-Ludlum-Thriller vertieft war. Sie stellte eine Frage über das Buch; er antwortete kurz angebunden. Lydia wartete einen Augenblick und sagte dann: »Sie haben wohl einen schlechten Tag hinter sich.«

Es funktionierte. Er hätte tatsächlich einen schlechten Tag hinter sich, sagte er, klappte das Buch zu und berichtete ihr haarklein jede gähnend langweilige Einzelheit, bis Lydia nach 20 Stationen ausstieg.

Warum es klappen könnte

Manchmal braucht man zwei Anläufe. Wir alle wissen, daß es Tage gibt, an denen wir gereizt und verschlossen sind. Wir sind in Gedanken mit Alltagsproblemen beschäftigt und achten nicht auf unsere Umgebung. Wenn Sie Anteilnahme zeigen, können Sie einen übelgelaunten Menschen ein wenig aufheitern.

Lernen Sie im übrigen aus Lydias Beispiel – fragen Sie niemanden, ob er einen schlechten Tag hinter sich hat, falls Sie nicht bereit sind, die Antwort zu hören, die ganze Antwort und nichts als die Antwort.

GUERILLATAKTIKEN MIT SELBSTSCHUTZ UND SICHERHEITSGARANTIE

Wir sorgen für unsere Sicherheit und beachten bestimmte Regeln, um uns vor einer chaotischen, unsicheren Welt zu schützen. Diese Regeln sind jedoch nicht immer eine Sicherheitsgarantie, selbst wenn wir sie genau befolgen.

Fehlende Sicherheit sollte Sie weniger beunruhigen als anregen. Wenn Resultate nie mit endgültiger Sicherheit vorherzusagen sind, egal, was Sie tun oder unterlassen, warum dann nicht neue Wege ausprobieren? Je größer Ihre Bereitschaft ist, Risiken zu wagen, desto besser sind Ihre Aussichten auf Erfolg. Hinzu kommt, daß Risikofreude das Spektrum Ihrer Auswahlmöglichkeiten erweitert. Sie lassen sich nicht durch Hindernisse, die Ihnen ein ungewisses Schicksal in den Weg legen, in Ihrem Handlungsspielraum einschränken.

Echte Sicherheit

Echte Sicherheit kommt von innen – sie ist der konstante Prozeß, ein Wertesystem aufzubauen und beizubehalten, durch das Sie sich definieren. Sie streben nach einem Selbst, das nicht auf die Akzeptanz anderer angewiesen ist. Dieses Selbst ist mit einem Baum zu vergleichen. Ein Baum steht festverwurzelt in der Erde, Regen, Schnee und Stürmen ausgesetzt, dient sämtlichen Hunden aus der Gegend zur Markierung ihres Territoriums und läßt sich durch nichts in seiner Festigkeit beirren, da er durch eine kräftige Rinde vor Wind und Wetter geschützt ist.

Auch Sie brauchen eine Schutzhülle, doch sollten Sie tunlichst vermeiden, sie im Laufe der Zeit zu dick werden zu lassen. In vielen Lebensbereichen verfügen wir über automatische Schutzmaßnahmen, die uns nicht viel Nachdenken abfordern. Sie gehen nicht ohne Geld zum Essen in ein Lokal, da Sie keine Lust haben, nach dem Essen in die Küche zum Geschirrspülen geschickt zu werden. Wenn dunkle Wolken sich am Himmel zeigen, greifen Sie zum Regenschirm.

Haben Sie schon mal Überlegungen angestellt, wie Sie Ihre Innenwelt schützen? Vermutlich wurde auch bei Ihnen, wie bei den meisten von uns, dieser Punkt in Ihrer Erziehung außer acht gelassen.

Unsere Bestrebungen im Leben können mit dem Wachstum eines Gartens verglichen werden. Sie säen aus und warten ab. Wenn die Witterung zu trocken ist oder es zuviel regnet, gedeihen Ihre Samen nicht; oder aber der Wind trägt sie fort – und was Sie als Tomatenstaude gesät haben, entpuppt sich als Paprikaschote – oder gar als Tigerlilie.

Merke: Was auch geschieht, eines ist sicher: Wenn Sie nicht aussäen, ernten Sie garantiert nichts.

SIEBEN STRATEGIEN ZUR WIEDERBELEBUNG NACH EINER PLEITE

Darüber sprechen

Zurückweisung für sich behalten kommt einem Schluck aus der Säureflasche gleich. Es frißt Sie von innen auf und verursacht massiv innere Schäden. Erzählen Sie einem Freund von Ihrem »Reinfall der Woche«. Möglicherweise erzählt er Ihnen eine Geschichte, die Ihre bei weitem in den Schatten stellt. Oder er sagt Ihnen, die Frau sei ein Reinfall, nicht Sie.

In der folgenden Woche erzählte ich meiner Workshopgruppe die Geschichte, wie ich bei dem Knaben mit dem Haarschopf unter der Baseballmütze abblitzte. Was meinen Sie, was da los war! Alle wußten ähnliches zu berichten, und wir kugelten uns vor Lachen, weil wir:

- uns von einer Last befreiten
- andere fanden, denen es noch schlimmer ergangen war
- aus einem schmerzlichen Vorfall eine lustige Geschichte zu erzählen wußten

Merke: Sie sind nur dann isoliert, wenn Sie sich für die Isolation entscheiden.

Grobheit erkennen, wenn Sie ihr begegnen

In jedem Lebensbereich begegnen uns Dummköpfe, die ihre Unhöflichkeit wie unsichtbare Reklametafeln umhängen haben. Wenn Sie jemand am Arbeitsplatz ärgert, empfinden Sie das zunächst als störend, erkennen aber meist rechtzeitig, daß der andere Sie grundlos unhöflich behandelt, Sie also keine Schuld trifft.

Ähnliches gilt auch bei Annäherungsversuchen. Es ist ein Unterschied zwischen Verschlossenheit und Unfreundlichkeit. Wenn jemand zögernd reagiert, können Sie sich entscheiden, Ihre Bemühungen aufzugeben oder dem Betroffenen ein wenig Zeit zu geben. Ist jemand unfreundlich (das heißt in Wort oder Tat unhöflich und verletzend), wünschen Sie ihm einen guten Tag und gehen Sie... Übernehmen Sie bloß keine Verantwortung für das schlechte Benehmen anderer.

Bei einer Tanzparty ging Peter auf eine Frau zu, die allein dastand, und fragte sie, ob sie mit ihm tanzen wollte. Sie fand es nicht mal der Mühe wert, nein zu sagen. Sie drehte sich wortlos um und ließ ihn stehen.

Für das Verhalten dieser Frau gibt es kaum eine Entschuldigung. Peter sagte sich, solche Unhöflichkeit käme selten vor und ließe Rückschlüsse auf ihre Probleme zu, nicht auf seine. Es gibt eine Vielfalt ähnlicher Überlegungen, und sie sind richtig und wichtig, um sich einen Abend nicht verderben zu lassen.

Vernünftige Selbstgespräche

Wenn Sie eine Abfuhr einstecken müssen, sagen Sie sich ähnlich lautende Trostworte, deutlich und wiederholte Male. Und wenn Sie glauben, nun sei es genug, wiederholen Sie die tröstenden Worte noch einmal. Ein Beispiel:

Solche Kränkungen kennt man. Eigentlich ist das, was geschehen ist, nur halb so schlimm. Ich kann damit leben.

Ich hasse es, wenn so etwas passiert, aber es ist gleich wieder vorbei.

In ein paar Minuten habe ich mich wieder gefangen. Darauf kann ich stolz sein, denn es hat eine Zeit gegeben, da habe ich Jahre gebraucht, um mein Gleichgewicht wiederzufinden. Heute sind das kleine Fische für mich.

Sehen Sie die Ablehnung in der richtigen Perspektive. Machen Sie aus einer Mücke keinen Elefanten.

Nehmen Sie sich eine Auszeit

Ablehnung ist eine Wunde, für die es kein Hansaplast gibt. Lassen Sie sich bei einer Tanzveranstaltung, einer Party von einer Abfuhr nicht den ganzen Abend verderben, geben Sie sich zwanzig Minuten Zeit, um wieder ins Lot zu kommen. Gehen Sie kurz an die frische Luft, holen Sie sich noch ein Glas Mineralwasser, unterhalten Sie sich mit Freunden. Beschäftigen Sie sich mit etwas, das Ihre Gedanken von dem, was passiert ist, ablenkt. Manche Leute werfen sich sofort wieder ins Getümmel. Das ist in Ordnung, wenn Sie der Typ dafür sind. Wenn nicht, tun Sie das, was Ihrem Wesen entspricht, lassen Sie sich bloß nicht durch eine unhöfliche Zurückweisung aus dem Konzept bringen oder einschüchtern.

Ziehen Sie aus der Klugheit anderer Nutzen

Am Ende eines jeden Workshops frage ich die Teilnehmer, ob sie uns Tips geben können, wie man Rückschläge und Abfuhren übersteht. Hier einige meiner Lieblingsaussagen:

- Legen Sie sich eine Regenhaut für die Seele zu, an der Zurückweisungen wie Wassertropfen abperlen.
- Jedes Nein bringt Sie einem Ja näher.
- Wenn Sie sich als Verlierer vorkommen, weil Sie eine Chance ergriffen haben, fragen Sie sich: Was habe ich verloren?
- Stellen Sie sich vor, Sie sind ein Sonnenstrahl, der einen Eiswürfel zum Schmelzen bringt.
- Üben Sie Ablehnung im Rollenspiel mit Freunden. Danach lassen Sie sich nicht mehr so schnell aus dem Konzept bringen.
- Überlegen Sie, wie Sie sich fühlen würden, wenn Sie nichts unternommen hätten.

Üben Sie die ersten fünf Techniken

Mit Ablehnung konstruktiv umzugehen erfordert viel Übung, und es dauert einige Zeit, bis der Prozeß in Ihr Leben integriert ist. Wenn Sie den Umgang mit dieser Technik dann schon einigermaßen beherrschen, stellen Sie möglicherweise fest, daß Sie plötzlich wieder in alte Gewohnheiten zurückfallen. Reden Sie sich gut zu, und hören Sie nicht auf zu üben. Strafen Sie sich nicht mit Selbstvorwürfen, wenn eine Ablehnung Sie wieder mal an einer empfindlichen Stelle trifft.

Langzeitübungen

Als ich meine Workshops in Boston begann, stellte ich mir die Aufgabe, jeden Menschen, der mir begegnete, anzulächeln – heiter, aber nicht aufdringlich. Manche Leute lächelten zurück, und manche ignorierten mich völlig.

Als mich dann zum erstenmal ein Typ anstarrte, als hätte ich die Beulenpest oder wäre eine Kanalratte, fragte ich mich, was ich falsch gemacht hätte. Vielleicht sah ich aus wie eine der drei Hexen aus *Macbeth*. Ich erwartete fast, daß er mich fragte, wo ich denn meinen Hexenbesen gelassen hätte.

Ich war drauf und dran, mein Lächeln einzustellen, die Umstände sprachen aber dagegen. Wie konnte ich einerseits Leuten beibringen wollen, anderen offen zu begegnen, und mich selbst bei der geringsten Kleinigkeit aus dem Konzept bringen lassen? Ich zwang mich, mein Lächeln beizubehalten. Irgendwann erkannte ich, daß manche Leute gern freundlich sind, manche nicht, einige mochten vielleicht mein Aussehen nicht, andere fanden mich ganz niedlich... Im Lauf der Zeit veränderte sich jedenfalls meine Einstellung:

Wenn früher Leute mein Lächeln nicht erwiderten, fragte ich mich: »Was ist mit mir nicht in Ordnung?« Heute frage ich mich: »Was ist mit denen nicht in Ordnung?«

Ich bin nicht mehr sofort bereit, die Verantwortung für die negative Reaktion anderer zu übernehmen.

EIN SCHLUSSWORT

Ich wollte, ich könnte Ihnen sagen, daß Zurückweisung dann nicht mehr schmerzt, wenn Sie nur recht fleißig die in diesem Kapitel aufgeführten Ratschläge befolgen und beharrlich üben. Das gilt nicht für Sie, und es gilt auch nicht für mich. Aber Sie finden Ihre Fassung schneller wieder, wenn Sie lernen, sich darauf einzustellen. Wollen Sie einem Menschen tatsächlich soviel Macht über Ihre Person einräumen, der/die gerade das Beste abgelehnt hat, was ihm/ihr an diesem Tag passieren konnte?

TEIL VI

SICH FÜR INNERE UND ÄUSSERE KONFLIKTE ENTSCHEIDEN: NACHTGEDANKEN VOR EINEM RENDEZVOUS

KAPITEL 17

GLEICHSTELLUNG:
WER ÜBERNIMMT DIE RECHNUNG?

Frank, außerordentlicher Professor für Musik an einem New Yorker College, traf sich mit der Wall-Street-Sekretärin Ruby auf einen Drink. Der Kellner legte den Bon auf den Tisch, aber Ruby machte keinerlei Anstalten. Frank bezahlte für beide und sagte munter zu Ruby: »Die nächste Runde geht auf Ihre Rechnung.«

Ruby erbleichte. Da wurde Frank klar, daß sie so etwas noch nie zuvor in ihrem Leben gehört hatte. Er kam sich vor wie von einem anderen Planeten. Ihre Reaktion gab ihm zu denken.

Aber er sagte nichts.

Den Rest des Abends saß Frank auf seinem Stuhl, als hätte er einen Bandscheibenvorfall. Er berührte weder das Thema Drinks noch das Thema eines Wiedersehens.

Darlene, Chefredakteurin einer großen Wochenzeitschrift, erlebte das Problem von der anderen Seite, als der Chefbuchhalter Trevor, den sie bei einer Party kennengelernt hatte, die Rechnung sofort an sich riß. Darlene wandte ein: »Ich möchte, daß wir uns die Rechnung teilen.« Trevor ließ sich nicht beirren: »Nein, das ist meine Sache.« Darlene entgegnete: »Kommt nicht in Frage. Ich möchte meinen Anteil bezahlen.«

Sie dachte: »Ich finde ihn wirklich nett und will ihm zeigen, wie sehr er mir gefällt. Deshalb möchte ich mich an der Rechnung beteiligen.« Er dachte: »Sie mag mich nicht. Sie möchte nicht das Gefühl haben, mir etwas schuldig zu sein.«

Sie hatten keine gemeinsame Sprache, um darüber zu reden. Sie gingen nie wieder miteinander aus.

Auch Henri und Lola verschenkten eine potentielle Beziehung, weil sie unfähig waren, über dieses Thema zu sprechen. Sie mochte ihn wirklich gern, obwohl er kleiner war als sie. Das störte sie überhaupt nicht. Lola hatte einen guten Job und lebte noch bei ihren Eltern. Henri war Maler, und seine Bilder fingen gerade an, sich zu verkaufen. Sie gingen dreimal gemeinsam aus. Lola bot nie an, die Rechnung zu teilen oder mal selbst zu bezahlen... nicht einmal das Trinkgeld. An einem Abend lag die Rechnung eine volle Stunde mitten auf dem Tisch, bis Henri sich schließlich ihrer erbarmte. Die Selbstverständlichkeit, mit der sie ihn bezahlen ließ, irritierte ihn.

Lola verhielt sich so, wie sie sich immer verhalten hatte. Es kam ihr gar nicht in den Sinn, daß er anders darüber denken könnte.

Henri verlor darüber nie ein Wort. Er meldete sich nur nicht wieder bei ihr.

Wenn ich meine Workshopteilnehmer auffordere, Probleme bei der ersten Begegnung zu nennen, kommt das immer zur Sprache:

Wer bezahlt beim ersten Rendezvous wofür?

Zugegeben, wir haben große Fortschritte gemacht. Wie gleichberechtigt ist gleichberechtigt, wenn es um ein Rendezvous geht? Sollen Männer und Frauen die Rechnung teilen oder sich beim Bezahlen abwechseln?

Sollen wir in Anbetracht der Tatsache, daß Männer nach wie vor mehr verdienen als Frauen, die Rechnung proportional aufteilen? Vielleicht sollten wir einen Taschenrechner mitbringen – dein Bruttoverdienst dividiert durch ein Abendessen für zwei bei Enrico, minus einmal Huhn Vesuvio und ein Glas Rotwein, macht 14 Dollar 63 plus Mehrwertsteuer und Parkgebühr. Das mag rechnerisch fair sein, dient aber keineswegs dem Aufkommen romantischer Gefühle.

Das Herausfinden, wer bezahlt und wie der Sachverhalt charmant gehandhabt wird, hat wohl auch Symbolcharakter im Hinblick auf andere Belange in der Interaktion zwischen Mann und Frau. In der Arena der Partnersuche lassen wir häufig Rituale und/oder Traditionen wieder aufleben, die heute keine Funktionen mehr haben. Dabei kann es sehr wohl geschehen, daß sich bei einer Verabredung zwei Menschen mit völlig gegensätzlichen Meinungen über Männer, Frauen und Geld gegenübersitzen. Am einfachsten sind die Verabredungen, in denen stillschweigende Übereinkunft herrscht. Oder die beiden besuchen mehrere Lokale und wechseln sich beim Bezahlen ab. Oder beide gehen so entspannt miteinander um, daß sie darüber sprechen können. Die meisten Paare finden erst nachdem sie einige Male miteinander ausgegangen sind, eine befriedigende Lösung für beide. Beim ersten Treffen ist man bemüht, einen guten Eindruck zu machen, und jeder hält sich mit Reaktionen auf etwaige heikle Situationen zurück. Zwei Menschen, die zum ersten Mal miteinander ausgehen, kennen sich nicht besonders gut. Beide sind etwa so entspannt wie die Weihnachtsgans am letzten Adventssonntag.

DAS GLEICHGEWICHT DER KRÄFTE

Neue Rituale beim Rendezvous spiegeln das sich verändernde Gleichgewicht der Kräfte wider. Wir alle wissen, daß Geld Macht bedeutet. In der Eheberatung und -therapie stehen finanzielle Probleme oft an erster Stelle.

Geld kann für zwei Menschen bei einer Verabredung eine enorm große Rolle spielen. Da Frauen sich mittlerweile auf dem Arbeitsmarkt eine gute Position ergattert haben, ist es selbstverständlich, daß auch sie einen Teil der Kosten bei einer Verabredung übernehmen. Trotzdem steht dies aber für viele von uns im krassen Gegensatz zu dem, was wir fürs Leben gelernt haben. Frauen, die keinerlei Hemmungen haben, erbittert um die Konditionen in ihrem Arbeitsvertrag zu verhandeln oder als Pilotin mühelos eine samtweiche Landung mit einer Boeing 747 hinlegen, geraten in Verlegenheit, wenn es darum geht, die Rechnung in einem Restaurant zu übernehmen. Männer, die sich jahrelang mühsam abgerackert haben, um in den Genuß kostspieliger Kreditkarten zu kommen, rutschen nach wie vor verlegen auf ihrem Platz herum, wenn eine Frau ihre Brieftasche zückt.

DIE GUTE ALTE ZEIT

Als ich in den 60er Jahren in einer Kleinstadt fernab feministischer Umtriebe begann, mit Männern auszugehen, gab es einen strikten Code, den es einzuhalten galt und den ich von meiner Mutter übernommen hatte, deren erste Männererfahrungen aus den 40er Jahren stammten.

1. Der Mann bezahlt
2. Du revanchierst dich mit
a. einem einfachen Kuß (in den 40er Jahren)
b. einem Zungenkuß (in den 60er Jahren)
3. Je teurer das Abendessen, desto leidenschaftlicher der Kuß.

4. Nach drei Verabredungen
a. lädst du ihn zu dir nach Hause ein und kochst ihm ein Abendessen;
b. kaufst du ihm als ein kleines Zeichen deiner Zuneigung etwa einen Schlüsselanhänger oder Manschettenknöpfe.
5. Wenn er dich ins Autokino einlädt, steckst du dir am besten Shakespeares Gesammelte Werke ins Höschen. Da es dir nicht gelang, sie durchzuarbeiten, ist zu hoffen, daß es auch ihm nicht gelingt.

Solche Regeln haben heute ihre Gültigkeit verloren. Uns steht heute ein weit größerer Spielraum zur Verfügung. Wenn wir über neue Formen sprechen, die Rechnung zu bezahlen, sprechen wir über neue Formen der Machtverteilung.

Hier einige Situationen, die in Workshops immer wieder als Konfliktpunkte angesprochen wurden.

KANN ICH IHNEN AUSHELFEN?

Derek haßt es, wenn die Rechnung kommt und die Frau sagt: »Kann ich ihnen aushelfen?« Er meint, er brauche keine Hilfe, hätte aber nichts gegen einen Zuschuß in bar einzuwenden. Er sagt, die Formulierung der Frage gebe ihm das Gefühl, die Frau wolle nicht helfen, sondern denkt, der Mann erwarte Hilfe von ihr.

Warum sagt sie nicht einfach, wenn sie bezahlen möchte: »Ich möchte, daß wir uns die Rechnung teilen«, »Ich bezahle die Hälfte«, oder »Hier ist mein Anteil«.

KREDITKARTEN

Alison sagt, sie sei immer bereit, Bargeld beizusteuern, wenn der Mann bar bezahlt. Zieht er aber die Kreditkarte, läßt sie ihn bezahlen. Es ist ihr zu kompliziert, sich an einer Kreditkarte zu beteiligen. Aber sie sagt: »Danke für die Einladung. Das nächste Mal bin ich dran.«

Frank findet das nicht richtig. Auch wenn er die Kreditkarte zieht (weil er zu wenig Bargeld einstecken hat), findet er es angebracht, wenn die Frau sich beteiligt. Seiner Meinung nach ist das Bezahlen mit Kreditkarte kein eindeutiges Zeichen, daß er die Rechnung vollständig übernehmen möchte.

ICH HABE DICH EINGELADEN

Michelle ist der Auffassung, wer die Verabredung ausspricht, erklärt sich bereit zu bezahlen. Wenn er nach seiner Brieftasche greift, sagt sie ihm, es sei ihre Idee gewesen und er sei ihr Gast.

Michelle weiß, daß die Männer unterschiedlich darauf reagieren. Sie versucht, sich ein klares Bild zu verschaffen, indem sie das Thema während des Essens zur Sprache bringt. Sie erzählt die Geschichte einer Freundin, die damit größere Schwierigkeiten habe und fügt hinzu, daß dieses Thema auch ihr in letzter Zeit Probleme bereite. Dieser Auftakt führt meist zu einer Diskussion, in der beide Beteiligten ihre Ansichten offen austauschen können, da man ja über andere spricht.

Es ist schön, sich verwöhnen zu lassen, wenn er alles bezahlt, sogar das Trinkgeld. Er erweist sich als großzügig und als Freund. Wenn der Mann Ihnen gefällt, wird es ein romantischer Abend. Der Abend ist ebenso romantisch, wenn Sie *ihn* einladen... Er darf den ganzen Abend seine Brieftasche nicht zücken. Wenn Sie bisher noch nie bei einer Verabredung mit einem Mann bezahlt haben, werden Sie überrascht sein, wie stark und sexy Sie sich fühlen. Einem Mythos zufolge erwartet der Mann sexuelle Gunstbeweise von seiner Begleiterin, wenn er die Rechnung begleicht. Ich frage mich, ob in Wahrheit nicht das Bezahlen an sich so etwas ist wie ein Aphrodisiakum.

UNGLEICHE EINKOMMEN

Carla verdient mehr als doppelt soviel wie Jay. Sie ist feine Restaurants gewöhnt, und wenn sie mit Jay essen geht, *stellt sie von vornherein klar, daß er ihr Gast ist.* Sie fürchtet, sein Stolz könne ihm sonst den ganzen Abend verleiden. Er fühlt sich nicht ganz wohl bei ihrer Entscheidung, doch die Preise übersteigen bei weitem sein Budget, selbst wenn sie die Rechnung teilen würden. Wenn sie ihm von vornherein Bescheid sagt, daß sie bezahlen möchte, erleichtert sie beiden den Abend.

Auch ich war mehr als einmal in einer ähnlichen Situation. Ein neuer Mann in meinem Leben lud mich in ein schickes Restaurant ein, das ich mir nie hätte leisten können. Den ganzen Abend zerbrach ich mir den Kopf darüber, ob ich ihm anbieten solle, die

Rechnung zu teilen, obgleich mir das ein tiefes Loch in meine Finanzen geschlagen hätte. Es ist viel lockerer zu sagen: »Ich möchte dich zum Abendessen einladen«, wenn er oder sie das wirklich möchte. (Hätte ich es vorher gewußt, hätte ich nicht den Schinkentoast bestellt.)

BEFINDLICHKEIT VOR DIPLOMATIE

Bennie wartet, bis die Rechnung kommt, und schätzt dann die Lage ein. Seiner Meinung nach ist die Bezahlung bei der ersten Verabredung kein ehernes Gesetz, da alles im Fluß ist. Er prüft die Situation, bevor er eine Entscheidung trifft, wie er vorgeht.

FINANZIELLE GUERILLATAKTIKEN

Es wäre ein Fehler zu denken, es gäbe die eine richtige Antwort auf die Frage: Wer bezahlt was? Beim ersten Treffen zählt die Befindlichkeit. Gleichstellung wird nicht an der Rechnung für ein Abendessen bemessen.

Wenn Sie das Gefühl haben, jemanden zu mögen, ist von Anfang an Flexibilität angeraten, selbst wenn:

- er darauf besteht, die Rechnung zu bezahlen, und es nicht ihr Stil ist, sich einladen zu lassen;
- sie sich entschuldigt und zur Toilette geht, wenn die Rechnung kommt;
- er davon ausgeht, daß sie die Hälfte beisteuert, obwohl er sie eingeladen hat und ihr ein solcher Gedanke im Traum nicht eingefallen wäre;
- sie die Rechnung an sich nimmt, obwohl er plante, die Bezahlung zu übernehmen.

Hier einige Vorschläge, wie Sie einen Dialog darüber beginnen können.

Die Rechnung wird auf den Tisch gelegt:
Ihr Ziel: gemeinsam zu entscheiden, was damit geschehen soll. Eigentlich möchten Sie halbe/halbe machen.
Finanzielle Guerillataktik: »Wie wollen wir es denn mit der Rechnung halten?«

Viele Leute erklären sich gerne bereit, die Hälfte zu übernehmen. Manche zögern. Ich kenne mindestens eine Frau, die ohne mit der Wimper zu zucken sagt: »Ich möchte, daß Sie bezahlen.« Mit der finanziellen Guerillataktik bringen Sie klar zum Ausdruck, daß die Bezahlung bei einer Verabredung eine aktive Entscheidung ist, die beide Beteiligten treffen. Möglicherweise sitzt Ihnen aber auch eine Frau gegenüber, die eine Verabredung nie als Entscheidung zweier Menschen betrachtet. In ihrer bisherigen Erfahrung hat immer der Mann bezahlt. Wenn sie Ihnen gefällt und Sie die Dame wirklich wiedersehen wollen, obwohl die es für selbstverständlich hält, daß Sie bezahlen, können Sie sich dafür entscheiden, jetzt zu bezahlen und später darüber zu reden.

Wenn Sie die Dame näher kennen und Sie beide etwas lockerer miteinander umgehen, können Sie ihr sagen: »Ich bin gern mit dir zusammen und möchte dich gerne öfter sehen. Bisher war ich gewöhnt, die Rechnung für das Abendessen zu teilen. Du scheinst darüber anders zu denken. Und ich finde, wir sollten offen über diesen Punkt sprechen.« Danach geben Sie ihr Gelegenheit, sich dazu zu äußern, ohne Kritik oder Werturteil. Wenn sie ihre Stellungnahme zu dem Thema abgegeben hat, bringen Sie ihre Argumente vor. Auf diese Weise kommen Sie mit Sicherheit zu einer gütlichen Einigung.

Die Rechnung liegt auf dem Tisch:
Ihr Ziel: Heute soll er/sie Ihr Gast sein, was allerdings keine ständige Gewohnheit werden soll.
Finanzielle Guerillataktik: »Heute abend bist du mein Gast.«

Die meisten Leute freuen sich über eine Einladung, bedanken sich dafür, und damit hat sich die Sache. Manche bestehen allerdings darauf, etwas beizusteuern oder selbst zu bezahlen. Wenn Sie ihn wirklich gern haben, lassen Sie ihn beim ersten Mal bezahlen. Sie können später darüber diskutieren. Wenn Sie einander besser kennen, können Sie sagen: »Heute möchte ich dich gern zum Essen einladen. Es macht mir Spaß. Anscheinend findest du die Idee weniger gut. Ich hoffe, wir können darüber reden.« Dann soll er seine Gedanken dazu sagen. Vielleicht ist er es einfach nicht gewöhnt; vielleicht meint er, er stehe da wie eine Niete. Machen Sie ihm klar, daß er lernen kann, Spaß daran zu' haben, wenn er sich hin und wieder einladen läßt, so wie es Ihnen Spaß macht, von ihm eingeladen zu werden. Ermuntern Sie ihn, sich mit dem Gedanken anzufreunden, daß Sie damit Ihre Zuneigung und zugleich Ihre Unabhängigkeit zum Ausdruck bringen wollen.

WENN ES SCHWIERIGKEITEN GIBT

So behutsam Sie auch glaubten, mit dem Thema Rechnung umzugehen, gelegentlich haben Sie dennoch den Eindruck, daß Ihre Begleitung andere Vorstellungen hat. Die einzige Lösung in dieser Situation ist, das Thema auf den Tisch zu bringen:

Ich habe bemerkt, daß es dir unangenehm zu sein scheint, als ich vorschlug, daß:

- ich mein Essen selber bezahle
- wir uns die Rechnung teilen
- du für mich bezahlst

Mir ist klar, daß jeder anders darüber denkt. Sage mir, wie du dazu stehst, damit ich weiß, wie du die Sache siehst. Ich möchte dir auch sagen, wie ich darüber denke.

Obwohl man sich bemüht, dieses Thema zu klären, kann man es dennoch nicht immer allen Leuten recht machen. Was immer Sie tun, manche mögen Sie für schäbig, dominant, machohaft, verrückt, schwach, gemein oder was es sonst noch an unangenehmen Attributen gibt, halten. Sie wissen, wie Sie es gemeint haben. Versuchen Sie nicht, beim ersten Treffen über sich selbst hinauszuwachsen oder über Ihren Schatten zu springen, denn beim dritten Treffen sind die Schatten schon nicht mehr gar so lang.

DIE BESTE METHODE, MIT DER RECHNUNG UMZUGEHEN

Nachdem ich mir die Nöte, Argumente und Konflikte zu diesem Thema Tausender erwachsener Menschen angehört habe, bin ich zur einzigen Schlußfolgerung gekommen, die mir für die überwiegende Mehrheit, ungeachtet ihrer persönlichen Neigungen, sinnvoll erscheint.

Am besten werden Sie sich bei der Vereinbarung des Treffens bereits einig, wer die Rechnung bezahlt.

Wenn Sie der/die Gastgeber/in sein wollen, versuchen Sie es damit:

- Ich möchte dich nächste Woche zum Essen einladen.
- Es gibt einen neuen Italiener. Haben Sie Zeit, mit mir nächsten Donnerstag hinzugehen? Ich möchte Sie einladen.

Auf diese Weise bekommen Sie umgehend eine ziemlich gute Vorstellung davon, was er/sie dazu meint.

WENN SIE GETRENNTE KASSE MACHEN WOLLEN, VERSUCHEN SIE ES DAMIT:

- Laß uns essen gehen. Du bezahlst mein Essen und ich deins.
- Wollen wir essen gehen? Wir suchen uns ein Lokal, das wir uns beide leisten können.

Im Sinne der Guerillataktiken bei der Partnersuche und dem Element der Überraschung kann die Abmachung der getrennten Kasse sogar eine romantische Wendung nehmen. Wenn Ihnen die Frau wirklich gefällt, nehmen Sie die Rechnung an sich und sagen: »Wir haben zwar getrennte Kasse vereinbart, aber es war ein so netter Abend, daß ich Sie einladen möchte.«

KAPITEL 18
DAS HAMLET-SYNDROM:
ICH KAM, ICH SAH UND DACHTE
DREI AKTE LANG NACH

COACH: Ich wollte, ich könnte die Zeit zurückdrehen.
CHRISTINE: Komisch, ich wünschte, es gäbe einen Weg nach
vorn.
(Szene aus der amerikanischen TV-Komödie »Coach«, in der
Coach und Christine über ihre kürzliche Trennung sprechen)

**KOMMEN IHNEN DIESE LEUTE IRGENDWIE BEKANNT
VOR?**

Sue mit den drei Verabredungen

Sue ist seit einem Jahr geschieden und kann gar nicht begreifen, daß es Leute gibt, die Probleme mit der Partnersuche haben. Sie hat damit jedenfalls keine Schwierigkeiten. Sie spricht
nicht gern darüber (weil sie sich einigen Haß zuziehen würde),
aber sie bringt es auf durchschnittlich drei Verabredungen pro
Woche.

Leider kommt sie nie über die dritte Verabredung hinaus.

Der schnelle Eddie

Eddie spricht ganz offen über seine Sehnsucht nach einer festen
Beziehung. Wenn Sie mit ihm ausgehen, platzt er schon beim ersten Mal damit heraus. Er hat es satt, ständig eine Frau zu suchen, er möchte zur Ruhe kommen und eine Familie gründen.
Sein ganzes Leben war er auf der Pirsch, aber jetzt mit zweiund-
vierzig will er mehr vom Leben. Dabei schaut er Ihnen tief in die
Augen. Und obgleich Sie fest davon überzeugt sind, daß ihm der
Abend genauso viel Spaß gemacht hat wie Ihnen, hören Sie nie
wieder von ihm.

Polly, die Zögernde

Nach einem Jahr ohne eine einzige Männerbekanntschaft beschloß Polly, wieder nach Boston zu ziehen, dort gab es massenweise Männer. Drei Wochen vor dem geplanten Umzug verstrickte sie sich in eine stürmische Romanze mit einem Mann, den sie auf einer Party kennengelernt hatte. Schlechtes Timing. Kaum in Boston angekommen, las sie irgendwo, daß hier auf drei Frauen ein Mann käme. Zuviel Konkurrenz.

Eine Freundin riet Polly, nach Austin, Texas, zu ziehen, dort gäbe es haufenweise freie Männer. Einen Monat, bevor der Umzugswagen vor der Tür stand, verliebte Polly sich. Sie zog trotzdem um. Nach ein paar mühsamen Monaten, in denen sie ein paarmal mit langweiligen Typen ausgegangen war, sah sie sich eine Talkshow an, in der alleinlebenden Frauen der Rat gegeben wurde, nach Alaska zu ziehen, dort gäbe es haufenweise...

Sue, Eddie und Polly leiden an extremen Formen des Hamlet-Syndroms. So wird die neurotische Ambivalenz bezeichnet, die im Monolog, nicht im Dialog endet. Ambivalent sein bedeutet, sich so lange in widersprüchliches Denken über einen Sachverhalt zu ergehen, bis er nicht mehr aktuell ist. Hamlet ist das klassische Beispiel totaler Ambivalenz – ein Mann, der von seiner Unfähigkeit, Entscheidungen zu treffen, gequält ist.

In milder Form ist Ambivalenz ein gesundes Zeichen kritischer Intelligenz, die eine Vielfalt von Denkweisen über ein und denselben Sachverhalt zum Ausdruck bringt. Sie gibt uns Gelegenheit, verschiedene Lösungsmöglichkeiten in Betracht zu ziehen, ohne danach handeln zu müssen. Sie tritt in nahezu jedem Bereich unseres Lebens in Erscheinung.

Nehmen wir das simple Beispiel, ein Gericht auf der Speisekarte eines Lokals auszuwählen. Es gibt Leute, die können erst dann bestellen, wenn alle anderen in der Runde bestellt haben. Manche Leute hätten immer lieber etwas anderes gewählt, egal, was sie auch nehmen. Andere bestellen ein Gericht, von dem sie genau wissen, sie dürften es nicht essen, und haben hinterher den ganzen Tag Schuldgefühle. Andere treffen ein Wahl und stochern dann mit ihrer Gabel ständig im Essen der anderen herum. Wenn wir die Faktoren Preis, Kalorien, Geschmacksrichtung, Stimmung, Zeit bei Essensbestellungen mit einbeziehen, kommen eine Menge ambivalenter Kritiken zusammm.

AMBIVALENTE GEFÜHLE VERSTEHEN

Wenn andere sich ihrer Gefühle nicht sicher sind, überträgt sich das auf Sie in Form unschlüssiger und verwirrender Botschaften. Es ist wichtig, daß Sie sich klarmachen, was in Sue, Eddie und Polly vorgeht. Sollten Sie an solche Menschen geraten, könnte es nämlich passieren, daß Sie sich irrtümlich die Schuld daran geben, wenn keine Beziehung zustande kommt. In Wahrheit können Sie aber wenig tun, um das Verhalten dieser Menschen zu verändern. Jeder von ihnen schlägt sich mit einem anderen Konflikt herum.

Zeitlich begrenzte Ambivalenz: Sue

Wenn Sie hören, daß Sue nicht über die dritte Verabredung mit einem Mann hinauskommt, vermuten Sie möglicherweise, sie sei zu anspruchsvoll und keiner könne es ihr rechtmachen. Oder sie begehe mit jedem immer wieder eine Dummheit. In Sues Fall trifft keine dieser Annahmen zu. Sue verliert nicht das Interesse, und sie hat sich bei keinem Mann in Jerry-Lewis-Manier peinlich danebenbenommen. Bei der dritten Verabredung erkennt sie, daß es sich um einen Mann handelt, der seine Eigenarten hat. Und sie fragt sich, ob sie wirklich bereit ist, diese zu ertragen. Soll sie sich wirklich mit einer Lösung zufriedengeben, die nicht die Ideallösung ist? Die Antwort lautet nein.

Sue ist, wie wir wissen, seit einem Jahr geschieden. Sie hat bewiesen, daß sie fähig ist, eine Beziehung aufzubauen und zu erhalten. Sie hat sich nur noch nicht vollständig erholt von der Verletzung, die ihr die Scheidung zugefügt hat, was ihr jedoch als Problem nicht bewußt ist. Im Kopf denkt sie, sie sei schon für eine nächste Beziehung bereit.

Ihr Herz lehnt jeden Kandidaten ab, der nicht perfekt ist.

Eines Tages werden Kopf und Herz übereinkommen, daß sie soweit wieder hergestellt ist, um neue Risiken eingehen zu können. Erst dann wird sie die Partnersuche wieder ernsthaft betreiben. Bis es soweit ist, wird es ihr keiner recht machen können.

Chronische Ambivalenz: Eddie

Leute wie Eddie können einem das Leben schwermachen, weil er glaubt zu meinen, was er sagt. Wenn er Ihre Hand nimmt und Ihnen sagt, daß er glücklich ist, Sie gefunden zu haben, meint er das auch. Damit kommt er früher und überzeugender auf Sie zu als die meisten Menschen.

Er spricht wie jemand, der den ernsthaften Wunsch nach einer festen Beziehung hat, legt aber gleichzeitig ein sonderbares Verhalten an den Tag. Er verschwindet auf Nimmerwiedersehen. Wenn Sie ihn anrufen, reagiert er ausweichend, abweisend, oder er spricht auf der anderen Leitung. Er verspricht, Sie zurückzurufen, was er nie tut. Und ja, Ihr Verdacht ist vermutlich richtig. Er spielt längst einer anderen die gleiche Szene vor.

Sie zweifeln an der Wirklichkeit. Sie waren sicher, daß Sie beide sich gut verstanden und Gefallen aneinander hatten. Richtig. Die Tatsache, daß er Ihnen gefiel, ist der Grund, warum Sie nie wieder von ihm hören. Seine Ambivalenz im Hinblick auf Beziehungen zeigt sich in seiner Abwehr, jemanden wirklich nahe an sich heranzulassen, um nicht herausfinden zu müssen, wie es weitergehen könnte. Er hat Frauen gern und verläßt sie, weil er Angst davor hat, sie zu lieben.

Eddie ist charmant, seine Beziehungen scheitern jedoch alle, bevor sie angefangen haben. Frauen sind für ihn austauschbar – er findet alle wundervoll. Der Gedanke, zur Ruhe zu kommen, begeistert ihn, die Realität einer Zweierbeziehung versetzt ihn jedoch in Angst und Schrecken.

Annäherung–Rückzug–Ambivalenz: Polly

Polly verträgt keine Realität. Romantische Liebe hat für sie nur in der Fantasie einen Sinn. Deshalb muß sie ständig in eine andere Stadt ziehen und nach einem Umfeld Ausschau halten, in dem ihr das geboten wird, wonach sie sich sehnt. Hat sie sich in einer Stadt eingelebt, macht sie sich unzugänglich. Erst wenn sie weiß, daß sie die Stadt wieder verlassen wird, kann sie eine Bindung eingehen.

Polly kann die Angst vor einer festen Beziehung nicht ertragen. Sie inszeniert ihr Leben so, daß Liebe zeitlich begrenzt ist und ihr Ende in einer dramatischen, vorher genau geplanten Flucht findet.

Polly denkt, es sei Zufall, daß sie sich immer verliebt, kurz bevor sie eine Stadt wieder verläßt. Sie glaubt, es sei Zufall, daß sie immer wieder Hunderte von Meilen entfernt von einem Mann lebt, für den sie wirklich etwas empfindet. Pollys Angst vor Liebe (und der Möglichkeit, sie zu verlieren) treibt sie dazu, von einer Stadt in die nächste zu ziehen. Sie jagt einem Fantasiegebilde nach und läßt jeden lebendigen, liebenden Mann im Regen stehen.

Es ist enttäuschend, bei der Partnersuche an Menschen zu geraten, die keinen Zugang zu ihren ambivalenten Gefühlen haben. Es fängt so gut an, daß es schwerfällt, das Ende zu akzeptieren. Begehen Sie bitte nicht den Fehler, sich die Schuld daran zu geben, warum die Dinge nicht geklappt haben. Es ist nicht Ihr Fehler. Aber Sie brauchen plausible Erklärungen für das scheinbar unverständliche Verhalten anderer, sonst fühlen Sie sich am Ende ausgenutzt. Und nun die wichtige Frage:

Können Sie jemanden umstimmen, der oder die unter schweren Symptomen des Hamlet-Syndroms leidet? Möglicherweise, wenn:

- Sie unter dem Helfersyndrom leiden
- Sie den Betreffenden zu einer psychotherapeutischen Beratung überreden können
- Sie genügend Ausdauer und Geduld aufbringen, bis der andere sich an Sie bindet
- Sie bereit sind, ein Leben als Pingpong-Ball zu verbringen.

In diesen Fällen gelingt es Ihnen möglicherweise, in ihm/ihr den Wunsch nach einer dauerhaften Beziehung zu wecken.

Möglicherweise gelingt es Ihnen aber auch nicht.

GEMÄSSIGTE FORMEN DER AMBIVALENZ BEI DER PARTNERSUCHE

Ich bin dem einen oder anderen Eddie in meinem Leben begegnet und habe Wochen in totaler Verwirrung zugebracht, was eigentlich vorgefallen war. Ich habe auch mit meinen eigenen ambivalenten Gefühlen gekämpft, wenn ich Männer kennengelernt habe.

Ambivalenz bei der Partnersuche ist ein häufiges Phänomen. Sie wissen nicht sicher, ob Sie mit einer bestimmten Person ausgehen möchten oder ob eine zweite Verabredung mit ihm/ihr sinnvoll ist. Sie haben einen schönen Abend verbracht, wissen aber nicht, ob Sie bereit sind, eine Beziehung einzugehen. Wenn so etwas gelegentlich vorkommt, ist das keine große Sache. Wir sind uns selten unserer Gefühle für Menschen, die wir unser ganzes Leben lang kennen, hundertprozentig sicher – einschließlich unserer eigenen Eltern und Geschwister – wieso sollten wir uns unserer Gefühle für Menschen sicher sein, die wir erst seit kurzem kennen?

Wenn Sie aber nur selten sicher sind, ob Sie mit jemandem ausgehen sollten, wenn Sie immer alles abwägen, statt zu handeln, wenn Sie feststellen, daß Ihre Unschlüssigkeit eine uralte Geschichte ist und wenn Sie sich letztlich jedes neue Vorhaben ausreden, wird die Sache bedenklich. Wenn Ihre ständige Unschlüssigkeit Ihre Chancen beeinträchtigt, etwas auf die Beine zu stellen, sind Sie ein eindeutiger Kandidat des Hamlet-Syndroms.

Wenn Sie unschlüssig sind und nicht wissen, wo Sie stehen, machen Sie folgendes Quiz:

Ich weiß nicht, ob ich mit jemandem ausgehen soll oder nicht.
___ oft ___ manchmal ___ selten

Nachdem ich jemanden um eine Verabredung gebeten habe, oder eine Verabredung akzeptiert habe, kommen mir Bedenken, die ich nicht abschütteln kann, bis ich dem vereinbarten Treffen mit Grauen entgegensehe.
___ oft ___ manchmal ___ selten

Nach einem Rendezvous weiß ich nicht, ob ich eine zweite Verabredung will, selbst wenn mir die Person gefallen hat. Es könnte so oder so kommen. Irgendwie ist es mir egal.
___ oft ___ manchmal ___ selten

Sobald ich jemanden gern habe, möchte ich davonlaufen.
___ oft ___ manchmal ___ selten

Wenn jemand, den ich gern habe, anfängt von »uns« zu sprechen, bricht mir der kalte Schweiß aus.
___ oft ___ manchmal ___ selten

Meine Gefühle für jemanden sterben rasch ab – beinahe ebenso schnell, wie sie einsetzen.
___ oft ___ manchmal ___ selten

Wenn die meisten Ihrer Antworten in die Manchmal/Selten-Kategorie fallen, erleben Sie die milde Form der Ambivalenz, die bei der Partnersuche nicht ungewöhnlich ist. Wenn Sie allerdings Ihr

Kreuz öfter als zweimal in die Spalte » Oft« gesetzt haben, sollten Sie Ihre Denkweisen überprüfen.

Hier sechs Schritte, mit denen Sie mehr über Ihre eigenen ambivalenten Gefühle erfahren.

DIE FRAGE NACH DEN WURZELN

Die Wurzeln den Hamlet-Syndroms können in frühkindlichen Traumata liegen oder aus jüngsten Verletzungen herrühren, etwa einer Scheidung. Ihre Erfahrungen aus der Vergangenheit sind an ein unangenehmes Erlebnis geknüpft, das Sie mit jemandem erlebt haben, dem Sie Ihr Vertrauen geschenkt haben. Das kann weit zurückliegen; es kann ein Elternteil gewesen sein, der nicht für Sie da war, als Sie ihn gebraucht hätten. Es kann auch eine Erfahrung aus jüngster Vergangenheit sein, etwa ein Ehepartner, der Ihnen große seelische Schmerzen zugefügt hat.

Sie können natürlich nicht mit absoluter Sicherheit den Ursprung Ihrer Ambivalenz nennen. Sie können lediglich beobachten, auf welche Sachverhalte Sie empfindlich reagieren. Stellen Sie sich zwei Fragen:

Wann haben Sie diese Gefühle in der Vergangenheit schon einmal gehabt?

Wer hat Ihnen Ihrer Meinung nach diese Gefühle entgegengebracht?

Mit der Antwort auf diese Fragen geben Sie Ihren Gedanken neue Nahrung. Selbsterkenntnis klärt Kopf und Seele.

VERGANGENHEIT VON DER GEGENWART TRENNEN

Die Menschen kommen nicht mit gemischten und verwirrten Gefühlen ihrer Umwelt gegenüber zur Welt. Das sind vielmehr Reaktionen, die sich mit der Lebenserfahrung bilden. Ambivalenzen entwickeln sich aus der Angst vor Verletzungen.

Wenn Sie versuchen, die biographischen Ursprünge Ihrer Ambivalenz zu ergründen, müssen Sie vergangene Vorfälle von Ihrer gegenwärtigen Situation trennen und sich ein großes Repertoire an Gegenmaßnahmen im Kampf gegen die Ungewißheiten des Lebens aneignen. Es ist schwierig, die Vergangenheit hinter sich zu lassen, um dieses Ziel zu erreichen. Doch die meisten lohnenden Dinge im Leben sind nun mal schwierig zu erreichen.

Wenn Sie einem neuen Menschen in Ihrem Leben gemischte Gefühle entgegenbringen, denken Sie daran, daß Sie noch sehr wenig Information über diese Person haben. Wenn das Zusammensein mit ihm unangenehme Gefühle weckt, die Sie an Vorfälle aus der Vergangenheit erinnern, halten Sie sich vor Augen, daß es sich um jemanden handelt, den Sie jetzt erst kennengelernt haben. Vorausgesetzt, sein Verhalten ist grundsätzlich akzeptabel, brauchen Sie etwas Zeit, ihn besser kennenzulernen, bevor Sie sich ein Urteil über ihn bilden können. Auch wenn er Sie an jemand anderen erinnert, so ist er nicht dieser andere. Wenn Sie ihn behandeln wie jemanden, der Sie enttäuschen wird, laufen Sie Gefahr, eine sich selbst erfüllende Prophezeiung herbeizuführen.

EIN TAG NACH DEM ANDEREN

In der Fantasie machen wir gern große Zeitsprünge und malen uns aus, was aus einer Gegenwartssituation einst entstehen kann. Bleiben Sie bei der Partnersuche zunächst in der Gegenwart, und prüfen Sie die Möglichkeit, jetzt Freude im Zusammensein mit dem Betreffenden zu haben.

Es gilt Peinlichkeiten und Unbehagen zu ertragen; versuchen Sie nur nicht, die Person in Ihre Vergangenheit oder in Ihre Zukunft einzubeziehen. Die Flucht in die Vergangenheit oder in die Zukunft ist meist ein Versuch, die Nervosität in der Gegenwart zu überdecken. Wenn Sie sich ein zukünftiges Ergebnis deutlich genug ausmalen, ist es oft gar nicht nötig, darauf zu warten, daß es in der Realität auch eintritt. Diese Thema werde ich noch ausführlicher in Kapitel 22 erörtern.

WENN ES ZWEIFEL GIBT, VERSUCHEN SIE ES NOCH EINMAL

Wenn die Frau Sie schlecht behandelt, treffen Sie keine weitere Verabredung mit ihr. Wenn Sie aber wissen, daß Sie zu Ambivalenz und voreiligen Schlüssen neigen, denken Sie daran, wie lang es gedauert hat, dies zu erkennen, und treffen Sie sich noch einige Male mit ihr (falls sie dazu bereit ist). Täuschen Sie nicht vor, mehr als nur Freundschaft für sie zu empfinden, und machen Sie keine

Versprechungen, die Sie nicht halten können. Wenn Sie die Dame besser kennen, können Sie ihr sagen, daß Ihre Bindungsfähigkeit sich in Grenzen hält. Das ist aber ein Punkt, den Sie nicht vor Ihrem ersten gemeinsamen Abendessen ausposaunen sollten, da solche Enthüllungen viele Leute irritieren und in Abwehrhaltung versetzen. Andererseits können Sie ihr getrost sagen, wie sie mit Ihnen dran ist. Das gibt ihr die Chance zu entscheiden, ob sie sich weiterhin mit Ihnen treffen möchte oder nicht. Und Ihnen erspart diese Offenheit Schuldgefühle, wenn Sie nicht an einer Fortführung der Beziehung interessiert sind.

BEOBACHTEN SIE IHRE GEFÜHLE

Falls Sie stark ambivalent sind, müssen Sie erkennen, daß Sie diese Gefühle als Schutzmaßnahme vor befürchteten Verletzungen entwickelt haben. Versuchen Sie herauszufinden, was Sie empfinden würden, wenn Ihre Unschlüssigkeit nicht mehr vorhanden wäre, und Sie werden erahnen, wovor Sie wirklich Angst haben. Ärgern Sie sich nicht über Ihre ambivalenten Gefühle. Sie haben eine wichtige Funktion, sonst hätten Sie sie nicht. Gehen Sie bei der Erkundung Ihrer Ambivalenzen mit sich so behutsam um wie mit einem wirklich guten Freund.

Halten Sie so gut Sie können den Dialog mit Ihren Gefühlen aufrecht. Ein häufiges Gefühl, das ambivalente Menschen bei einer Verabredung erleben, ist Langeweile. Es fällt ihnen schwer, sich auf ihr Gegenüber einzulassen, und ihre Gedanken schweifen oft ab, wenn sie mit ihrer Bekanntschaft im Restaurant beim Essen sitzen. Wenn diese Beschreibung auf Sie zutrifft und Sie daran arbeiten wollen, beantworten Sie einige Fragen:

Aus welchem Grund langweile ich mich jetzt?
Was ist an meinem Gegenüber besonders langweilig?
Was ist an meinem Gegenüber überhaupt nicht langweilig?

Versuchen Sie sich darauf zu konzentrieren, die interessanten und spontanen Züge der Person, mit der Sie den Abend verbringen, zu erkennen. Das verlangt von Ihnen, sich auf das Gespräch zu konzentrieren. Möglicherweise stellen Sie sogar fest, daß Ihnen der Abend mehr Vergnügen bereitet, als Sie vermutet haben.

HANDELN SIE

Wenn Sie nicht mit neuen Verhaltensweisen experimentieren, können Sie weder neue Lernmethoden noch neue Erfahrungswerte in Ihr Leben integrieren. Nur durch Handeln arbeiten Sie an Ihren Eindrücken, Gefühlen und Anschauungen. Um unangenehme Verhaltensweisen loszuwerden, müssen Sie sie real verändern.

Chronische Ambivalenz kann nur verbessert werden, indem Sie aufhören, sich ständig über eine Sache Gedanken zu machen und sie von allen Seiten zu beleuchten. Vielleicht reden Sie mit Freunden darüber, um herauszufinden, wie diese mit ähnlichen Gefühlen umgehen – und um sich Unterstützung zu holen. Decken Sie Ihre Ambivalenz auf. Darüber reden ist eine große Hilfe. Wenn das nicht reicht, ziehen Sie professionelle Hilfe in Erwägung. Ihre Situation muß kein Dauerzustand sein.

Der klassisch ambivalente Satz ist der berühmte Hamlet-Monolog »Sein oder nicht sein«. Nachdem er drei Akte lang angestrengt darüber nachgedacht hat, was er tun solle, quält ihn seine Unentschlossenheit immer noch so sehr, daß er schließlich Amok läuft und alle Menschen seiner Umgebung ermordet – auch seinen Freund.

Warten Sie nicht solange wie Hamlet!

KAPITEL 19
SCHLECHTE KAMPFMORAL
UND VERDROSSENHEIT

Man muß wissen, wann man eine Pause braucht. Wer die Partnersuche allzu ehrgeizig betreibt, fühlt sich zunehmend irritiert, da er
sich nach außen um eine optimistische Haltung bemüht, sich innerlich jedoch mit den eigenen Stimmungsschwankungen ausein-
andersetzen muß. Sie werden dann unleidlich und schlecht
gelaunt. Und eines Abends, wenn Sie sich nur noch mit Mühe
bremsen können, Ihrem Gegenüber die Pizza an den Kopf zu werfen, stellen Sie fest, daß eine drastische Veränderung eintritt.

Falls Sie nicht sicher sind, ob Ihre Seele gerade eine Ruhepause
braucht, machen Sie bitte den folgenden Test:

Ignorieren Sie diese Warnsignale nicht.
Sie sind Anzeichen schlechter Kampfmoral und
Verdrossenheit.

Sie geben sich an allem die Schuld, was schiefgelaufen ist, und
werfen sich vor: »Hätte ich das bloß nicht gesagt, dann wären wir
immer noch zusammen.« Oder: Wenn ich mit ihr in ein anderes
Lokal gegangen wäre, hätte ich sie beeindruckt.«

So ergeht es mir ___ immer ___ manchmal ___ selten

Sie denken schon über eine Beziehung nach, bevor Sie überhaupt
mit einem möglichen Kandidaten gesprochen haben. Der Vertreter
Ihrer Lebensversicherung hat eine so tolle Stimme am Telefon, daß
Sie sich ein neues Kleid kaufen und Ihre Wohnung für den Tag re-
novieren, an dem er die Police vorbeibringt.

Das passiert mir ___ häufig ___ gelegentlich ___ selten

Sie sind die meiste Zeit mutlos. Sie fangen an zu glauben, alles,
was sie tun würden, lohne der Mühe nicht.

___ immer ___ manchmal ___ Wieso fragen Sie mich?

Sie treffen Verabredungen, haben aber oft das beunruhigende Gefühl, neben sich zu stehen und sich zu beobachten.

Das geschieht ___ häufig ___ manchmal ___ Meinen Sie mich?

Was er auch sagt, es langweilt Sie. Was sie auch fragt, Sie finden es unpassend.

___ immer ___ manchmal ___ Wie können Sie so etwas behaupten!

Sie denken: »Ich hasse alle Männer. Keiner will eine feste Bindung.« »Frauen kann man nicht trauen«, sagen Sie Ihren Freunden. »Die nutzen mich alle ständig aus.«

___ Ich denke so ähnlich.

___ Ja, ich bin verbittert und weiß, das ist ein Problem.

___ Blödsinn!

Sie erscheinen zu einer Verabredung und haben die Konzertkarten vergessen.

Sie holt Sie zum Sommerfest bei Freunden ab, und Sie empfangen Sie im Smoking.

Das ist mir schon passiert: ___ häufig ___ hin und wieder ___ Ich dachte, Smoking sei angebracht.

Sie erinnern sich an kein einziges Wort, das er sagte. Ihre Gedanken gehen auf Wanderschaft; Sie nennen sie beim Namen einer Ihrer Verflossenen.

___ häufig ___ selten ___ Wie bitte?

Sie sind zu müde, um sich Mühe zu geben. Es ist alles so kompliziert, und Sie fühlen sich schläfrig.

___ immer ___ manchmal ___ Hoppla. Hab' ich geschnarcht?

Wenn diese Symptome Ihnen zum Teil sehr bekannt vorkommen, ist Ihre Kampfmoral gering, und Sie leiden unter ausgeprägter Kampfesunlust.

Es gibt drei Gründe für schlechte Kampfmoral. Lesen Sie weiter, um herauszufinden, welcher auf Sie zutrifft:

• Zunehmende innere Schmerzen
• Isolation durch chronisches Jammern
• Müdigkeit: nicht mehr und nicht weniger

ZUNEHMENDE INNERE SCHMERZEN

Sie tun alles Erdenkliche, bemühen sich redlich und haben immer noch keinen Erfolg gehabt. Sie gehen regelmäßig aus, Sie haben Freunde gebeten, Ihnen eine Partnerin zu suchen, Sie haben es sogar mit Kontaktanzeigen versucht. Nichts hat geklappt. Sie haben sich mit einer Frau getroffen, die Ihnen ausgesprochen gut gefallen hat, aber sie hatte kein großes Interesse an Ihnen. Sie haben die nächsten fünf Jahre für sich genau geplant, doch der Rest der Welt hält sich nicht an Ihr Konzept.

So schlimm das klingt und so grauenvoll Sie sich dabei fühlen, es ist ein bekanntes Phänomen, das häufig mit einem Neubeginn einhergeht. In der Psychotherapie verzeichnen Klienten kurz nach Beginn der Therapie eine Verschlechterung ihrer Befindlichkeit. Sie kommen zur nächsten Sitzung und klagen mutlos, daß ihnen die Therapie nicht hilft. Darauf mag der Therapeut heiter zu Antwort geben: »Gut so. Ein Zeichen, daß Sie an Ihren Problemen arbeiten.«

Vielleicht sind auch Sie an einem solchen Punkt angelangt. Wenn Sie ausschließlich Idioten anziehen, wenn Sie sich wirklich bemühen und nichts klappt, kommen Sie möglicherweise auf den Gedanken, sich eingehend mit Ihrer Person zu befassen. Sie können das als ein Zeichen neuer Experimentierfreude im Umgang mit Ihrem Umfeld deuten. Sie stellen Überlegungen an, was Sie möglicherweise selber zu den Schwierigkeiten beitragen. Sie fangen an, bei sich nach Gründen zu suchen, statt unentwegt alle anderen dafür verantwortlich zu machen.

Ohne bagatellisieren zu wollen, wie entmutigend Sie schlechte Kampfmoral empfinden, kann dieser Zustand das Beste sein, was Ihnen auf lange Sicht gesehen passiert. Das Leben ist ein Fluß, in dem die Menschen sich verändern und wachsen. Da dieser Prozeß mit Schmerzen verbunden ist, zögern wir Veränderungen so lange hinaus, bis *etwas geschehen muß*. Wenn das Leben unerträglich geworden ist, muß eine Veränderung eintreten.

Wenn Sie darin eine Phase sehen, in der Sie an sich arbeiten wollen, denken Sie daran: Wie alt Sie auch sein mögen, es hat viele Jahre gedauert, der Mensch zu werden, der Sie heute sind. Es wäre ziemlich naiv zu denken, Veränderungen könnten sich über Nacht vollziehen.

Haben Sie Geduld, und vergessen Sie nicht, sich zu Ihrem Neubeginn zu gratulie·en. Sie übernehmen mehr Verantwortung für Ihr Leben und denken mehr darüber nach, welche Wege es für Sie gibt, um mit der Welt besser zurechtzukommen

ISOLATION DURCH CHRONISCHES JAMMERN

Chronisches Jammern ist für manche Menschen ein Stilmittel ihrer Selbstdarstellung geworden. Wann immer Sie solchen Leuten begegnen, sie berichten unentwegt, wie furchtbar, wie trostlos das Leben sei. Diese Menschen glauben so fest an das Negative, daß auch Sie am Ende daran glauben, wenn Sie lange genug mit ihnen zusammen sind.

Eines Abends kam Darcy zu unserem Workshop, eine hochgewachsene Frau mit rotblond getönten Haarsträhnen, und verkündete, sie sei die meiste Zeit mutlos. Randy stimmte ihr sofort bei und meinte, er könne machen, was er wolle, die Frauen würden ihn ständig enttäuschen und entmutigen. Sofort stimmten drei weitere Gruppenteilnehmer in das Klagelied ein, wie schrecklich, wie gräßlich das Leben sei. Mir wurde immer wehmütiger ums Herz, als ich mir anhörte, wie die Gruppe sich über das Leben beschwerte. Keiner machte Anstalten, aus dieser mutlosen, düsteren Stimmung auszubrechen. Hier saß ein ganzer Raum voll mißmutiger, übellauniger Erwachsener, und Darcy seufzte laut: »Es hat doch sowieso alles keinen Sinn.«

Jon, der bisher geschwiegen hatte, entgegnete: »Warum bist du eigentlich hier?«

Warum wollen Sie etwas verändern?

Was auch immer Ihnen ungerecht erscheint, Ihnen Schmerzen bereitet und Ihre ganze Kraft kostet, Sie wollen etwas verändern. Es mag schönere und bessere Situationen in Ihrem Leben gegeben haben, aber Sie müssen sich mit dem, was Sie haben, abfinden und daran arbeiten.

Wir haben den Hang, negative Gefühle zu einem großen Schneeball zu formen, der den Berg hinunterrollt und unterwegs an Wut, Ärger, Unschlüssigkeit, Tempo und Größe zunimmt. Irgendwann führt er ein Eigenleben und stellt immer größere Ansprüche an unsere Zeit und Energie. Bald verwenden Sie Ihre ganze Kraft darauf, Ihre schlechte Stimmung zu schüren, statt Ihre Probleme zu lösen. Und ehe Sie sich versehen, ist die Niedergeschlagenheit zu einem

chronischen Leiden geworden. Sie lassen sich von lächerlichen All-
tagsdingen irritieren und verärgern Ihre Mitmenschen.

Cindy traf einen Mann in dem Fahrradgeschäft, wo sie am Freitag nachmittag ihr Rad reparieren ließ. Er gefiel ihr vom Äußeren,
und so schlenderte sie zu ihm hinüber, um einen Blick auf seinen
Ringfinger zu werfen. Er begann ein Gespräch mit ihr und sagte,
er wolle ein Fahrrad kaufen, um dem Großstadtgetriebe zu entfliehen und auf dem Land zu radeln. Er erzählte ihr, er hasse es, alleine zu leben, er hasse es, alleine Rad zu fahren, er hasse die Leute
in der Stadt und er hasse die Wochenenden. Er versuchte, Cindy
weiter in Beschlag zu nehmen, doch sie konnte nicht schnell genug
fliehen. Noch eine Viertelstunde länger, und sie hätte sich total erschöpft und deprimiert davongeschlichen.

Männer (oder Frauen), die Angst vor Risiken haben, schalten ihre
Ängste aus, indem sie sich ständig beklagen. Sie gehen mit ihren
Problemen um, indem sie schlechte Stimmung verbreiten. Sie geben
unentwegt anderen die Schuld an dem, was in ihrem Leben schief-
läuft. Damit sind sie aus dem Schneider und müssen gar nicht erst
versuchen, etwas zu verbessern. Man stößt andere vor den Kopf,
bevor sich die schlimmsten Ängste bewahrheiten könnten. Damit
ist man von der Last der eigenen Verantwortung befreit.

Chronisches Beschweren ist eine Form der Problembewältigung.
Wer sitzt nicht gern mit Gleichgesinnten zusammen und lacht sich
kaputt über die Horrorgeschichten, die über die Vertreter des anderen Geschlechts verbreitet werden? Klatsch, Schimpfen und
Jammern kann Ihnen als Selbstschutz kurzfristig Erleichterung
schaffen, doch die langfristigen Wirkungen sind verheerend. Da
Sie bald von optimistischen Menschen gemieden werden, ziehen
Sie nur weitere negative Personen an. Sie enden mit Gleichgesinnten im Land der Runterzieher und Miesmacher – und das ist kein
glücklicher Aufenthaltsort.

Schlechte Kampfmoral überschattet Ihre Bemühungen, Verbindung mit anderen Menschen aufzunehmen. Sie sollten sich nicht
zu einer heiteren Ausstrahlung zwingen, weil man merkt, daß sie
nicht von Herzen kommt. Das führt zu einer noch größeren Enttäuschung, die Sie wiederum noch mehr demoralisieren würde.
Bald befänden Sie sich in einem Teufelskreis, der Ihnen schadet.
Wenn ich hiermit Ihren momentanen Zustand beschrieben habe,
lassen Sie sich nicht entmutigen; lesen Sie weiter. Wir kommen
nämlich bald zu dem Abschnitt, der Ihnen zeigt, wie Sie diesen

Teufelskreis durchbrechen und sich geeignetere Maßnahmen im Umgang mit schlechten Stimmungen zulegen können.

MÜDIGKEIT: NICHT MEHR UND NICHT WENIGER

Wenn Sie zunehmend erschöpft sind und sich nicht in schlechten Stimmungen und Selbstmitleid suhlen, sind Sie möglicherweise einfach körperlich müde. Es ist völlig normal und angebracht, von Zeit zu Zeit müde vom Kämpfen zu sein. Die ständigen Bemühungen, sich von der besten Seite zu zeigen, fordern ihren Preis. Wenn Sie diese Gefühle ignorieren, verschwinden sie damit leider nicht. Im Gegenteil: Verdrängung kann diese Zustände nur verschlimmern. Selbst wenn Sie Ihre Gefühle erfolgreich unter Kontrolle bringen, flackern sie von Zeit zu Zeit wieder auf.

Unter welcher Art von Bedrückung Sie auch leiden, die folgenden neun Tips können Ihnen den Rücken stärken. Sie fassen wieder Mut und können Ihre Ziele erneut anvisieren.

Geben Sie zu, daß Sie momentan nicht auf der Höhe sind

Bestätigen und akzeptieren Sie Ihren Schwächezustand. Geben Sie Ihrem moralischen Tief nicht noch Nahrung durch Platitüden wie: »So ist das Leben nun mal.« Oder: »Ich habe eben immer Pech.« Verdrängen Sie Ihren Zustand nicht, indem Sie sich einreden, alles sei in Ordnung und das Problem würde sich auf wunderbare Weise in Luft auslösen. Sie dürfen aber auch keine Ängste schüren, die Ihnen einreden wollen, daß nun alles verloren sei. Sie erleben einen vorübergehenden Rückschlag, einen Zustand, den jeder kennt. Hören Sie auf, an die jüngsten Ereignisse zu denken, die den Krug zum Überlaufen brachten. Es liegen vermutlich gute Gründe vor, warum Sie sich so schlecht fühlen, machen Sie sich also deshalb keine Selbstvorwürfe.

Dampf ablassen

Dampf ablassen ist genau das, wonach es klingt – man reduziert den inneren Druck, indem man seiner miesen Stimmung Luft macht. Das ist nicht das gleiche wie Jammern und Klagen, da wir zum Dampfablassen einen festgesetzten Rahmen und eine begrenzte Zeitspanne in Anspruch nehmen. Sagen Sie einer Freundin, Sie müssen sich Luft machen. Und dann ziehen Sie über die Welt her. Sprechen Sie aus, warum Sie den Kerl nicht ausstehen können und warum Sie nie wieder in Ihrem ganzen Leben etwas mit einem Mann zu tun haben wollen. Lassen Sie alles raus, tun Sie sich keinen Zwang an. Seien Sie unversöhnlich, wütend, subjektiv und ungerecht.

Nach einer halben Stunde ist es genug. Damit geben Sie Ihrem Ausbruch einen Anfang, eine Mitte und ein Ende, Sie reden sich Ihre Wut von der Seele, statt sie in sich hineinzufressen und sie mit sich rumzuschleppen: das würde Ihnen letztlich nur schaden.

Geben Sie sich die Erlaubnis, eine Rast einzulegen

Ballspiele sehen in ihren Spielregeln Auszeiten vor. Im Beruf stehen uns Wochenenden und Urlaubszeiten zur Verfügung, um uns zu entspannen. Auch wenn Sie sich am Wochenende nicht ausruhen, die Tatsache, daß Sie etwas anderes tun als während der Woche, wirkt erholsam.

Legen Sie Zeiten fest, in denen Sie sich entspannen. Grenzen Sie sich ab, wenn es Ihnen Spaß macht. Werfen Sie jedem Schnösel, der Ihnen begegnet, böse Blicke zu. Unser Inneres ist wie ein Brunnen – und manchmal trocknet dieser Brunnen aus. Ruhen Sie sich aus. Warten Sie, bis sich Ihr Brunnen wieder füllt, und sagen Sie währenddessen nicht: »Eigentlich sollte ich versuchen, einen Partner zu finden.«

Reden Sie sich gut zu

Schätzen Sie Ihre Mißerfolge realistisch ein. Wenn Sie bei einem Rendezvous beispielsweise gereizt und kritisch reagieren, sehen Sie Ihr Verhalten aus der richtigen Perspektive: »An diesem Abend war ich nicht besonders nett zu dem Typen«, anstatt: »Ich bin ein schlechter Mensch.« Oder sagen Sie zu sich: »Diesem Mann habe ich ein paar peinliche Fragen gestellt« und nicht: »Ich bin ein gemeines Biest.«

Beschreiben Sie in Ihrer Selbstkritik das, was Sie getan haben, und nicht das, was Sie sind. Was Sie getan haben, können Sie beim nächsten Mal korrigieren. Die Person, die Sie sind, bleibt. Machen Sie nicht aus Fehlern Artilleriegeschosse, die Sie gegen sich selbst richten.

Verwöhnen Sie sich

Tun Sie etwas für sich. Gönnen Sie sich eine Massage. Stellen Sie Kerzen ins Bad, eine gute Flasche Rotwein dazu, und nehmen Sie ein langes, duftendes Schaumbad. Gehen Sie zum besten Friseur der Stadt. Veranstalten Sie eine Geburtstagsparty nur für sich, auch wenn Ihr Geburtstag erst in sechs Monaten ist. Gehen Sie auf Schatzsuche. Schenken Sie sich einen Schokoladenhasen.

Ob allein oder in Gesellschaft anderer, sorgen Sie dafür, daß Ihnen positive Aufmerksamkeit zukommt. Tun Sie etwas für sich, um sich daran zu erinnern, wie wichtig Sie sind.

Vermeiden Sie Alles-oder-nichts-Denken

Wenn Sie zu Aussagen neigen wie: »Ich habe eben kein Glück« oder: »Warum muß so etwas immer mir passieren?«, wenn Sie die Worte »immer« und »nie« häufig benutzen, sollten in Ihrem Kopf kleine Alarmlampen aufleuchten. Denken Sie daran: Das Leben ist weder schwarz noch weiß.

Aufgaben umformulieren

Statt danach zu fragen, wie das Leben Sie heute behandelt hat, fragen Sie mal, wie Sie das Leben behandeln. Sehen Sie das Leben als unüberwindliche Hürde? Wenn das der Fall ist, verändern Sie Ihre Sichtweise, und betrachten Sie einzelne Aspekte. Teilen Sie Herausforderungen in überschaubare Aufgabenbereiche ein. Nehmen Sie sich nicht vor, bis Mittwoch nächster Woche die Liebe Ihres Lebens zu finden, sondern nehmen Sie sich etwa vor, fünf Leute anzusprechen. Versuchen Sie nicht, alles auf einmal zu erreichen. Stellen Sie keine Vergleiche mit anderen an, bei denen Sie stets schlechter abschneiden.

Herausforderungen werden in kleinen Schritten bezwungen, nicht in großen Sprüngen. Möglicherweise liegen die Wurzeln Ihrer Niedergeschlagenheit in Ihren übersteigerten Ansprüchen an sich selbst. Sie überfordern sich mit der großen Gesamtsicht, statt das Bild in kleine handliche Planquadrate aufzuteilen.

Übertreiben Sie fatale Situationen

Sehen Sie absichtlich alles so düster wie nur möglich:

Es ist alles fürchterlich. Ich habe nirgendwo Erfolg. Kein Mensch möchte etwas mit einem Versager, wie ich einer bin, zu tun haben. Und überhaupt, es ist sowieso alles sinnlos. Solche Bücher helfen auch nicht. Ich werde nie glücklich sein, egal, was ich auch tue oder wen ich kennenlerne. Es läuft ohnehin nur Schrott rum. Mich wundert's, wieso ich morgens überhaupt noch aufstehe.

Ihr positives Selbst wird es bald leid sein, sich das ständige Jammern Ihres negativen Selbst anzuhören, und es wird auch das Irrationale dieser Attacken erkennen. Mit dieser Einstellung gewinnt man keine Freunde und nimmt niemanden für sich ein, man bewirkt lediglich, daß die Menschen einem aus dem Weg gehen.

Führen Sie Buch über Ihre Fortschritte

Hüten Sie sich davor, sich einzureden: »Ich bringe es zu nichts.« Wenn Sie die Guerillataktiken bei der Partnersuche anwenden, lernen Sie mit großer Wahrscheinlichkeit neue Menschen kennen. Wenn wir aber niedergeschlagen und schlechter Laune sind, neigen wir dazu, unsere Leistungen herabzusetzen und unsere Fehler zu betonen. Ein Protokoll über Ihre Leistungen kann eine Erinnerungshilfe für Sie sein zu erkennen, was Ihrer Fantasie entspringt und was Realität ist. Schreiben Sie auf, was Ihnen an Ihrer Person gefällt und welche positiven Reaktionen Sie bei anderen auslösen. Schreiben Sie auf, welche Versuche Sie bisher unternommen haben und wie Sie sich dabei fühlten, Neuland zu betreten. Schreiben Sie immer sofort Ihre persönlichen Einsichten auf. An schlechten Tagen können Sie sie dann nachlesen, und Sie werden staunen, wie weit Sie schon gekommen sind. Sie stellen möglicherweise sogar fest, daß Sie über Ihre schlimmsten Ängste ein Jahr später lachen können.

Variante

Ellen machte eine Schlankheitskur, verlor 20 Kilo und begab sich auf Partnersuche. Sie schrieb die Fähigkeit, sich eine positive Einstellung zu bewahren, ihrer Tonbandaufzeichnung zu, die sie »Meine neue Lebenseinstellung« nannte. Das Band begann mit einem Song von Patti LaBelle *I've Got a New Attitude* (Ich hab' mir eine neue Einstellung zugelegt), und anschließend folgten positive Aussagen und persönliche Affirmationen. Ihre Freunde fanden die Aufzeichnung bärenstark und wollten Kopien davon haben. Stellen Sie sich Ihre eigene positive Tonbandkassette zusammen.

SCHLUSSWORT

Mögen Sie sich auch noch so sehr positiv aufbauen, Stimmungstiefs bleiben nicht aus. Es ist ebenso wichtig, diese Tiefs zu überstehen, wie sich in Hochstimmung zu versetzen. *Sie sind keine Maschine.* Das Akzeptieren Ihrer Niedergeschlagenheit ist Teil Ihrer Selbstbejahung. Soldaten müssen manchmal endlos lange Stunden auf ihrem Wachtposten ausharren, bis sie völlig erschöpft sind und die Augen kaum mehr offen halten können. Soldaten sind allerdings auch gezwungen, ins Gefecht zu ziehen, wenn sie entkräftet und erschöpft sind und Todesängste ausstehen. Sie hingegen suchen die Liebe. Sie mögen diese Suche als Wettbewerb betrachten, was in Wahrheit nicht der Fall ist. Wenn Ihre Kampfeslust nachgelassen hat, ziehen Sie Ihre Uniform aus, und ruhen Sie sich aus. Kein Leutnant zwingt Sie, vor dem Frühstück hundert Liegestütze zu machen. Sie können sich ausruhen, Kräfte sammeln und Ihr eigenes Tempo bestimmen.

TEIL VII

WIE MAN MEHR BEKOMMT ALS RANG UND NAMEN: DAS ERSTE RENDEZVOUS

KAPITEL 20
WAS SIE VON EINEM GUTEN TALKMASTER LERNEN KÖNNEN

Wenn die Funken sprühen, wissen Sie genau, was los ist. Sie sagen zu einem völlig Fremden »Hallo«, und nach fünf Minuten haben Sie das Gefühl, als hätten Sie ihn Ihr ganzes Leben gekannt. Die Worte gehen Ihnen mühelos wie ein edler Tropfen Cognac über die Lippen. Irgendwann schauen Sie auf die Uhr, und aus 30 Minuten sind im Handumdrehen drei Stunden geworden. Es ist zwei Uhr nachts, Sie müssen morgen früh um acht aus den Federn, und trotzdem würden Sie gern noch weiter plaudern.

Dann gibt es Situationen, die Sie ebenfalls kennen. Sie sprechen eine unbekannte Frau an... sie geht darauf ein... Sie fragen die Dame, wo sie arbeitet... sie sagt es Ihnen... die Sekunden ziehen wie betagte Schildkröten vorüber. Irgendwie spüren Sie dennoch, daß Sie die Frau näher kennenlernen möchten... aber wie?

Ein entspanntes Gespräch mit einem Fremden ist oft nicht leicht. Viele Leute können am Telefon stundenlang mit Freunden plaudern; aber bereits nach zwei Minuten mit jemandem, der ihr romantisches Interesse geweckt hat, geht ihnen der Gesprächsstoff aus. Mit Freunden zu reden ist ihnen eine völlige Selbstverständlichkeit, ein Gespräch mit Fremden wird jedoch zur Höllenqual. Wenn manchmal die Worte nur so aus Ihnen heraussprudeln und Sie zu anderen Gelegenheiten kaum einen Satz über die Lippen bekommen, sind Sie damit nicht allein. In den neun Jahren, in denen ich Workshops leite, habe ich nicht eine Gruppe von Singles erlebt, in der dieses Thema nicht zur Sprache gekommen wäre. Es wird fast immer von Männern angeschnitten, obgleich Frauen sofort eingestehen, daß auch sie darunter leiden.

Redegewandtheit ist keine geheimnisvolle Gabe, die man entweder hat oder nicht hat. Charmantes Plaudern ist kein Talent, das englischen Schriftstellern der Jahrhundertwende vorbehalten war. Tatsache ist, daß man in der Konversation zwar eine hohe Kunstfertigkeit erreichen kann, im Normalfall jedoch nur Grundkenntnisse in der Unterhaltung erforderlich sind. Die können Sie lernen, üben und darauf zurückgreifen, wenn Sie sie brauchen.

Das Geheimnis stilvoller Konversation liegt nicht in außerordentlich witzigen Bemerkungen, sondern im Beherrschen der Grundbedingung eines Gesprächs: Zuhören! Ja, richtig. Ein Mensch, der zuhören kann, gerät selten in die Verlegenheit, nicht mehr zu wissen, was er als nächstes sagen soll. Das klingt ein wenig seltsam, deshalb möchte ich zur Erläuterung zwei Berufe beispielgebend nennen, die ihr Geld damit verdienen, gute Zuhörer zu sein: Talkmaster und Psychotherapeut.

WAS SIE VON EINEM GUTEN TALKMASTER LERNEN KÖNNEN

Vor einigen Jahren erschien in einer monatlichen TV-Zeitschrift in den USA ein Artikel über gute und schlechte Talkmaster. In einem getürkten Interview schilderte der Autor den Unterschied zwischen einem guten und einem schlechten Talkmaster. Hier ein Auszug:

Der gute Talkmaster

Der Gast betritt die Bühne und nimmt Platz. Der gute Talkmaster sagt: »Endlich ist es uns geglückt, Sie zu unserer Show einzuladen. Sagen Sie mir, wo haben Sie sich versteckt?« Der Gast antwortet: »Ich komme gerade aus Paris.« Der gute Talkmaster sagt: »Paris? Oh, là là! Erzählen Sie mir mehr.«

Der schlechte Talkmaster

Der Gast betritt die Bühne und nimmt Platz. Der schlechte Talkmaster sagt: Sagen Sie, wo stecken Sie eigentlich die ganze Zeit?« Der Gast antwortet: »Ich komme gerade aus Paris:« Der schlechte Talkmaster sagt: »Paris? Sagten Sie Paris? Habe ich Ihnen schon erzählt, was mir in Paris passiert ist, als ich im Maxim gegessen habe? Also, ich saß an meinem Tisch, und da…«

Der Unterschied ist klar. Der gute Talkmaster interessiert sich für die Antworten des Gastes. Der schlechte Talkmaster nimmt die Antwort des Gastes als Gelegenheit, um über sein Lieblingsthema zu sprechen: nämlich über sich selbst.

Eine Verabredung ist keine Talkshow. Wer allerdings schon mal Opfer von zwanzig vorbereiteten Fragen war, mit denen er von einer Person bestürmt wurde, die er gerade kennengelernt hatte, wird mir heftig widersprechen. Wie dem auch sei, einige Techniken des guten Talkmasters können Ihnen nützlich sein. Ein guter Talkmaster versteht es nicht nur, seinem Gast interessante Informationen zu entlocken, er hilft ihm auch, sich zu entspannen. Ein wirklich guter Talkmaster gibt seinem Gast Selbstvertrauen, weil er ihm aufmerksam zuhört, und er gibt ihm das nötige Feedback. Ein guter Talkmaster spricht *mit* dem Gast, nicht *zu* ihm. Er zeigt ein gleichbleibendes Interesse. Dazu kommt, daß ein guter Talkmaster dem Gast das Gefühl gibt, er oder sie sei der wichtigste Mensch auf der ganzen Welt – selbst wenn Mutter Teresa und Michael Jackson in der Garderobe warten.

Sie haben nicht häufig Gelegenheit, schlechte Talkmaster zu erleben, weil deren Verträge nicht erneuert werden; aber Sie können wirkliche Profis am Werk sehen. Sehen Sie sich beispielsweise die Talkshow von Alfred Biolek an. Beobachten Sie sein lebhaftes Interesse an jedem Gast. Er hat seine Hausaufgaben gemacht und erinnert sich auch noch an sein letztes Gespräch mit einem Gast. Haben Sie sich schon mal gefragt, warum berühmte und weniger berühmte Leute so offen mit ihm sprechen, trotz des grellen Scheinwerferlichts der Kameras und ganz zu schweigen davon, daß Bioleks Show live übertragen wird? Die Menschen reden deshalb so ungezwungen, weil er die Kunst des Zuhörens versteht. Er zeigt echtes Interesse und ehrliche Anteilnahme an den Ausführungen seiner Gäste. Das gibt ihnen Sicherheit, und diese führt zu Offenheit im Ausdruck ihrer Gefühle.

Aus Talkshows können Sie eine Menge lernen. Achten Sie mehr auf die *Techniken* des Talkmasters und weniger auf die neuesten Skandalstorys, welche die Expartnerin eines berühmten Stars von sich gibt.

WAS SIE VON EINEM GUTEN PSYCHOTHERAPEUTEN LERNEN KÖNNEN

Ungeteiltes Interesse zeigen ist harte Arbeit, kann nicht gespielt werden, kann aber erlernt werden. Geschulte Therapeuten verbringen Jahre damit, das Zuhören zu trainieren und zu verfeinern. Dabei bemühen sie sich nicht nur darum zu hören, was gesagt wird, sondern auch darum, die Botschaft *hinter* den Worten zu erfassen. Wir sind keine Therapeuten, und wir sollten uns davor hüten, therapeutisch zu wirken, aber wir können uns etwas von den Qualitäten eines Therapeuten aneignen.

Es wäre ein Fehler zu denken, Zuhören bedeute Passivität – eine Person spricht, und die andere wartet ab. Eine sehr nützliche Methode, jemanden zum Weitersprechen zu animieren, ist die Technik des *aktiven Zuhörens*, und das ist keineswegs etwas Passives. Aktives Zuhören weist bestimmte Kriterien auf, die das Gespräch in Fluß halten. Als aktive Zuhörer beteiligen wir uns vorsätzlich an jeder Wendung des Gesprächs. Nachfolgend eine unvollständige Liste von Techniken für aktives Zuhören, wie sie in Situationen bei der Partnersuche auftreten können. Ich hoffe zwar, daß Sie nicht Ihr ganzes Leben mit der Partnersuche verbringen werden, es sei denn, es ist Ihr ausdrücklicher Wunsch, aber Zuhören *werden* Sie Ihr ganzes Leben lang. Und das ist ein ziemlich guter Grund, es zu lernen.

KÖRPERSPRACHE

Ein guter Zuhörer hört nicht nur mit den Ohren. Er hört mit seinem ganzen Körper zu. Gute Zuhörer nehmen eine bequeme Haltung ein und zeigen ihr Interesse durch Blicke und Gesten. Leicht vorgebeugt sitzen, wenn jemand etwas erzählt, ist beispielsweise eine Haltung, mit der Sie Ihre Aufmerksamkeit zum Ausdruck bringen. Sehen Sie sich vor, wenn Sie beim Zuhören Alkohol trinken, damit Sie nicht auf dem Schoß Ihres Gesprächspartners landen. Das wäre des Guten denn doch zuviel.

Sollten Sie einen Seelenfreund suchen, denken Sie daran, die Augen sind der Spiegel der Seele. Halten Sie natürlichen Blickkontakt, wenn Ihr Gegenüber spricht – das heißt, sehen Sie den Gesprächspartner an, ohne ihn anzustarren. Blickkontakt gibt bestens Aufschluß über gegenseitiges Einvernehmen. Wenn Sie nicht daran gewöhnt sind, Blickkontakt zu suchen, mag Ihnen das zunächst unangenehm sein. Über Sie mit einem Freund oder mit Ihrem Hund. Ihr Freund langweilt sich vermutlich nach zehn Minuten, Ihr Hund hingegen macht dieses Spiel gern stundenlang mit.

Da wir gerade von Ihrem Hund sprechen: er kennt Ihre Stimmungen, ohne daß Sie darüber ein Wort verlieren müssen. Vielleicht hielten Sie ihn deshalb bislang für den Einstein der Hundewelt. Ich muß Sie leider enttäuschen. Er ist es vermutlich nicht. Die Wahrheit ist, daß ein Großteil unserer Kommunikation ohne das gesprochene Wort auskommt. Ihr Hund kann Ihre Gedanken nicht lesen, hat aber eine gute Beobachtungsgabe. Wenn Sie Leute auf der Straße beobachten, erkennen Sie meist, in welcher Stimmung sie sind. Wenn Sie das Büro Ihres Chefs betreten, wissen Sie, ob Sie eine Gehaltserhöhung oder den blauen Brief zu erwarten haben, bevor er das Wort an Sie richtet. Körpersprache ist ein machtvoller Kommunikator, der Stimmung und Grad der Intensität einer Gemütslage anzeigt. Sehen Sie sich selbst als Spiegel, der die Stimmung des Sprechers reflektiert. Denken Sie, wie viele Methoden es gibt, um jemandem zu zeigen, daß Sie ihn verstehen, ohne ein einziges Mal zu versichern: »Ich verstehe.«

VERBALE GESTEN

Ernie lernte Lena bei einem Volleyballspiel kennen. Die beiden kamen ins Gespräch, und Ernie fragte sie, seit wann sie sich für Volleyball interessiere. Ernie hörte Lenas Erklärungen aufmerksam zu. Doch nach ein paar Minuten fragte sie ihn: »Langweile ich dich?«

Ernie war verblüfft. So etwas passierte ihm öfter, obwohl er wirklich interessiert war. Als er den Workshop »Guerillataktiken bei der Partnersuche« besuchte, fragte er, was dahinterstecken könnte.

Wir stellten fest, daß Ernie absolut stumm zuhörte. Er saß mit einem versteinerten Gesicht schweigend da, was der/die Zuhörende als Langeweile mißdeuten konnte. Schweigen kann ein Zeichen der Achtung sein, doch bei Lena hätte er gut daran getan, einige *verbale Gesten* von sich zu geben, kleine Zwischenbemerkungen, wenn der andere spricht. Sie können beispielsweise sagen: »Hmhm«, »verstehe«, »aha«, »und dann…«, um den Sprecher zum Weitererzählen zu animieren und zu zeigen, daß Sie ihm aktiv zuhören. Frauen neigen eher dazu, verbale Gesten anzubieten. Männer tun das seltener. Wenn Sozialarbeiter in Zuhörtechniken geschult werden, ist dieses Thema Bestandteil des Trainings. Kurze Zwischenbemerkungen geben der Person zu verstehen, daß man mehr von dem hören will, was er/sie zu sagen hat; gleichzeitig bringt man seine Fähigkeit zum Ausdruck, die Gefühle des anderen zu verstehen.

UMSCHREIBUNG

Mit der Umschreibung bedienen Sie sich einer Technik, die gegenseitiges Verständnis und Vertrauen aufbaut. Sie ist eine verbale

Technik, mit der Sie bestätigen, was jemand gerade zu Ihnen gesagt hat. Sie stellt eine kurze Zusammenfassung des soeben Gesprochenen dar, ohne eigene Gedanken oder Interpretationen hinzuzufügen.

Es ist oft gar nicht so leicht zu verstehen, was der andere meint. Mit der Umschreibung schaffen Sie Raum für Erklärungen, da Sie in Ihrer Antwort nicht eine umgehende Schlußfolgerung anbieten. Sie geben dem anderen das zurück, was Sie glauben von ihm gehört zu haben, und lassen sich von ihm sagen, ob Sie auf derselben Wellenlänge sind.

Eine solche Umschreibung schafft Verständnis. Bedenken Sie, wie gut Sie sich fühlen, wenn ein anderer den Sinn Ihrer Rede begriffen hat; bekommen Sie einen Begriff davon, welche Kraft die Umschreibung haben kann. Hier ein Dialogbeispiel für die Technik der Umschreibung:

ORVILLE: Ich sagte also, ich sei sicher, ein Flugzeug bauen zu können, das auch fliegen wird. Mein Bruder und ich hatten Jahre daran gearbeitet. Wir experimentierten mit Fahrrädern, denen wir Flügel anbauten und sie zu Gleitern umfunktionierten. Tag für Tag saßen wir an unseren Konstruktionsplänen, verwarfen sie und zeichneten sie wieder neu.

WENDY: (umschreibt) Ihr habt also eine Menge Zeit in eure Planungen gesteckt.

ORVILLE: Genau! Wir haben stundenlang dem Gleitflug der Vögel zugesehen. Nun ist es Zeit, daß wir uns an die Ausführung machen. Wir glauben, nun zu wissen, warum ein Gegenstand in der Luft bleibt.

WENDY: (umschreibt) Klingt, als würdet ihr ziemliche Fortschritte machen.

ORVILLE: Ja, aber wir sind noch nicht perfekt – wir sind auf dem Weg.

WENDY: (umschreibt) Der Durchbruch kann jeden Tag passieren.

ORVILLE: Ja, sogar schon nächste Woche.

WENDY: (wechselt das Thema) Übrigens, lebt dein Bruder Wilbur allein? Ich habe eine Freundin, Juanita, die dem Begriff »Fliegen« eine ganz neue Bedeutung gibt.

Hier zwei weitere Beispiele der Umschreibung:

ROSELLE: Ähm... Ich habe dieses Wochenende frei. Meine Pläne haben sich in letzter Minute geändert. Ich dachte, ich muß arbeiten, aber das kann auch bis Montag warten. Ich habe gehört, im McGloughlin spielt eine großartige irische Band. Ich weiß, du magst irische Musik. Ich habe die vielen Kassetten bei dir zu Hause gesehen.

BRAD: (wagt eine gefahrlose Interpretation) Du willst also, daß wir beide ins McGloughlin gehen.

JOHN: Ich bin gern mit dir zusammen. Du bist clever und lustig. Es macht mir wirklich Spaß, mich mit dir zu unterhalten. Ich kann mir irgendwie gar nicht mehr vorstellen, daß es mal eine Zeit ohne dich gab.

HEIDE: Du bist also von meinem irrwitzigen Charme hingerissen.

Lernen Sie zu umschreiben, und nehmen Sie diese Technik in Ihr Repertoire auf. Damit halten Sie jedes Gespräch in Fluß. Ihr Gegenüber spürt, daß Sie ihn verstehen, und das ist eine ideale Brücke, um eine Beziehung aufzubauen.

EINFÜHLUNG

Einfühlung ist die Fähigkeit, sich in die Lage eines anderen zu versetzen und das nachzuempfinden, was er/sie fühlt. Das hat nichts damit zu tun, wenn jemand sagt: »Ich weiß, wie du dich fühlst.« Schauspieler brauchen Einfühlung, wenn sie in eine bestimmte Rolle schlüpfen. Man versucht dabei, sich gefühlsmäßig auf jemanden einzustimmen, als würde man seine Antennen auf klaren Empfang stellen, etwa so, wie man die Wellenlänge eines Radiogeräts präzise einstellt, um einen Sender ohne störende Nebengeräusche zu empfangen.

Ohne Einfühlung baut man selten Beziehungen auf. Bevor ich

Ihnen Beispiele für lebendige Einfühlung gebe, will ich Ihnen zunächst einige Beispiele fehlender Einfühlung geben:

Jackilyn saß am Tresen eines Schnellimbisses. Neben ihr nahm ein nett aussehender Mann Platz, der ein Bein bis zum Oberschenkel in Gips trug. Jackilyn hielt dies für einen tollen Gesprächsaufhänger und fragte ihn, wie das passiert sei. Er sah sie ein wenig verschmitzt von der Seite an und meinte, er würde ihr zwar gern erzählen, er habe sich das Bein beim Bergsteigen gebrochen, aber um bei der Wahrheit zu bleiben: er sei bloß dem Bus hinterhergerannt. Jackilyn belehrte ihn, man laufe eben nie einem Bus hinterher, denn der nächste komme ohnehin ein paar Minuten später.

Benny lernte während eines Kongresses eine Frau kennen und lud sie zu einem Drink ein. Er fragte sie nach ihrem Job, sie sagte, sie hasse ihren Job. Ständig habe sie Probleme mit ihrem Boß, und eigentlich würde sie ihm gern eine Stinkbombe zwischen seine Akten werden. Benny meinte, das Leben sei viel zu kurz, um in einem Beruf zu arbeiten, der einem keinen Spaß mache. Er kenne mehrere Jobagenturen, die ihr eine neue Stellung vermitteln können, und er wolle gleich die Nummer im Telefonbuch für sie raussuchen. Sie bedankte sich, aber er bemerkte, daß sie nervös auf ihrem Stuhl hin und her rutschte.

Jackilyn und Benny versuchten zu helfen, bewiesen aber beide mangelnde Einfühlungsgabe. Beide gaben Ratschläge. Leuten, die man nicht kennt, Ratschläge zu erteilen, ist eine heikle Sache. Vermutlich haben sie die Vorschläge, die von Ihnen kommen, längst erwogen. Und sie haben ihre Gründe, gute oder schlechte, warum sie bisher noch nichts an ihrer Situation verändert haben.

Eine einfühlsame Antwort von Jackilyn wäre etwa gewesen: »Da haben Sie ja noch Glück gehabt. Tut mir leid, daß Ihnen das passiert ist.« Benny hätte Einfühlung bewiesen, wenn er gesagt hätte: »Es muß schlimm sein, für jemanden zu arbeiten, den man nicht ausstehen kann.« Diese Antworten bestätigen ein Gefühl, ohne Interpretationen anzubieten oder zu behaupten, man wisse, wie der andere sich fühlt. Man weiß nämlich gewöhnlich nur, wie jemand sich wirklich fühlt, wenn man eine vergleichbare Situation selbst erlebt hat. Doch selbst dann nehmen wir ein Erlebnis auf unsere eigene Weise wahr.

Einfühlungsvermögen ist eine Fähigkeit, die wir entwickeln können. Wenn Ihre Begleitung Ihnen etwas Wichtiges erzählt und sofort spürt, daß er/sie von Ihnen richtig verstanden wird, ist eine echte Verbindung zustande gekommen. In solchen Augenblicken entsteht Vertrauen. Um Vertrauen aufzubauen, achten Sie auf folgende Punkte:

Stellen Sie sich *nicht* vor, was Sie in ihrer Situation fühlen würden. Stellen Sie sich vor, *was* sie *fühlt*.

Geben Sie *keinen* Rat. *Helfen* Sie ihm, seine Ängste Ihnen gegenüber abzubauen, indem Sie ihm zu verstehen geben, daß Sie nicht die Absicht haben, ihn zu bewerten oder ihm zu sagen, was er tun müsse.

Versuchen Sie *nicht*, ständig Optimismus zu verbreiten. *Geben Sie* ihr *zu verstehen*, daß es völlig in Ordnung ist, negative Gefühle zu äußern.

Ziehen Sie *keine* voreiligen Schlüsse. Versuchen Sie herauszufinden, ob Sie eine Information mißverstehen. Einfühlung hat damit zu tun, den anderen richtig wahrzunehmen. Wenn Sie sich nicht sicher sind, stellen Sie Fragen, um sich Klarheit zu verschaffen.

Einfühlung üben

Wenn Sie neue Leute kennenlernen, die Ihnen gefallen, aber nie etwas daraus wird, liegt das möglicherweise an einer Fehlzündung Ihres Mitgefühls. Um zu überprüfen, ob das stimmt, probieren Sie Ihr Einfühlungsvermögen mit einem Freund aus. Setzen Sie sich mit ihm zusammen, und fordern Sie ihn auf, ein Erlebnis von sich erzählen, das bei ihm starke Gefühle ausgelöst hat. Das kann ein Gefühl des Unbehagens, Ärgers, Kummers oder der Angst sein, im Zusammenhang mit einem Vorfall, der viele Jahre zurückliegt; oder aber auch ein aktuelles Gefühl, beispielsweise wie albern man sich vorkommt, Einfühlung zu üben.

Wenn er mit dem Erzählen fertig ist, nehmen Sie sich eine Minute Zeit, um sein Gefühl auf eine Ihrer Erfahrungen zu übertragen, selbst wenn das bedeutet, weit zurück in die Vergangenheit zu gehen. Wenn Sie ein Gefühl aufgestöbert haben, das dem Gefühl entspricht, das Ihr Freund zum Ausdruck gebracht hat, lassen Sie es einen Augenblick auf sich wirken, und berichten Sie ihm dann davon. Danach soll er Ihnen sagen, ob das Gefühl in Ihrer Geschichte Parallelen zu seinem Gefühl aufweist. Versuchen Sie nun, die Rollen zu tauschen. Eine weitere Übungsmethode: Statt in Ihrer Vergangenheit nach entsprechenden Erfahrungen zu forschen, suchen Sie nach Worten, um Ihr Mitgefühl zu beschreiben. Wie können Sie jemandem antworten und damit bewirken, daß die betreffende Person sich Ihnen verbundener fühlt als zuvor?

Anmerkung für Frauen

Wenn Sie glauben, Männer interessieren sich nicht für dieses Thema, irren Sie sich. In den vergangenen Jahren haben sich *mehr Männer als Frauen* zu meinen Workshops zur Verbesserung des Einfühlungsvermögens gemeldet. Ich habe umfangreiche Gruppen von Männern beobachtet, die mit ebenso großem Eifer an ihren Übungen zur besseren Einfühlung arbeiteten, wie sie ihren Videorecorder programmieren. Unterschätzen Sie niemanden!

KLARHEIT SCHAFFEN

Stellen Sie zum richtigen Zeitpunkt eine Frage, wenn Sie nicht sicher sind, was der andere meint. Wenn Ihre Gesprächspartnerin vom Thema abschweift oder Sie ihr nicht mehr folgen können, fragen Sie lieber nach, bevor Sie Vermutungen anstellen:

*   Kannst du das noch einmal wiederholen? Ich fürchte, das habe ich nicht ganz kapiert.
*   Ich denke, ich habe verstanden, was du meinst. (Umschreiben Sie, was Sie Ihrer Meinung nach gehört haben). Stimmt das?

Dadurch können Sie Ihre Wahrnehmungen überprüfen und unrichtige Interpretationen vermeiden. Auch dies ist eine Technik, mit welcher Sie die andere Person ermuntern weiterzusprechen und zeigen, daß Sie aufmerksam zuhören und verstehen wollen.

Wenn Sie die Techniken des aktiven Zuhörens ausprobieren, ist das zunächst eine eher ungewohnte Erfahrung, da von Ihnen eine andere Form des Zuhörens verlangt wird, als Sie bislang praktiziert haben. Wie wäre es, wenn Sie auch diese Technik mit einem Freund übten? Sie können sich abwechseln und sich gegenseitig Hilfestellungen geben und Verbesserungsvorschläge machen. Sehen Sie darin einen Weg, um festzustellen, ob jemand das auch tatsächlich meint, was er Ihrer Meinung nach gesagt hat. Und sehen

Sie die Übung als Ansporn. Viele Schwierigkeiten in der Kommunikation entstehen aus Unterstellungen und Mißverständnissen über das, was jemand gemeint hat.

Versuchen Sie darüber hinaus das Gelernte im Alltag zu üben, da es in jedem Lebensbereich hilfreich angewendet werden kann. Es ist nicht nur Menschen vorbehalten, zu denen Sie sich besonders hingezogen fühlen. Trainieren Sie aktives Zuhören regelmäßig und ausführlich.

WEITERE GESPRÄCHSERÖFFNUNGEN

Ein besonders gefürchteter Augenblick bei einer Verabredung ist die Gesprächspause – der Moment, in dem beide nichts mehr zu sagen wissen und die Stille wie eine schwere Last zwischen ihnen liegt. Nachfolgend einige Techniken, mit denen Sie diese Angst bannen, und zudem Anregungen, wie Sie Ablenkung vermeiden und sich gegenseitig zu Wort kommen lassen. Dadurch kann aus einem langweiligen Abend ein interessantes Gespräch werden, denn langweilige Verabredungen haben nicht zwangsläufig etwas mit langweiligen Leuten zu tun. Sie sind häufig das Resultat, wenn zwei Fremde den Sprachgebrauch des anderen nicht verstehen.

Pausenfüller durch Überbrückung

Tony und Tina saßen in einem Lokal. Sie hatten sich vorher noch nie gesehen; das Treffen war von gemeinsamen Freunden arrangiert worden. Beide fanden, der Anfang lief ausgesprochen gut. Beide stellten Tiefseetauchen als ihr gemeinsames Hobby fest; und außerdem hatten beide eine Vorliebe für Süßes und hätten die Dessertkarte am liebsten rauf und runter gegessen – von der Apfeltorte bis zur Weincreme. Doch irgendwann zwischen Hauptgericht und Dessert verfielen sie in Schweigen. Hätten Tony und Tina einander längst gekannt, hätten sie diesen Moment als einen kostbaren Augenblick bezeichnet, in dem Worte unnötig waren. Doch beim ersten Treffen verkrampfen zwei Mägen sich schmerzhaft, wenn dieses Verstummen eintritt, das wir unter normalen Umständen als Verlegenheitspause bezeichnen. Mit jeder verstreichenden Sekunde baut sich Angst auf, und keinem fällt etwas ein, was er/sie sagen könnte. Tony beginnt die Flecken auf dem Tischtuch zu zählen. Tinas selbstkritische innere Stimme verwirft jeden Vorschlag, das Gespräch wieder in Gang zu setzen, als blöde und lächerlich. Und in ihrem Kopf meldet sich noch eine Stimme: »Ich habe dir doch gleich gesagt, bleib zu Hause und sieh dir Casablanca an.«

Keine Panik! Verlegenheitspausen sind keine Katastrophen. Der Grund, warum die Leute sie so gräßlich finden, liegt darin, daß sie fälschlicherweise glauben, sie müßten ständig mit neuem Gesprächsstoff glänzen. Keineswegs. *Überbrückung* ist der perfekte Pausenfüller. Führen Sie das Gespräch auf etwas zurück, worüber bereits gesprochen wurde, statt krampfhaft nach etwas Neuem zu suchen.

Für Tony und Tina ist das Thema Tiefseetauchen noch lange nicht erschöpft. Tony könnte also sagen: »Sie tauchen also gern. Haben Sie schon mal eine beängstigende Begegnung gehabt? Was war das Aufregendste, das Sie unter Wasser erlebt haben? Lesen Sie Fachzeitschriften?« Tina hat gewiß etwas zu ihrem Lieblingssport zu sagen. Kommen Sie auf ein Thema zurück, wofür der Gesprächspartner bereits an früherer Stelle Interesse gezeigt hat. Ein ausbaufähiger Kommentar zu einem Thema, das Ihrer Begleitung Spaß macht, kann Ihnen neue Richtungen weisen. Denken Sie einfach an das Wort, und bauen Sie eine *Brücke*, die ein bereits besprochenes Thema mit der gegenwärtigen Diskussion verbindet.

Pausenfüller durch Identifizieren

Doug, ein begabter Musiker und vollendeter Plauderer, benutzt eine Form des Identifizierens, um die Verlegenheitspause im Keim zu ersticken. Wenn eine Gesprächspause eintritt, sagt er in seiner gutgelaunten Art: »Soeben ist eine Verlegenheitspause eingetreten. Keine Panik. Sie ist gleich wieder vorbei.« Doug schwört, daß jede Gesprächspartnerin erleichtert lächelt, da seine Bemerkung die Spannung löst. Wenn eine Verlegenheitspause verbal als solche identifiziert wird, kann sie sich nicht katastrophal ausweiten. Doug ist auch dafür bekannt, am Ende einer Verabredung zu sagen: »Ist das der Augenblick, an dem ich Sie frage, ob wir beide uns wiedersehen, und Sie entweder ja sagen und ich auf einer Wolke nach Hause schwebe, oder Sie nein sagen und ich so tue, als mache mir das überhaupt nichts aus?«

Unterschätzen Sie die befreiende Wirkung nicht, wenn peinliche Momente beim Namen genannt werden, und seien Sie dabei humorvoll und heiter. Wenn Sie nicht so tun, als sei etwas traumatisch, *ist* es schließlich auch nicht traumatisch.

Ablenkungen vermeiden

Sam mußte den harten Weg gehen, um zu erkennen, daß er sich leicht ablenken ließ. Er fand Cindy toll und nahm sie bereits beim ersten Rendezvous mit in seine Stammkneipe um die Ecke. Er wollte sich mit seiner neuen Eroberung zeigen. Jedesmal, wenn die Tür aufging, hob er den Kopf, um zu sehen, ob ein Bekannter das Lokal betrat. Immer wieder kamen Freunde an ihren Tisch, Sam stellte Cindy vor und plauderte dann mit den Bekannten über Dinge, von denen Cindy nichts wußte und die sie folglich auch nicht interessierten. Außerdem machte die Espressomaschine einen solchen Lärm, daß man sich nur im Brüllton verständlich machen konnte. Irgendwann war Cindy total entnervt und meinte bissig, ihn interessiere offenbar vorwiegend, wer das Lokal betritt, nicht aber ihre Gesellschaft.

Heute arbeitet Sam daran, sich bei Verabredungen mit Frauen nicht ablenken zu lassen. Da er immer noch dazu neigt, sich dafür zu interessieren, wer ein Lokal betritt (ohne sich dessen bewußt zu sein), muß er sich bewußt daran hindern. Heute setzt sich Sam grundsätzlich mit dem Rücken zum Eingang eines Lokals, um sich nicht ablenken zu lassen und seiner Tischdame mehr Aufmerksamkeit zu schenken.

Abwechseln

Wir wissen, daß eine Verabredung kein Interview, keine Talkshow und keine Therapiesitzung ist. Niemand erwartet von Ihnen, den ganzen Abend Fragen zu stellen und auf alles eine gescheite Antwort zu wissen. Nehmen Sie sich den Fall von George und Lucy zu Herzen. George, ein Rundfunkmoderator, der Erfahrungen in Hunderten von Interviews gesammelt hatte, bewies ausgezeichnete Zuhörqualitäten. Er machte es Lucy leicht, von sich zu reden, und das tat sie dann auch ausgiebig. Sie erzählte ihm von ihrem Job, ihren Steptanzstunden, ihrem Glauben an Reinkarnation und sogar von ihrem Verflossenen. Am Ende des Abends stellte Lucy fest, daß sie kaum etwas über George erfahren hatte, er hingegen nun eine ganze Menge über sie wußte. Sie hatte ihm sogar Dinge erzählt, von denen sie sich geschworen hatte, sie niemals bei einer ersten Verabredung auszuplaudern – beispielsweise, daß sie immer noch mit ihrem Teddybär schlief, den sie als Siebenjährige geschenkt bekommen hatte. Zu Hause angekommen, hatte sie das unangenehme Gefühl, zuviel von sich preisgegeben zu haben, da

George nichts von sich erzählt hatte. George, in der Überzeugung, er habe großes Interesse an Lucy bekundet, hatte Lucy damit keinen Gefallen erwiesen.

Sich im Gespräch abwechseln ist für einen angenehmen Abend ebenso wichtig wie gutes Zuhören. Sie tun niemandem einen Gefallen, wenn Sie Ihr Gegenüber ermuntern, von sich zu sprechen, wenn Sie nicht gleichfalls aus sich herausgehen. Wenn jemand mit Ihnen spricht, hören Sie zu, was er/sie sagt, steuern Sie aber auch selbst etwas zum Gespräch bei. Sagen Sie dem Gesprächspartner irgendwann, Sie wüßten, was er oder sie meint. Berichten Sie ihm/ihr von ähnlichen Erlebnissen. Geben Sie Ihrer Begleitung zu verstehen, daß es zwischen Ihnen Gemeinsamkeiten gibt.

DER REST DER WELT

Es wäre falsch anzunehmen, nur weil Sie an der Verbesserung Ihrer Konversationstechniken arbeiten und wissen, wann Sie den anderen zu Wort kommen lassen müssen, würde Ihr Gegenüber das auch tun. Sie müssen ihm/ihr möglicherweise auf die Sprünge helfen. Wirklich nette Leute können aus reiner Nervosität ein Gespräch an sich reißen, weil sie Angst vor einer drohenden Gesprächspause haben, und manche wirklich netten Menschen reden einfach zuviel. Unterstellen Sie nicht, er sei ein grenzenloser Egoist, weil er Sie nicht zu Wort kommen läßt. Ebenso falsch wäre es, den Mund zu halten und zu resignieren, ohne ihn unterbrechen zu wollen. Wichtiger noch, übertragen Sie dem anderen nicht die gesamte Verantwortung für den Verlauf einer Unterhaltung.

Viele Menschen kommen in meine Workshops und beklagen sich bitter darüber, daß ein Mann oder eine Frau bei einer Verabredung unentwegt redet. Wenn ich frage, was sie denn tun, um die Situation zu ändern, bekomme ich stets die gleichen Antworten. Die meisten sagen, sie geben nach fünf Minuten auf und schalten ab. Es ist nicht ratsam, seine Position so schnell aufzugeben und sich irritiert zurückzuziehen. Wenn Sie die Rolle des guten Talkmasters gespielt haben, warten Sie, bis Ihr Gegenüber eine Pause macht, und ergreifen Sie dann das Wort. Da die Menschen verschiedene Sprachgewohnheiten haben, warten Sie nicht zu lange damit, sonst hat er schon das nächste Thema aufgegriffen.

Wenn jemand keine Pause macht, pochen Sie dennoch auf Ihr Recht, und unterbrechen Sie ihn sanft, selbst wenn es Ihnen noch so unangenehm ist. Sagen Sie mit Bestimmtheit: »Dazu möchte ich etwas sagen.« Oder: »Ich muß Sie unterbrechen.« Wenn diese Taktik nichts bringt, borgen Sie sich vom Kellner einen Stift, und schreiben Sie auf die Papierserviette: »Ihre Sprechzeit ist in 30 Sekunden abgelaufen«. Halten Sie die Serviette hoch. Jetzt muß er es kapieren. Wenn nicht, können Sie diesen Kandidaten getrost abschreiben.

Denken Sie daran, es kostet Zeit und Mühe, Ihre Konversationstechniken zu verbessern. Sie werden nicht bessert, nur weil Sie ein Kapitel in diesem Buch darüber gelesen haben. So etwas bedarf häufiger Übung, machen Sie sich also an die Arbeit. Üben Sie, und bringen Sie sich in Form für das Gespräch, auf das es ankommt.

KAPITEL 21
GESPRÄCHE OHNE TRAUMATISCHE VERLETZUNGEN

Ein Großteil unserer Transaktionen hat seine Wurzeln in der Sprache; sie ist der Treibstoff des Kennenlernens. Reden bricht das Eis, gibt Aufschluß über Ihre Befindlichkeit und erforscht die Gemütslage anderer. Wir reden, um herauszufinden, ob jemand an uns interessiert ist, um die ersten tastenden Schritte zu Nähe und Einvernehmen zu machen. Das einführende Gespräch, das zu enger Verbundenheit führen kann, vollzieht sich stufenweise, und Stufe eins ist der Small talk, die belanglose Plauderei.

EINFÜHRUNG IN DIE KUNST DES SMALL TALKS

Dan verkündete in meinem Workshop in Boston, er halte nichts von Small talk, er wolle ohne Umschweife auf wichtige Sachverhalte zu sprechen kommen. Lynn behauptete, sie sei für Small talk absolut ungeeignet und glänze nur in wirklich wichtigen Diskussionen. Helene sagte, sie hasse Small talk, das sei reine Zeitverschwendung und gebe ihr keinerlei Auskunft über den Gesprächspartner. Viele Singles teilen diese Anschauung. Sie sehen im Small talk eine undankbare, lästige Aufgabe, die zu nichts führt.

Sie sind im Irrtum. Was der Blickkontakt für die erste nonverbale Kommunikation, ist die belanglose Unterhaltung für den ersten verbalen Kontakt. Die Tatsache, daß es uns schwerfallen mag, über Belanglosigkeiten zu plaudern, bedeutet nicht, daß Small talk sinnlos wäre.

NEUBEWERTUNG VON SMALL TALK

Sehen Sie den Small talk, als würden Sie mit ersten behutsamen Schritten Neuland betreten. Seine Bedeutung liegt nicht darin, wichtige Informationen über die Wetterlage einzuholen, er dient vielmehr zur geistigen Fühlungnahme mit einem Menschen. Small talk ist verfahrensorientiert, nicht inhaltsbezogen. Mit anderen

Worten, es ist völlig unwichtig, worüber Sie reden – die Botschaft zählt, die Sie einander zukommen lassen (»Ich möchte mit dir reden«).

Small talk besteht aus Fragen und Antworten über unerhebliche Themen wie das Wetter, wen man auf einem Fest kennt, wie der Krapfen schmeckt – Sachverhalte, bei denen Ihnen niemand eine Meinung vorsetzt und von Ihnen keine Debatte, Gegendarstellung, Verteidigung oder eine pulitzerpreisverdächtige Entgegnung erwartet wird. Beziehen Sie sich auf unverfängliche Gegenwartsbelange und/oder Ihre unmittelbare Umgebung:

In dieser Schlange kommt man überhaupt nicht vorwärts.
Sieht nach Regen aus.
Hält der Bus hier?
Sieht diese Frau da vorn nicht aus wie Shirley MacLaine?
Was essen Sie da? Sieht köstlich aus.
Wo haben Sie diese Schuhe gekauft?

Versuchen Sie nicht, brillant zu sein! Sehen Sie darin einen lockeren Übergang zur nächsten Phase. Falls Sie provokativere Einleitungen vorziehen, wie sie im Kapitel über den geeigneten Gesprächsauftakt dargelegt wurden, werden Ihnen zweifellos charmante Menschen an Orten begegnen, wo Annäherungsversuche gar nicht üblich sind. Auch wenn Ihr Ziel darin besteht, Small talk nur als Einleitung zu benutzen, vermeiden Sie ihn nicht:

Small talk verhilft Ihnen zu Ihrem inneren Gleichgewicht – Wie an früherer Stelle besprochen, bringt die Begegnung mit Fremden Ihren Biorhythmus in Aufruhr. Sie geraten in Verlegenheit, kommen sich dumm vor. Sie finden es albern, über das Wetter zu reden, doch in Wahrheit kommen Sie sich dumm vor, weil Sie aus dem Gleichgewicht geraten sind. Small talk ist eine ideale Übergangslösung, um Ihr Gleichgewicht wiederzufinden. Bei manchen Menschen dauert das etwas länger als bei anderen; Sie werden Ihr Gleichgewicht aber nicht wiederherstellen, wenn Sie sich ein anspruchsvolles Thema aussuchen, das Sie nur noch mehr verunsichert.

Small talk gibt Ihnen Gelegenheit, die andere Person abzutasten – Sie haben Delilah am anderen Ende des Raumes entdeckt. Noch aber wissen Sie nicht, ob sie auch so toll ist, wie sie aussieht. Über eine belanglose Plauderei kommen Sie der Sache schon näher. Dabei bietet sich Ihnen Gelegenheit, Einblick in ihr Wesen zu gewinnen. Lacht sie gern? Ist sie nervös, aber nicht uninteressiert? Beginnt sie das Gespräch mit der Empfehlung, Sie könnten sich mal wieder die Haare schneiden lassen? Small talk gibt Ihnen mehr Aufschluß über das Wesen einer Person als ihr Aussehen.

Small talk verschafft Ihnen Klarheit über Ihre eigene Einstellung – Sie haben damit Gelegenheit herauszufinden, ob ein Gespräch mit ihm so verläuft, wie Sie es vermuteten. Wollen Sie sich mit ihm weiter unterhalten oder lieber weitergehen? Sagt Ihr Instinkt Ihnen, daß daraus etwas Nettes entstehen könnte? Verwenden Sie nicht Ihre gesamte Energie darauf, darüber nachzudenken, was er von Ihnen denkt. Fragen Sie sich lieber, was *Sie* von *ihm* halten.

Small talk gibt Ihnen eine Verschnaufpause, nachdem Sie eine Gemeinsamkeit ausgetauscht haben – In Beziehungen teilen wir einander Geheimnisse, Geschichten aus unserem Leben und unsere Sorgen mit. Nachdem Sie ihm ein Geheimnis anvertraut haben, wollen Sie rasch wieder auf neutralen Boden zurückkehren. Wir können nicht ständig Gefahren riskieren. Kehren Sie zu einer unverfänglichen Plauderei zurück, bis Ihr Puls wieder auf Normaltempo ist.

Small talk dauert nur wenige Minuten. Der Trick besteht darin zu wissen, wann man einen Schritt weitergehen kann, um den anderen nicht mit nichtssagender Plauderei zu Tode zu langweilen:

»Scheußliches Wetter.«
»Ja. Gut, daß ich einen Regenschirm dabeihabe.«
»Ich auch.«
»Ja.«

VERBALES KÖDERN

Das erste Anzeichen eines Durchhängers im Gespräch ist ein Signal, das Ihnen bedeutet, zu Phase zwei überzugehen: verbales Ködern. Beim richtigen Ködern wirft man die Angelschnur so lange in verschiedene Richtungen aus, bis ein Fisch anbeißt. Verbales Ködern funktioniert ähnlich. Man bietet mehrere Themen an, um festzustellen, ob das Gegenüber anbeißt. Wie beim richtigen Angeln sollten Sie nicht beim ersten Wurf der Angelschnur erwarten, daß ein Fisch anbeißt. Hier einige aktuelle Auszüge von Workshop-Teilnehmern, die diese Technik im Rollenspiel geübt haben:

BOB: Mir tun alle Knochen weh. Ich war am Wochenende Skifahren – und bin gestürzt. (VK, 1) Fahren Sie auch Ski?
CAREN: Nein, ich hab' es nie versucht.
BOB: Macht Spaß. Obwohl ich noch Anfänger bin.
CAREN: Aha.
BOB: Welche Sportart betreiben Sie? (VK, 2)
CAREN: Rollschuhfahren.
BOB: Das hab' ich nie versucht.
CAREN: (Pause) Macht Spaß.
BOB: Wo gehen Sie Rollschuhlaufen? (VK, 3)
CAREN: Im Olympiastadion.
BOB: Im Olympiastadion? (VK, 4) In der Nähe hat kürzlich ein sehr gutes mexikanisches Restaurant aufgemacht.
CAREN: Meinen Sie das Casa Mexico?
BOB: Ja.
CAREN: Stimmt. Da ißt man wirklich ausgezeichnet.

Bob dachte, er könne Caren für Sport interessieren. Doch dieses Thema führte zu nichts. Nach einigen Versuchen warf er seine Angelschnur in eine andere Richtung aus. Und Caren biß prompt an.

Ein weiteres Beispiel:

SAM: Sie sehen fantastisch aus in diesem Kleid.
FELICE: Finden Sie?
SAM: Absolut klasse.
FELICE: Hab' ich selbst genäht.
SAM: Ich bin beeindruckt. Ich kann mir nicht mal einen Knopf annähen.
FELICE: Man braucht viel Geduld.
SAM: Ich habe keine Geduld.
FELICE: Ich nähe, um mich zu entspannen. (VK, 1) Was tun Sie, um sich zu entspannen?
SAM: Ich knall' mich vor die Glotze und schau' mir Videos an.
FELICE: (VK, 2) Wie viele haben Sie schon hintereinander geschafft?

SAM: Würden Sie mir glauben, wenn ich sieben sage?
FELICE: (VK, 3) Ich hab' es bisher auf zehn gebracht.

Merke:

- Bemühen Sie sich, jemanden aktiv an die Angel zu kriegen, indem Sie Köder auswerfen.
- Erwarten Sie keinen umgehenden Erfolg.
- Seien Sie darauf gefaßt, mehrere Themen anzuschneiden, bis Sie ein gemeinsames Interesse entdecken.
- Gemeinsames Interesse kann die Liebe zu Mozart sein oder die gemeinsame Vorliebe für vegetarische Gerichte.
- Vermeiden Sie politische und religiöse Themen, und stochern Sie nicht in alten Wunden herum.

WEITERE KONVERSATIONSTECHNIKEN

Anleitungen zur leichten Plauderei helfen, eine angenehme Atmosphäre zu schaffen. Die richtige Methode für eine Unterhaltung gibt es nicht; ich kann Ihnen nur ein paar nützliche Tips geben, wie Sie Kontakte vertiefen können.

Begrüßung

Alle Begegnungen beginnen mit einer Begrüßung unterschiedlicher Art. »Hi« oder »Tag« klingt knapp, als habe man im Grunde gar keine Zeit. Ein »Hallo« hat einen kleinen Nachklang, als wolle man damit zu verstehen geben, man möchte noch ein wenig bleiben. »Hallo« vermittelt dem Gegenüber den Eindruck, man habe Zeit für eine Unterhaltung.

Stellen Sie sich zuerst vor

Stellen Sie sich zuerst vor, und fragen Sie erst danach nach ihrem Namen. Wenn Sie die Dame zuerst nach ihrem Namen fragen, wirken Sie aufdringlich. Sie fordern zu viel und zu früh und bringen die Frau damit in Verlegenheit. Wenn es nach einigen Minuten noch zu keiner Vorstellung gekommen ist, unterbrechen Sie das Gespräch und sagen: »Ich heiße übrigens Andreas.« Wenn Sie ihr früher schon mal kurz begegnet sind, sagen Sie ihr Ihren Namen noch einmal. Sie hat ihn möglicherweise vergessen. Sie ersparen beiden eine peinliche Situation.

Der Händedruck

Auch mit dieser kurzen körperlichen Berührung zeigen Sie Interesse. Wenn Ihr Gegenüber Ihnen wirklich gefällt, nehmen Sie Ihre freie Hand, und legen Sie sie über die beiden verschlungenen Hände. Halten Sie den Händedruck eine Sekunde länger als nötig. Ihr Händedruck darf nicht zu lasch sein, darf aber auch kein Zangengriff sein, der die Knöchel krachen läßt und Ihr Gegenüber in die Knie zwingt.

Geben Sie ihr zuerst Ihre Telefonnummer

Der Tip mit der Vorstellung gilt auch für den Austausch von Telefonnummern. Geben Sie ihr Ihre Nummer, und fragen Sie dann nach ihrer. Wenn sie zögert, akzeptieren Sie das, und fragen Sie statt dessen nach ihrer Büronummer. Sagen Sie ihr, Sie würden sie gern anrufen, haben aber Verständnis, wenn sie es vorzieht, Sie anzurufen. Drängen Sie sie nicht. Warten Sie ab, bis sie Ihnen sagt, was ihr angenehm ist.

Unterbreiten Sie ein Gegenangebot

In der Aufregung, Sie kennenzulernen, spricht er möglicherweise eine vorzeitige Bitte aus:

- Wollen wir hier weg und uns ein Plätzchen suchen, wo wir uns ungestört unterhalten können?
- Wollen wir noch zu mir gehen?
- Haben Sie nächsten Samstag Zeit für mich?

Wenn Sie ihn besser kennen, haben Sie möglicherweise nichts dagegen einzuwenden, doch vorerst bedrängt er Sie zu sehr. Lehnen Sie nicht ab, ohne ein Gegenangebot zu machen, wofür Sie *bereit* sind:

- Wollen wir an die Bar gehen? Dort ist es ruhiger.
- Was halten Sie von einem Espresso im Café an der Ecke?
- Was halten Sie davon, wenn wir uns im Lauf der Woche zum Mittagessen treffen, um uns besser kennenzulernen?
- Normalerweise lerne ich keine Männer im Supermarkt kennen. Aber ich kaufe immer um diese Zeit ein. Vielleicht können wir uns in ein paar Tagen wieder hier treffen und die Rezepte austauschen.

Für Männer – stellen Sie Bezüge her

Sie hat keine Ahnung, wen sie vor sich hat, und ist daher auf ihre Sicherheit bedacht. Geben Sie sich als ungefährlich zu erkennen, und geben Sie ihr die Informationen, die Sie von vornherein als »harmlos« ausweisen. Ohne aufdringlich zu sein, können Sie erwähnen, wo Sie arbeiten, wo Ihr Fitneßclub ist, wo Sie essen gehen, wo Sie Ihre Zeitung kaufen, wo Sie sich mit Freunden treffen… beliebige Fakten, die Sie als unbescholtenen Bürger ausweisen.

Kommentare über das Hier und Jetzt

»Sie sehen gutgelaunt aus.«
»Sie sehen aus, als hätten Sie einen langen Tag hinter sich.«
»Sie lachen gern. Das gefällt mir.«

Achten Sie auf Details, wie Ihr Gegenüber auf das Umfeld reagiert, und lassen Sie ihn/sie wissen, daß Sie eine gute Beobachtungsgabe haben. Solche Kommentare sind weniger banal als »schönes Wetter heute« und geben dem Gedankenaustausch eine persönliche Note. Es geht dabei um vordergründige Beobachtungen, nicht um tiefschürfende Ausführungen.

Gegenwartsbezogene Bemerkungen können sich auch auf das Umfeld beziehen:

»Ich sehe immer die gleichen Vorspeisen auf der Karte; aber nie ißt ein Gast davon. Was wissen die Leute, was wir nicht wissen?«

»Mir gefallen die Bilder. Er hat einen guten Geschmack. Das da drüben kommt mir bekannt vor. Wissen Sie, wer der Maler ist?«

Machen Sie ein Kompliment

Machen Sie ein persönliches Kompliment, und vergewissern Sie sich, daß er weiß, daß Sie ihn meinen und nicht seinen Anzug. Sagen Sie ihm, er sehe fantastisch in dem Anzug aus, statt nur zu sagen: »Toller Anzug.«

Hüten Sie sich vor vergleichenden Komplimenten. Sagen Sie nicht, er sei der beste Tänzer im Lokal. Er wird sich umschauen, ob das auch stimmt, statt sich über das Kompliment zu freuen (und er wird gewiß einen besseren Tänzer entdecken). Sagen Sie statt dessen: »Ich tanze gern mit Ihnen.« Darüber gibt es keine Diskussion. Er kann keinen Einwand anbringen und nicht das Gegenteil beweisen.

Nehmen Sie Komplimente an

Er rafft all seinen Mut zusammen, holt tief Luft und sagt: »Sie sehen in diesem Kleid wunderbar aus.« Sie antworten darauf: »In dem Fetzen? Das Teil kann ich nicht ausstehen.« Damit ermutigen Sie den Herrn nicht. Wenn Ihnen jemand ein Kompliment macht, seien Sie nicht abwertend. Ein heiteres »Danke schön. Freut mich, daß es Ihnen gefällt« tut es doch auch.

Warten Sie eine Einstiegsmöglichkeit ab

Wie in dem oben genannten Dialogbeispiel zwischen Bob und Caren mag Ihre Eröffnung unerwartet kommen. Er lenkt das Gespräch auf ein Gebiet, während sie zurückhaltend bleibt oder es in eine andere Richtung zu lenken versucht. Suchen Sie nach einem günstigen Einstieg, also nach dem Augenblick, an dem Sie einhaken und eine Bemerkung oder eine Antwort in ein Gespräch einbringen können.

Wenn sie ihm sagt, in welchem Fitneßclub sie trainiert, versucht er darauf einzugehen. Wenn Sie ihm die Adresse nennt, denkt er nach, was es über diese Gegend zu sagen gibt, welches Lokal er in der Nähe kennt... Aufmerksames aktives Zuhören eröffnet unerwartete Wege.

Bringen Sie ihn zum Lachen

Nichts bringt Leute leichter zusammen als Lachen. Wenn er Sie zum Lachen bringt, macht er damit zwei Schritte vorwärts. Erzählen Sie einen Witz – seien Sie ein wenig albern. Wenn Ihre Augen lachen, sind Sie auf dem richtigen Weg. Achten Sie darauf, Witze dürfen nicht gemein, herablassend oder schmuddlig sein.

Eine Kombination aus Small talk, verbalem Ködern und aktivem Zuhören hilft Ihnen, ein Gespräch zustande zu bringen und in Gang zu halten. Gehen wir nun zum nächsten Schritt über, denn wenn Männer und Frauen miteinander reden, gilt es einige Punkte zu beachten. Sie erleichtern sich das Leben, wenn Sie sich dessen bewußt sind.

GESPRÄCHSFALLEN

Wenn Sie sich im Gespräch oft mißverstanden fühlen, ist das kein Wunder. Sehen Sie sich an, was wir in jedes Gespräch einbringen:

Eigenwahrnehmungen
Bedürfnisse
Werte
Gefühle
Erfahrungen
Probleme
Erwartungen
Fähigkeiten
Geschlechtsspezifische Faktoren

Jeder Satz, den jemand ausspricht, wird durch die Optik unserer jeweiligen Biographie und Erfahrungen gefiltert. Andere sprechen die Worte, wir geben ihnen Bedeutung. Es ist ein Wunder, daß einer den anderen überhaupt versteht.

Noch komplexer werden Gespräche zwischen den Geschlechtern. Männer und Frauen haben verschiedene Denkweisen über das gesprochene Wort, und ihr Sprachgebrauch unterscheidet sich erheblich voneinander. In einer Männerrunde bilden häufig Objekte (Autos, Videorecorder, Computer) und Zahlen (Prozentzahlen, Spielstand im Sport) die Gesprächsthemen. Frauen sprechen häufig über Gefühle (Sorgen, Eindrücke) und Beziehungen (Familie, Arbeitsplatz, Liebe). Dazu kommt, daß Männer gern sachlich miteinander reden, während Frauen im Gespräch erforschen, wie sie miteinander umgehen können. Männer lösen gern Probleme, während Frauen in Problemen verstanden werden wollen. Beide nutzen das Gespräch, um Verbindung miteinander aufzunehmen, doch beide beziehen sich dabei auf unterschiedliches Material und unterschiedliche Sprachformen.

Wir begegnen also zwangsläufig Hindernissen, wenn wir miteinander sprechen. Am Ende sind wir oft verwirrt, verwundert und fühlen uns mißverstanden – oder auch irritiert, verärgert und verletzt. Wir wollen freundlich sein, und man hält uns für aufdringlich. Wir wollen zartfühlend sein, und man hält uns für bedürftig. Wir wollen charmant sein und werden gekränkt. Wir wollen stark sein, und man hält uns für verschlossen. Und wenn wir Verständnis brauchen, empfinden Männer und Frauen die Frustration unserer beider unterschiedlicher Sprachformen, da uns kein Übersetzer des UNO-Friedenskorps zur Verfügung steht.

RASHOMON

In dem berühmten japanischen Film *Rashomon* werden mehrere Menschen Zeugen eines Verbrechens. Im Verhör wird jede Person einzeln aufgefordert, den Tathergang zu schildern. Jeder berichtet eine völlig andere Geschichte. Dieselben Vorgänge werden auf unterschiedliche und widersprüchliche Weise wiedergegeben. Keiner der Beobachter lügt. Doch jeder hat seine eigene Realität. Mit dem Reden verhält es sich ähnlich. Und jeder Mensch macht sich seinen eigenen Reim auf das gesprochene Wort.

Hier einige Beispiele männlicher und weiblicher Perspektiven, die ich Berichten aus meinen Workshops »Er sagt/Sie sagt« entnommen habe. Die Begebenheiten fanden nach dem Anfangsstadium einer Beziehung statt, also in einer Zeit, in der die erste Begegnung und das erste Rendezvous bereits hinter den Betroffenen lagen. Dennoch treten Mißverständnisse auf, die im Ansatz bereits während der ersten Begegnung vorhanden waren.

Dave und Cassie verbringen einen gemeinsamen Nachmittag damit, Antiquitätenläden zu durchforsten, da Dave eine Menge von Antiquitäten versteht. Sie schlendern durch eine malerische Gasse, und Cassie entdeckt ein Straßencafé. Sie fragt Dave, ob er Lust auf eine Tasse Kaffee habe, und er sagt ja. Dave trinkt seine Tasse ziemlich rasch aus. Cassie nippt langsam und redet. Nach einer halben Stunde ist Dave ziemlich nervös und verärgert. Für Cassie heißt Kaffeetrinken ein langes Plauderstündchen. Für Dave ist Kaffeetrinken eben Kaffeetrinken. Er begreift nicht, wieso sie so lange hocken bleibt. Sie begreift nicht, wieso er sie drängt. Dave ist frustriert. Cassie fühlt sich unter Druck gesetzt.

Geschlechtsspezifische Erklärung

Dave freut sich darauf, Cassie besser kennenzulernen und mit ihr auf Antiquitätenjagd zu gehen. Er kennt sich mit Antiquitäten aus, weiß eine Menge darüber und kann Cassie nützlich sein. Er hat sich darauf gefreut, den Nachmittag mit ihr zu verbringen und durch Antiquitätenläden zu bummeln.

Cassie hört gern zu, wenn Dave erzählt, wann und wo zum ersten Mal Thonetstühle hergestellt wurden. Sie möchte Dave aber auch von einer anderen Seite kennenlernen und will mit ihm über persönliche Dinge sprechen. Der Tag wäre für sie nicht abgerundet, ohne Gedanken und Gefühle auszutauschen – bei einem gemütlichen Plauderstündchen im Café.

Gewiß kommt es zu Überlappungen der Rollenbilder und sogar zu Rollentausch zwischen Männern und Frauen. Für viele Männer hat jedoch die *Außenwelt* mit ihren Informationen und Empfehlungen oder gemeinsamen Aktivitäten zu Beginn einer Bekanntschaft Priorität. Viele Frauen legen zu Beginn einer Bekanntschaft erhöhten Wert auf das Kennenlernen der *Innenwelt* mit den Gefühlen und Befindlichkeiten des anderen.

Evelyn wollte gern den neuen Film von Oliver Stone sehen, der im Royal lief. Am Freitag hatte sie eine Verabredung mit Jack. Als sie am Telefon darüber sprachen, was sie unternehmen könnten, fragte sie: »Hast du was über den neuen Oliver-Stone-Film gehört?« Jack sagte nein und schlug einen anderen Film vor. Evelyn stimmte zu, fühlte sich aber etwas gekränkt, weil er überhaupt nicht auf ihren Wunsch einging. Nach dem Kino sagte sie, was sie fühlte. Jack war total von den Socken. Es wäre ihm nie in den Sinn gekommen, daß der Satz: »Hast du was über den Film gehört...« im Grunde hieß: »Ich möchte den Film gern sehen...« Evelyn fühlte sich übergangen. Jack fühlte sich gekränkt.

Geschlechtsspezifische Erklärung

Evelyn drückt ihren Wunsch in einer Weise aus, die eine andere Frau sofort verstehen würde. Ihre Frage ist gar keine Frage – sondern ein Vorschlag. Wenn Frauen gemeinsam Entscheidungen treffen, geschieht das meist, indem Erwägungen, Fragen oder Vorschläge sorgsam erforscht werden. Das liegt nicht daran, daß Frauen weniger entscheidungsfreudig sind. Es liegt daran, weil Frauen a) gern gemeinsame Entscheidungen treffen, b) der Prozeß einer Übereinkunft Nähe und Bindung zwischen ihnen fördert und c) Frauen in ihrer Sozialisation dazu angehalten wurden, ihre Anliegen indirekt vorzubringen, um Konflikte zu vermeiden. In einem Gespräch unter Frauen wäre Evelyns Bemerkung als erste Stufe einer Diskussion betrachtet worden – nicht als Frage, auf die es nur ein Ja oder Nein gibt.

Jack ist verletzt. Für ihn sind Fragen konkrete Aussagen. Wenn jemand eine einfache Frage stellt, will er eine klare Information. Er geht nicht davon aus, daß er Evelyns Frage deuten müsse. Er nimmt ihre Worte für bare Münze. Er hätte gern einvernehmlich mit ihr gehandelt. Aber er ist kein Gedankenleser. Daher ist er um so gekränkter, daß sie von ihm enttäuscht ist, da er im Glauben gehandelt hat, ihr einen Gefallen zu tun.

Evelyn wundert sich über das konkrete Ja und Nein von Jack. Jack wundert sich, wieso Evelyn um den heißen Brei herumredet.

Joe erklärt, wenn er etwas ausspricht, hat er vorher darüber nachgedacht. Er hat einen Denkprozeß vollzogen. Wenn er aber Susie seine Entscheidungen mitteilt, will sie sämtliche Lösungsmöglichkeiten durchdiskutieren. Das hat er jedoch bereits erledigt. Seiner Ansicht nach spricht Susie jeden Gedanken laut aus. Er denkt mit dem Kopf. Er versteht das nicht. Er begreift ihr lautes Denken nicht.

Joe fühlt sich belästigt. Susie fühlt sich ausgeschlossen.

Geschlechtsspezifische Erklärung

Joes Innenwelt, die ihn verunsichert und ihn verletzlich macht, ist seine persönliche Sache. In seiner Sozialisation zur Selbstsicherheit angehalten, um den Eindruck eines klardenkenden, gefestigten, qualifizierten Mannes zu erwecken, teilt Joe seine Gedanken nur dann mit, wenn er sich bereits klar und schlüssig darüber geworden ist. Er möchte seine Denkvorgänge nicht vor anderen ausbreiten. Er zieht es vor, sie darzulegen, wenn sie bereits beschlossene Sache sind.

Für Susie ist das Treffen von Entscheidungen nicht der Denkvorgang eines einzelnen. Sie sucht ständiges Feedback und Realitätsprüfung. Sie braucht andere zwar nicht, damit sie ihr sagen, was sie tun soll. Sie trifft ihre eigenen Entscheidungen, aber sie steht gern in Kontakt mit anderen, wenn sie ihre Gedankengänge formuliert und sortiert. Wenn Joe ihr seine Ideen mitteilt, denkt sie automatisch, er bitte sie um ihre Mitarbeit. Sie fühlt sich um eine gewisse Nähe betrogen, wenn seine Gedanken keine Diskussion zulassen.

Über das Thema »Er sagt/sie sagt« wurden ganze Bücherberge geschrieben. Falls Sie an diesem Thema interessiert sind, lesen Sie *Männer sind wie fremde Länder. Verständigungshilfen für Frauen* von Joan Shapiro und *Du kannst mich einfach nicht verstehen. Warum Männer und Frauen aneinander vorbeireden* von Deborah Tannen.

WELCHE ÜBERRASCHUNG: DER KLEINE UNTERSCHIED

Unterschiede zeigen sich auch in der Form, wie wir unsere Erfahrungen in der Partnersuche schildern. Aus einer kürzlichen Workshop-Reihe zur Verbesserung von Kommunikationstechniken, hier einige der interessanten Unterschiede, die dabei zur Sprache kamen. Männer benutzen eine Sprache der Gewalt, wenn sie von Partnersuche sprechen. Joe sprach von einer Raumfahrtkatastrophe. Alfie sagt, ihm sei zu häufig das Messer in den Rücken gestoßen worden, er komme sich vor wie eine Ente bei der Treibjagd. Als ich John fragte, wie er sich bei einer Übung in der kleinen Gruppe gefühlt hätte, sah er mir in die Augen und sagte: »Sie haben mich mit Dreck beworfen, und ich bin tausend Tode gestorben.« Frauen drücken Verwirrung oder Zurückweisung nur selten in diesen Begriffen aus.

Anfänglich teilte ich Männer und Frauen in getrennte Gruppen auf und forderte die einzelnen Gruppen auf, eine Definition für Intimität und Nähe zu geben. Die Männer sagten aus, Nähe beruhe auf gemeinsamen Zielen. Die Frauen sagten, Nähe beruhe auf gemeinsamen Bindungen. Nirgends wurden die Unterschiede deutlicher als in diesen verschiedenen Definitionen von Männern und Frauen. Zusätzlich zur Definition von Nähe forderte ich die Teilnehmer auf, eine Liste der für sie verwirrendsten Eigenschaften beim anderen Geschlecht aufzustellen. Ich gab keinerlei Hilfestellungen, wie jede Gruppe dabei vorgehen sollte. In der Männergruppe meldete sich jeder einzelne zu Wort und brachte seine Argumente vor. Die Frauen arbeiteten immer zusammen – sie redeten durcheinander, unterbrachen, bestätigten einander – ihre Liste ist ein Gemeinschaftsprodukt der Gruppe. Die Liste der Männer ist ein Katalog der Argumente, die jeder einzelne ausgearbeitet hat.

Michael, ein häufiger Teilnehmer meiner Workshops in Washington, D. C., machte eine interessante Beobachtung. Das Konzept, das die Frau als Bewahrerin und Nestbauerin und den Mann als Jäger beschreibt, kann bei jeder Single-Party beobachtet werden. Die Frauen bleiben auf ihren Stühlen sitzen und warten ab, während die Männer im Saal herumschlendern und auf die Jagd gehen. Michael äußerte den brennenden Wunsch, der Mann (obwohl keineswegs erwiesen ist, ob es tatsächlich ein Mann war), der die

Institution der Einkaufszentren erfunden hat, möge zutiefst in der Hölle schmoren. Männer gehen in ein Einkaufszentrum, um etwas zu kaufen, Frauen wollen »das Einkaufszentrum erleben«.

Kurzum, erwarten Sie nicht, das andere Geschlecht redet so, wie Sie reden, denkt, wie Sie denken, hat das gern, was Sie gern haben, bezieht sich auf andere, wie Sie sich auf andere beziehen, oder tauscht Gedanken aus, wie Sie Gedanken austauschen. Schulen Sie Ihr Bewußtsein, und bewahren Sie sich Ihren Sinn für die kleinen und großen Unterschiede.

In früheren Jahren hatte es den Anschein, Frauen seien eher bereit als Männer, an der Verbesserung ihrer Kommunikationstechniken zu arbeiten. Wenn das jemals zutreffend gewesen sein sollte, so trifft es nicht auf die Gruppen zu, die ich leite. Heute melden sich zu nahezu allen meinen Workshops über Kommunikationstechniken mehr Männer als Frauen an. In zwei New Yorker Workshops waren sämtliche Teilnehmer Männer. In Washington, D. C. leitete ich einen Workshop, der zu 98% aus Männern bestand. In vielen anderen Städten melden sich in letzter Zeit immer mehr Männer, um bessere Kommunikationstechniken, Tips zur Partnersuche und kultivierte Konversation zu lernen. Es ist Zeit, der Schwarzweißmalerei »alle Männer… alle Frauen«, womit wir einander in der Vergangenheit abgestempelt haben, den Rücken kehren. Schauen Sie genau hin und differenzieren Sie. Wir befinden uns auf dem »richtigen« Weg.

In unserer Zuneigung zueinander wollen wir Unterschiede in Zukunft als etwas sehen, das uns interessiert, beflügelt, frustriert und irritiert, aber auch als etwas, das uns anderen nicht entfremdet.

Seien Sie also über folgende Szenarios nicht erstaunt:

Er ruft in den letzten 30 Sekunden seiner Mittagspause an. (Für ihn besteht das Zeichen seiner Zuneigung im Anruf, nicht in der Länge seines Anrufes.)

Sie ist gekränkt, daß er in letzter Sekunde seiner Pause anruft. (Für sie steht die Zeitdauer eines Gesprächs in direktem Zusammenhang zum Grad seiner Zuneigung.)

Sie horcht ihn nach seinen Gefühlen aus, selbst wenn er schwört, er habe keine. (Sie möchte zu gerne, daß er ihre Gefühle teilt.)

Er erzählt ihr alles, was sie über die Zubereitung von schottischem Malt Whisky nicht wissen will. (Er nimmt Verbindung mit ihr auf als Informationslieferant und Ratgeber.)

Er lädt sie ein, bei ihm die Nacht zu verbringen, bereitet das Frühstück und liest beim Frühstück die Zeitung, ohne ein einziges Mal den Blick zu heben. (Körperliche Nähe *ist* für ihn Intimität.)

Sie lädt ihn ein, bei ihr die Nacht zu verbringen, und bittet ihn, die Zeitung wegzulegen und mit ihr zu reden. (Für sie bedeutet Kommunikation Intimität.)

Zweifellos werden auch hier Klischees bedient. Das trifft nicht auf alle Männer und alle Frauen zu. Viele Komödienschreiber nutzen dieses Material als Grundlage ihrer Stücke (und wir lachen, bis uns die Tränen kommen, oder weinen, bis wir lachen müssen). Der Komödiant Jerry Dugan sagte kürzlich in einer seiner Sendungen: »Wenn die Frau sagt: ›Wir müssen miteinander reden‹, hört der Mann: ›Feueralarm. Suchen Sie sofort die nächstgelegenen Notausgänge auf. Laufen Sie in gebückter Haltung. Benutzen Sie nicht die Aufzüge.‹«

Mit der Vertiefung unserer Beziehungen können wir uns daran machen, ein gemeinsames Kommunikationsforum aufzubauen, das beide Geschlechter zufriedenstellt, da unsere Unterschiede auf beiden Seiten Verwirrungen und Unbehagen auslösen. Das begreifen wir oft erst, wenn wir einige Zeit in der Partnerschaft verbracht haben und den ehrlichen Wunsch dazu äußern können und wir uns vom anderen nicht bedroht fühlen. Hüten Sie sich in der Zeit der Partnersuche davor, derartiges Unbehagen in Stoppschilder umzufunktionieren. Machen Sie aus Eigenarten geschlechtsspezifischer und kultureller Natur kein persönliches Drama. Wenn Ihnen beim nächsten Mal ein solches Hindernis begegnet, versuchen Sie, den Konflikt mit einem Lächeln zu meistern, statt vor Wut in die Luft zu gehen.

Kommunikation in geschlechtsspezifische Bezüge zu setzen hilft uns, Realitäten besser zu erkennen. Es ist allerdings kein Garant, um das Leben zwischen Mann und Frau reibungslos zu gestalten. Vielleicht bedeutet das Verständnis der Prinzipien unterschiedlicher Sprachformen bei den Geschlechtern einfach, mehr Zeit und Energie freizusetzen, um über andere Themen zu streiten… beispielsweise über die Hausarbeit.

KAPITEL 22

SICH GEGENSEITIG MUT MACHEN:
HARMONIE AUFBAUEN

Sie haben die Prüfung über Small talk bestanden. Sie sind ein guter Zuhörer geworden. Sie haben Preise im Fliegenfischen gewonnen. Sie haben sich in geschlechtsspezifischen Konflikten bewährt, die andere in die Grundausbildung zurückwerfen. Nun ist es an der Zeit, Neuland zu betreten, da zum gemeinsamen Altwerden auch das innere Zusammenwachsen gehört.

INNERER EINKLANG KONTRA KÖRPERCHEMIE

Innerer Einklang und *Körperchemie* sind Worte, die wir ständig hören und gelegentlich miteinander verwechseln. Körperchemie äußert sich in dem herrlichen Schock – dem berauschenden Hochgefühl, wenn wir uns zu jemandem hingezogen fühlen. Das hat viel mehr als nur mit dem Aussehen zu tun; es ist im Reich unterbewußter und genetischer Rätsel verwurzelt, und wir können nie vollständig erklären, warum die Gesamtheit größer ist als die Summe ihrer Bestandteile. Die Körperchemie mit ihrem dröhnenden Herzklopfen raubt uns den Verstand.

Drei Beobachtungen zur Körperchemie
- Sie unterliegt nicht unserer Kontrolle, ist Glücksgefühl *und* Schmerz.
- Sie macht keinen Unterschied zwischen Schildern mit der Aufschrift VORSICHT: LIEBE! und VORSICHT: STEINSCHLAG!
- Mythen versuchen uns zwar »Liebe auf den ersten Blick« einzureden. Die Liebe kann uns aber auch mit jemandem erwischen, den wir seit Tagen, Monaten oder sogar seit Jahren kennen.

Ich hoffe und wünsche, daß jeder Mensch diesen Aufruhr der Körperchemie zu irgendeinem Zeitpunkt in seinem Leben erfährt. Wozu würden sonst Liebeslieder geschrieben? Mit dem Älterwerden erkennen wir allerdings auch, daß es mit der Körperchemie allein nicht getan ist. Sie zeigt an, daß wir uns verliebt haben, beantwortet aber nicht die Frage, ob es mit der Liebe klappt.

Innerer Einklang wiederum ist ein Phänomen, das sich nicht gleich zu Anfang einstellt. Um diesen Zustand mit einem anderen Menschen zu erreichen, ist Sicherheit und Vertrauen Voraussetzung. Im Zustand der Harmonie zeigen wir uns bereit, das Risiko auf uns zu nehmen, uns einem anderen zu öffnen. Innerer Einklang ist nicht die Voraussetzung dafür, daß eine Beziehung entsteht oder andauert, fehlt er allerdings, ist es zwei Menschen unmöglich, einander in der tieferen Wortbedeutung zu »kennen«. Wenn Sie Ihre Fähigkeiten des inneren Einvernehmens entwickeln, eröffnen Sie Kommunikationsformen und ebnen den Weg zur Körperchemie.

GUERILLATAKTIKEN ZUR INNEREN ÜBEREINSTIMMUNG

Nachfolgend zehn Beobachtungen zu dem Phänomen der inneren Übereinstimmung, die Ihnen helfen, die Komponenten zu verstehen, auf die es dabei ankommt. Wenn sich im Gespräch automatisch Einvernehmen einstellt, machen Sie weiter so! (Lesen Sie die zehn Punkte später, und stellen Sie fest, warum Ihnen das leichtfällt.) Wenn Sie aber ständig darum kämpfen, Übereinstimmung mit jemandem aufzubauen, ziehen Sie einen oder mehrere mögliche Störfaktoren in Betracht. Wenn Sie sich in der Vergangenheit nicht von Anfang an auf gleicher Wellenlänge mit einem möglichen Kandidaten befanden, haben Sie sich vermutlich gesagt, das Schicksal sei gegen diese Verbindung. Ich hoffe, folgende Tips helfen Ihnen zu erkennen, an welchem Punkt Ihr gegenseitiges Einvernehmen im Gespräch auf der Strecke blieb.

Gelegentlich nimmt eine Sache keine Form an trotz aller erdenklicher Bemühungen. Wenn es partout nicht klappen will, erkennen Sie, daß sich ohne die Bereitschaft des Partners keine Übereinkunft aufbauen kann.

Auf kulturelle Unterschiede eingehen und sie akzeptieren

Eine vor kurzem verwitwete Frau begann, ihren verstorbenen Ehemann mehrmals am Tag zu »sehen«. Plötzlich stand er auf dem Marktplatz oder saß im Zahnarztstuhl. Sie wurde zu einer psychiatrischen Untersuchung eingewiesen, da ihr Hausarzt fürchtete, sie habe Wahnvorstellungen.

Das war nicht der Fall. Sie gehörte einer eingeborenen amerikanischen Kultur an, in der das Erscheinen eines lieben Verstorbenen zum täglichen Leben gehört. Erschien ein Verstorbener den Hinterbliebenen nicht, war das ein Zeichen, daß man nicht um ihn trauerte. Es bestand eine positive Korrelation zwischen dem häufigen Erscheinen eines Verstorbenen und der Liebe, die zwischen ihm und seinen Angehörigen bestand.

Während der Partnersuche werden Ihnen vermutlich keine dramatischen Erlebnisse widerfahren. Ich möchte damit auch nur zum Ausdruck bringen, daß wir den Einfluß kultureller Unterschiede auf eine aufkeimende Beziehung nicht unterschätzen dürfen. Vielleicht wird in Ihrer Familie Zuneigung durch Berühren vermittelt. Meine Freundin Erika gibt uns ein Beispiel dafür. Sie kann nicht mit mir sprechen, ohne mir Staub vom Ärmel zu wischen oder mir das Haar zu ordnen. Anfangs war mir das unangenehm. Dann lernte ich ihre Mutter kennen, die mich sofort herzlich umarmte und mir gleich darauf den Kragen glättete. Was mich bei Erika zunächst befremdet hatte, wurde mir nun plötzlich verständlich.

Parallelen kultureller Ursprünge bei der Partnersuche:

- Jemand küßt gern in der Öffentlichkeit, während Sie der Meinung sind, man sollte sich nur hinter geschlossenen Türen in der Privatsphäre küssen.
- Jemand lädt Sie wesentlich früher, als Ihnen passend erscheint, zu sich nach Hause ein, um Sie seinen Eltern vorzustellen.
- Jemand stellt Ihnen beim ersten Treffen sehr persönliche Fragen.
- Jemand lädt Sie zu sich nach Hause zum Abendessen ein und bringt das Essen erst drei Stunden nach Ihrer Ankunft auf den Tisch (erschwerend kommt hinzu, daß Sie den ganzen Tag nichts gegessen haben).
- Jemand gerät in Wut, läßt Dampf ab und hat die Sache eine Minute später vergessen, während Sie sich immer noch über seinen Wutanfall ärgern.
- Jemand hält seine Gefühle zurück, nachdem Sie die Karten bereits auf den Tisch gelegt haben.

Unterschiede in der Herkunft nehmen Einfluß auf viele Bereiche: Welche Restaurants wir gern besuchen, worüber wir gerne sprechen, wie wir unserem Ärger Luft machen und welches Verhalten uns beim ersten Treffen angebracht erscheint.

Wenn der Mann sich bei der ersten Verabredung Ihrer Meinung nach etwas seltsam verhält, schreiben Sie ihn nicht automatisch ab. Möglicherweise ist sein Verhalten in seiner kulturellen Identität verwurzelt. Verschieben Sie ein Urteil über Handlungs- und Verhaltensweisen, die Ihnen ungewöhnlich erscheinen. Ich möchte damit keineswegs zum Ausdruck bringen, daß Sie unakzeptierbares, abartiges Verhalten dulden sollen – ich spreche hier von ungewohntem Verhalten, das Sie irritiert.

Spiegelbild

Sie helfen einem Menschen, seine Hemmungen abzulegen, wenn Sie seine Körperhaltung spiegelverkehrt einnehmen. Wenn er sein rechtes Bein über das linke kreuzt, nimmt sie die Gegenhaltung ein. Wenn ihre Körperhaltung offen ist, sie also Arme und Beine nicht verschränkt, nimmt auch er eine offene Körperhaltung ein. Wenn er sich vorbeugt, beugt sie sich ebenfalls vor. Hüten Sie sich dabei vor Übertreibungen. Das Ziel des Spiegelbild-Verhaltens besteht nicht darin, den anderen nachzuäffen. Überlassen Sie das dem alten Groucho und Harpo Marx. Ihnen geht es vielmehr um eine harmonische Angleichung der Körperhaltung.

Einfache Übereinstimmung

Einfache Übereinstimmung besteht aus gemeinsamen Neigungen und Abneigungen, wenn wir etwa für Whitney Houston schwärmen und Rottweiler als Hunderasse gern haben. Diese Form der Übereinstimmung bildet keine Basis für eine Beziehung, nimmt uns jedoch füreinander ein und macht uns aufeinander aufmerksam. Sie liefert uns Gesprächsstoff und gibt uns das Gefühl, etwas mit dem anderen gemeinsam zu haben.

Ehepaare lieben oft dieselbe Art von Musik. Gemeinsame Musikerlebnisse festigen die Bindung. Wir suchen aktiv nach Gemeinsamkeiten, die uns dem anderen nahebringen. Es kann für ihn aufregend sein, herauszufinden, daß die Frau, mit der er ausgeht, seine Leidenschaft für etwas so Triviales wie Pfannkuchen teilt.

Vorsicht: Ich ging eine Zeitlang mit einem Mann aus, mit dem ich in Sachen Gleichklang Anspruch auf einen Eintrag ins *Guinness Buch der Rekorde* gehabt hätte. Wir hatten den gleichen Geschmack im Essen, beim Wein, in der Musik. Wir liebten denselben Schriftsteller, den nicht jeder kannte, dieselbe Jazzsängerin, die so gut wie kein Mensch außer uns beiden kannte. Ich saß ihm gegenüber im Restaurant, das wir beide liebten, wir tranken unseren Lieblingswein und aßen unseren Lieblingskäse. Da meldete sich eine leise Stimme in meinem Kopf und sagte: »Was stimmt denn hier eigentlich nicht?« Es dauerte Monate, bevor ich es wußte. Wir waren Asse in der Abteilung Einklang, aber das war auch schon alles. Ich beging den Fehler zu glauben, das sei eine Voraussetzung dafür, daß wir uns verlieben könnten.

Bewußtmachen fortgeschrittener Übereinstimmung

Liebespaare geraten in Schwierigkeiten, wenn die Monate ins Land ziehen und die beiden nicht über die einfache Übereinstimmung – etwa die gemeinsame Liebe für Pizza mit Peperoni – hinauskommen. Ihm ist nie aufgefallen, daß sie keine Kinder haben möchte, er sich aber fünf Kinder wünscht. Sie ist nie dahinter gekommen, daß er keine Frau heiraten würde, die einer anderen Glaubensgemeinschaft angehörte.

Fortgeschrittene Übereinstimmung geht über äußere Neigungen hinaus. Sie betrifft gemeinsame Lebensanschauungen. Das sind keine Themen, die Sie beim ersten Rendezvous auf den Tisch bringen. Darüber spricht man erst, wenn man sich etwas besser kennt. Lassen Sie sich's also geraten sein, nichts zu überstürzen, selbst wenn Sie solche Fragen gleich zu Anfang stellen wollen.

Wenn diese Themen angesprochen werden, ist es sinnvoll, mehr darüber herauszufinden. Sie vermitteln Ihnen einen Schimmer davon, ob eine tiefere Übereinkunft besteht. Gehen Sie der Sache nicht zu eifrig auf den Grund. Vielleicht vertritt er eine bestimmte Meinung, weil er Sie noch nicht gut genug kennt... Zögern Sie andererseits ein Gespräch über wichtige Sachverhalte nicht ewig hinaus in der Hoffnung, er werde schon irgendwie auf wunderbare Weise mit Ihnen übereinstimmen.

Wenn Sie drei Monate lang regelmäßig miteinander ausgehen und Sie beide immer noch nicht die wichtigen Dinge des Lebens angesprochen haben, wird es Zeit für eine offene Aussprache, die etwa so klingen könnte:

Kurz nachdem wir uns kennengelernt haben, hast du gesagt, du seist zu diesem Zeitpunkt noch nicht zu einer festen Bindung bereit. Wir waren in den letzten Wochen oft zusammen, und meine Gefühle für dich nehmen zu und werden ernster. Irgendwie finde ich, es wäre ganz gut, wenn wir jetzt darüber sprechen.

Du hast einmal gesagt, du möchtest keine Kinder. Wenn ich eines sicher weiß, dann ist es mein Wunsch nach Kindern. Wir müssen darüber sprechen, damit wir uns beide über die Gefühle des anderen klarwerden.

Erwarten Sie nicht, das gesamte Wertesystem eines anderen Menschen zu teilen oder ihn davon zu überzeugen, daß Sie die richtigen Denkweisen vertreten und er die falschen. In jeder Beziehung gibt es Punkte, in denen man sich einig ist und andere, in denen keine Übereinstimmung besteht. Wenn Sie jemanden suchen, der absolut genau so ist wie Sie, sollten Sie an einem hellen Sonnentag Ihr Spiegelbild so lange in einem See betrachten, bis Sie sich darin verlieben.

Ergänzungen in der Beziehung

Innerer Einklang baut sich nicht nur über Gemeinsamkeiten auf, sondern in einander ergänzenden Eigenschaften:

Er haßt es, Insekten zu zertreten.	Sie kauft Stiefel mit weicher Gummisohle
Sie haßt Gebrauchs- anweisungen	Er findet das Programmieren des Videorecorders aufregender als Sex
Sie ißt gern	Er kocht gern
Er schafft es nicht, seine Steuererklärung zu machen	Sie hat ständig einen Taschenrechner bei sich

Wir haben ein gutes Gefühl, wenn der andere uns ergänzt und wir als Paar effizienter sind. Wir teilen uns gerne Aufgaben, um uns das Leben zu erleichtern. Das stärkt unser Zusammengehörigkeitsgefühl. Paare, die längere Zeit zusammenleben, haben es hierin schon zu wahren Meisterleistungen gebracht. Wenn die beiden ins Kino gehen, parkt er den Wagen, und sie kauft die Karten. Sie reserviert die Plätze, er holt das Popcorn. Er wiederholt die Dialogstellen, die sie nicht verstanden hat. Sie erklärt ihm das Ende des Films.

Gegenseitiges Ergänzen findet auch auf emotionaler Ebene statt, wenn man sich beispielsweise in Perioden der Niedergeschlagenheit ablöst. Wenn er seine Depressionsphase durchmacht, kann sie ihn aufheitern und umgekehrt. Wenn beide zur selben Zeit deprimiert sind, wird das Leben schwerer.

Wenn Ihre Freundin sagt, sie hasse es, ihren Wagen zu waschen, geben Sie ihr zu verstehen, daß Autowaschen eine Ihrer Leidenschaften ist. Sie müssen ja nicht gleich sagen, daß Sie acht Stunden dazu brauchen und jeden Samstagnachmittag damit verbringen – und sich durch nichts in Ihrem Reinigungsritual stören lassen.

Ausgleich

Im gegenseitigen Informationsaustausch sollten Sie auf ein angemessenes Maß an Gleichklang und Ausgeglichenheit achten. Einer der Beteiligten muß das Risiko auf sich nehmen, auch heikle Informationen über sich preiszugeben. Wenn Sie diese Person sind und Ihrem Freund einen Vorfall aus Ihrer Vergangenheit erzählen... ein Geheimnis anvertrauen... ein Gefühl... eine beliebige Geschichte, die einen tiefempfundenen Augenblick in Ihrem Leben offenbart...

Halten Sie inne.

Sorgen Sie dafür, daß Ihr Freund Ihnen etwas von sich erzählt, auch wenn er Ihrem Beispiel nicht sofort folgt. Nach einer »Enthüllung« kehren Sie beide wieder zum Small talk zurück, zum verbalen Fliegenfischen oder zum Austausch gemeinsamer Interessen.

Wenn beide im Austausch von Vertraulichkeiten nicht gleichziehen, kommt sich einer am Ende des Abends entblößt vor. Sie hat ihm ihr Herz und ihre Seele offengelegt, aber alles, was sie von ihm weiß, ist der Name seiner Lieblings-HipHop-Band. Kermit stellte Charlene eine Frage nach ihrer sexuellen Vergangenheit. Statt ihm die Bitte abzuschlagen oder ihm eine kleine Begebenheit zu erzählen, berichtete sie ihm haarklein alles, was sie je auf sexuellem Gebiet getan hatte. Sinnvoller wäre es gewesen, ihm eine kleine Episode zu erzählen und ihn zu animieren, seinerseits eine

Geschichte beizusteuern. Das bedeutet nicht, daß Sie alles auf die Briefwaage legen sollen, sondern, wie in Kapitel 20 erörtert, auf Wechselseitigkeit achten. Charlene tat sich keinen Gefallen damit, ihre gesamte Intimsphäre preiszugeben.

Sein Selbst bewahren

Vergessen Sie in Ihrem Bemühen, die Vorlieben des Partners zu erkunden, nicht, Ihre eigene Persönlichkeit zu bleiben, mit eigenen Meinungen, Wünschen und Bedürfnissen. Menschen auf Partnersuche begehen häufig den Fehler, übertriebene Zugeständnisse zu machen. Sie gehen dahin, wohin er gehen möchte; essen dort, wo sie essen möchte, stimmen in allem ihren/seinen Vorschlägen zu. Sie ordnen solches Verhalten irrtümlich unter den Sammelbegriff ein, »nett« sein zu wollen. Das ist nicht nett, das ist feige.

Sie gewinnen die Zuneigung eines Menschen, wenn Sie ihm zeigen, daß Sie gelebt haben, bevor er auf Sie aufmerksam geworden ist. Ihre Suche nach einer Beziehung darf Sie nicht in einen Fußabstreifer verwandeln.

Verhandlung und Kompromiß

Trina erzählte Elaine, daß sie sich von Patrick trennen mußte, mit dem sie seit zwei Monaten befreundet war. Wenn sie die Nacht miteinander verbrachten, wollte Patrick auf seiner Bettseite schlafen, Trina hätte sich aber lieber in der Nacht an ihn gekuschelt, und außerdem dauerte sein Vorspiel nicht länger als ein durchschnittlicher Werbespot. Sie hatte nie mit Patrick darüber gesprochen; sie war einfach der Meinung, sie würden nicht zusammenpassen. Nachdem Trina ihre Geschichte beendet hatte, sagte Elaine nur: »Guten Morgen, Traumverlorene.«

Harmonie baut man auf. Sie ist nicht automatisch da, abgesehen von unbedeutenden Kriterien wie die Vorliebe für eine Geschmacksrichtung bei Kaugummi oder die Liebe für einen bestimmten Schriftsteller. Tritt Harmonie in einigen Lebensbereichen automatisch auf, so fehlt sie in anderen. Er ist einige Male mit einer Frau ausgegangen, die ihm gefällt, und schon denkt er, sie passe perfekt zu ihm, ohne alle Facetten ihrer Persönlichkeit zu kennen. Es wird eine Zeit geben, in der sie mehr Dimensionen aufweist, als ihm lieb ist.

Oder mit Elaines Worten gesagt:

Ein Mensch, den man gern hat, besteht zu 80 Prozent aus Gold und zu zwanzig Prozent aus Dreck. Prüfe, ob du mit den 20 Prozent leben kannst.

Trina muß mit Patrick sprechen und ihm liebevoll zu verstehen geben, was sie braucht; sie muß herausfinden, was er braucht, und ein kommunikatives Umfeld schaffen, in dem beide Wege finden, um diese Bedürfnisse zu erfüllen. Wenn sie erkennt, daß Patrick andere Vorstellungen von Sex hat als sie, ist ihr erster Impuls, mit ihm Schluß zu machen und nach jemandem Ausschau zu halten, der auf ihrer Wellenlänge ist. Vermutlich findet sie diesen Mann, bei dem gibt es aber wieder andere Bereiche, in denen sie nicht mit ihm übereinstimmt.

Es gibt keine perfekten Beziehungen und keine perfekten Situationen. Man muß sich auf Kompromisse einigen, schwierige Themen aufgreifen, man muß daran arbeiten und verhandeln, um eine feste Beziehung aufzubauen und beizubehalten.

Standortbestimmung

Ein großes Thema bei einer Verabredung ist das Gefühl, keine Ahnung zu haben, woran man ist. Viele Menschen suchen verfrüht nach Feedback, um diese unangenehme Situation zu beenden. Er fragt immer wieder, ob sie bequem sitzt (will aber eigentlich wissen, ob sie sich mit ihm wohl fühlt). Sie fragt immer wieder, ob ihm das Essen schmeckt (will aber eigentlich wissen, ob er gern mit ihr zusammen ist).

Das ist keineswegs erstaunlich. Bei einer Verabredung kommen wir uns oft vor, als schwebten wir im Weltraum zwischen Venus und Mars nur an einem dünnen Kabel mit unserem Raumschiff verbunden.

Jeder möchte wissen, wie der andere sich fühlt. Das können Sie jedoch allein mit Fragen nicht rausbekommen.

Geben Sie Ihrem Begleiter Aufschluß über Ihre und seine Befindlichkeit, und machen Sie gelegentlich klare Aussagen.

Sagen Sie:

Mir gefällt es hier gut.
Oder:
Ich bin gern mit Ihnen zusammen.

Oder:
Sie sind aufmerksam. Das gefällt mir.
Oder:
Ich fühle mich von Ihnen verstanden.
Oder:
Cool. (Falls Sie unter zwanzig sind...)

Im Hinblick auf den vorangegangenen Abschnitt über Ausgleich halten Sie sich mit Lobesworten zurück, bis ein Gleichklang zwischen Ihnen hergestellt ist. Geben Sie Ihrem Begleiter mit einigen Bemerkungen Ihren Standort zu verstehen, und warten Sie darauf, daß er seinerseits im Verlauf des Abends eine Standortbestimmung vornimmt. Falls das nicht geschieht, hat er möglicherweise ein anderes Zeitgefühl oder überhaupt andere Gefühle, oder er ist unsensibel, oder er fühlt sich in der Situation nicht sonderlich wohl. Wie dem auch sei, halten Sie sich mit Lobeshymnen zurück.

Haben Sie Vertrauen in die Situation
Die Menschen haben verschiedene Vorstellungen von Zeitbegriffen und Enthüllungen. Manche gehen rasch aus sich heraus, während andere erheblich mehr Zeit brauchen, um sich zu öffnen. Wir sagen etwas, warten, wundern und fragen uns, machen uns Sorgen, fragen uns wieder, sind in Ungewißheit und respektieren die Unterschiede unserer Verhaltensweisen. Das ist ein zeitraubendes Verfahren, deshalb:

* Bedrängen Sie ihn nicht, wenn Sie ihn erst seit ein paar Minuten kennen.
* Bewerten Sie einen Menschen nicht ausschließlich nach einer Verhaltensweise.
* Stecken Sie jemanden nicht in die Schubladen Ihrer früheren Beziehungen.
* Schließen Sie beim Anblick des Teilstücks eines Puzzles nicht auf das Gesamtbild.

Die Ansicht, sich Gewißheit verschafft zu haben, mag Ihre Unsicherheit zwar vorübergehend beschwichtigen, auf lange Sicht verlieren Sie dadurch vielleicht aber einen wichtigen Menschen in Ihrem Leben.

WEITERES ZUM THEMA INNERER EINKLANG

Es ist anzunehmen, daß Ihnen in diesem Zusammenhang bestimmte Fragen durch den Kopf gehen, zumal wenn es sich dabei um etwas handelt, das in der Vergangenheit nicht in Ihrer Reichweite war.

Lüftet Nachdenken den Schleier des Geheimnisses?

Sie sind möglicherweise der Anschauung, es sei unnatürlich, sich bewußt Gedanken über das Zustandekommen von innerem Einvernehmen zu machen. Das stimmt nicht. Das Wissen über bestimmte Techniken gibt Ihnen Aufschluß über Zusammenhänge und das Wiederherstellen von innerem Gleichklang. Beurteilen Sie das Entstehen einer Beziehung nicht nach dem Zufallsprinzip. Bewußtes Nachdenken lenkt nicht von den Geheimnissen um eine andere Person ab. Im Gegenteil: *Erhöhtes Bewußtsein gibt tiefere Einblicke und ebnet den Weg zum Aufspüren von noch größeren Geheimnissen.*

Verständnis für das Phänomen gegenseitigen Einvernehmens bedeutet nicht, daß Sie diesen Zustand immer herstellen können oder immer das Verlangen danach haben. Sie sind nur nicht ständig bereit, sich selbst die Schuld zu geben, wenn etwas nicht klappt. (Sie machen sich höchstens einige Vorwürfe – aber das liegt in der menschlichen Natur). Sie werden besser verstehen, was schieflief, und können die Entscheidung treffen, etwas dagegen zu unternehmen. Das entfernt Sie Riesenschritte von dem Standpunkt, den Sie bislang eingenommen haben, als Sie mit solchen Situationen nach der Devise »das ist eben mein Pech« umgegangen sind.

Vorsicht

Übereinstimmung kann man üben, sie darf aber nicht gespielt sein. Wir können eine bestimmte Richtung einschlagen, ohne unsere emotionale Beteiligung an den Vorgängen zu verlieren. Wenn es darum geht, einen Verkaufsabschluß zu tätigen oder einen neuen Kunden zu gewinnen, können wir uns erfolgreich entsprechender Techniken bedienen. Wenn Sie jedoch eine persönliche Beziehung zu einem anderen Menschen aufbauen wollen, müssen Sie sehr sorgfältig damit umgehen. Denkkonzepte, die umgehende Übereinstimmung oder sofortige Intimität versprechen, müssen kritisch betrachtet werden. Denn wir haben es hier nicht ausschließlich mit erlernbaren Techniken zu tun, sondern mit tief empfundenen Emotionen realer Menschen.

Muß man daran arbeiten?

Ich stand in einem großen New Yorker Kaufhaus in einer langen Warteschlange vor den Umkleidekabinen, um ein paar Sachen anzuprobieren. Direkt hinter mir stand eine Frau mit ihrem Ehemann, der ihr Gesellschaft leistete. Sie waren beide in den Fünfzigern. Weil die Warterei lange dauerte, schlug sie vor, er solle sich doch in der Herrenabteilung umsehen. Er meinte, er bliebe lieber bei ihr; ob er ihr nicht die Kleider abnehmen könne, sie würden auf die Dauer für sie zu schwer. Sie bedankte sich für seine Hilfe, schickte ihn aber trotzdem weg. Er ging, kam aber nach einigen Minuten wieder mit einem Einkaufswagen, in den sie die Kleider legen konnte. Als er sich diesmal entfernte, sagte eine Frau hinter ihr laut: »Wo haben Sie den bloß aufgegabelt? Gibt's so was auch in meiner Größe?« Wir lachten alle. Und die angesprochene Frau antwortete: »Wir sind über dreißig Jahre verheiratet und haben sehr, sehr hart daran gearbeitet.«

Wir wissen, daß wir in den meisten Bereichen unseres Lebens hart arbeiten müssen. Der Aufbau von Beziehungen unterscheidet sich in diesem Punkt nicht von anderen Bereichen. Die Arbeit an einer gesunden und glücklichen Beziehung gehört zu den mühsamsten und zugleich lohnendsten Aufgaben unseres Lebens. Das kann damit beginnen, in welcher Form Sie bereits bei der ersten Begegnung Übereinstimmung miteinander erzielen.

TEIL VIII

SABOTAGE, REVOLTE UND KONFLIKTSITUATIONEN

KAPITEL 23
IHR ERSTE-HILFE-KOFFER:
DER ABSOLUTE VERABREDUNGSFLOP

JOHNNY CARSON: Was halten Sie von einem Rendezvous?
RICHTER RHEINHOLD: Etwa soviel wie von Zahnchirurgie.
(aus einer amerikanischen »Tonight Show«, 1991)

»Einmal habe ich ein Rendezvous abgelehnt, weil ich einen Partner
suchte, der weiter oben in der Nahrungskette stand.«
(Komikerin Judy Tenuta)

Sie wissen, daß es sich bei einem Rendezvous um einen absoluten
Flop handelt, wenn:

Sie ihm sagen, sein Gesicht komme Ihnen bekannt vor, und sich erinnern, wo Sie es schon mal gesehen haben: im Verbrecheralbum;

Sie ihr sagen, ihr Gesicht komme Ihnen bekannt vor, und sich erinnern, wo Sie es schon mal gesehen haben: auf dem Foto, das auf
dem Schreibtisch Ihres Chefs steht;

er Ihnen anvertraut, daß seine sieben Frauen an rätselhaften Ma-
generkrankungen verstorben sind;

sie Ihnen die Tür öffnet und ein Hochzeitskleid trägt.

Ja, es gibt Umstände, unter denen Sie jemandem keine zweite
Chance geben wollen. Rufen Sie lieber ein Taxi oder die Polizei
oder raten Sie Ihrem Begleiter zu einer Psychotherapie. Solche
Horrorbegegnungen sind ein gefundenes Fressen für die Sensati-
onspresse und einschlägige TV-Dokumentationen.
   Die meisten solcher Flops sind nicht ganz so spektakulär. Sie
langweilen sich, fühlen sich abgestoßen, werden gekränkt oder
fühlen sich unglücklich (möglicherweise auch die ganze Palette),

aber Ihr Leben ist nicht in Gefahr. Eine Stufe unter dem Rendez-vous der lebenden Toten liegt der Saturday-Night-Alptraum.

Johanna erzählt die Geschichte, wie Ed sie zu ihrer zweiten Verab-redung abholte und ihr eröffnete, er habe eine große Überraschung für sie. Statt ins Kino nehme er sie mit zu seiner Therapiesitzung. Wenn der Therapeut der Meinung sei, die Beziehung könne klap-pen, wollte Ed weitere Schritte in Erwägung ziehen.

Carla nahm Platz im Wagen ihrer neuen Eroberung. Er öffnete das Handschuhfach, in dem sechs verschiedene Herrendüfte standen. Er fragte sie, welcher Duft ihr am besten gefalle, und betupfte sich damit die Handgelenke. Danach unternahm er eine lange Auto-fahrt mit ihr. Seither kann Carla Parfums nicht ausstehen.

Daisy nahm Ralphs Einladung zu einem selbstbereiteten Abendes-sen an. Als er das Grillhühnchen servierte, erklärte er, demnächst ziehe seine alte Flamme bei ihm ein und bleibe den Sommer über; sie sei aber viel unterwegs. Was ihn betreffe, so könne er sich na-türlich jederzeit mit Daisy treffen, wenn seine Mitbewohnerin ver-reist sei. Kurz darauf fragte Ralph besorgt, wieso Daisy nichts von dem leckeren Hühnchen esse.

Seth, ein schüchterner Computerfachmann, war seit Jahren mit keiner Frau ausgegangen, als er Annie zum Essen in ein nettes Lokal aus-führte. Während der Vorspeise lud sie ihn zu sich nach Hause ein, da-mit er ihre Familie kennenlernte. Sie lud ihn außerdem ein, an ihrem Klassentreffen teilzunehmen, und schlug vor, Silvester gemeinsam zu verbringen – es war Mitte Juli. Als er sich die Bemerkung gestattete, sie gehe aber ran, sprang sie zornig auf, sagte, er sei eben wie alle an-deren Männer und stürmte erbost aus dem Lokal.

WILLKOMMEN IN DER WELT

Flops bei Rendezvous gibt es immer wieder. Jeder trifft mal auf je-manden, der es nicht so genau mit der Körperpflege nimmt, der ei-nen schlechten Geschmack oder schlechte Manieren hat. Statt auf Partnersuche zu gehen, können Sie Ihre Energie natürlich darauf verwenden, ausschließlich Rendezvous ohne Enttäuschungen wahrzunehmen; das bedeutet aber, zu Hause rumzusitzen. Sie vermeiden dabei Katastrophen, es entgeht Ihnen aber auch wahrscheinlich einiges, was sehr schön sein könnte.

Die Frage ist nicht, wie Sie alle negativen Verabredungen vermeiden. Fragen Sie statt dessen:

Wie kann ich negative Verabredungen reduzieren?
Wie kann ich wissen, ob er ein ungeschliffener Diamant ist?
Wie kann ich wissen, wann und ob ich jemandem eine zweite Chance geben soll?
Wie kann ich eine zweite Chance bekommen?

Die Antworten auf diese Fragen finden wir, wenn wir unsere Angriffs- und Rückzugsstrategien und die logistischen Überlegungen neu berechnen und ausarbeiten.

FEINDLICHE MÄCHTE ENTWAFFNEN

Niemand trifft eine Verabredung, um einen gräßlich langweiligen Abend zu verbringen. Wir treffen Verabredungen in der Hoffnung, unser Begleiter erweist sich als amüsant, und der Abend wird zum Erfolg. Keine Frau akzeptiert einen Begleiter, bei dessen Verhalten ihr das Blut in den Adern gefriert. Manchmal stehen Ihnen genügend Informationen zur Verfügung, um halbwegs abzuschätzen, welchen Verlauf ein Abend nehmen könnte, doch zu anderen Gelegenheiten (wenn Sie jemanden gar nicht kennen oder erst kurz zuvor kennengelernt haben) ist die Sache ziemlich ungewiß. Sie verlassen sich auf Ihr Gefühl, Ihre Intuition, auf das, was Freunde über den Betreffenden gesagt haben, ähnlich gelagerte Interessen, gutes Aussehen – also Äußerlichkeiten, die Sympathien wecken. Das bedeutet allerdings noch lange nicht, daß es sich dabei um jemanden handelt, den Sie gern haben oder gar lieben können.

Wenn Sie nicht wissen, was Sie erwartet, gehen Sie bei der Planung einer Verabredung nach folgenden Richtlinien vor:

Bringen Sie niemanden mutwillig in Verlegenheit

Wenn er die Dame in der Bowlinghalle kennengelernt hat, weiß er, daß sie Kleidung besitzt, in der man zum Bowlen geht. Falls sie keine Leidenschaft für Drachenfliegen, Wildwasserfahren oder Puccini geäußert hat, sollte er seine neue Eroberung nicht zu einer Veranstaltung einladen, von der er nicht weiß, ob sie die Ausrüstung, das Interesse oder die passende Kleidung mitbringt. Manche Menschen lieben es, Neuland zu erkunden, allerdings nicht immer mit einem fremden Menschen. Sie kennt ihn kaum und hat ihm vermutlich noch nicht gestanden, daß sie sich lieber einen Backenzahn ohne Betäubungsspritze ziehen ließe, als festgezurrt an einem Gleitschirm durch die Lüfte zu schweben oder neun Spielabschnitte beim Baseball oder drei Opernakte in italienischer Sprache über sich ergehen zu lassen. Beim ersten Treffen ist jeder unsicher und nervös. Wenn er im Smoking und sie im tiefausgeschnittenen Kleid zur unpassenden Gelegenheit auftaucht, würden beide vor Scham am liebsten im Erdboden versinken.

Werfen Sie kein Geld zum Fenster raus

Zeigen Sie ihm, daß Sie ihn sympathisch finden, auch ohne Kaviar und Champagner im Ritz. Sie wollen ihm beweisen, daß er Ihnen viel bedeutet. Wenn Sie aber zuviel Geld ausgeben, müssen Sie damit rechnen, daß:

- der Abend in erhöhter nervöser Spannung verläuft.
- sie sich fragt, ob er ihr das auch beim zweiten Rendezvous bietet.
- er sich fragt, was sie wohl als Dessert erwartet.
- sie das Gefühl hat, er versuche zu beflissen Eindruck bei ihr zu schinden.

Telefongespräche

Frauen telefonieren gern. Männer benutzen das Telefon, um Informationen durchzugeben oder einzuholen. Männer wie Frauen telefonieren gern mehrmals, bevor sie eine Verabredung treffen – zumal dann, wenn man einander kaum kennt. Er kann sie anrufen, einfach um sich bei ihr zu melden oder sie wissen zu lassen, daß er in dieser Woche noch zu beschäftigt ist, um sie zu sehen, aber ein Lebenszeichen von sich geben möchte. Nach ein paar Telefongesprächen weiß jeder wesentlich mehr vom anderen, über seine Vorlieben, Eigenheiten und Macken. Vielleicht ist Ihr Interesse nach eingehender »Telefonauskunft« mit dem/der Betreffenden bereits erloschen.

Vorsicht: Aus einem wunderbaren Telefongespräch kann eine grauenvolle Verabredung werden, vor allem wenn das Rendezvous über eine Kontaktanzeige zustande kommt. Daher empfehle ich:

- Selbst wenn Sie wissen, was Sie tun...
- Selbst wenn es den Anschein hat, als seid Ihr beide füreinander bestimmt...
- Selbst wenn ihre Stimme klingt wie die von Julia Roberts...
- Selbst wenn sie Ihnen sagt, sie werde ständig mit Julia Roberts verwechselt...
  Befolgen Sie bitte den nächsten Tip.

Versuchen Sie es mit einem kurzen Treffen
Die beste Methode, um eine langweilige Verabredung zu vermeiden, ist, nicht so lange sitzen zu bleiben, bis es langweilig wird. Versuchen Sie nicht sich vorher auszumalen, wie ein ganzer Abend mit ihm verlaufen würde. Verlassen Sie sich auf eine erprobte Methode, um den ersten Abend zu überstehen: die kurze Verabredung. Sie ist meiner Meinung nach die beste Antwort, um überhaupt negative Verabredungen zu vermeiden.
Wenn Sie ihn anrufen, sagen Sie:

Nächsten Donnerstag habe ich eine Geschäftsbesprechung in Ihrer Nähe. Haben Sie Zeit, sich mit mir vorher auf eine Tasse Kaffee zu treffen?

Ich weiß vor Arbeit nicht, wo mir der Kopf steht, würde Sie aber trotzdem gerne sehen. Haben Sie nächste Woche Zeit für einen Drink?

Ich gehe zu einem Vortrag über Reinkarnation. Cleopatra ist vermutlich auch da. Haben Sie Lust, mitzukommen?

Die kurze Verabredung gibt Ihnen Gelegenheit, sich nach etwa einer Stunde einen eleganten Abgang zu verschaffen. Jeder, auch Sie, kann für diese Zeitdauer charmant und freundlich sein, selbst mit einem Kerl, der Ihnen gegen den Strich geht. Wenn er Ihnen gefällt, vereinbaren Sie ein zweites Treffen. Wenn nicht, bedanken Sie sich und schreiben ihn ab. Wenn er Sie toll findet, Sie seine Gefühle jedoch nicht erwidern, nehmen Sie sich den Abschnitt über die Kunst des Loseisens aus Kapitel 6 noch einmal vor. Wenn Sie ihn toll finden, er Ihre Gefühle aber nicht erwidert, lesen Sie die Überlebensstrategien bei Zurückweisung in Kapitel 16 noch einmal durch.

Begleiten Sie ihn nicht zu seinem Klassentreffen

Ihm steht ein wichtiger gesellschaftlicher Anlaß bevor – und dafür sucht er eine Begleiterin. Wenn es ein Anlaß der Art ist, wo er alte Kumpels wiedertrifft, der Alkohol in Strömen fließt und alle Geschichten zum besten geben, worüber sich jeder außer Ihnen totlacht und jeder Ihnen sagt: »Das hätten Sie erleben müssen«, können Sie in vier Stunden um zehn Jahre altern. Sofern Sie nicht total verrückt nach ihm sind und daher die Kraft haben, diese Hölle zu überstehen, lehnen Sie die Einladung ab, und bleiben Sie bei der Kurzverabredung.

Bleiben Sie Onkel Luigis Geburtstagsfest fern

Sie fragt ihn möglicherweise beim ersten Treffen, ob er sie zu einer Familienfeier begleitet. Ich würde es mir zweimal überlegen, bevor ich mich mit ihrer Familie an den gedeckten Tisch setze, wenn ich die Dame nicht wirklich gut kenne. Ihre Schwester hat möglicherweise vier Kinder, die Ihre Krawatte als Malunterlage benutzen wollen. Ihr Onkel holt die Dias vom letzten Sommer hervor. Cousin Schlomo hält Sie für ihren Verlobten, dabei haben Sie die Frau erst vor zwei Tagen kennengelernt. Das Grauen dieses Abends kann Ihnen unvergeßlich sein. Lassen Sie sich Zeit, bevor Sie die ganze Familie treffen, verschieben Sie das Kennenlernen auf einen Zeitpunkt, wenn Ihr beide euch etwas mehr Klarheit verschafft habt.

Vermeiden Sie Tagesausflüge

Suzanne lernte einen Typ in ihrem Fitneßclub kennen. Er lud sie nach Newport, Rhode Island, (zwei Stunden Autofahrt) zum Picknick im Wald ein und anschließend zu einem Essen bei seinen Freunden. Sie sagte zu. Als er sie abholte, waren seine ersten Worte beim Betreten der Wohnung: »Nette Wohnung. Was zahlen Sie dafür?« Dann tauchte er seinen Blick lange in den Ausschnitt ihrer Bluse und seufzte. Beim Einsteigen in den Wagen ließ er ein lautes Rülpsen vernehmen und meinte, er habe nun doch kein Essen gekauft, das könne man dort an Ort und Stelle besorgen. Im Naturschutzpark gab es nichts Eßbares zu kaufen. Suzanne war am Verhungern, als es Zeit war, sich mit den Freunden zu treffen, doch die verspäteten sich um zwei Stunden. Er wollte mit dem Essen unbedingt auf sie warten, aus Höflichkeit, wie er sagte. Als die Freunde endlich kamen, war die Küche geschlossen. Und vor Suzanne lag noch eine zweistündige Heimfahrt mit ihrem Kavalier.

Lassen Sie sich nicht auf Tagesausflüge mit Leuten ein, die Sie nicht kennen. Ein solcher Ausflug kann immer noch geplant werden, wenn Ihr beide euch etwas näher kennengelernt habt.

Im Zweifel entscheiden Sie sich für das Aktivprogramm

Wenn Sie erste Verabredungen hassen und auch keine Kurzverabredung treffen wollen, weil Ihnen auch dieser Gedanke unangenehm ist, haben Sie andere Möglichkeiten. Wenn beide gern Tennis oder Billard spielen, entscheiden Sie sich für eine dieser Aktivitäten. Viele Menschen fühlen sich mit einem Aktivprogramm bei der ersten Verabredung wohler, da dadurch ihre Hemmungen herabgesetzt werden. Planen Sie eine Verabredung, bei der Sie in Schwung kommen und Ihre ängstlichen Gedanken vertreiben können.

Vorsicht: Wenn Sie sich aktiv sportlich betätigen, übertreiben Sie es bei der ersten Verabredung nicht mit Ihrem Sportsgeist. Versuchen Sie ihr beim ersten Mal nicht Ihren Weltklasse-Aufschlag vorzulegen. Und sie sollte ihm beim ersten Mal nicht beweisen wollen, daß auch Steffi Graf keine ernstzunehmende Gegnerin für sie wäre. (Falsch wäre auch, ein Spiel absichtlich zu verlieren.) Denken Sie einfach daran: Ihr habt euch getroffen, um euch etwas besser kennenzulernen – nicht um euch gegenseitig vom Platz zu fegen. Konkurrenzdenken ist bei der ersten Verabredung nicht angebracht.

Vorsicht bei der Wahl des Film

Ein Kinobesuch kann einerseits zu distanziert und andererseits zu intim sein: zu distanziert, weil es während des Films keine Interaktion gibt… zu intim, weil die körperliche Nähe bei Sexszenen einen oder beide nervös machen kann.

Das gilt auch für einen Videofilm. Phil lud Jody zum Abendessen ein, und das fand sie wirklich süß. Nach einem köstlichen Essen sagte er ihr, er habe eine Videokassette ausgeliehen. Es war der Film *Neuneinhalb Wochen*, und der Fernseher stand im Schlafzimmer.

Übertreten Sie jede dieser Regeln mindestens einmal

Bei unseren Guerillataktiken geht es ständig darum, herkömmliche Regeln und Gebote zu brechen und neue Wege zu gehen. Wenn Sie wissen, wie Sie Verabredungsflops vermeiden können, so hoffe ich sehr, daß Sie auch hören, was Ihnen Ihr Herz sagt, und nicht gleich alle Gefahren scheuen; sonst sitzen Sie am Ende stumm da, wenn Ihre Freunde einander die irrsten Horrorgeschichten über mißlungene Verabredungen erzählen; oder Sie bleiben stets konservativ, statt auch Ihre flippige Seite zu zeigen; oder Sie hören die Melodie Ihres Herzens nicht, weil sie von einer traurigen Ballade in b-Moll übertönt wird.

Machen Sie mit einem völlig Fremden eine Ballonfahrt. Leihen Sie sich ein Ruderboot, und veranstalten Sie ein Picknick mitten auf dem See. Gehen Sie die ganze Nacht aus. Seien Sie tollkühn und verwegen.

EINE REGEL, DIE SIE NIE BRECHEN SOLLTEN

Wenn nötig, gehen Sie nach Hause

Domenic lud eine Frau zum Essen in ein New Yorker Künstlerbistro ein, in dem ein Jazz-Trio spielte. Er machte eine Bemerkung darüber, wie erstaunlich wenig weibliche Jazzmusiker es doch gäbe. Seine Begleiterin reagierte auf seine Bemerkung mit einem Zornesausbruch. Sie warf ihn mit den schlimmsten Machos und Frauenverächtern in einen Topf, nannte ihn dominant und unsensibel... er sei eben auch einer von denen, die Frauen den Weg in die Jazzszene versperren wollen. Als er versuchte, sich zu verteidigen, griff sie ihn um so heftiger an. Er bat sie, damit aufzuhören. Auch das nützte nichts. Er entschuldigte sich, stand auf, ging zur Toilette, um ihr Zeit zu geben, sich zu beruhigen. Als sie bei seiner Rückkehr da weitermachte, wo sie vorher aufgehört hatte, stand er auf und sagte, es täte ihm leid, aber er müßte jetzt gehen.

Candice lernte einen Mann kennen, der sich einige Wochen geschäftlich in der Stadt aufhielt. Er lud sie ein, mit ihm und zwei befreundeten Ehepaaren zum Essen zu gehen. Es fing alles ganz harmlos an, doch dann trank er zuviel. Er wurde laut und unangenehm und brachte den ganzen Tisch mit seinen schmutzigen Witzen in Verlegenheit. Candice ließ es über sich ergehen, wünschte jedoch hinterher, sie wäre aufgestanden und gegangen.

Dulden Sie keine Verletzungen, keinen Alkoholmißbrauch, kein antisoziales Verhalten von Ihrer Begleitung. Wenn er/sie sich schlecht und unverantwortlich benimmt, stehen Sie auf und gehen. Wenn Sie sich Sorgen um seine Sicherheit (und die Sicherheit anderer) machen, wie er z. B. in seinem alkoholisierten Zustand nach Hause kommt, nehmen Sie ihm die Wagenschlüssel ab, und rufen Sie ihm ein Taxi.

Gehen Sie nicht aus dem Haus, ohne genügend Geld in der Tasche zu haben, um Ihr Essen oder ein Taxi zu bezahlen. Wenn es sein muß, rufen Sie einen Freund oder Verwandten an, um Sie abzuholen. Lieber eine peinliche Situation durchstehen, als sich Beleidigungen oder Gefahren aussetzen.

PRACHTKERLE, BLÖDMÄNNER, ZWEITE CHANCEN

Wenn Sie die oben genannten Tips beachten, wird es Ihnen gelingen, viele schlechte Verabredungen zu vermeiden. Vergessen Sie nur nicht: Viele wunderbare Menschen sind beim ersten Treffen gar nicht wunderbar. Nervosität und Hemmungen können einen Prachtkerl vorübergehend zum Blödmann machen.

Maria hatte ein Auto, deshalb holte sie Carlos ab. Während sie auf ihn wartete, hörte sie Musik von ihrem Lieblingssender. Carlos sprang in den Wagen und drückte völlig selbstverständlich auf den Knopf und stellte einen anderen Sender ein.

Paul lud Claire zum Abendessen ein. Sie riß die Rechnung an sich, achtete nicht auf seine Proteste und knallte einen Fünfzig-Dollar-Schein auf den Tisch. Als Paul versuchte, ihr zu erklären, wie unangenehm ihm das sei, entgegnete Claire, er mache aus einer Mücke einen Elefanten. Bei seinem zweiten Versuch schnitt sie ihm das Wort ab und wechselte das Thema.

Liza traf sich mit Don im Schnellimbiß. Bedauerlicherweise übertönte sein Körpergeruch den Duft ihres Hamburgers.

Debby sah sich gezwungen, den Telefonhörer neben das Telefon zu legen, weil Joe unentwegt bei ihr anrief. Sie war einmal mit ihm ausgegangen, und nun wurde sie ihn nicht wieder los. Wenn das nicht aufhörte, wollte sie demnächst eine neue Nummer beantragen.

Diese unerfreulichen Verabredungen unterscheiden sich in einem Punkt von den vorangegangenen Fallbeispielen: Sämtliche Paare feierten nämlich Hochzeit. Es passiert jeden Tag, daß aus unerfreulichen Anfängen gute Beziehungen entstehen. Das sind nur vier Beispiele aus einer Unmenge herausgegriffen, in denen zwei wirklich nette Menschen sich zuerst von der falschen Seite kennenlernten.

Machtspiele

Als Carlos den Sender im Autoradio verstellte und Claire fünfzig Dollar auf den Tisch knallte, versuchten beide etwas von der Kontrolle wiederzuerlangen, die sie bei der ersten Begegnung verloren glaubten. Wenn Carlos schon nicht die Nerven behielt, so konnte er wenigstens einen anderen Sender einstellen. Wenn Claire nicht wissen konnte, ob es ein zweites Treffen gäbe, ließ sie sich zumindest bei dieser Verabredung nichts zuschulden kommen. Leider versuchten beide ihr Gleichgewicht auf Kosten ihrer Begleitung wiederzugewinnen.

Beide sind nette Menschen, die lediglich ihre Unsicherheit auf unangenehme Weise ausagiert haben. Ein negatives Urteil über sie zu fällen wäre falsch.

Wenn jemand zu Beginn ein Machtspiel mit Ihnen treibt, liegt es an Ihnen zu beurteilen, ob dies aus momentaner Unsicherheit geschieht oder ob es ein Charakterzug ist.

Hygiene

Nichts wirkt abschreckender als schlechte Körperpflege, doch auch in diesem Punkt nehmen die Menschen unter behutsamer Anleitung Veränderungen vor. Dons Vater hatte weder Deodorant noch Rasierwasser benutzt, und so wuchs Don ohne diese Errungenschaften menschlicher Zivilisation auf. Folglich war Don ein netter Junge, der schlecht roch, wenn er nervös wurde. Nach ein paar Verabredungen kaufte Liza ihm ein Deodorant. Sie erklärte ihm behutsam, daß sie ihn wirklich gern habe, sie aber wünsche, daß er das Deo benutze. Er war sehr, sehr erstaunt und ein wenig gekränkt, aber er kam darüber hinweg. Wie traurig wäre es gewesen, wenn sie diesen Schritt nicht gewagt und statt dessen mit ihm Schluß gemacht hätte.

Wenn die Hygiene eines Menschen nicht Ihren Vorstellungen

entspricht, müssen Sie abwägen, ob Sie ihn nicht mehr sehen oder ihn besser kennenlernen wollen, um ihn darauf aufmerksam zu machen. Eine gute Freundin von mir heiratete einen Mann, der sein ganzes Leben lang kein Deodorant benutzt hatte, bis sie ihn behutsam darauf hinwies, es damit zu versuchen. Seine erste Reaktion darauf war die empörte Entgegnung, bisher habe niemand an seinem Geruch Anstoß genommen. Seine zweite Reaktion war Irritation wegen ihrer Beharrlichkeit. Seine dritte Reaktion war, es auszuprobieren.

Übereifer

Ausdauer ist eine bewundernswerte Eigenschaft, jemanden unter Druck setzen ist dagegen sehr lästig. Joe konnte zwischen den beiden Eigenschaften nicht unterscheiden, so sehr ging Debbie ihm im Kopf herum. Sie legte oft den Hörer neben das Telefon, um nicht von ihm belästigt zu werden. Schließlich willigte Debbie ein, sich mit ihm zu treffen, weil er sie so sehr bedrängte. Sie nahm sich vor, ihn danach ein für allemal in den Wind zu schießen. Sie war erstaunt, welch reizenden Abend sie mit ihm verbrachte.

Jemand, der Ihnen nicht von der Pelle rückt, mag zwei kurze Verabredungen wert sein, bevor Sie ihm die Standard-Abfuhr oder die Abfuhr in Luxusausführung erteilen. Oder Sie enden wie Debby und Joe – vor dem Traualtar.

Sie müssen entscheiden, ob Sie sich die Pest angelacht haben oder ob er das gewisse Etwas hat. Es gibt zwei Möglichkeiten. Ich kenne zahllose Geschichten von Leuten, die sich in jemanden verliebt haben, der am Ball blieb, der Interesse zeigte, obwohl ihm mehrmals der Stuhl vor die Tür gesetzt wurde. Meine Freundin Mindy nannte einen Bewunderer, »die lästige Klette, die sich nicht abwimmeln läßt«. Sie heiratete die lästige Klette.

Unsicherheit

Zu viel reden
Zu wenig reden
Zu viel fragen
Zu viel kichern
Zu oft unterbrechen

Hemmungen bei der ersten Verabredung lösen oben genannte Verhaltensweisen aus, die einen schönen Abend wie ein plötzlicher Regenguß ruinieren können. So wie Sie sich selbst mit vernünftigen Argumenten beschwichtigen, wenn Sie sich zum Affen gemacht haben, finden Sie auch vernünftige Erklärungen, wenn Ihre Begleitung sich danebenbenimmt:

- Dieses Verhalten sagt nicht alles über sie aus.
- Ich glaube einfach nicht, daß er ein völliger Trottel ist.
- Schnelles Urteil kann ein Vorurteil sein.
- Wenn ich daran denke, wie oft ich eine zweite Chance gebraucht habe, muß ich ihr auch eine geben.
- Mann, ist der Typ nervös.

Wenn Sie sich fragen, aus welchem Grund Sie Nachsicht üben sollen, möchte ich Ihnen mit einem Zitat von Virginia Satir, der wunderbaren Familientherapeutin, antworten:
    Wir alle sind Blumen in einem großen Garten, und wir alle blühen zu verschiedenen Zeiten.

Möglicherweise interessieren Sie sich für eine einjährige oder eine mehrjährige Pflanze, möglicherweise stellt sie sich aber auch als nutzloses Unkraut heraus. Das können Sie erst beurteilen, nachdem Sie dem Keimling etwas Dünger und Wasser gegeben und eine Weile gewartet haben.

SONDERMELDUNG: WAS IST ZU TUN, WENN SIE DER BLÖDMANN SIND?

Sie werden auf jeden Fall wenigstens einmal im Leben feststellen, daß Sie der Blödmann sind. Die Erkenntnis dämmert Ihnen entweder schon während der Verabredung oder danach. Hier einige Tips, wie Sie Ihr Selbstvertrauen wiederfinden.

Während der Verabredung

Rita ist fabelhaft, wenn sie mit einem Mann ausgeht, der sie nicht interessiert. Sie ist charmant und geistreich. Die Männer, die sie nicht interessieren, sind ganz verrückt nach ihr. Wenn Rita mit einem Mann ausgeht, der ihr wirklich gefällt, ist sie jedoch ein Nervenbündel. Kürzlich verbrachte sie die erste halbe Stunde mit Rob damit, nervös mit dem Fuß gegen ihren Stuhl zu treten, und brachte kaum ein Wort über die Lippen. Sie bemerkte, wie Rob merklich kühler wurde und konnte nichts gegen ihre Hemmung tun.

Al machte eine Bemerkung, die Lois in den falschen Hals kriegte. Ehe er wußte, was geschehen war, sah er ihre deutliche Irritation. Sofort wechselte er das Thema.

Versuchen Sie bitte nicht, peinliche Augenblicke zu überspielen, darüber wegzusehen, so zu tun, als sei nicht geschehen. Die Menschen verzeihen es gern, nur dann nicht, wenn man mit Arroganz darüber hinweggehen will. Wenn Sie Mist bauen, tun Sie nicht so, als sei das Tonband an dieser Stelle gelöscht worden. Gestehen Sie Ihr Mißgeschick ein. Wie überall geht's auch hier mit Humor besser:

Ich merke plötzlich, daß ich die ganze Zeit mit meinem Fuß gegen das Stuhlbein trete. Ich muß ziemlich nervös sein. Aber glauben Sie mir, meine Batterien sind bald am Ende.

Ich habe Ihnen die Stimmung verdorben. Ich schwöre Ihnen, ich hatte mir vorgenommen, mindestens eine halbe Stunde zu warten, bevor ich in das erste Fettnäpfchen trete.

Schon als ich es aussprach, wußte ich, daß ich Sie damit kränke. Dabei wollte ich Sie gar nicht beleidigen.

Wenn Sie eine Dummheit eingestehen, beweisen Sie Ihre Bereitschaft, Zugeständnisse zu machen. Sie schaffen außerdem Raum zur Klarstellung, zu gegenseitigem Verständnis und zur Bearbeitung einer Konfliktsituation. All diese Kriterien fördern gegenseitige Nähe. Wenn Sie allerdings Ihre gesamte Energie darauf verwenden, Ihr Bein stillzuhalten, oder jedesmal des Thema wechseln, wenn eine peinliche Situation eintritt, bleibt Ihnen wenig Energie, einen amüsanten Abend zu verleben.

Nach der Verabredung

Sie wälzen sich die ganze Nacht schlaflos im Bett herum, weil Sie alles vermasselt haben. Sie haben zu rasch mit Sex angefangen oder haben etwas gesagt, was Ihre Begleitung gekränkt hat. Dabei gefällt sie Ihnen wirklich. Haben Sie sich alle Chancen verscherzt, oder gibt es Hoffnung?

Wenn Sie einen weiteren Anlauf wagen wollen, sollten Sie das getrost tun, aber nur, wenn Sie, wie in den obigen Beispielen beschrieben, Ihr Fehlverhalten eingestehen. Wählen Sie seine/ihre Nummer und sagen Sie:

Ich habe über den gestrigen Abend nachgedacht. Ich war nervös und habe zu spät erkannt, daß ich das Gespräch an mich gerissen habe. Deshalb rufe ich an.

Ich habe bemerkt, daß ich Ihre Gefühle verletzt habe. Ich war so verwirrt, daß ich nicht wußte, was ich sagen sollte – also habe ich nichts gesagt. Ich habe mich idiotisch benommen.

Ich wollte diese dumme Bemerkung über Ihren Exmann nicht machen. Vielleicht habe ich meine Gefühle zu meiner Exfrau auf ihn projiziert.

Tut mir leid! Ich weiß nicht, wieso ich das getan habe. Vielleicht hätte ich mir die Tonbandkassette »Wie werde ich ein Don Juan in drei Lektionen« doch nicht schicken lassen sollen.

Wenn Sie einsehen, was schiefgelaufen ist, warten Sie ab, was Ihre Begleitung dazu zu sagen hat. Möglicherweise schätzt sie Ihr Eingeständnis und zeigt Gesprächsbereitschaft. Möglicherweise gibt sie Ihnen eine zweite Chance, möglicherweise auch nicht. Die beste Methode, eine zweite Chance zu bekommen, ist, darum zu bitten. Vielleicht bitten Sie die Dame um eine kurze Verabredung in einer Woche oder so.

Der Schlüssel zum Eingeständnis Ihres Fehlverhaltens liegt in Ihrer Fähigkeit, Ihr Verhalten (in Ihren eigenen Augen und in den Augen Ihrer Begleiterin) von dem zu trennen, wer Sie sind:

- Was Sie getan haben, war unangebracht, aber Sie sind nicht unangebracht.
- Sie haben Blödsinn gemacht, aber Sie sind kein Blödmann.
- Ihr Verhalten war töricht, aber Sie sind nicht töricht.

Gelegentlich können Sie eine verpfuschte Verabredung retten, manchmal gelingt das aber auch nicht. In jedem Fall ist es angenehmer, offen darüber zu sprechen und sich das Gefühl zu geben, alle möglichen Versuche unternommen zu haben, um die Dinge wieder ins Lot zu bringen.

EINE PERSÖNLICHE SCHLUSSBEMERKUNG

Ich möchte Ihnen meine schlimmste Verabredung nicht vorenthalten. Nach meiner Scheidung wurde ich von einem Mann um eine Verabredung gebeten, den ich aus meiner High-School-Zeit kannte. Es war eine meiner ersten Verabredungen nach der Scheidung, und ich war sehr aufgeregt. Ich fand ihn reizend und wirklich sehr nett. Er holte mich mit einer halben Stunde Verspätung ab. Als ich in seinen Wagen stieg, lag ein üppiger Blumenstrauß auf dem Armaturenbrett. Wie süß, daß er sich für seine Verspätung entschuldigte, dachte ich. »Die Blumen sind wunderschön«, sagte ich und griff danach. »Die sind nicht für dich«, entgegnete er und erklärte, sie seien für eine andere Frau, mit der verabredet sei, wenn er mich nach Hause gebracht habe. Er hatte letzte Woche Streit mit ihr gehabt und sei deshalb tief unglücklich. Ob ich glaubte, daß ihr die Blumen gefallen würden?

KAPITEL 24
DIE BALZ IST VORBEI

Liebe im Mikrowellenherd:
eine große Zeitersparnis.
(Carly Simon)

Das Leben ist wie ein McDonald's-Drive-in. Man muß nicht mal
aussteigen, um es zu leben. Man kann es sogar durchs Fenster bestellen.
(Ein Workshop-Teilnehmer aus Rhode Island)

Wenn zwei Menschen zum ersten Mal vereinbaren, sich zu einer
bestimmten Zeit an einem bestimmten Ort zu treffen, um eine bestimmte Zeit miteinander zu verbringen, handelt es sich um ein erstes Rendezvous. Verwechseln Sie ein erstes Rendezvous nicht mit
Zufallsbekanntschaften, wenn er ihr im Supermarkt begegnet oder
sie ihn in einer Disco aufgabelt. Ein echtes erstes Rendezvous muß
vorher vereinbart werden. Es gibt allerdings Ausnahmen:

- Wenn Sie eine Zufallsbekanntschaft machen, und er flüstert
  plötzlich: »Ich denke, das ist unser erstes Rendezvous«, und Sie
  nicken. Dann ist das Ihr erstes Rendezvous.
- Wenn Sie sich an Silvester betrinken und eine Frau kennenlernen, die Sie vom Hocker haut und mit der Sie noch in derselben Nacht nach Las Vegas entwischen, so ist Ihre Hochzeit zugleich Ihr erstes Rendezvous.

Der Hauptzweck eines ersten Rendezvous besteht in der Entscheidung, ob Sie Wert auf eine zweite Verabredung legen. Die Ziele
von Verabredungen sind vielfältig, verschieben sich ständig und
können eine beliebige Kombination folgender Beweggründe auf-
weisen:

- um nicht allein zu sein
- um einen passenden Partner zu finden

- um Sex zu haben
- um Spaß zu haben
- um Zweisamkeit zu genießen
- um zu heiraten
- um Kinder zu bekommen
- um gemeinsame Interessen zu verfolgen
- aus Statusgründen

Verwirrung kann oft entstehen, wenn zwei Leute beim ersten Rendezvous keine gemeinsamen Ziele haben.

GEHEIME ZIELE DES RENDEZVOUS

Hinter den Hauptzielen lauern geheime Ziele, die unverarbeiteten emotionalen Rätsel unseres Seelenlebens:

- Ich möchte meine Mutter oder meinen Vater heiraten.
- Ich möchte mich heiraten.
- Ich möchte das Gegenteil von allen Menschen heiraten.
- Ich hasse mich, und ich möchte jemanden heiraten, der mit mir übereinstimmt.

DIE RENDEZVOUS-TAGESORDNUNG

Jeder Beteiligte bringt ein eigenes Programm zur Verabredung mit. Der erste Punkt der Tagesordnung wird laut verlesen (*Zweck* der Verabredung):

> »Ich möchte Sie besser kennenlernen.«

Der zweite Punkt der Tagesordnung wird geheimgehalten (die Geheimziele der Verabredung). Schließlich wäre es nicht sehr höflich, bei der ersten Verabredung zu sagen:

> »Ich möchte mit dir schlafen.«
> »Ich möchte heiraten.«
> »Ich bin einsam und denke, du könntest mich davon erlösen.«

Weitere Unterpunkte der Tagesordnung, die Sie bis ins Grab für sich behalten sollten:

»Ich gehe mit dir aus, weil mein Videorecorder streikt.«
»Ich gehe mit dir aus, weil du die Rechnung bezahlst.«

Weil wir einige Punkte unserer Tagesordnung als Geheimnis für uns behalten, wird daraus eine Geheimakte, die unsere Triebe, Bedürfnisse und persönlichen Schlachtpläne enthält.

Während der Verabredung lavieren wir uns durch die Hauptpunkte unserer Tagesordnung, treten als Miß Wohlerzogen auf und drängen das Biest in uns zurück. Wir balancieren wie Seehunde im Zirkusaquarium mehrere Bälle auf der Nase und haben keine Ahnung, was unser Gegenüber sich *wirklich* von dieser Verabredung verspricht.

Ihr Begleiter registriert, ob Ihre Äußerungen sich mit seiner *Geheimakte* decken, also dem Teil seines Wesens, den Sie noch nicht kennen. Sie wiederum registrieren, ob seine Äußerungen mit Ihrer Geheimakte übereinstimmen, die er noch nicht kennt. Diese Manöver erfordern großes Verhandlungsgeschick, raffinierte Schach- und Winkelzüge, die selbst im Pentagon Verwirrung stiften würden (andererseits soll ein relativ schlichter Sachverhalt, wie der angemessene Preis für eine Klobrille, das Pentagon schon in Aufruhr versetzt haben).

WORIN SICH DIE HEUTIGEN GEPFLOGENHEITEN VON DEN FRÜHEREN UNTERSCHEIDEN

Früher hatten die Beteiligten eines Rendezvous zwei Ziele: Heirat und Sex. In den 40er und 50er Jahren wußten die Männer, wo die Frauen zu finden waren, weil die Rollen im großen und ganzen fest geschrieben waren. In den 60er und 70er Jahren besuchten schon viele von uns das College oder die Universität, und man fand eben dort zueinander.

Wir suchten Antworten auf die Fragen des Lebens (beispielsweise, wie man unter einundzwanzig in der Kneipe an ein Bier kommt), doch bei aller Freiheit wußten wir, was man von uns erwartete: Heirat. Also gingen wir Beziehungen ein und heirateten – auch wenn wir keine Lust dazu hatten.

Der Film *It's a Wonderful Life* gibt uns ein wunderschönes Beispiel dafür. George, der von Jimmy Stewart verkörperte Hauptdarsteller, plant eine Reise um die Welt. Dann überredet sein Bruder ihn, beim Abschlußball mit Mary zu tanzen, die von Donna Reed dargestellt wird. George weiß zwar ganz genau, was er will – ein Leben voller exotischer Abenteuer –, verliebt sich aber dennoch in Mary, heiratet sie, und verbringt den Rest seines »wundervollen« Lebens in der Stadt, in der er geboren wurde.

Aus heutiger Sicht sehe ich ein ganz anderes Drehbuch vor mir. Mary ist eine karrierebewußte Jungmanagerin, die nicht nach dem Melodienreigen einer Rentnerband tanzt, sondern auf das Ticken ihrer biologischen Uhr horcht. Nachdem George ihr seinen Traum vom Leben aus dem Koffer erzählt hat, streicht sie ihn umgehend von ihrer Kandidatenliste, trifft den mutigen Entschluß, alleinerziehende Mutter zu werden und steuert die nächste Samenbank an. Voilà! Ein völlig neuer Film. Wenn wir noch eine Portion unkonventionellen Sex hinzufügen, übernimmt David Lynch die Regie.

WIE DIE KULTUR DER NEUNZIGER SICH AUF DIE PARTNERSUCHE AUSWIRKT

Heute sind Rollen, Erwartungen und Lebensformen von Männern und Frauen völlig verschieden. Nach dem Studium oder der Berufsausbildung leben wir mit geringer Wahrscheinlichkeit noch im Elternhaus. Wir sind karrierebewußt. Wir reisen von Ort zu Ort. Wir stehen unter irrsinnigem Termindruck. Viele von uns Partnersuchenden sind sehr viel älter. Wir sind geschieden, gebrannte Kinder, Süchtige und Co-Abhängige. *Und* wir suchen keinen Partner, um zu heiraten.

Manche von uns wollen nur zusammenleben, und andere wollen bloß Sex. Wieder andere wollen nur eine Begleitung. Manche wollen keine Kinder und sehen deshalb keinen Grund zu heiraten. Manche wollen Kinder und sehen auch keinen Grund zu heiraten. In den 90ern kann man sich *jeden* Partner suchen! Und wer hat Zeit, sich mit allen zu beschäftigen und sie auszusortieren? *Niemand!*

Jüngste Errungenschaften, die uns als Zeitersparnis angepriesen werden, lassen uns in Wahrheit weniger Zeit. Faxgeräte, Mikrowellenherde, Geldautomaten und Fast-food-Lokale (in denen wir in der Regel 20 Minuten Schlange stehen) bedeuten allesamt, daß wir länger arbeiten, in Eile essen, die Kinder zum Ballettunterricht bringen und es dann gerade noch in den Fitneßclub schaffen.

Das Leben ist schneller und härter geworden. Wir fordern keine Gehaltserhöhungen, wir schwimmen mit den Haien. Wir schwitzen keine Personalkonflikte mehr aus, wir versuchen sie zu managen. Wir halten die Luft an auf unserem Kollisionskurs mit der Torschlußpanik.

Für mich ist die schlimmste Nebenwirkung bei erwachsenen Singles in unserer raschlebigen Gesellschaft die

PARTNERSUCHE DER TORSCHLUSSPANIKER.

Der ganze Wirbel um Zeitersparnis hat auf unser Privatleben übergegriffen. Wir sind eifrig darum bemüht, so rasch wie möglich lebenswichtige Informationen über mögliche Kandidaten zu sammeln, daß wir die Kunst des Aufbaus von Beziehungen vergessen haben. Dieser Druck, bloß keine Zeit zu vergeuden und so rasch wie möglich soviel wie möglich über Leute herauszufinden, macht uns unsympathisch, unattraktiv und verkrampft – genau die Eigenschaften, die wir bei einem potentiellen Partner verabscheuen.

NEBENWIRKUNGEN TECHNOLOGISCHER KONTAKTE

Dem allgemeinen Trend in der Industrie folgend, bringen wir hoch entwickelte Technologien, Technophilosophien und unseren Unternehmergeist auch in die Partnersuche ein. Die weltweite Single-Szene mit ihren Veranstaltungen, Kreuzfahrten, Kontaktannoncen und vielem mehr kann uns in wenigen Stunden zahllose Verbringungen bringen. Diese Neuerungen sollten uns aber auch Handbücher mitliefern, die uns helfen, mit den dabei auftretenden neuen Schwierigkeiten umzugehen.

Nehmen wir ein Beispiel aus der Heilkunde. Medikamente bekämpfen die Krankheit und heilen Symptome – häufig zu einem hohen Preis. Eine Arznei wirkt fiebersenkend, kann aber Allergien auslösen. Eine andere heilt Entzündungen, führt aber zu Magenbeschwerden. Viele lebensrettenden Maßnahmen bringen unerwünschte und gefährliche Nebenwirkungen mit sich.

Partnersuchende in Torschlußpanik, mit ihren glasigen Augen und zerrissenen Checklisten, sind die Opfer der Hektik der 90er Jahre.

Sie kommen mir wie Untersuchungshäftlinge vor, die im kahlen Hinterzimmer eines Polizeireviers sitzen, im Schein einer grellen, nackten Glühbirne, die von der Decke baumelt. Vor ihnen hat sich ein fetter Bulle aufgebaut, der sich mit einem Schweizer Messer die Nägel putzt und seine Fragen bellt:

Was machen Sie beruflich?
Wo arbeiten Sie?
Sind Sie geschieden?
Seit wann?
Kinder?
Automarke?
Blutgruppe?
Bluttest?

Sie glaubten immer, das Wort Hof in Hofieren habe etwas mit Werben zu tun. Nun erfahren Sie, daß es sich um einen Gerichtshof handelt, und der Mann, mit dem Sie sich verabredet haben, ist Haftrichter, Staatsanwalt und Henker in einer Person.

EIGNUNGSTESTS

Hallie berichtet von einem Single-Treff in Norwalk, Connecticut. Sie hatte kaum ein paar Worte mit einem Mann gewechselt, als er sie mit neugierigen, aufdringlichen Fragen bombardierte. Sie fühlte sich in eine Prüfungssituation der dritten Klasse Grundschule zurückversetzt, in der ihre Antworten darüber entschieden, ob sie versetzt würde oder die Klasse wiederholen müßte.

Ich hatte vor Jahren ein ähnliches Erlebnis mit einem Mann, den ich durch eine Kontaktanzeige kennenlernte und der mich eines Eignungstests unterzog, statt mit mir zu reden. Nach zwei Minuten unseres ersten Telefongesprächs fragte er mich bereits, wie meine Zielvorstellungen im Leben aussähen und welche Pläne ich für die nächsten fünf Jahre hätte. Als ich seine Fragen binnen 25 Sekunden nicht beantworten konnte, meinte er, es sei bedauerlich, daß ich mich selbst so wenig kenne, da ich eine ganz nette Person zu sein scheine. Damit legte er den Hörer auf.

Ein Klient erzählte mir, er habe einen Anruf von einer Frau erhalten, auf deren Kontaktanzeige er sich gemeldet habe. Ihre erste Frage lautete: »Welche Schuhmarke tragen Sie?« Auf dieser

Basis wollte sie entscheiden, ob sie ihn kennenlernen wollte oder nicht.

Wir qualifizieren andere aufgrund von vier großen Mythen:

Mythos: Ich stelle gewisse Ansprüche.
Wirklichkeit: Mit einem Lebenslauf können Sie nicht ausgehen. Und erfüllte Ansprüche machen einen Menschen nicht liebenswert.

Mythos: Es ist eine Zeitersparnis, unpassende Kandidaten auszusortieren.
Wirklichkeit: Damit sortieren Sie sich häufig selbst aus.

Mythos: Andere stellen eine Menge Fragen.
Wirklichkeit: Wenn Sie gesehen hätten, wie die alle von der Brooklyn Bridge sprangen...

Mythos: Wenn ich sage, ich habe jemanden kennengelernt, der mir gefällt, fragen mir meine Freunde und meine Familie Löcher in den Bauch. Wenn ich keine Antworten weiß, komm' ich mir blöd vor.
Wirklichkeit: Raten Sie Ihren Freunden und Verwandten, ihre eigenen Verabredungen zu treffen.

MIT DER ENTWICKLUNG VON BEZIEHUNGEN IST ES WIE MIT GUTEM WEIN. MAN MUSS IHNEN ZEIT LASSEN.

Hier ein paar Tips, wie Sie Leute kennenlernen und für immer den Gerichtshof aus dem Hofieren rauslassen. Lesen Sie die Ratschläge dreimal, bevor Sie eine Verabredung treffen oder zu einem Single-Treff gehen. Vielleicht retten sie Ihnen den Abend.

MEIDEN SIE AUFDRINGLICHE FRAGEN

Eine Flut von Fragen ist unangenehm. Man kommt sich vor wie ein Baseballspieler, der beim Training »bombardiert« wird, also von allen Seiten gnadenlos mit Bällen beworfen wird. Bombardieren Sie niemanden mit Fragen, und denken Sie daran: voreilig gestellte persönliche Fragen sind ein Affront. Überlegen Sie zweimal, bevor Sie einen neuen Bekannten fragen, wieso seine letzte Beziehung in die Binsen ging. Geben Sie anderen Zeit, sich in ihrem eigenen Tempo zu öffnen. Es kommt nicht nur darauf an, was Sie fragen, sondern wie Sie fragen. Der Stil, in dem Sie Ihre Fragen verpacken, ist ein bedeutsamer Kommunikationsfaktor. Wenn Sie mit Fragen beginnen:

Warum haben Sie?
Wie konnten Sie?
Wieso haben Sie nicht?

stellen Sie überhaupt keine Fragen. Sie fällen Urteile. Zum Beispiel:

Frage: Wieso sind Sie vier Jahre bei dieser Firma geblieben?
Übersetzung: Jeder Trottel wäre nach vier Monaten gegangen.

Frage: Wie konnten Sie nur diesen Wagen kaufen?
Übersetzung: Ich habe einen Karnevalsorden zu Hause. Den kann ich Ihnen borgen.

Antwortet jemand auf Ihre Fragen nur einsilbig, so liegen vier mögliche Gründe vor:

1. Sie stellen Fragen, auf die es nur Ja/Nein-Antworten gibt. Anstatt zu formulieren: »Essen Sie gern italienisch?« fragen Sie: »Welches ist Ihr italienisches Lieblingslokal, und was ist an dem Essen so gut?«
2. Sie befinden sich auf gefährlichem Terrain, weil Sie heikle Fragen stellen. Üben Sie Zurückhaltung, und beobachten Sie, was geschieht.
3. Sie stehen auf dem Abstellgleis. Ihre Begleitung will nichts von Ihnen wissen.
4. Sie haben es mit einem schüchternen Menschen zu tun, der etwas Anlaufzeit braucht.

Stellen Sie in keiner dieser Situationen weitere Fragen, um ausführlichere Antworten zu bekommen. Ändern Sie Ihre Strategie (nachzulesen in Kapitel 20).

KEINE ÜBERREAKTIONEN, WENN SIE ZIELSCHEIBE AUFDRINGLICHER FRAGEN SIND

Die Menschen stellen zu viele Fragen, weil sie glauben, damit Interesse zu bekunden, weil sie gehemmt sind oder weil sie sich lieber mit der Person des anderen beschäftigen als mit der eigenen.

Wenn Sie die Zielscheibe eines Verhörs sind, denken Sie sich einige Gegenzüge aus:

Bombe: Was ist aus Ihrer letzten Beziehung geworden?
Guerillataktik: Genau diese Frage wollte ich Ihnen auch gerade stellen.

Bombe: Wie kommt es, daß Sie noch immer allein sind?
Guerillataktik: Ein Glück für Sie, sonst wäre ich nicht hier.

Bombe: Wo arbeiten Sie? Was machen Sie?
Guerillataktik: Immer mit der Ruhe. Wir können uns im Fragen abwechseln.

Diese kleinen Spitzen sollten humorvoll vorgebracht werden. Mal sehen, ob Sie Ihr Gegenüber damit nicht freundlich in seine Schranken verweisen können.

BLEIBEN SIE IM HIER UND JETZT – SAGEN SIE NICHT »WAS WÄRE, WENN«

Ginger lernte einen Mann im Lift kennen, der im Begriff war, in Ihr Apartmenthaus einzuziehen. Sie schob ihm einen Zettel unter der Tür durch, auf den sie die billigste Reinigung und den besten Chinesen in der Gegend und natürlich ihre Telefonnummer geschrieben hatte. Er rief sie an und fragte, ob sie mit ihm den Chinesen ausprobieren möchte. Während des Telefongesprächs erwähnte er, daß er möglicherweise aus beruflichen Gründen in drei Monaten schon wieder ausziehen würde.

Ginger war ratlos. Sollte sie die Verabredung mit ihm sausen lassen, weil er möglicherweise die Stadt bald wieder verließ?

Sie hatte es diesem Mann nicht nur ganz und gar überlassen, mit ihr Kontakt aufzunehmen, sie hatte sich die Frage erst gar nicht gestellt, ob ihr der Mann überhaupt gefiel. Ginger hatte die Gegenwart vergessen. In der Gegenwart geht sie mit diesem Mann aus. Falls Ginger zulassen kann, ihren Nachbarn kennenzulernen, ohne sofort an das *Ergebnis* des Kennenlernens zu denken, hat sie möglicherweise eine Chance, ihn *wirklich* kennenzulernen und sogar Spaß zu haben. Wie kann sie Spaß haben, wenn sie sich bereits Sorgen macht, er könne sie verlassen?

Ihre Sorgen sind keineswegs banal, sondern berechtigt. Aber sie muß sie im richtigen Zusammenhang sehen. Zufälligerweise arbeitet Ginger bei einer Fluggesellschaft. Wenn jemand eine Chance hat, eine Liebesgeschichte über eine größere Entfernung auszuprobieren, dann jemand, der Freiflüge bekommt – jemand wie Ginger.

SIE HABEN ES MIT EINEM MENSCHEN ZU TUN, NICHT MIT SEINER BIOGRAPHIE

Ich stelle mir oft vor, wie Menschen ihre Lebensläufe in schriftlicher Form austauschen, bevor sie sich entschließen, miteinander auszugehen. Wenn ich mir anhöre, wie die Leute ihre Erfahrungen schildern, ist meine Vorstellung gar nicht so abwegig. Die meisten Menschen sagen aus Angst vor Nachstellungen ungern, was sie tun und wo sie arbeiten. Was ein Mensch beruflich macht, läßt nur bedingt Rückschlüsse auf seine menschlichen Qualitäten zu. Wir alle kennen Heuchler in hohen Positionen und Heilige, die Fußböden putzen. Möglicherweise lassen Sie sich die besten Dinge im Leben entgehen, wenn Sie beruflichen Leistungen zu hohe Prioritäten einräumen.

Andererseits ist es völlig normal, wenn er sich dafür interessiert, was die Frau, die ihm gefällt, beruflich macht, und sie wissen will, wieviel er verdient. Wir sind eben Menschen. Drehen Sie sich aber daraus nicht selber einen Strick. Wenn Sie mit einem Mann ausgehen, sollten Sie sich dafür interessieren, *wer dieser Mensch ist*, statt Überlegungen anzustellen, wie nah der Betreffende Ihren Erwartungen kommt.

GESPRÄCHE ÜBER EXPARTNER IN KURZFASSUNG

Bei einem ersten Treffen sollten Sie Fragen nach Expartnern knapp und sachlich beantworten. Ihre Begleitung mag versuchen, Sie auszuquetschen, da er/sie dieses Buch vermutlich noch nicht gelesen hat.

Diese Neugier hat mehrere Gründe:

* Eigentlich will sie über *ihren* Verflossenen reden.
* Er möchte wissen, ob Sie wirklich frei sind, weil die letzten drei Frauen, bei denen er sein Glück versucht hatte, zu ihrem Ex zurückgekehrt sind.
* Sie haben Ihre Brieftasche gezückt und Bilder von Ihrem Ex gezeigt.
* Sie haben die Dame in ein Lokal geführt, in der Ihre Ex-Frau als Bedienung arbeitet.

Lassen Sie Ihre Wunden vom Arzt versorgen, nicht vor der Frau, die Sie gerade im Begriff sind kennenzulernen.

Ausnahme 1

Sie sind im Begriff, das Haus für ein Rendezvous zu verlassen; prompt ruft Ihr Exmann an. Oder er verdirbt Ihnen wieder mal alles, weil er in letzter Sekunde absagt, das Baby zu hüten, und Sie müssen schon wieder Ihre Mutter darum bitten. Oder Sie sind erst seit kurzem geschieden oder verwitwet und haben immer noch eine starke emotionale Bindung zu ihm/ihr. Sie sitzen mit Ihrer Begleitung beim Essen, und plötzlich packt Sie das ganze Elend wieder. Und dann stellt sich heraus, daß er/sie ähnliche Erfahrungen gemacht hat; das gibt beiden ein gemeinsames Gesprächsthema. Sie tauschen Erfahrungen aus und geben einander Rückhalt, trösten einander mit Humor und der Hoffnung, daß alles ins Lot kommt. Das ist etwas völlig anderes, als über den Expartner herzuziehen oder ihm einen Heiligenschein zu verpassen. Wie wir wissen, ist geteiltes Leid halbes Leid.

Ausnahme 2

Sie schütten Ihr Herz aus, und es ist völlig egal, weil Ihr Begleiter bereits verrückt nach Ihnen oder ein durch und durch verständnisvoller Mensch ist. Achten Sie auf die Reaktion Ihres Begleiters, wenn Sie von Ihrem Verflossenen sprechen. Drückt er Ihnen mitfühlend die Hand, oder wandert sein Blick unruhig durchs Lokal?

HALTEN SIE MIT IHRER MEINUNG HINTER DEM BERG

Wir alle haben die gleiche Angst, für etwas verurteilt zu werden. Wir fürchten, im Vergleich mit anderen ungünstiger abzuschneiden.

Wir reagieren jedoch unterschiedlich auf diese Angst. Einer sagt den ganzen Abend gar nichts, um nicht das Falsche zu sagen. Ein anderer redet ohne Punkt und Komma, um seine Angst zu überspielen.

Auch wenn wir uns noch so sehr bemühen, ein Musterbeispiel an Höflichkeit zu sein, haben wir dennoch nur begrenzte Kontrolle darüber, wie andere uns beurteilen. Und wir wissen auch, daß wir unsererseits oft genug andere beurteilen. Stellen Sie Überlegungen an, wie Sie jemandem zu verstehen geben, daß Sie auf seiner Seite sind, statt Ihre Radarantennen auszufahren, um die Schwachpunkte des anderen zu orten. Ihre Toleranz wirkt inspirierend. Wenn Sie die Hemmungen Ihrer Begleitung etwas abbauen, tragen Sie erheblich zum Gelingen des Abends bei.

TEIL IX

ROMANTIK DER NEUNZIGER JAHRE: ZÄRTLICHE ABKOMMEN

KAPITEL 25
FRIEDLICHE EROBERUNGEN:
DIE DROGE DER ERWARTUNG
UND ERFÜLLUNG

Sie wissen, wie Sie sich während einer Verabredung verhalten sollen. Wußten Sie aber, daß eine Verabredung beginnt, noch ehe sie beginnt?
   Und zwar, wenn Sie:

* den Entschluß fassen, sie um ein Rendezvous zu bitten
* überlegen, ob er nächsten Sonntagnachmittag Zeit hat
* krampfhaft überlegen, was Sie anziehen sollen
* in Tagträumen schwelgen.

Wenn das geschieht, sind Sie schon mittendrin und fragen sich bang, wie Sie das Ganze überstehen.
   Wenn Sie die Person gern haben, geraten Sie in helle Aufregung und stehen Heidenängste aus. Wir werden von Gefühlen gepackt, die wir gar nicht kannten, oder wo wir zumindest sicher waren, daß wir in unserem Alter davor verschont sein würden. (Verliebtheit hat nichts mit Alter zu tun. Wir können uns in jeder Altersstufe verlieben.) Bevor wir uns in Liebe verlieren, sind wir bereits total verloren.
   Sie können hilflose Gefühle in den Griff bekommen, wenn Sie sich mit dem Rauschzustand vor und nach der Verabredung befassen, wenn Sie sich vorbereiten auf die Begrüßung, die Vereinbarung selbst, auf den Abschied und die Zeit nach der Verabredung.

GUERILLATAKTIKEN BEIM TELEFONIEREN

Falls Sie nicht bereits wissen, daß sie verrückt nach Ihnen ist, können gute Tips Ihnen dabei helfen, die Dame Ihres Herzens um eine Verabredung zu bitten. Die brauchen Sie besonders, wenn Sie jemand sind, der:

- zwanzig Minuten auf das Telefon starrt, bevor er den Hörer abnimmt
- die Telefonnummer anstarrt und es nie schafft, die Nummer zu wählen
- die Nummer wählt und sofort einhängt
- beim Wählen Halluzinationen bekommt
- seinen Namen vergißt, wenn sie sich meldet
- versucht, seinen Mitbewohner zu überreden, sie anzurufen und eine Verabredung für ihn mit ihr zu treffen.

Wie lange wartet man, bis man anruft?

An einem Sonntag lernte Charles eine Frau auf einer Party kennen. Er erwähnte einen Film, der in Kürze anläuft. Sie zeigte daran großes Interesse, und deshalb tauschten sie ihre Telefonnummern aus. Voller Aufregung rief er seine Freundin Caroline an, um ihr davon zu erzählen. Caroline warnte ihn ernsthaft und sagte, er müsse das Drei-Tage-Gebot einhalten – warte mindestens drei Tage nach der ersten Begegnung, bevor du eine Frau anrufst. Charles war erstaunt. Er wollte nicht drei Tage warten, wollte sich aber auch nichts verderben.

Der Mythos des Drei-Tage-Gebots

Carolines Drei-Tage-Gebot ist auch für andere Situationen bekannt, wenn man den Rat gibt, jemanden schmoren zu lassen, nicht mit der Tür ins Haus zu fallen etc. Das Gebot entstand, weil Männer und Frauen befürchteten, durch zu großen Eifer ein unschickliches Maß an Sturm und Drang an den Tag zu legen oder bei anderen den Eindruck zu erwecken, als wäre ihr Leben freudlos und öde. Irgendwann wurde die Idee in die Welt gesetzt, dieser Eindruck entstünde nicht, wenn eine Wartezeit von drei Tagen eingehalten würde. (Ich habe kürzlich einen Mann kennengelernt, der sagte, er warte stets sieben Tage ab.)

Das Denkkonzept des Drei-Tage-Gebotes ist schwer nachzuvollziehen. Wir haben *alle* Sehnsüchte, die wir aber nur jemanden spüren lassen, dem wir wirklich vertrauen. Das bedeutet nicht, daß wir unaufrichtig sind und uns wie Heuchler verhalten. Wenn Sie aber einen Anruf nur hinauszögern, um die Gefühle des anderen zu manipulieren, ist das eine grundsätzlich negative Voraussetzung für das Entstehen einer Beziehung. Damit nähren Sie die Furcht zu zeigen, wer Sie sind. Sie verbergen Ihr wahres Selbst.

Damit ersticken Sie die kostbare Spontaneität eines Telefonanrufs im Keim. Unser Wunsch und unsere Suche nach Nähe sind ein Grund zur Freude, nicht aber ein Grund, andere vor den Kopf zu stoßen oder sich in seiner Spontaneität hemmen zu lassen.

Es gibt keinen Grund, drei Tage zu warten, wenn Sie das nicht wollen. Es geht doch nicht darum, wie viele Stunden Sie warten, bevor Sie anrufen, sondern darum, welche Gefühle Sie zum Ausdruck bringen, wenn Sie anrufen. Wenn Sie den Wunsch verspüren, am nächsten Tag anzurufen, tun Sie das und sagen Sie:

Der gestrige Abend mit Ihnen hat mir gut gefallen. Ich freue mich schon auf ein Wiedersehen.

JETZT WARTEN SIE AB.

Wie hört sich seine Antwort an? Klingt er ebenso begeistert wie Sie? Weicht er/sie aus? Kommt überhaupt keine Reaktion?

Guerilla-Telefontaktik: Wenn Ihre Begeisterung geteilt wird
Wenn Sie auf freundliche Gefühle stoßen, treffen Sie eine Verabredung für den nächsten Abend, an dem beide frei sind. Wenn Ihre Begeisterung wirklich voll und ganz geteilt wird, legen Sie den Hörer auf, ziehen Ihren Mantel an, und gehen Sie sofort zu ihr. Hören Sie auf Ihr Herz. Lassen Sie sich von Ihren Gefühlen übermannen.

Wenn Beziehungen. nicht zustande kommen, haben die Leute meist schnell Gründe parat. Man versucht Ihnen einzureden, es liege daran, weil Sie das Drei-Tage-Gebot nicht eingehalten haben. Mit großer Wahrscheinlichkeit ist das ein Irrtum. Ihr Erfolg beruht auf dem Gleichklang Ihrer Gefühle und nicht darauf, wie viele Stunden Sie abwarten.

Guerilla-Telefontaktik: Bei Ungewißheit, ob Ihre Gefühle erwidert werden
Wenn die Partnersuche neu für Sie ist und/oder Sie die Zeichen nicht deuten können, ziehen Sie einen oder mehrere der folgenden Tips in Erwägung:

- Sprechen Sie eine Weile am Telefon, um sich Klarheit über die Reaktion zu verschaffen. Rufen Sie mehrmals an, bevor Sie um das nächste Treffen fragen.
- Fragen Sie nach einem freien Abend in der Woche, nicht am Wochenende, oder bitten Sie um eine Kurzverabredung, wie in Kapitel 23 besprochen.
- Bieten Sie zwei Möglichkeiten an: Fragen Sie nicht, ob er am Dienstag Zeit hat. Sagen Sie statt dessen, Ihnen würde es am Dienstag gut passen; und wenn er an diesem Tag keine Zeit hat, wie wär's mit Sonntagnachmittag? Fragen Sie, ob er an einem der beiden Tage Zeit für Sie hat.
- Wenn er zu den genannten Terminen keine Zeit hat, warten Sie, ob er eine Alternative anbietet.
- Wenn er das nicht tut, bleiben Sie freundlich und verstehen Sie den Wink... für den Augenblick.
- Versuchen Sie es ein paar Wochen später noch einmal. Bleiben Sie dabei unverbindlich: »Ich denke gerade an Sie. Wie geht's denn so? Dachte, ich melde mich mal.«
- Mittlerweile ist genügend Zeit vergangen, um darüber nachzudenken. Sie sollten nun in der Lage sein, seine Gefühle für Sie in etwa abzuschätzen, um einen neuen Vorstoß zu wagen.
- Wenn Sie Ihrer Sache immer noch nicht sicher sind, gestehen Sie: »Ich hoffte, wir würden uns mal wiedersehen, weiß aber nicht, ob das auch Ihr Wunsch ist.«
- WARTEN SIE AB.
- Es ist vollkommen in Ordnung zu sagen, wie enttäuscht Sie sind, wenn er nein sagt.
- Versuchen Sie, ihn zum Lachen zu bringen. Nichts bricht das Eis schneller und wirkt überzeugender, eine Verabredung zu akzeptieren, als der Gedanke, es könnte ein lustiger Abend werden, oder wenn wir humorvoll darauf hingewiesen werden, was für alberne, verkrampfte Geschöpfe wir im Grunde seien.

Guerilla-Telefontaktik: Wenn Ihre Gefühle nicht erwidert werden – Umgang mit faulen Ausreden

Bleiben Sie höflich und freundlich, wenn Sie abgewiesen werden. Die Leute ändern ihre Meinung. Ein Mann lud mich mehrmals ein, mit ihm auszugehen, und ich lehnte ab, weil ich fand, er sei nicht mein Typ. Er nahm meine Abfuhr gelassen hin und sagte, der nächste Schritt liege bei mir; ich solle mich bei ihm melden, wenn ich meine Meinung geändert habe. Einen Monat später rief ich ihn an, und wir gingen zusammen aus. Ich rief ihn deshalb an, weil er heiter und gelassen auf meinen Korb reagiert hatte und ich mir überlegte, ob ich da nicht einen wirklich netten Mann abwies. Und er war ein netter Mann.

Von ihm lernte ich zwei sehr wichtige Lektionen, obwohl die Beziehung im Sande verlief. Ich lernte, daß für mich nicht nur ein bestimmter Typ Mann in Frage kam, meine Erfahrungen mir das bloß noch nicht bewußt gemacht hatten und ich daher nur auf Vertrautes zurückgriff. Ich lernte außerdem, daß man jemanden auch nach einem Monat noch anrufen kann. Wenn jemand Sie gern hat, freut er/sie sich, von Ihnen zu hören, vorausgesetzt, Ihre vorangegangenen Zusammenkünfte waren freundlich – auch wenn sie nicht produktiv waren.

Guerilla-Telefontaktik: Um eine Verabredung bitten: Plan A

Bitten Sie niemanden um ein Rendezvous ohne einen Plan. Männer und Frauen haben es nicht gern, wenn der andere keine genauen Angaben macht und man nicht genau weiß, worauf man sich einläßt. Bereiten Sie sich vor und sagen Sie:

Ich möchte mit Ihnen zum Essen gehen.
Ich habe zwei Karten…
Freunde von mir geben ein Fest.
Ich hatte die verrückte Idee…

Fragen Sie getrost, ob Ihr Vorschlag Anklang findet. Wenn nicht…

Guerillataktik: Plan B

Wenn sie ihn zu einer Kunstausstellung einlädt, die er schon gesehen hat, oder er mit ihr Skifahren möchte, sie für diesen Sport aber nichts übrig hat, müssen Sie wie ein Pfadfinder eine Alternativlösung (und zwar auf der Stelle) parat haben. Stecken Sie sich also noch ein As in den Ärmel – für alle Fälle.

GROSSE FEHLER, WENN SIE UM EINE VERABREDUNG BITTEN

- Sagen Sie nicht: »Ich möchte Sie gerne sehen. Was würden Sie denn gern unternehmen?«
- Bieten Sie nie mehr als zwei Alternativen an: Also... wir könnten ins Kino gehen, einen Spaziergang machen, Champagner-Cocktail trinken, im Café rumsitzen... Wie wär's mit einem Einkaufsbummel?
- Sagen Sie nicht: »Ich möchte mit Ihnen zum Essen gehen. Was essen Sie denn gern?« Schlagen Sie lieber ein paar Lokale vor. Natürlich bleiben Sie für Vorschläge offen. Vielleicht ist er Vegetarier; sie hat eine Fisch-Allergie... Sie wissen es nicht. Viele Menschen, die gefragt werden, was sie gern essen, empfinden es als Belastung, Überlegungen über die Preisklasse, geographische Lage, Art des Essens oder das Ambiente des Lokals anzustellen. Das ist Ihre Aufgabe, wenn Sie um eine Verabredung bitten.

Unschlüssigkeit ist ein Dämpfer allererster Güte, wenn es um Verabredungen geht. Planen Sie im voraus. Das macht zwar etwas mehr Arbeit bei der Vorbereitung, vereinfacht aber den Ablauf und hilft Mißverständnisse von vornherein auszuräumen. Ihre Begleitung wird es zu schätzen wissen, daß Sie sich Gedanken darüber gemacht haben, wie Sie Ihren gemeinsamen Abend verbringen.

PERSÖNLICHE TAKTIKEN

Nicht immer treffen Sie eine erste Verabredung am Telefon. Manchmal kann das mitten auf der Tanzfläche passieren. Hier einige Tips, wenn Sie ihm in die Augen schauen und wissen, daß Sie ihn wiedersehen wollen.

Beiderseitige Begeisterung – Der Wunsch, ihn auf der Stelle zu fragen
Tun Sie es einfach.

Lassen Sie die Frage nicht in der Luft hängen
Suchen Sie nach einem Einstieg in ein Gespräch, nach etwas, woran Sie beide Spaß haben, oder nach etwas, worüber Sie gespro-

chen haben, und er Interesse daran gezeigt hat. Dann machen Sie den Vorschlag, *es gemeinsam zu unternehmen*. Wenn er Ihnen sagt, das wäre prima, vollenden Sie den Schachzug, und schlagen Sie einen festen Termin vor.

Lassen Sie die Dinge nicht in der Luft hängen:

SIE: Nicht zu fassen. Du flipperst auch leidenschaftlich gern?
ER: Ja.
SIE: Dann sollten wir mal Flippern gehen.
ER: Prima.
SIE: Ja.

Wenn Sie keinen Einstieg finden, fragen Sie, ob man sich wiedersieht, und sagen ihm, Sie melden sich wieder, um Einzelheiten zu besprechen. Setzen Sie sich nicht unter Druck, ihm auf der Stelle einen tollen Vorschlag zu unterbreiten. Sie haben sich schon genügend angestrengt, um den Mut aufzubringen, ihm Ihre Gefühle mitzuteilen. Jetzt brauchen Sie Zeit, um sich den Kopf zu zerbrechen und halb verrückt bei dem Gedanken zu werden, was Sie gemeinsam unternehmen könnten.

WELCHE VORSCHLÄGE SIND FÜR DIE ERSTE VERABREDUNG GEEIGNET?

Die Möglichkeiten sind unbegrenzt:

Picknick
Schloßbesichtigung
Höhlenforschung
Kunstausstellung*)
Blaubeeren pflücken und hinterher einen Kuchen backen
Essen gehen
Kaffee trinken und Torte essen
Samba tanzen
Tennis
Eis essen
Angeln gehen
Frühstück in einem eleganten Hotel

---

*) Harry, ein Hörfunkproduzent, besucht die Kunstausstellung vorher, um mit seinem Fachwissen zu glänzen.

Bowling
Protestmarsch
Ein Vortrag
Probefahrt mit einem Jaguar
Billard spielen
Eine Dichterlesung
Zoobesuch
Flippern im Spielsalon
Schneemann bauen
Open-Air-Konzert
Sonnenuntergang beobachten
Sich Tarotkarten legen lassen
Scrabble
Gemeinsam an einem ehrenamtlichen Job teilnehmen
Ein äthiopisches Restaurant*)

Überlegen Sie, ob Sie nicht noch eine bessere Idee haben als das ewige Abendessen-und-dann-ins-Kino.

GUERILLATAKTIKEN DER ENTGEGNUNG

Wenn Sie diejenige sind, die um eine Verabredung gebeten wird, steht Ihnen ein ganzes Repertoire von Antworten zur Verfügung. Sein Entgegenkommen hilft, Ihr Selbstvertrauen aufzubauen. Ihr Zögern oder Ihre Skepsis läßt ihn wünschen, die Frage nie gestellt zu haben. Nur Mut! Geben Sie ihm eine Chance! Möglicherweise machen Sie eine wunderbare Entdeckung.

Wenn Sie gefragt werden und begeistert sind
Sagen Sie:

Es ist wahnsinnig nett, das von Ihnen zu hören.
Ja, ich möchte Sie auch gern wiedersehen.
Ich habe gehofft, daß Sie anrufen.
Ich habe gerade überlegt, ob ich Sie anrufen soll.

---

*) Traditionsgemäß wird in äthiopischen Restaurants das Essen ohne Besteck serviert. Man ißt mit den Fingern. (Wenn Sie wissen wollen, wie sexy das ist, sehen Sie sich *Tom Jones* auf Video an mit Albert Finney in der Hauptrolle.)

Dem Himmel sei Dank, daß sie zuerst den Mut gefaßt hat. Geben Sie Ihrem Selbstvertrauen Auftrieb.

Wenn Sie gefragt werden, an diesem Abend aber keine Zeit haben

Bieten Sie eine Alternative an. Melissa erzählt, ein Mann, der sie wahnsinnig interessierte, wollte mit ihr ein Baseballspiel besuchen. Genau an diesem Abend hatte sie schon etwas vor und mußte absagen. Sie hoffte inständig, er würde einen zweiten Anlauf nehmen. Der blieb aus. Sie hörte nie wieder von ihm.

Seien Sie nie um einen Alternativvorschlag verlegen:

Schade. Heute abend hab' ich keine Zeit. Lassen Sie uns doch etwas für nächste Woche planen.

Am kommenden Samstag hab' ich keine Zeit. Sie wär's mit Samstag in einer Woche?

Ich habe leider schon was vor, würde mich aber freuen, Sie wiederzusehen. Wann haben Sie Zeit?

Solche Vorschläge sagen wesentlich mehr aus als das alte »Wie wär's ein andermal?« Mit diesem abgedroschenen Satz hängt nur wieder alles in der Luft.

GUERILLATIPS FÜR DEN ERSTEN EINDRUCK

Da Verabredungen bekanntlich vor dem tatsächlichen Ereignis beginnen, beginnen auch manche Männer und Frauen bereits vorher, Eindrücke zu hinterlassen. Das ist keineswegs notwendig. Sollte Ihnen aber der Sinn danach stehen, haben Sie auch hier eine Fülle von Möglichkeiten zur Verfügung.

Guerillatip Nr. 1

Jim lernte die Schriftstellerin Louise wenige Tage, bevor er geschäftlich verreisen mußte, in einem Nachtclub kennen. Danach meldete er sich bei ihr und bat um eine Verabredung. Als sie die Tür öffnete, überreichte er ihr eine kleine grüne Papierklammer in der Form eines Alligators, die er in einem Schreibwarenladen entdeckt hatte, und dachte, sie könne Louise gefallen.

Guerillatip Nr. 2

Im ersten Gespräch mit Elsie schwärmte Bob von den Pumpernickelhäppchen, die ein Delikatessenladen in Elsies Nähe anbot. Zu ihrer ersten Verabredung überreicht Elsie ihm mit einem Augenzwinkern ein paar hübsch verpackte Pumpernickelhäppchen.

Sie können natürlich auch Blumen mitbringen – oder *sie als Vorboten schicken:*

Guerillatip Nr. 3

Ich arbeitete in einer Kontaktagentur und vermittelte Partnerschaften. Am Freitagnachmittag räumte ich meinen Schreibtisch auf und dachte an den späteren Abend und das bevorstehende erste Treffen mit Boots. Um drei Uhr nachmittags wurde ein Strauß Blumen abgegeben. Schöne Blumen mit einem Zettel: »Suche starke, kreative, schöne Frau für ein Rendezvous am späteren Abend. Können Sie mir helfen?«

Ob dieser Schnulzentrick funktionierte?
Ich habe ihn geheiratet.

Blumen für Männer

Ich habe Hunderte von Männern befragt, was sie empfinden, wenn Frauen ihnen Blumen schicken. Weniger als eine Handvoll von ihnen hatte je Blumen von Frauen bekommen. Einige gestanden, es wäre ihnen etwas peinlich, wenn Blumen für sie im Büro abgegeben würden. Im Grunde hätten alle sich jedoch irrsinnig geschmeichelt gefühlt.

Nur ein Mann meinte, er wäre mit diesem Rollentausch, wie er es nannte, keineswegs einverstanden. Ebensowenig wie er je zulassen würde, daß eine Frau im Lokal die Rechnung übernehme. Ein altes Schlachtroß.

Mehr als Blumen

An einem unvergeßlichen Nachmittag stand ein Mann, mit dem ich zum ersten Mal verabredet war, mit einem üppig blühenden orangeroten Begonienstrauch samt Topf vor meiner Tür. Ich war völlig von den Socken und total begeistert. Seien auch Sie kreativ und überreichen ihm:

Einen blühenden Kaktus
Einen Strauß Palmzweige
Einen selbstgepflückten Wiesenblumenstrauß

Guerillatip Nr. 4
Bei ihrer ersten Verabredung standen Amanda und Sal an der Haltestelle und warteten auf den Bus in die Stadt. Amanda bückte sich und pflückte ein paar magere Gänseblümchen vom Straßenrand und überreichte sie ihm mit großer Geste.

Sie können auch etwas völlig anderes mit zur Verabredung bringen:

Einen Luftballon
Eine witzige Postkarte, die Sie für diese Gelegenheit gekauft haben
Ein Buch
Einen Zaubertrick

Ein Geschenk vor dem ersten Rendezvous muß ungezwungen, herzlich und mit leichter Hand überreicht werden. Machen Sie dabei bloß keine Glubschaugen, schwülstigen Komplimente, und werden Sie nicht zudringlich. Das Geschenk ist bereits Ausdruck Ihrer Zuneigung. Sie könnten jemanden überfordern. Und merken Sie sich: Ein solches Geschenk muß *billig* sein! Sie wollen damit Ihre Kreativität zum Ausdruck bringen, nicht mit Ihrem Bankkonto prahlen.

GUERILLATIPS ZUM GUTE-NACHT-SAGEN

Mae hatte in den späten siebziger Jahren eine Verabredung, die erst nach drei Monaten endete. Dabei wollte sie bloß einen Salat essen. Ein Mann fragte, ob er sich an ihren Tisch setzen könnte, das Lokal war voll, und nur der Stuhl an ihrem Tisch war frei. Er stellte sich als George vor und bestellte einen Bananensplit und zwei Löffel. Sie kamen ins Gespräch, und dabei stellte sich heraus, daß sie beide Rhythm & Blues-Fans waren. Sie schlug vor, den weiteren Abend im R & B-Club zu verbringen. So führte eines zum anderen, und sie ging mit ihm nach Hause. Nach zwei Tagen ging sie in ihre Wohnung, packte ihre Sachen und zog zu George. Sie hatte sich rettungslos in ihn verliebt.

Angenommen, Sie wollen sich beim ersten Mal von Ihrer Begleitung noch in der gleichen Nacht – ob erst nach Mitternacht oder schon früher – verabschieden, gibt es verschiedene Möglichkeiten:

Wenn der Abend mißlingt

Der Abend mißlingt meist mit Unbekannten, wenn der Kontakt über eine Agentur oder eine Anzeige zustande kommt. Dabei unterstelle ich, daß es sich um zwei nette, normale Menschen handelt, die einfach keine Gemeinsamkeiten haben, und beide das erkennen. Am besten gehen Sie mit der Situation auf direktem Wege um:

Sie sind einer der wirklich netten Menschen, die ich in letzter Zeit kennengelernt habe, aber ich denke, wir haben nicht viel Gemeinsames. Was halten Sie davon, wenn ich Sie weiter empfehle? Oder ich melde mich bei Ihnen, wenn ich von einer interessanten Veranstaltung höre?

Auf diese Weise lassen Sie jemanden wissen, daß Sie ihn schätzen, aber keinen weiteren Kontakt mit ihm wünschen. Und außerdem schlagen Sie damit nicht sämtliche Türen zu.

Einseitige Sympathien auf seiner Seite

Sie spürt und sieht, wie er immer mehr Feuer fängt, während sie ihn und den ganzen Abend zum Gähnen langweilig findet. Da sie die Sache durchstehen muß, bedankt sie sich freundlich für seine Begleitung und geht. *Punkt.*

Er nimmt noch einen Anlauf und fragt, wann sie anruft oder ob er sie anrufen kann. Sie sollte sich lieber auf die Zunge beißen oder sich in den Arm kneifen, bevor sie ihm irgendwelche Lügen auftischt.

Wir alle kennen beide Seiten einseitiger Sympathien. Frauen beklagen sich über Männer, die versprechen anzurufen und es dann nicht tun. Männer klagen über Frauen, die ihnen ihre Nummer geben und dann lahme Ausreden vorbringen, wenn sie sich mit ihnen verabreden wollen. Beide, Männer wie Frauen, klagen darüber, es sei ekelhaft, nicht zu wissen, woran man ist, wenn man mit vagen Versprechungen und unklaren Andeutungen hingehalten wird.

Sie haben keinen Einfluß darauf, wie andere mit diesen peinli chen Situationen umgehen, aber Sie haben Einfluß darauf, wie *Sie* damit umgehen. Merke: HIER HÖRT DER SPASS AUF.

Einseitige Sympathien auf ihrer Seite

Die Komikerin Rita Rudner drückte es treffend aus:

»Mein Freund und ich haben Schluß gemacht, weil er heiraten wollte und ich etwas dagegen hatte.«

Sie lernen eine Frau kennen, von der Sie glauben, sie passe wunderbar zu Ihnen, aber sie weiß es nicht. Sie wollen sie wiedersehen, ahnen aber, daß sie das nicht will. Bleiben Sie gelassen und heiter. Prüfen Sie Ihre Intuition – hüten Sie sich vor Unterstellungen.

ER: Der Abend mit Ihnen hat mir gut gefallen, und ich würde Sie gern wiedersehen.
SIE: Danke. Aber ich bin gerade verkabelt worden. Und morgen abend gibt's *Friedhof der Kuscheltiere*, und außerdem werde ich mir ab jetzt jeden Abend solche und ähnliche Schocker reinziehen.
ER: Werfen Sie meine Nummer nicht weg, und rufen Sie mich an, wenn Sie die Glotze satt haben.

Ein heiterer, freundlicher Abschied ohne gekränkten Unterton mag sie zum Nachdenken anregen.

Manche Leute haben Ausdauer – er versucht sie durch Beharrlichkeit zu gewinnen. Wie in Kapitel 23 dargelegt, habe ich zahllose Paare kennengelernt, die eine glückliche Beziehung eingingen, weil einer von beiden nicht aufgab, auch wenn er/sie wußte, daß seine/ihre Anrufe nicht besonders freudig aufgenommen wurden. Das ist eine Sache des persönlichen Stils – eine Situation, die von Fall zu Fall verschieden ist. Es ist gut möglich, daß die Verfolger etwas in der Stimme des Verfolgten wahrnahmen, von dem der Verfolgte gar nichts wußte. Dabei fällt mir eine alte Redensart ein: Er war so lange hinter ihr her, bis sie ihn sich schnappte.

Wenn Ihnen aber jemand auf den Kopf zu sagt, Sie sollen ihn/sie nicht anrufen, richten Sie sich danach, und rufen Sie die Nummer nie wieder an. Tun Sie es trotzdem, dürfen Sie sich über Kränkungen und Verletzungen nicht wundern. Nur wenn die Situation nicht eindeutig ist, können Sie weitere Versuche starten.

Sympathien auf beiden Seiten

Packen Sie die Gelegenheit beim Schopf, und bieten Sie etwas mehr als nur »Ich melde mich bald mal wieder.«

Was ist bald?

Morgen?

Nächste Woche?

Heißt es, daß ich dich nicht anrufen soll?

Beziehen Sie nach der Verabredung eindeutig Stellung:

Es hat mir gut gefallen. Ich möchte dich gern wiedersehen.

Kann ich dich Mittwoch anrufen, um eine Vereinbarung zu treffen?

Es war ein netter Abend. Nächste Woche gibt es ein Konzert, in das ich gerne gehen würde. Kommst du mit? Ich könnte dich am Dienstag anrufen und dir Näheres sagen.

Wann kann ich dich am besten erreichen?

Und *rufen Sie an, wenn Sie es versprochen haben.* Damit schaffen Sie die Grundlage für Vertrauen und eine gesunde Beziehung. Rufen Sie auch an, wenn Sie

1. vom Haus Ihrer Mutter telefonieren müssen...
2. eine völlig fremde Frau bitten müssen, eben mal schnell ihr Funktelefon benutzen zu dürfen...
3. kein Kleingeld haben und gezwungen sind, sich an die Straßenecke zu stellen und die Hand aufzuhalten: »Ham Sie mal 'ne Mark?«

Wenn Sie vergessen anzurufen, obwohl Sie es versprochen haben, sollten Sie glaubhaft klingen, wenn Sie sagen:

Ich bin gestern abend aufgehalten worden und komme erst jetzt dazu, Sie anzurufen.

Eigentlich wollte ich heute morgen anrufen. Dann saß ich aber in einer Besprechung fest. Ich hoffe, Sie können jetzt mit mir reden.

Möglicherweise haben Sie, abgesehen von dem Wunsch, ihn wiederzusehen, das Bedürfnis, noch etwas mehr zu tun. Hier einige Beispiele, was andere sich einfallen ließen.

Zeugnis ausstellen

Ich kenne einen Mann und eine Frau, die einander nach einem gemeinsam verbrachten schönen Abend scherzhafte Benotungen zuschickten. Es wurden nur die schönsten Punkte ihrer Verabredung benotet: Aussehen, Unterhaltungswert, zärtliche Augenblicke, Abschiedskuß und die Chancen für ein Wiedersehen.

Legen Sie ein Briefchen auf den Autositz

Leeza verbrachte einen amüsanten Abend mit Ramon. Als sie sich in der Damentoilette frisch machte, kam ihr die Idee, ihm ein Briefchen auf ein Papierhandtuch zu schreiben. Er hatte erwähnt, wie gern er tanzen gehe. Also schrieb sie auf den Zettel: »Hast du Lust, mit mir tanzen zu gehen?« Als er sie nach Hause brachte und zur Tür begleitete, ließ sie das Briefchen auf dem Autositz liegen.

Ihre Nachricht muß heiter sein

Witzig oder herzlich ist in Ordnung. Schwülstig oder blumig wie: »Vergehe vor Sehnsucht nach einem Wiedersehen« oder: »Hätte nie gedacht, daß ein erstes Rendezvous so zauberhaft sein kann« wären des Guten zuviel.

Blumen zum Abschluß

Irv schickte Dee am nächsten Tag eine gelbe Rose und ein Briefchen: »Dein Charme hat mich plattgemacht.«

So ein großer Aufwand ist gar nicht nötig. Wenn Sie es aber tun, denken Sie sich etwas aus, das zu Ihnen paßt. Seien Sie kühn und witzig, und nehmen Sie sich bloß nicht zu ernst.

FEHLER AM ENDE EINES SCHÖNEN ABENDS

Manche Leute finden kein Ende. Nach dem Dessert noch sitzen bleiben, zwanzig Minuten vor ihrer Haustür stehen, noch auf eine Tasse Kaffee zu ihr hochkommen, sind wunderbare Ausklänge eines schönen ersten Rendezvous. Wenn Sie aber um drei Uhr morgens die Augen kaum noch offen halten können oder nicht mehr recht wissen, was Sie tun, unzusammenhängendes Zeug schwafeln oder Ihr Zärtlichkeitsbedürfnis überhand nimmt und Sie sich kaum noch bremsen können: Gehen Sie nach Hause. Sie können beim Abschied ein nächstes Treffen vereinbaren. Bleiben Sie nicht länger, als Sie erwünscht sind, nur weil Sie zu müde sind, um klar zu denken.

Merke: Das letzte, was Sie beim Abschied einer ersten Verabredung sagen, ist gute Nacht. An welchen Teil der guten Nacht soll er/sie sich erinnern?

WIE OFT SOLL MAN SICH SEHEN ODER ANRUFEN

Auch hier gibt es keine festen Regeln oder Patentrezepte. Sollten Sie aber ein Mensch sein, der das Bedürfnis hat, zehnmal am Tag anzurufen, stellen Sie sich folgende Frage:

Rufe ich an, um einen echten Kontakt herzustellen, oder rufe ich an, weil ich meine Neurose nicht im Griff habe?

RÜCKFALL IN DIE PUBERTÄT

In der High-School gab es einen Jungen (eigentlich mehrere), der mir ausnehmend gut gefiel. Ich zeigte ihm das auf meine Weise. Ich rief ständig bei ihm an und legte auf, wenn sich jemand meldete. Ich konnte nicht anders, ich mußte es tun. Der Drang, ihn anzurufen, war zu stark, und ich befand mich in einer Phase meines Lebens, in der ich meinen Hormonschüben hilflos ausgeliefert war.

Ich konnte nur glauben, daß er mich auch gern hatte, wenn er in meiner Nähe war. Sobald er nicht bei mir war, war die Verbindung unterbrochen, und ich hatte schreckliche Verlustängste.

Auch als Erwachsene neigen wir zu solchen Gefühlen, besonders wenn wir verliebt sind. Der Unterschied besteht darin, daß wir als Erwachsene wissen, wie wichtig es ist, unsere Triebe zu kontrollieren. Auch wenn wir das Verlangen haben, jemanden zehnmal am Tag anzurufen, tun wir es nicht.

Wenn Sie häufig das Verlangen haben anzurufen:

- Denken Sie daran, daß Sie ihn für sich einnehmen, wenn Sie ihm zeigen, daß Sie ein Leben geführt haben, bevor Sie ihn kennengelernt haben.
- Rufen Sie lieber einen Freund/eine Freundin an.
- Zwingen Sie sich, bis morgen zu warten. Wenn Sie abwarten, schwindet das Verlangen.

- Versuchen Sie sich mit Sport oder einem Spaziergang abzulenken.
- Lesen Sie Kapitel 7 nach, und bringen Sie Ihr Notizbuch auf den neuesten Stand.
- Vereinbaren Sie eine zusätzliche Therapiesitzung.
- Ziehen Sie den Stecker des Telefons aus der Wand.
- Fesseln Sie sich an einen Stuhl.

Um zu wissen, ob die Häufigkeit Ihrer Anrufe angebracht ist, prüfen Sie, ob sie von der anderen Person erwidert werden. Werden Ihre Anrufe mit Begeisterung aufgenommen, rasch erwidert, wechseln Sie einander mit den Telefonaten ab, dann können Sie dem Ruf Ihres Herzens folgen. Wenn die Anrufe aber nur von Ihrer Seite erfolgen, wenn immer nur Sie Vorschläge machen und planen, kann daraus eine schmerzliche Enttäuschung für Sie werden. Ziehen Sie sich zurück, und seien Sie weniger stürmisch. Sie übertreiben.

Es gibt keine Vorschriften oder Geheimcodes, wie oft man jemanden anrufen oder sehen soll oder darf. Wenn Sie das Bedürfnis haben, Kryptogramme zu entschlüsseln, kaufen Sie sich ein Rätselbuch, oder gehen Sie zum Geheimdienst. Das Faszinierende an einer Beziehung besteht nicht zuletzt darin, daß zwei Menschen die Rätsel des anderen ergründen. Das Geheimnis liegt im Entdecken des Wesens des anderen. Verwechseln Sie dieses wunderbare Abenteuer nicht mit Machtspielen und dem Manipulieren der Gefühle anderer, um Ihre Ziele zu erreichen. Damit entfremden Sie sich nicht nur der anderen Person, sondern auch der eigenen. Sie fördern keine Nähe und keine Form echter und bedeutsamer Verbindung. Die Faszination liegt im Erkunden des geheimen Pfades, der von seinem Herzen zu ihrem Herzen führt.

KAPITEL 26
ANNÄHERUNG:
SEX DER NEUNZIGER JAHRE

Sind Sie erstaunt, ein ganzes Kapitel über erste Begegnungen gelesen zu haben, ohne daß ein einziger Gutenachtkuß erwähnt worden wäre?

KÜSSEN ODER NICHT KÜSSEN

Gutenachtküsse nach einem ersten Rendezvous sind auch nicht mehr das, was sie einmal waren. Umständlich lange Erklärungen sind out. Küsse führen nicht zu sexueller Aktivität, wie das früher häufig der Fall war.

Das bedeutet nicht – und ich hoffe, es wird nie der Fall sein –, daß Gutenachtküsse ausgestorben sind. Sie sind aufregend wie eh und je, und ganze Schwadronen erster Verabredungen fiebern dieser Lippenberührung entgegen.

Kußbereitschaft

Es gibt Anzeichen, an denen Sie erkennen, ob Ihre Begleitung ebensosehr nach einem Kuß dürstet wie Sie. Achten Sie auf nonverbale Zeichen, die Interesse bekunden:

Eine sanfte Liebkosung
Eine Berührung Ihrer Haare
Sie legt beide Hände kurz auf seine Schulter
Er nimmt für einen Moment ihre beiden Hände in seine Hände
Blick – Seufzer – Blick
Berührung des Gesichts
Verzögerter Abschied:
    Im Auto sitzen bleiben
    An der Haustür stehen bleiben
    Auf der Couch sitzen bleiben
    Leicht geöffnete Lippen

Wenn Ihre Begleitung diese Verhaltensweisen an den Tag legt oder Ihnen die Sache erleichtert und sagt, er/sie möchte geküßt werden, können Sie sich auf Ihre eigenen Instinkte und Gefühle verlassen.

Bevor die Knutscherei losgeht, nehmen Sie sich folgendes zu Herzen:

KURZFASSUNG VERALTETER KUSSTECHNIKEN

Stirnkuß – Eine väterliche Geste, mit der Sie sich als gönnerhaft ausweisen. Der Kuß ist angebracht, um Ihrer kleinen Schwester gute Nacht zu sagen – *aber nicht Ihrer Begleiterin.*

Der gehauchte Kuß – Ein Kuß ist manchmal gar kein Kuß. Ihre Lippen streifen seine Wange, ohne sie wirklich zu berühren. Dieser Kuß eignet sich eher für Cousinen dritten Grades bei Familienfeiern.

Kuß auf beide Wangen – sehr nobel. Rücken Sie Ihr Monokel zurecht.

Handkuß – bestens geeignet, nachdem er seinen Seidenumhang über die Pfütze geworfen hat, um die Dame seines Herzens trockenen Fußes über die Straße zu geleiten.

EMPFEHLUNGEN FÜR ERSTE KÜSSE

Wangenküsse – herzliche, freundschaftliche, respektvolle Zuneigung. Sagen Sie in jedem Fall, es war ein reizender Abend, und drücken Sie ihm einen Kuß auf die Wange.

Leichte Lippenküsse – dauern etwas länger als Wangenküsse. Sind trocken und weich. Pressen Sie nicht die Lippen aufeinander, als dächten Sie an den Alptraum Ihrer letzten Zahnbehandlung. Entspannen Sie die Lippen, schließen Sie die Augen, und genießen Sie die Berührung.

Umarmung – Enger kußloser Körperkontakt. Eine herzliche Umarmung kann das Zeichen tiefer Zuneigung sein. Sehr intim und zärtlich. *Kein Aneinanderreiben!*

Kein Kuß – Es gibt viele Menschen, die einander beim ersten Rendezvous nicht küssen. Es hieße, altmodisch zu denken, wenn Sie sich fragten, was schiefgelaufen ist, wenn Ihr Begleiter Sie nicht küßt. Es ist völlig in Ordnung, auch diese kleine Intimität aufzusparen, bis man jemanden besser kennt. Viele Menschen ziehen es vor, einander nicht zu küssen, um den Schritt in die sexuelle »Gefahrenzone« nicht vorzeitig zu wagen.

NACH DEM ERSTEN KUSS

Erinnern Sie sich an Sam, den Pianisten, der in dem Kultfilm *Casablanca* »As Time Goes By« singt. Die erste Strophe lautet:

> You must remember this
> A kiss is still a kiss
> A sigh is just a sigh
> The fundamental things apply
> As time goes by.

Die Zeit ist vergangen, und die Zeiten haben sich geändert. Und nichts ist so geblieben, wie es war. Ein Kuß, von dem Sam spricht, ist nicht nur ein Kuß, sondern eine Einladung zu einem zweiten Kuß… und einem dritten… und zu noch einem. Bevor seine Hand von ihrer Schulter zu ihrer Taille gleitet, bevor sie beide in die Sofakissen zurücksinken, bevor sie ihre hochhackigen Schuhe abstreift, haben die beiden noch etwas zu besprechen.

SEXUALPRAKTIKEN DER NEUNZIGER

Über Sexualität wurden viele Bücher geschrieben. Dieses Buch handelt vom Kennenlernen zweier Menschen. Dennoch wäre es unverantwortlich, nicht über Sex zu sprechen. Im Zeitalter von Aids und anderen Geschlechtskrankheiten, die uns alle, Männer wie Frauen, bedrohen, gibt es eine Vielfalt sexueller Praktiken. Manche Menschen leben zölibatär – und vergnügen sich mit sich selbst (die einzig wirklich sichere Form der Sexualität). Manche praktizieren »Safer Sex« (die zweitsicherste Variante), und manche spielen russisches Roulette und praktizieren bedenkenlos ungeschützten Sex, wie die Anzahl von Heterosexuellen beweist, die mit dem HIV-Erreger verseucht sind oder unter anderen weniger lebensbedrohlichen Geschlechtskrankheiten leiden, die in alarmierender Weise im Anstieg begriffen sind.

Stecken Sie den Kopf nicht in den Sand. Lebenswichtige Informationen über »Safer Sex« erteilen öffentliche Einrichtungen, wie zum Beispiel das Gesundheitsamt, Pro Familia und Organisationen, die Aids-Kranke betreuen. Sie alle betreiben moderne Sexualaufklärung. Einen Bluttest, um festzustellen, ob eine HIV-Infizierung vorliegt, können Sie beim Gesundheitsamt oder bei Ihrem Hausarzt vornehmen lassen.

Wird der Bluttest vorgenommen, werden Sie über Ihre sexuellen Praktiken während der vergangenen *zwölf* Jahre befragt. Der Test gibt aber keinen Aufschluß über die zurückliegenden sechs Monate. So lange kann der Virus latent vorhanden, aber nicht erkennbar sein. Wenn Sie gegenwärtig einer Risikogruppe angehören oder Risikoverhalten an den Tag legen, sollten Sie in sechs Monaten einen weiteren Test durchführen lassen.

Rendezvous ohne Sex

Viele Menschen verabreden sich ohne jegliche sexuelle Aktivitäten. Viele halten dies für die einzig vernünftige Entscheidung, bevor man eine engere Bindung eingeht. Enthaltsamkeit von Geschlechtsverkehr bedeutet nicht, daß die Menschen einander keine Freude bereiten können, sie nutzen ihre kreativen Begabungen, um einander auf ungefährliche Weise näherzukommen.

Häufiger Fehler: Hüten Sie sich davor zu glauben, es bestehe keine Gefahr, wenn Sie mit einem Partner monogam leben, diese Partnerschaft aber nach einiger Zeit zu Ende geht und Sie mit dem nächsten Partner monogam leben. Auf diese Weise können vier bis fünf monogame Partnerschaften im Jahr zusammenkommen, und Sie sind völlig ungeschützt.

Sex und Rendezvous

Wenn Sie ein aktives Sexualleben planen, machen Sie sich folgenden Satz zum Leitmotiv Ihrer sexuellen Begegnungen der neunziger Jahre:

**WENN ES ZU FRÜH IST, UM DARÜBER ZU REDEN,
IST ES AUCH ZU FRÜH, ES ZU TUN.**

Sex muß in unserer Zeit eine bewußte Entscheidung zweier Menschen sein. Wir können behutsame, liebevolle Wege finden, um darüber zu sprechen, zuerst aber wollen wir darüber sprechen, was man *nicht* tut.

TOTAL UNROMANTISCHE UND UNSICHERE WEGE, MIT DEM THEMA UMZUGEHEN

Puls messen – Wenn Tommy mit einer Frau schlafen will, fragt er sie nach ihrem Sexualleben, nimmt ihre Hand und prüft heimlich ihren Puls. Wenn er feststellt, daß der Pulsschlag sich beschleunigt, deutet er das als Zeichen, daß sie etwas zu verbergen hat, und wendet sich einer anderen Frau zu. Mich wundert, daß er mit dieser Methode nicht ständig mit einem blauen Auge herumläuft.

Listen austauschen – Elsa hat einen Computerausdruck ihrer Sexualpartner in ihrer Brieftasche. Ganz unten auf der Liste sind einige Namen per Hand durchgestrichen. Wenn sie mit einem Mann zusammen ist, der ihr gefällt, gibt sie ihm die Liste und bittet ihn um seine. Dazu gibt sie ihm ihre Faxnummer, falls er ihr die Liste auf diesem Weg zukommen lassen möchte.

Körperliche Untersuchung – Ricky sagt, wenn er mit einer Frau intim werden möchte, fragt er sie zunächst, ob er sich die Stelle genau ansehen kann, wo die Sonne nicht hinscheint. Er denkt, auf diese Weise beurteilen zu können, ob die Frau gesund ist.

UNSICHERE UNTERSTELLUNGEN

Eine kürzliche Scheidung – Caryn ging mit einem Mann aus, der nach achtzehnjähriger Ehe vor kurzem geschieden wurde. Sie war überzeugt, gefahrlos mit ihm schlafen zu können. In Wahrheit wußte sie aber nicht, ob er während der Ehe außerehelichen Sexualaktivitäten nachging, ganz zu schweigen von möglichen außerehelichen Aktivitäten seiner Frau.

Der Mythos der Gefahrlosigkeit der Oberschicht – Sara Beth ist eine berufstätige Frau aus gehobenen Kreisen, die sich und die Männer, mit denen sie verkehrt, als risikolose Gruppe einstuft. Völlig absurde Vorstellung, der Stanford-Absolvent, auf den sie ein Auge geworfen hat, könnte eine Geschlechtskrankheit haben, ganz zu schweigen vom Aids-Virus! Ihr erscheint dieser Gedanke geradezu lächerlich.

Bereits untersucht – Frank erzählte Fiona, er habe sich vor einem Jahr untersuchen lassen, und er sei völlig in Ordnung. Da der Virus bis zu sechs Monaten latent vorhanden sein kann, aber nicht erkennbar ist, und sie keine Ahnung hat, was er seit der Untersuchung getrieben hat, ist dieser Test wertlos!

Dem Thema ausweichen – Harry läßt seine Genitalien für sich sprechen. Er überläßt sich seinen Gefühlen. Er wartet mit Sex so lange, bis er sich nicht mehr zurückhalten kann. Dann rationalisiert er sein Verhalten – raten Sie mal wie? Er konnte sich eben nicht mehr zurückhalten.

Mangelnde Durchsetzung – Carla liebt José wirklich, und José haßt Kondome. Carla hat Angst, ihn zu verlieren, wenn sie ihm in diesem Punkt Vorschriften macht.

DIE EINZIG INTELLIGENTE UNTERSTELLUNG
Sie gehen mit jemandem ins Bett, der oder die
zuvor mit jemandem geschlafen hat,
der oder die zuvor mit anderen geschlafen hat,
die zuvor mit anderen geschlafen haben.
Und das sind HEERSCHAREN!

DAS THEMA AUF DEN TISCH BRINGEN

In einer Folge der amerikanischen TV-Serie *The Days and Nights of Molly Dodd* nimmt die Hauptdarstellerin einen neuen Mann mit zu sich nach Hause. Die Situation wird erotisch, und der Zuschauer weiß, was nun kommt. Sie löst sich von ihm und huscht ins Schlafzimmer. Kurz darauf erscheint sie wieder mit einem Körbchen in der Hand, gefüllt mit einer bunten Mischung Kondome in allen Farben und von unterschiedlicher Beschaffenheit. Sie lädt ihn ein, sich zu bedienen. Die Szene war komisch und brachte das Thema ohne Umschweife und umständliche Worte auf den Tisch. Es gibt natürlich auch kompliziertere Wege, vernünftig mit seiner Sexualität umzugehen, als sich eine hübsche Gummikollektion zuzulegen.

Mit zunehmenden Kondomgebrauch kennen die Hersteller kaum Grenzen, was Farben, Beschaffenheit und innovative Möglichkeiten angeht. Eine neue Welt des Vergnügens öffnet sich, wenn schon nicht an der Kasse der Drogerie, so doch auf den Seiten gewisser Magazine oder Bestellkataloge.

Nicht alle Kondome bieten ausreichenden Schutz. Latex ist sicherer als Naturprodukte. Es gibt Latexgummis, die mit einem spermiziden Feuchtigkeitsfilm beschichtet und daher noch sicherer sind. Nehmen Sie eine Marke, die in Warentests mit sehr gut abgeschnitten hat. Außerdem:

• Benutzen Sie nie ein auf Ölbasis hergestelltes Gleitmittel wie Vaseline, Handcreme oder Babyöl, um das Kondom gleitfähiger zu machen. Diese Produkte können Latex angreifen.
• Gleitmittel für Kondome sind auf Wasserbasis hergestellt, deshalb können Kondome angefeuchtet werden, um die Gleitfähigkeit während des Geschlechtsaktes zu erhalten.

Der sanfte Ansatz. Es gibt Wege – romantische und liebevolle –, um das Thema Sex zum ersten Mal zu erwähnen. Irgendwann wissen Sie, daß Ihre Gefühle nun stark sexualisiert sind. Der Auslöser kann ein Kuß sein, von dem Sie wünschten, er würde nie enden, oder ein intimer Augenblick gegenseitiger Geständnisse.
   Wenn dieser Zeitpunkt gekommen ist, machen Sie HALT und sagen Sie:

• Ich habe das Gefühl, wir kommen einander näher, und ich würde dir gerne noch näher kommen. Vielleicht sollten wir darüber reden.
• Ich möchte mehr von dir. Ich habe wirklich viel für dich übrig. Ich denke, es ist Zeit, über Sex zu reden.

Sie haben das Thema sanft berührt und können nun das Problem wirksam aus einer Position gegenseitiger Zuneigung und Verantwortung angehen. Der Ansatz ist friedfertig und kommunikationsfreudig.

GUERILLATAKTIKEN ZUM BENUTZEN VON KONDOMEN

Nur weil für Sie Sex ohne Kondom nicht in Frage kommt, bedeutet das nicht, daß Ihre Partner sexuell aufgeklärt und ebenso vernünftig sind wie Sie. Bestimmte Partner weigern sich, haben Angst, darüber zu sprechen, oder reagieren gekränkt und abweisend. Seien Sie von vornherein darauf gefaßt, auf Widerstand zu stoßen, um zu vermeiden, daß Sie in eine gefährliche Situation geraten.

Situation: Im Bett
Er sagt: Ooh. Aah. Ich hol' mir schnell ein Kondom aus meiner Brieftasche.
Sie sagt: Mach dir keine Sorgen. Ich trage eine Spirale.
Guerillataktik: Du bist so verantwortungsbewußt. Aber doppelt genäht hält besser.
Später: Er sagt ihr, daß er es ohne Kondom nicht tut, erklärt ihr den Grund und gibt ihr zu verstehen, daß es aus Verantwortungsbewußtsein geschieht. Er bittet sie, ihm zu sagen, was sie von Kondomen hält.

Wenn er aufsteht, um ein Kondom zu holen, sagen Sie ihm, er soll gleich zwei mitbringen – für alle Fälle.

Situation: Im Bett
Sie sagt: Sekunde. Laß mich ein Kondom aus der Nachttischschublade holen.
Er sagt: Ich hasse diese Dinger. Es ist, als müsse ich einen Handschuh tragen.
Guerillataktik: Nicht bei mir! Wart nur ab, was ich mit dir vorhabe.
Später: Sie sagt ihm, daß sie darauf besteht, daß er ein Kondom benutzt. Sprechen Sie darüber, wie man auch mit Kondom aufregende und lustvolle Erlebnisse haben kann. Möglicherweise hat er noch nie ein Kondom benutzt. Möglicherweise hat er Angst, er könne seine Erektion einbüßen. Seien Sie zärtlich, verständnisvoll, und finden Sie auch in dieser Situation lustvolle Momente.

Situation: Im Bett
Sie sagt: Ich ziehe dir ein Kondom an.

Er sagt: Ich tu' es nie mit Kondom. Ich weigere mich. Weißt du nicht, daß ich dich liebe, Baby?
Guerillataktik: Es macht mich glücklich, daß du mich liebst. Dann liegt dir auch daran, daß ich mich schütze.
Später: Erinnern Sie ihn daran, daß er Ihnen »seine Liebe am besten beweist«, wenn er »seinen Handschuh trägt«.

Wenn Sie auf Widerstand stoßen, geben Sie nicht nach, und sprechen Sie darüber. Erklären Sie Ihre Bedenken. Wenn Sie Ihren Partner etwas besser kennen, machen Sie ihm/ihr klar, wie wichtig Ihnen das ist. Bieten Sie andere Formen sexuellen Lustgewinns an, die nichts mit ungeschütztem Sex zu tun haben.

Wenn Ihr Partner es »wirklich haben will«, sich aber weigert, ein Kondom zu tragen, oder Ihr Ansinnen als paranoid oder hysterisch abtut, müssen Sie eine schwere Entscheidung treffen. Wollen Sie Ihr Leben aufs Spiel setzen? Wenn Ihre Antwort Ja ist, vereinbaren Sie einen Termin beim Irrenarzt.

GUERILLAPRAXIS IM UMGANG MIT KONDOMEN

Wenn Ihnen der Umgang mit Kondomen noch nicht geläufig ist, gestatten Sie mir die Empfehlung, ein wenig zu »üben«, bevor Sie mit Ihrer Show auf Tournee gehen. In Momenten großer Leidenschaft und Erregung sollen selbst Wissenschaftler beim Öffnen der Verpackung verzweifelt sein.

Männer: Besorgen Sie sich 12 Kondome und experimentieren Sie damit. Üben Sie das Überstülpen. Ja, Sie haben ganz recht – es ist ein anderes Gefühl. Probieren Sie verschiedene Marken aus. Wenn Sie zusätzlich ein Gleitmittel benutzen, ist das Gefühl angenehmer. Lassen Sie sich in Apotheken oder einschlägigen Fachgeschäften beraten. Probieren Sie verschiedene Produkte aus. Lassen Sie sich Zeit – kein Mensch setzt Sie unter Termindruck.

Frauen: Gehen Sie in eine Drogerie und kaufen Sie Kondome und Gleitmittel. Nur zur Übung. Vor zwanzig Jahren hätten Sie ein solches Ansinnen vermutlich weit von sich gewiesen, aber die Welt hat sich geändert. Wenn Sie sich dazu nicht überwinden können, bestechen Sie den Büroboten, Ihren Bruder oder eine furchtlose Freundin, die Einkäufe für Sie zu erledigen. Blättern Sie Magazine nach einschlägigen Anzeigen durch, und lassen Sie sich Kataloge über Sexzubehör schicken. Selbstverständlich können Sie sich Kondome diskret über den Versandhandel zuschicken lassen.

Wenn die Kondome angekommen sind, üben Sie mit einer Phallusform aus dem Gemüsefach, und eignen Sie sich einiges Geschick an. Möglicherweise bittet Ihr Partner Sie, ihm das Kondom anzulegen, oder Sie entdecken, wie lustvoll und sexy es ist, wenn Sie das tun. Sie müssen sich an den Anblick, den Geruch und den Geschmack von Kondomen gewöhnen.

Für Männer und Frauen: Es gibt Bücher, in denen es um gesunde Techniken beim »Safer Sex« geht. Besorgen Sie sich eines davon!

WO BEWAHRT MAN KONDOME AUF

Männer, erinnert ihr euch an das Kondom, das ihr während all der Jahre in der Oberschule in der Brieftasche rumgetragen habt? In diesem Punkt ist ein Rückfall in pubertäre Gewohnheiten ein ausgesprochen gutes Zeichen. Diesmal haben Sie vermutlich auch mehr Glück als damals beim Abschlußball.

Sexuell aktive Männer *und* Frauen sollten Kondome nicht nur in der Brieftasche aufbewahren. Geeignete Plätze sind:

Tasche Ihres Regenmantels
Handtasche
Reisetasche
Bademantel
Nachttisch
Handschuhfach
Gymnastiktasche
Besteckschublade
Sofakissen
Schuh

VORSICHT: Bewahren Sie Kondome nicht jahrelang in engen Fächern wie Brieftaschen oder Handschuhfächern auf. Sie trocknen aus und reißen leichter. Prüfen Sie vor Gebrauch das Verfallsdatum, und erneuern Sie Ihren Kondomvorrat regelmäßig.

Früher hieß es, was du nicht weißt, macht dich nicht heiß. Heute kann dich das umbringen, was du nicht weißt. Ich wünsche mir, daß Sie gut auf sich aufpassen und sich eines langen, gesunden, glücklichen Lebens erfreuen. Informieren Sie sich. Ende der Moralpredigt.

FÜR FRAUEN: GRAPSCHENDE MÄNNER

Unterstellen Sie nicht automatisch, ein Mann, der Ihnen viel zu früh einen sexuellen Antrag macht, sei ein Schwein. Die Bezeichnung verdient er erst, wenn er weiterhin zudringlich bleibt. Wenn er Ihnen vorzeitig einen sexuellen Antrag macht, lehnen Sie ihn nicht rigoros ab, stoppen Sie ihn. Wenn Sie ihn wirklich gern haben, können Sie es mit folgenden oder ähnlichen Sätzen versuchen:

Wenn es zwischen uns dazu kommt, möchte ich dir das Beste geben, was ich habe. Jetzt ist es noch zu früh dazu.

Ich fühle mich geschmeichelt, aber du bist mir weit voraus.

Ich habe ähnliche Gefühle für dich, aber es ist mir zu früh.

Mal langsam, Tiger.

Damit machen Sie deutlich, daß Sie mit einem Mann keinen Sex haben wollen, ehe die Zeit reif ist. Sie verweisen den Grapscher in seine Schranken, ohne ihn als kaltschnäuzigen, ekelhaften Lüstling einzustufen.

Das klappt nicht immer. Karin machte sich den Satz zu eigen: »Wenn es zwischen uns dazu kommt, möchte ich dir das Beste geben, was ich habe. Jetzt ist es dafür noch zu früh.« Sie berichtete, wie Lewis darauf entgegnete: »In Ordnung. Für mich tut's auch das Zweitbeste.«

FÜR MÄNNER: FRAUEN, DIE ZU LÜSTERN SIND

Auch Männer können Empfänger amouröser Avancen sein, obgleich das seltener vorkommt und darüber weniger gesprochen wird. Gary erzählt, wie eine Frau in einer Bar von hinten an ihn herantrat und ihm beherzt an die Hoden griff. Cornelius berichtet von einer Frau, die ihn bei der ersten Verabredung auf der Couch so sehr in den Clinch nahm, daß er fast daran erstickt wäre. Kim erzählt die Geschichte einer Frau, die ihm auf einer Party ihre Zunge ins Ohr bohrte. Möglicherweise müssen Sie Ihren Stolz runterschlucken und Ihre Ansichten über männliches Grapschertum auch auf weibliche Grapscher ausweiten.

DER SEXUALAKT

Wenn Sie sich zu Sex entschließen, denken Sie daran, ebenso wie wir eine Menge über die Liebe aus dem Kino erfahren, holen wir uns dort eine Menge Vorstellungen über Sex. Wir sehen merkwürdige Verrenkungen, die der Fantasie des Regisseurs entspringen, wie heißer Sex auszusehen hat. Er liefert uns glatte Bilder – ohne Zellulitis, Narben, Schweiß und ohne lästige Haare. Beim richtigen Sex haben wir es mit vier Armen, vier Beinen, zwei Köpfen, zwei mehr oder weniger biegsamen Rücken und zwei leicht verletzlichen Egos zu tun. Seien Sie nicht erstaunt, wenn es beim ersten Mal ungeschickt zugeht, Sie mehr oder weniger gehemmt sind und Ihr Körper ein Eigenleben führt.

Bedenken Sie:

Eine Erektion ist unberechenbar wie ein junger Hund; er kann sich ebensogut auf die Seite rollen und toter Hund spielen oder kommen, wenn Sie ihn rufen.

KAPITEL 27
DIE WIEDERENTDECKUNG
DES LIEBESWERBENS:
TÄGLICHES TRAINING

Sehen Sie sich Ihren Körper an. Sie akzeptieren, daß Sie ab einem gewissen Alter daran arbeiten müssen, wenn Sie in guter körperlicher Verfassung bleiben wollen. Ich meine damit nicht, daß Sie Arnold und Jane übertrumpfen sollen. Aber Sie achten mehr auf Ihren Körper, entweder durch fettarme Ernährung oder Sport oder beides.

Ihr Liebesleben braucht eine ähnliche Form der Zuwendung. Es kann sich nicht aus sich selbst erhalten. Das Leben macht uns zu schaffen und verschleißt uns. Wenn Sie schon durch die »Schule bösartiger Scheidungen und gräßlicher Affären« gegangen sind, müssen Sie Ihr Herz einem Dauertraining unterziehen, um es für romantische Gefühle offenzuhalten.

Davon ist auch Ihr spontanes, verspieltes, kindliches Selbst betroffen – der Teil Ihrer Persönlichkeit, der gern lacht, der ungern die Augen schließt und schlafen geht, aus Angst, etwas zu versäumen, der Menschen vertraut, gern auf den Putz haut und ebenso gern mit Puppen oder mit der Eisenbahn spielt. Andererseits gilt es, romantische Liebe mit der Weisheit des Erwachsenen anzugehen, der weiß, daß es zwar magische Gefühle gibt, die Liebe aber keine Magie ist und uns nicht auf magische Weise zufällt.

Übernehmen Sie die Verantwortung für die Wiederbelebung Ihres Geistes, und tun Sie Dinge, die Ihnen reines Vergnügen bereiten:

Entspannen Sie sich in einem duftenden Schaumbad, und vergessen Sie Ihr Schiffchen nicht.
Geben Sie eine gemischte Pyjamaparty, und prämieren Sie die beste Gespenstergeschichte.
Machen Sie einen Spaziergang im Regen.
Kitzeln Sie Ihren Freund.

Schwänzen Sie die Schule, und lesen Sie den ganzen Tag Comic-Hefte.

Gehen Sie nackt baden.

Besorgen Sie sich einen Film der Marx Brothers auf Video.

Schmusen Sie mit einem Kätzchen in der Tierhandlung.

Organisieren Sie ein Softball-Spiel.

Laufen Sie mit dem Zirkus weg (besuchen Sie wenigstens eine Vorstellung).

Lernen Sie einen Kartentrick.

Essen Sie Vanilleeis mit heißen Himbeeren.

Gehen Sie in die Kindervorstellung, und werfen Sie Gummibärchen gegen die Leinwand.

Besuchen Sie eine Kinospätvorstellung.

Schlendern Sie durch einen Spielwarenladen.

Gehen Sie in den Zoo.

Lernen Sie Bauchreden.

Schneidern Sie sich ein verrücktes Faschingskostüm, und besuchen Sie einen Maskenball.

Seien Sie zärtlich.

Kichern Sie.

Wenn Sie Ihr verspieltes, schelmisches Kind zum Leben erwecken, beleben Sie damit den verspielten, verschmitzten Erwachsenen. Wenn Sie zulassen, absichtlich albern zu sein, und erkennen, wie frei Sie sich fühlen, wird es Ihnen leichterfallen, das idiotische Unbehagen zu ertragen, das Sie befällt, wenn Sie sich anderen Menschen nähern.

Nur der Himmel setzt Ihnen Grenzen. Sie haben die Tür geöffnet, packen Sie die sich bietenden Gelegenheiten beim Schopf, und handeln Sie dynamisch.

FRONTBERICHTE DER GUERILLA-LIEBESTAKTIKEN

Folgende Geschichten sind Antworten auf meine häufig gestellte Frage: »Können Sie ein wirklich komisches Erlebnis erzählen, wie oder wo Sie jemanden kennengelernt haben?« Jede Geschichte handelt von einem Erwachsenen mit der Bereitschaft, eine verrückte Gelegenheit beim Schopf zu packen. Wenn Sie diese Geschichten lesen, wissen Sie, daß sie wahr sein müssen. Kein Mensch könnte sich so etwas ausdenken.

Feuersbrunst

Der Fernsehkameramann Leo filmte in Boston ein brennendes Gebäude während der Hundstage im August. »In der Nähe des Brandortes war es glühend heiß«, erzählte er. Eine Frau aus der Nachbarschaft brachte ihm einen Becher eisgekühlter Limonade; an den Becherrand hatte sie ihre Telefonnummer geschrieben.

Falsch verbunden

David erhielt einen Anruf einer Frau, die sich offenbar verwählt hatte. Nachdem er ein paar Sätze mit der Anruferin gewechselt hatte, sagte er: »Ich finde, Sie haben eine nette Stimme« und fragte sie, ob sie Lust habe, sich mit ihm am Abend in einem Fischlokal zu treffen.

Sie hatte Lust.

Konzertkarte auf dem Schwarzmarkt

Jacks Schwester konnte nicht zu einem Konzert mitkommen, für das er bereits Karten besorgt hatte. Vor dem Konzert ging Jack auf eine hübsche Frau zu, verhökerte ihr die Karte und heiratete sie später.

Eine Begräbnisfeier

Annabelle freundete sich mit einem Mann an, den Sie beim Begräbnis eines Bekannten kennengelernt hatte. Den Anflug ihrer Schuldgefühle beschwichtigten beide mit dem Gedanken, die Verbindung wäre völlig im Sinne des Verstorbenen gewesen.

Eine Allergiespritze

Mike sollte seine vorletzte Allergiespritze verpaßt bekommen und kam mit einer Frau im Wartezimmer des Arztes ins Gespräch. Den Termin für seine letzte Spritze legte er parallel zum nächsten Arzttermin dieser Frau. Die Geschichte endete mit der Hochzeit der beiden.

Ein fünfundachtzigjähriger Friseur

Nathans 85jähriger Onkel ging seit 50 Jahren zum selben Friseur. Bei einem seiner Besuche fragte er ihn, ob er nicht eine Frau für seinen Neffen Nathan wisse. Wie das Leben so spielt, hatte der 85jährige Friseur zufällig eine entzückende Nichte.

Tanz auf dem Schoß

Bill sitzt im Rollstuhl und möchte seinen Tanzstil verbessern. Er forderte Kelly zu einem langsamen Walzer auf. Sie schaute ihn fragend an, und er sagte, sie müsse nur auf seinem Schoß Platz nehmen. Um den Rest kümmere er sich.

Papierflieger

Eine Frau mit dem ungewöhnlichen Namen Fonda griff auf Tricks aus der dritten Klasse Grundschule zurück. Sie schrieb eine Notiz und ihre Telefonnummer auf ein Blatt Papier und faltete es zu einem Papierflieger, den sie einem Mann zuwarf. Sie verfehlte ihr Ziel nicht. Die beiden gingen miteinander aus.

Auf dem Friedhof

Claire lernte Sammy kennen, als sie das Grab ihres Mannes und Sammy das Grab seiner Frau besuchte.

Tango im Reisebüro

Faith buchte einen Flug für einen gutaussehenden Mann nach Pittsburgh. Sie blickte ihm direkt in die Augen und sagte: »Welch ein Zufall. Ich fliege mit derselben Maschine. Vielleicht können wir zusammensitzen.« Als er das Reisebüro verließ, nahm sie eine Reservierung auf ihren Namen vor.

Der Trick im Flugzeug

Vor Jahren sprach mich ein Mann während eines Flugs Boston/New York an: »Sie sitzen auf meinem Platz.« Ich entgegnete, meiner Meinung nach gäbe es bei Kurzflügen keine Platzreservierungen. Er meinte, das habe sich geändert, und ich rückte beschämt einen Platz weiter. Wenige Minuten später gestand er, es sei nur ein Trick gewesen, um mit mir ins Gespräch zu kommen.

Videoliebe

Daniela war eine flotte 72erin mit festem Einkommen, als sie einer Video-Kontaktagentur beitrat. Alle Männer in ihrer Altersklasse meinten, sie sei zu alt. Sechzigjährige Männer lehnten sie aus den gleichen Gründen ab. Unbeirrt versuchte sie es mit Fünfzigjährigen und lernte Roger kennen. Drei Jahre später waren sie immer noch ein Paar. Das Beispiel inspirierte ihre 73jährige Freundin;

sie gab eine Kontaktanzeige auf und ging kurz danach mit Männern aus.

Haben Sie einen Vierteldollar übrig?

Joel trägt eine Banknote in seiner Brieftasche: *Un millon pesos de la República Argentina*. Der Geldschein stellt zwar einen geringen Wert dar, verschafft ihm aber einige Aufmerksamkeit bei der Damenwelt. »Haben Sie einen Vierteldollar übrig? Das ist meine letzte Million.«

Zweite Chance

Linda wurde von einem Mann angesprochen, der ein Boot besaß. Sein Angebot, mit ihm segeln zu gehen, lehnte sie ab. Sie hatte kein Interesse. Einige Monate später änderte sie ihre Meinung, rief ihn an und hinterließ eine Nachricht auf seinem Anrufbeantworter: »Ich erinnere mich, daß ich Ihnen versprochen habe, irgendwann mit Ihnen segeln zu gehen. Kann mich aber nicht erinnern, Ihnen noch etwas anderes versprochen zu haben.«

Zeichenblock

Dan führt einen Zeichenblock bei sich und zeichnet Leute, die er kennenlernen möchte. Niemand bekommt seine Kunstwerke je zu Gesicht, da er nur Strichmännchen zu Papier bringt.

Schriftliche Bestellung

Eines Abends lernte Nancy einen Mann in einem Lokal kennen. Sie sagte ihm, daß ihr sein Monogramm auf dem Hemd gefalle, und gab ihm ihre Karte. Ein paar Tage später erhielt sie ein Streichholzbriefchen mit dem Namen des Restaurants auf der Vorderseite. Im Inneren des Briefchens hatte der Mann sein Monogramm geschrieben. Sonst nichts. Ein paar Tage später erhielt die nun sehr neugierig gewordene Nancy eine Einladung, mit ihm auszugehen.

Reich mir die Erdnüsse

Die First Lady des amerikanischen Theaters, Helen Hayes, lernte ihren Ehemann, Charles MacArthur, auf einer Party kennen. Sie saß schüchtern ein wenig abseits. Er kam auf sie zu, bot ihr mit galanter Geste eine Schale Erdnüsse an und sagte: »Ich wünschte, es wären Smaragde.«

Komplimente

Al sagte Doris, sie sehe wunderbar aus. Sie sagte: »Wie bitte?« Als er den Satz wiederholte, meinte sie strahlend: »Ich hab' schon beim ersten Mal verstanden, was Sie gesagt haben. Ich wollte es nur noch mal hören.«

VORBEREITUNG ZUR ZUGÄNGLICHKEIT

Wenn Sie Ihrer Kreativität vertrauen und Ihr Herz öffnen, erkennen Sie auch kleine Chancen. Je mehr Lebenserfahrung wir machen, desto mehr müssen wir daran arbeiten, uns den Glauben an solche Möglichkeiten zu bewahren. Wir werden fälschlicherweise dazu verleitet zu denken, dieser Glaube würde sich von selbst aufrechterhalten, und sobald er einmal weg sei, stelle er sich nicht wieder ein. Wir glauben, es lohne sich nicht, an unserer positiven Einstellung zu arbeiten.

Experimente mit Affen und Ratten haben gezeigt, daß die Tiere ihre Reaktionsfähigkeit verlieren, wenn sie von Gefährten getrennt und isoliert werden. Emotional oder körperlich isolierte Menschen erleiden das gleiche Schicksal. Sie verlieren ihre Fähigkeit, auf andere zuzugehen oder Zuneigung zu erkennen, wenn sie ihnen entgegengebracht wird.

Nur leblose Materie verändert sich nicht, Ihre Briefmarkensammlung, Ihr Baseball – diese Dinge können Sie in den Schrank legen und sie unverändert vorfinden, wenn Sie den Schrank ein Jahr später wieder öffnen. Bei Menschen ist das anders. Menschen brauchen ein regelmäßiges Training, um in Form zu bleiben.

Beginnen Sie Ihr Training, indem Sie die Wohnung verlassen und...

- einen Fremden anlächeln;
- in die Drehtür zu dem tollen Kerl springen, der in Ihrem Bürogebäude arbeitet und morgens zur selben Zeit wie Sie ins Büro kommt;
- an der Bar »versehentlich« nach ihrem Glas greifen, wenn auch sie danach greift;
- einen Blumenstrauß kaufen und ihn einem völlig Fremden im Vorbeigehen in die Hand drücken;

- dem netten Mann vom Paketdienst eine Dose Cola für unterwegs mitgeben;
- eine Flasche perlenden Cidre mit ins Büro bringen und ihn mit den Kollegen trinken;
- im Winter immer einen Eisschaber bei sich tragen und jemandem damit aushelfen, der seinen vergessen hat.

Merke: Es ist schwer, seine Flexibilität im spontanen Handeln ohne regelmäßiges Training beizubehalten. Wenn Sie nicht gelenkig bleiben, enden Ihre Versuche, auf andere zuzugehen, in Verrenkungen, die zu schmerzhaften Krämpfen führen können.

In einer Welt voll netter Menschen, die hoffen, daß auch Sie dieses Buch gelesen haben... in einer Welt, in der es wichtig ist, Ängste nicht zu verdrängen, sondern trotz aller Ängste aus sich herauszugehen... in einer Welt, in der Gefühle von Unsicherheit den Maßstab Ihres bemerkenswerten Fortschritts darstellen:

- Trainieren Sie Ihr Herz und Ihren Geist.
- Gehen Sie noch einen Schritt weiter als bisher.
- Haben Sie Spaß am Tun.
- Warten Sie nicht auf das Wunder – gehen Sie hinaus, und *vollbringen* Sie das Wunder.

EPILOG

WEISE SPRÜCHE

In den letzten Minuten eines jeden Workshops frage ich die Teilnehmer, ob sie ein kluges Schlußwort wissen, das sie den anderen Teilnehmern der Gruppe mitgeben möchten. Ich denke, auch Sie finden Gefallen an einigen der anspornenden Worte Gleichgesinnter, deshalb möchte ich ihre Ratschläge an meine Leser weitergeben. Manche diese Aussprüche und Affirmationen habe ich an früherer Stelle dieses Buches bereits genannt. Ich halte es jedoch für aufmunternd und leichter in Erinnerung zu behalten, sie in einer geordneten Liste festzuhalten.

Wenn du etwas bedauern mußt, bedaure Dinge, die du getan hast... nicht Dinge, die du dir verkniffen hast.

Der Spaß wird größer, wenn deine Erwartungen nicht zu hoch geschraubt sind.

Zeige Interesse, versteck es nicht.

Offene Kommunikation und Flirt sollten zum integrierten Bestandteil unseres Lebens gehören.

Frage dich nie: »Was wäre wenn?«

Baut Brücken, keine Mauern.

Warte nicht ab, bis du dich besser fühlst. Nimm dein Unbehagen an und tu etwas dagegen.

Tragen Sie erotische Hüte.

Unternehmen Sie mindestens eine Sache in der Woche, die Ihnen Spaß macht.

Setzen Sie sich Ziele, um Ihr gesellschaftliches Leben zu verbessern, und halten Sie sich daran.

Lächeln Sie Leute auf der Straße an.

Sehen Sie sich als Sonnenstrahl, der einen Eisblock zum Schmelzen bringt.

Kaufen Sie Saisontickets.

Bitten Sie Ihren Friseur, Ihren Buchhalter, Ihre Gemüsefrau, Sie aufzuheitern.

Respektieren Sie das menschliche Ritual des Werbens.

Bemühen Sie sich, glänzend auszusehen.

Ein Vertreter macht siebzehn Besuche, um einen Verkauf abzuschließen. Schaffen Sie die sechzehn Ablehnungen aus dem Weg.

Stellen Sie sich vor, Sie sitzen mit 95 im Schaukelstuhl und halten Rückschau auf Ihr Leben. Woran wollen Sie denken? An Gelegenheiten, die Sie beim Schopf ergriffen haben, oder an Gelegenheiten, die Sie sich entgehen ließen?

Suchen Sie nicht nach der richtigen Person. Versuchen Sie, die richtige Person zu sein.

Halten Sie eine Quote ein: fünf Flirts pro Tag.

Streben Sie danach, von den sogenannten besseren Leuten zurückgewiesen zu werden.

Wenn Sie die Grenzen des Anstands nicht überschreiten, wird niemand gekränkt sein.

Halten Sie es mit einer AA-Affirmation: »Fortschritt, nicht Vollkommenheit.«

Wenn Sie einmal gemeinsam gelacht haben, ist alles ein bißchen einfacher.

Das Wunder, einen Fremden in einen Freund zu verwandeln, ist nur eine Begrüßung entfernt.

Selbstverständlich fühlen Sie sich gestreßt (GEWÖHNEN SIE SICH DARAN!)

Leute, die gern flirten, bringen die Dinge ins Rollen. Sie geben sich nicht damit zufrieden, passiv abzuwarten, bis andere ihnen ein gutes Gefühl geben. Sie wissen, was sie tun müssen, um sich wohl zu fühlen.

Sie flirten nicht, um etwas von einem anderen zu bekommen. Sie flirten, um jemandem etwas zu *geben*.

Lassen Sie andere an Ihren Gaben teilhaben.

Flirten Sie mit dem Herzen.

Bereiten Sie sich auf Erfolg vor.

Zum Schluß möchte ich Ihnen meine Lieblingsgeschichte erzählen. Dabei geht es gar nicht um Flirt und Kennenlernen, sondern um den Gedanken, daß die Suche nach Romantik, Liebe und den schönen Dingen des Lebens eine Kunst für sich ist.

DER AUSFLUG NACH HANA

Als Katherines Touristengruppe die Maschine in Maui verließ, fragten sie die Einwohner der Insel, welche Touristenattraktion man auf gar keinen Fall versäumen dürfe. Die einhellige Antwort lautete, jeder, der nach Maui komme, müsse unbedingt und um jeden Preis den Ausflug nach Hana machen. Katherines alter Freund Darius lebte auf Maui und bot sich an, mit ihr nach Hana zu fahren. Die übrige Gruppe besorgte sich Landkarten und Leihwagen.

Die gewundene Straße, die Darius und Katherine entlangfuhren, führte durch eine üppige, tropische Landschaft mit wilden Felsformationen, vorbei an Steinfiguren einer längst untergegangenen Kultur und tosenden Wasserfällen. Darius hielt häufig an, damit Katherine aussteigen und das wundervolle Panorama genießen konnte. Der Ausflug dauerte Stunden, und Darius zeigte Katherine jeden verwunschenen Winkel und jede Naturschönheit. Hana selbst erwies sich nur als winziger, unscheinbarer Ort.

Als Darius Katherine zu ihrer Touristengruppe zurückbrachte, erzählte sie begeistert von ihrem Ausflug und hörte zu ihrem Erstaunen, daß alle anderen nur schimpften und sich beklagten. Hana sei eine einzige Enttäuschung, ein elendes Drecksnest und sonst nichts. Keiner konnte begreifen, wieso sich der Ausflug dorthin lohnen sollte. Nachdem sich alle ihren Ärger von der Seele geschimpft hatten, erklärte Darius, was schiefgelaufen war. Alle waren durch die wildromantische Landschaft gerast, vorbei an den Steinfiguren, den zerklüfteten Felsen, den tosenden Wasserfällen. All die Naturschönheiten hatten sie links liegengelassen. Ein Fehler, den viele machten:

Alle fuhren nach Hana, aber niemand machte den Ausflug nach Hana.

Sie hingegen haben sich gründlich vorbereitet, um einen anderen Menschen kennenzulernen, zu schätzen und zu lieben. Ich hoffe, Sie genießen jede Haarnadelkurve dieses schönen, aufregenden und ereignisreichen Ausflugs.

FALLS SIE AN WEITERER INFORMATION INTERESSIERT SIND

Das vorliegende Buch *Nie mehr Single* ist eine Zusammenfassung der Erfahrungen Tausender Teilnehmer an den Seminaren über Partnerbeziehungen, die Sharyn Wolf überall in den Vereinigten Staaten veranstaltet hat. Die Psychotherapeutin leitet nach wie vor Workshops, Therapiegruppen und hält Vorträge. Sie unterhält eine Privatpraxis in New York und bietet psychotherapeutische Beratung in Einzelsitzungen und in der Gruppe an.

Wenn Ihnen dieses Buch zu einer optimistischeren Einstellung in Ihrem privaten und gesellschaftlichen Leben verhilft, wenn Sie eine persönliche Geschichte zu erzählen haben oder wenn Sie weitere Informationen zu diesem Thema wünschen, zögern Sie nicht, der Autorin zu schreiben:

Sharyn Wolf, C.S.W.
330 West 58th Street
Room 404
New York, NY 10019

DANK

Folgenden Personen möchte ich meinen herzlichen Dank aussprechen:

Heide Lange, meiner klugen, wunderbaren Agentin, die mir Perspektiven eröffnet hat, an die ich ohne sie nicht einmal zu denken gewagt hätte.

Douglas Stallings für seine Begeisterung an diesem Projekt und für seine stetige Aufmunterung während der letzten zwei Jahre.

Ross Klavan, der an der Gestaltung dieses Buches mitgewirkt hat und mir seine Lebensklugheit und seine Zeit großzügig zur Verfügung gestellt hat. Ihm verdanke ich sehr viel.

Meiner Lektorin Alexia Dorszynski für ihre wache Intelligenz, die mir den Weg zum Kern dieses Buches freimachte. Sie hat die Gabe dazu.

Deb Brody, meiner zweiten Lektorin, für ihren scharfen Blick und ihre geschliffene Kunstfertigkeit, Bezüge herzustellen. Jede Sekunde mit ihr war ein Vergnügen.

David Sparr, Nan Lee, Jonathan Wimpenny und Jody Watkins, die einige Entwurfsfassungen gelesen haben; Lyn Meehan, die mir ständigen Rückhalt gab; Michael Mark und Robert Kaplan für ihr Verständnis. Linda Antoniucci, Alfred Maleson und Roberta Fabiano, die mir immer wieder herrliche Geschichten zutrugen. Ihr Rat und ihr Rückhalt bedeuteten mir sehr viel.

Sarah Mills, Gary Keske und Victoria Watson für ihr kreatives Fachwissen, mit dem sie mir bei meiner Selbstverwirklichung halfen.

Deborah Henson-Conant, die mir ein Vorbild an Energie war, während ich dieses Buch schrieb. Sie hat mich sehr inspiriert.

Charles Salzberg für seine Geduld und Großzügigkeit, mir tausend Fragen über das Buchgeschäft zu beantworten.

Dr. Laura George, die mir zu neuen Einsichten über mich selbst verhalf. Ihre Unterstützung war mir unentbehrlich.

Boots Maleson, meinem Ehemann. Die Zeit, die ich mit diesem Buch verbracht habe, hat mich ihm nicht entfernt. Er selber hat so viel zu tun, daß er seit 1964 keinen einzigen freien Tag hatte. Ich danke ihm, daß er einige Kapitel gelesen hat, Gespeichertes im

Computer wiederfand, das ich gelöscht zu haben glaubte; ich danke ihm, daß er sich mein ständiges Lamentieren und meine Ängste anhörte; ich danke ihm für seinen schrulligen Humor und seine geistreichen Ratschläge.

Jamie Jaffe, der Leiterin für Fortbildung am *Boston Center for Adult Education* – eine Frau mit Weitblick, Integrität und großer Kraft. Viel von dem, was ich über die Bedeutung der Erwachsenenbildung für das Gemeinwesen erfahren habe, habe ich ihr zu verdanken.

Deb Leopold, einer Pionierin auf dem Gebiet der Erwachsenenbildung. Ihr möchte ich für ihren schöpferischen Geist und ihre unermüdliche Einsatzfreude danken.

Suzanne Wilson und Jessica Michelson, die mein Projekt mit großer Begeisterung unterstützt und mir interessante Beiträge für Workshop-Ideen geliefert haben. Mein Dank geht auch an Carol Petrucelli und die Mitarbeiter von *The Learning Exchange* sowie Liz Allen und die Mitarbeiter von *The Learning Connection*, die mir ein permanentes Forum für meine Arbeit boten.

Ich danke dem gesamten Team des *Boston Center for Adult Education* für die acht Jahre, die man sich dort um Verwaltung, Anmeldung, Termine, Räumlichkeiten und Betreuung meiner Workshops kümmerte und mir jeden meiner Besuche zur Freude machte.

Ein Buch wie dieses kann nur entstehen, weil eine große Anzahl von Menschen die Wahrheit sagen über Sachverhalte, die Verwirrung, Ratlosigkeit, Hoffnung, Erregung, Enttäuschung und Begeisterung bei ihnen ausgelöst haben. Tausende von Workshop-Teilnehmern haben mir im Lauf der Jahre ihre Erfahrung mitgeteilt. Diese Männer und Frauen waren die besten Lehrer, die eine Frau haben kann, die sich mit dem Thema »menschliches Verhalten« befaßt. Ihnen allen danke ich für ihren Mut, ihren Humor und ihre Lebensklugheit.

Claudia Keller

Mit flotter Feder erzählt sie vom ältesten Verwirrspiel der Welt
- und von all dem Ärger, den man sich mit der Liebe
einhandeln kann!

01/9059

Außerdem erschienen:

Der blau-weiß-rote Himmel
01/8733

Wilhelm Heyne Verlag
München